GONGLU GONGCHENG GUIHUA YU SHEJI YANJIU

公路工程规划与设计研究

廖子泗　胡春生　编

文化发展出版社
Cultural Development Press

图书在版编目（CIP）数据

公路工程规划与设计研究 / 廖子泗，胡春生，王宏刚主编 . —北京：文化发展出版社有限公司，2019. 6

ISBN 978-7-5142-2589-1

Ⅰ . ①公… Ⅱ . ①廖… ②胡… ③王… Ⅲ . ①道路工程－规划②道路工程－设计 Ⅳ . ① U412

中国版本图书馆 CIP 数据核字（2019）第 053231 号

公路工程规划与设计研究

主　　编：廖子泗　胡春生　王宏刚

责任编辑：张　琪　　　　　　责任校对：岳智勇

责任印制：邓辉明　　　　　　责任设计：侯　铮

出版发行：文化发展出版社有限公司（北京市翠微路 2 号 邮编：100036）

网　　址：www. wenhuafazhan. com　www. printhome. com　www. keyin. cn

经　　销：各地新华书店

印　　刷：阳谷毕升印务有限公司

开　　本：787mm×1092mm　1/16

字　　数：377 千字

印　　张：20.625

印　　次：2019 年 9 月第 1 版　2021 年 2 月第 2 次印刷

定　　价：54. 00 元

I S B N：978-7-5142-2589-1

编 委 会

作　者	署名位置	工作单位
廖子泗	第一主编	广西交通设计集团有限公司
胡春生	第二主编	吉安市公路局吉水分局
王宏刚	第三主编	云南交通职业技术学院
屈　磊	副 主 编	新疆生产建设兵团公路科学技术研究所
崔彩虹	副 主 编	山西路桥集团长临高速公路有限公司
赵中民	副 主 编	德州市公路工程总公司
马俊龙	副 主 编	山西路桥第一工程有限责任公司
冯永清	副 主 编	山西路桥第一工程有限责任公司
葛振才	副 主 编	山西路桥第一工程有限责任公司

前 言

在公路的规划过程中，对于公路的路线设计应该做到地形的合理利用，技术标准的严格执行。这些是最基本的路线选择的要求。其次，对于公路路线的选择，应该首先规划不同的路线方案，在这些路线方案中，根据工程造价，自然环境，生活环境等因素进行造价分析，选择最合理，最经济的路线方案。

在公路的路线选择过程中，首先应考虑路线的基本走向，结合当地建筑物，城市布局以及自然环境等因素选择路线的基本走向。在所有的路线方案中经过对比，优化，比较，选择最为合理的公路路线方案。 在公路路线的基本走向确定后，下面要对线路的总体布局进行设计，要根据地形方面的特征，确定要设计的公路路线方案，对方案进行严格地审查及考量。合理设定路线的长度，处理好衔接处的线行设计。根据公路的功能，确定交通安全设施，交通管理设施，以及停车区、服务区等的布局与位置；对收费公路应在论证的基础上确定收费形式；应综合考虑互通式立体交叉、服务区、停车区、大型桥梁、隧道等的位置和间距，以保证交通运行安全所需的最小距离；拟分期修建的工程，必须在按总体规划的技术标准作出设计之基础上，制订分期修建方案并作出分期实施的设计。

公路设计中一个重要的概念便是每一个公路建设项目都具有特殊性，包括项目所在区域的地理位置、地形地质条件、沿线社会环境特点等因素、公路使用者的需求以及所面临的挑战与机遇。

本书在编写过程中参考了大量的国内、外专家和学者的专著、报刊文献、网络资料，以及公路工程规划与设计的有关内容，借鉴了部分国内、外专家、学者的研究成果，在此对相关专家、学者表示衷心的感谢。

虽然本书编写时各作者通力合作，但因编写时间和理论水平有限，书中难免有不足之处，我们诚挚地希望读者给予批评指正。

《公路工程规划与设计研究》编委会

目　录

第一章　公路工程规划的基本要素

第一节　基本原则、程序和主要内容

一、基本原则

在进行公路网规划时，一般应遵循以下原则。

1. 综合运输、协调发展

现代化交通运输方式有公路、铁路、水路、航空和管道运输五种，它们各自适应于一定条件。在进行区域公路网规划时，首先要考虑各种运输方式的现状与发展规模，特别要注意与规划区的铁路和水路的宏观总体协调规划，并以此作为公路网规划的基本依据之一。

根据我国经济发展战略规划的需要，在综合运输规划方面，我国将建成八大通道，即由大秦铁路和公路干线所组成的秦皇岛至大同运输线；由高速公路、铁路和航空线所组成的天津至太原运输线；由高速公路和铁路所组成的连云港至西北地区的运输线；以长江水运为主干，辅以公路与铁路所组成的上海至西南地区的运输线；由珠江水系和公路、铁路、航空线所组成的广州至昆明运输线；由高速公路和铁路、航空线所组成的北京至广州运输线；由公路和铁路等所组成的哈尔滨至大连运输线；由公路和铁路等所组成的山海关至杭州运输线。

为充分发挥公路运输直达门户的优势并满足“面”上运输的需要，一般情况下，规划区域内的公路宜自成体系并形成网络，因此公路网规划需要以综合运输为依据。

2. 结合实际、量力而行

改革开放以来，特别是20世纪90年代后，我国的经济和公路交通建设都取得了显著的成就，经济发展水平不断提高，公路网的规模逐步扩大。然而，我国幅员辽阔，人口众多，经济还相对落后，进行公路建设必须从这一基本国情出发。公路网建设面广量大，耗资巨大，不宜多占耕地。各地经济、自然条件以及公路网现状等亦有较大差别，因此区域公路网的规划，无论是在宏观方面还是在微观方面，均涉及许多复杂的因素和条件，同时区域公路网的规划又是处于一个动态的发展过程之中的，因此，公路网规划必须遵循从实际条件出发的原则，“一次规划，分期实现”，既要保证公路建设适应区域交通运输的需要，同时也要切实可行。公路网规划是宏观控制和决策的需要，亦是合理建设公路、实现公路网建设达到最优目标的保证。经批准后的公路网规划方案，虽然在实施过程中还必须通过信息反馈作必要的修改，但其仍是公路建设的基本依据。因此强调结合实际，量力而行的公路网规划原则，其积极意义在于保证公路建设按计划进行，并使得路网规划方案始终具有约束性和适应性。

在我国，混合交通是公路网规划过程中必须加以重视的重要因素之一。根据统计资料，目前我国交通组成中，干线公路上机动车辆的比例高于地方公路，城镇近郊的公路上非机动车辆比例高于远郊公路。随着交通运输业的发展，公路交通组成将会发生变化，不少地区混合交通中的机动车辆数所占比例将增高。这些特点应在公路网规划中给予重视。

3. 讲究效益、保护环境

公路网络是区域社会经济发展的重要基础设施之一。公路运输的目标是满足区域社会经济发展的需要，完成客货运输任务，促进区域社会经济可持续发展，同时实现其自身的经济效益。公路建设项目，尤其是高等级公路建设项目都是重大的基本建设项目，投资巨大，影响广泛而深远，因此必须讲究经济效益、社会效益和环境效益的高度统一。公路网规划是对区域公路网建设发展的总体安排和部署，必须做好公路建设项目的优化布局和优化排序。优化的准则在于所做的布局规划方案和建设计划方案能否合理利用资源和资金；能否兼顾建设者、使用者及全社会成员的利益，能否体现社会利益公平分配原则；能否促进整个区域社会经济的平衡协调发展；能否保护环境和资源，发扬区域的人文生态特色等。保证规划路网达到最佳综合效益，实现社会的可持续发展。

4. 系统分析、整体优化

现代公路网可视为一个系统。因此，公路网规划必须以系统分析原理为其理论基础。实践证明，要使区域公路网达到其使用要求和目标，并且能够体现以上所述的几项原则，采用系统分析方法是必不可少的。

系统工程是近三四十年来形成、发展起来的一门新学科，目前虽尚未进入成熟阶段，但已显示出巨大的优越性，并被广泛应用于各个领域，包括区域路网规划和城市交通规划领域。有关系统工程的定义迄今尚未统一。1982年钱学森在《论系统工程》一书中提出："系统工程是组织管理系统的规划、研究、设计、制造、试验和使用的科学方法。"综观诸家的说法，有以下几点是公认的，即系统工程是一门应用技术，是一门软科学，用于定量分析系统诸元素间的相互关系，目标是整体优化，它具有全局性、综合性和科学性。所谓全局性也就是整体性，一个事物之所以成为系统，不是指各组成因素的简单总和，而是在于它具有总体的、系统的功能。即俗话说的"见木要见林，办事要有全局观点"。综合性是要求依靠良性循环，注重综合效益，注重综合运用各种技术。科学性意指系统工程的概念和原则是本质的，而数学分析方法则是手段，为了准确地运用系统工程的概念和原则，应尽可能地运用现代数学工具，建立数学模型并进行优化分析。所有这些都应在公路网规划工作中加以研究和运用。

5. 近期与远期相结合

公路网建设是一个长期发展的过程，一个合理的公路交通系统建设规划应包括近期项目建设计划、中期项目建设规划和远期发展战略规划三个层次，并满足"近期宜细，中期有准备，远期可粗、有设想"的要求。公路网建设的长期性决定了公路网规划必须具有"规划滚动"的可操作性，规划的滚动以规划的近远期相结合为前提。

6. 理论与实践相结合

公路网规划是一个复杂的系统工程，必须运用系统工程的理论和方法，从系统的相互协调关系上对公路交通系统进行分析、预测、规划及评价。只有这样，才能获得总体效益最佳的公路网规划布局及建设方案。公路网规划若脱离了工程实际，就会变成"纸上谈兵"，失去其实际意义。

除以上所述的几项基本原则以外，对区域公路网规划而言，还必须注意以下内容：

（1）规划工作要分级进行，省道网应以国道网为基础，地方道路网服从上两级道路网的需要，三者协调发展，逐步完善；

（2）公路网以区域内公路运输为主，但针对目前各地现有公路存在跨区的断头路多，不利于加强横向经济联系的特点，规划新网时要切实加强区域之间的公路建设；

（3）合理的公路网规划，应是政策、经验和技术三者有机结合的结果。由于规划设计和计算过程中某些具体政策和经验不可能全部如实地概括成数学模型，因此任何精确计算只能是相对而言，非确定性因素更是如此。因此，公路网规划的最终方案，必须在理论计算的基础上，联系实际条件加以必要的修正和补充。此外，规划方案还应定期调整和完善。

二、程序和主要内容

公路网规划是区域综合交通规划的一个重要组成部分，其规划程序如图1-1所示。

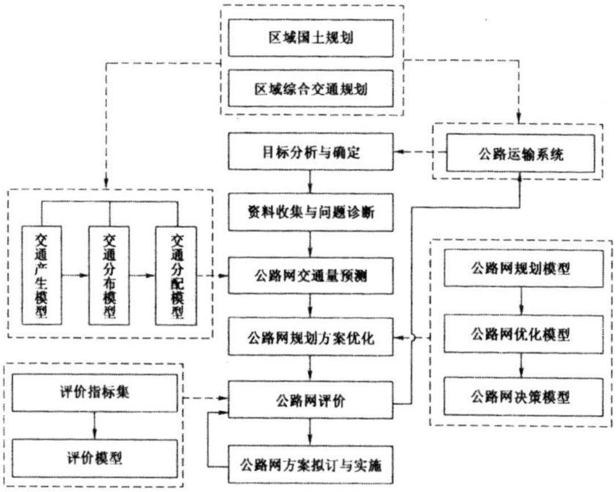

图1-1　公路网规划程序流程图

区域国土规划和区域综合交通规划是公路网规划的前提，这是由公路网的适应性所决定的。土地的开发利用（包括地下资源和旅游资源等）和区域经济发展产生交通需求，交通设施的相应发展又刺激土地使用和经济活动。公路网是综合运输网的子系统，其轮廓和组成方案取决于所服务的运输点及其分布情况，也受约束于各运输点之间的运输量及性质。因此，公路网规划的目标分析、确定，以及与之直接相关的远景交通量的预测，直接依赖于规划区内的国土规划和综合交通规划。

远景交通量的预测，包括区域内交通量的产生、分布和分配模型的建立，是公路网规划的一项主要内容，也是公路网规划方案优化的直接根据，它与资料收集和问题诊断同为规划工作的前奏和基础。

公路网规划方案优化是规划工作中的另一项重要内容，其直接成果就是公路网规划方案的建立和决策，在工作内容和方法上涉及规划、优化和决策等模型的建立与运用过程。公路网规划方案优化以公路网交通量预测为基础，以公路网评价为根据，以交通工程学和最优化技术为手段，据此完成公路网规划的任务和目标。事实上，公路网规划方案优化工作涉及公路网规划所应用的战略和战术，以及公路运输等整个体系中的全部问题。从更高层次的决策水平要求来看，公路网规划方案优化，在很大程度上将决定规划区远景公路建设的水平和公路运输的效果。

公路网评价作为规划工作的一个过程，在公路网规划中起着承上启下的主导作用。作为规划工作的起点，通过对原有公路网的评价和定量分析，可为规划的目标分析和确定提供具体依据；作为规划工作的终点，通过对规划方案的评价，可为规划成果（公路网方案与实施计划）的论证、优化和决策提供各个方面的量化指标。

公路网规划的基本内容，已在上述规划程序中得到说明，可概括为：预测、评价、网化和优选。公路网规划比较具体的步骤见表1–1：

表1–1　公路网规划的步骤

步骤	主要内容
步骤一	区域技术经济调查分析
步骤二	公路网的远景交通量预测
步骤三	公路网线路（包括新建线路和原有线路改建）平面布局和等级结构方案的规划
步骤四	公路网评价系统模型的建立与运用
步骤五	公路网目标优化模型的建立与运用
步骤六	公路网方案决策模型的建立与运用
步骤七	公路网规划环境影响分析
步骤八	公路网实施计划和投资优化决策模型的拟定和运用

公路网规划的成果形式和要求，根据交通运输部2010年新颁布的《公路网规划编制办法》(交规划发〔2010〕112号)，规划成果由两部分文件组成，即公路网规划文本和研究报告。

第二节　成果形式和要求

一、公路网规划研究报告的内容要求

（1）封面、扉页及目录

请参阅《公路网规划编制办法》。

（2）内容要求

第一章　概述

1．规划背景

2. 规划范围和期限

3. 规划思路

4. 规划过程

5. 规划结论

第二章 经济社会及交通发展现状

1. 地理位置及自然条件

概述规划区域的地理位置、行政区划和自然条件。

2. 经济社会发展概况

分析规划区域人口、产业、城镇、资源等经济社会发展状况，重点把握与交通运输密切相关的区域特征。

3. 交通运输发展现状

分析规划区域内各种运输方式（公路、铁路、水运、民航、管道）的运输线路、枢纽等重要基础设施基本情况，研究综合运输体系的构成和发展特点。

4. 公路网现状及综合评价

分析现状公路网规模、结构、布局、技术水平和交通运行状况，评价公路网的适应性，分析现状公路网存在的主要问题。

第三章 经济社会和交通发展需求

1. 经济社会发展需求

分析经济社会未来发展趋势，预测主要经济社会指标（人口、地区生产总值等），阐述城市总体规划、城镇体系规划、产业布局、资源开发等因素对交通运输的要求。

2. 综合运输发展需求

根据规划区域的实际情况，研究各种运输方式的比较优势，分析综合运输未来发展趋势和相关规划对公路发展的要求。

3. 公路交通需求

分析公路运输量、汽车保有量发展特点和趋势，结合经济社会和综合运输发展趋势，预测未来公路运输量、汽车保有量的发展水平。

分析现状公路网交通量发展水平、分布特点和发展规律，把握公路交通流向、流量分布特征，预测未来公路网交通量。

第四章 规划目标

1. 指导思想和规划原则

根据经济社会和交通发展的总体要求，提出规划的指导思想和原则。

2．规划目标

根据经济社会和综合运输发展趋势，结合当前公路网现状和发展条件，提出公路网规划目标。

第五章　布局方案

1．路网规模研究

综合考虑区位条件、经济发展水平、综合运输条件、人口分布和主要节点分布等因素，采用定量和定性方法，论证路网规模。

2．布局研究思路

说明布局的研究思路和方法。

3．影响因素分析

分析主体功能区、城镇、产业布局、资源开发、国家安全等经济社会需求，以及环境、土地等限制因素对规划布局的影响。

分析交通运输需求对规划布局的影响，以及对公路通道路线配置的要求。

4．布局方案研究

根据规划目标，综合考虑相关影响因素，在现有公路网基础上，通过定性和定量分析，拟订公路网规划备选方案，阐述备选路线方案的理由和依据。

结合必要的实地踏勘，研究备选方案的路线走向，分析工程可行性，测算路线里程和重大工程的规模，匡算工程投资和土地占用情况，分析路线方案对环境的影响，以及工程建设中存在的重大技术难点。

从规划目标的实现程度，对经济、社会、交通运输、环境和土地等方面的影响，以及路网技术经济指标等方面，对备选方案进行比选优化，确定布局方案。

5．布局方案

说明布局方案的路网规模和路线方案。路线方案包括规划路线的名称、起讫点、主要控制点、里程、技术标准和主要功能作用。根据需要，说明布局方案在城市过境、与其他路网衔接、重要附属设施和重大工程等方面的情况。

第六章　实施安排

1．用地规模和资金需求

说明规划路网的已建、在建和待建情况，匡算用地规模和建设资金需求。

2．近期建设重点

根据经济社会、交通运输发展需求和投资能力，提出分阶段建设任务和近期建设重点项目。

第七章　综合评价

1．路网技术评价

从路网规模、密度、技术等级、节点连通情况、路网覆盖程度、主要节点间通达时间、运行速度、交通拥挤度等方面，评价路网服务能力和质量的改善情况。

评价规划路网与其他路网、运输枢纽衔接情况，以及与其他运输方式协调情况。

2．直接经济效益分析

分析规划实施后在节约运输时间、降低运输成本、减少交通事故损失和节约燃油消耗等方面的效益。

3．经济社会影响评价

从资源开发、产业布局、城镇发展，以及人民生活水平提高、就业、扶贫、教育、国家安全等方面，评价对经济和社会的影响。

4．环境影响分析

分析规划的实施对环境的影响，提出预防或减缓不良环境影响的对策。

5．土地利用影响分析

分析规划与土地利用总体规划的协调性，提出减少耕地占用和节约集约用地的措施。

第八章　政策措施建议

提出保障规划顺利实施的政策措施建议。

二、公路网规划报告的附图、附表

（1）主要插图

主要插图包括：行政区划图；交通基础设施现状图；相关交通基础设施规划图；相关经济社会发展现状和规划图；交通出行分布示意图；规划路网布局方案图；规划路网实施安排图。

（2）主要表格

主要表格包括：主要经济社会指标现状表；路网现状表；主要经济社会指标预测表；历年公路运输量和汽车保有量现状和预测表；公路交通出行OD表；主要公路交通量现状和预测表；规划路线方案表；近期重点建设项目或建设项目实施表。

三、公路网规划研究报告的主要附件

公路网规划报告的主要附件包括：社会经济及交通运输调查报告；社会经济发展预测报告；交通运输发展预测报告；公路交通量预测报告；公路网规划报告；公路网规划分期实施报告；其他专题报告。

第二章　公路工程规划的前期准备

第一节　社会经济发展预测

一、概述

1. 社会经济预测的目的与意义

社会经济预测，是在国家与地方政府制定的宏观和微观经济政策指导下，以经济发展的历史和现状为出发点，以调查研究和统计资料为依据，以科学的定性分析判断和严谨的定量计算为手段，揭示与预测对象有关的经济活动的发展演变规律，从而对预测对象的未来发展演变程度预先做出科学的推测。

由于我国目前的社会经济发展执行5年计划，中长期规划一般为10年，至多不超过15年，而公路建设项目使用年限一般为15 ~ 20年，甚至更长时间。因此，公路网规划研究对未来社会经济资料的预测年限要求一般在20 ~ 30年。所以，在社会经济计划或规划长度不能满足研究要求的情况下，进行社会经济预测对公路网规划研究来说是必不可少的，具有重要意义。

社会经济系统是一个多种成分组成的统一体，各地区、各部门的社会经济之间相互联系、相互衔接、相互配合及综合平衡，构成了一个整体。但由于各地区、各部门的自身利益等多种因素作用，往往使得各种规划意见还存在一定的矛盾。因此，为了正确地把握所研究区域的社会经济发展趋势，应尽可能地多做些对比分析和研究。必要时，还应该同有关地区、行业、部门的专家、领导集中咨询或研讨。

社会经济系统是一个复杂的大系统，有其不可预测的一面，亦即未来具体社会经济指标的数值大小只能是对社会经济发展程度的一种预测，具有相对参考价值，将来社会经济实际发展水平可能会与预测值产生一定的偏差。而对公路网规划研究来说，要求分析研究在各种可能的社会经济水平下区域公路网规划方案的经济合理性，所以未来社会经济发展水平应尽可能确定在一个合理的范围内，而不应仅仅考虑一种方案的经济合理性。

2. 社会经济预测的主要内容及步骤

公路设施是促进城乡经济发展和社会进步的重要基础设施，它的建设发展必须与地区的社会经济发展相适应。在公路网规划中，需要采用的主要社会经济指标有：

人口（包括总人口数、农业及非农业人口数、社会劳动力人数及其构成等）；土地面积（主要指耕地面积）；社会总产值、工农业总产值、国民收入、国内生产总值、社会商品零售总额等；人均国民收入、人均国内生产总值、职工人均收入、农民人均纯收入、居民消费水平；财政支出与收入；固定资产投资额（主要指基建投资额）；工农业主要产品产量；矿产资源储量等。

社会经济预测工作的一般步骤见表2–1。

表2–1　社会经济预测工作的一般步骤

步骤	内容
1	确定预测目标
2	选择预测目标的影响因素和变量
3	收集调研数据资料
4	对数据资料进行整理和分析
5	选择或建立合适的预测方法和数学模型
6	对模型进行标定和检验
7	预测自变量数据的确定
8	对目标进行预测
9	对预测值进行综合分析，确定预测结果

二、人口发展预测

1. 回归预测模型

人口回归预测模型是根据统计部门所能提供的各区历年年末人口总数，在人口总量与年份之间进行回归分析，根据回归模型进行趋势外推，确定规划年份的人口总量。回归预测模型为：

$$y = a + b(x - x_o) + c(x - x_o)^2$$

式中：y——预测年份的人口预测值，万人；

x——预测年份的公元年号；

x_o——被采用统计资料的起始年份的公元年号。

该方法对于近期的人口发展预测结果比较精确，对于远期可能会产生较大的误差，一般认为预测年限跨度不能超过人口统计年份的跨度。

2. 自然增长与机械增长预测模型

该模型的出发点是各区历年的年末人口数都是由上年度的年末人口数、本年度的自然增长数及机械增长数三部分组成。自然增长数为出生人数减去死亡人数，机械增长数为该地区迁入人数减去迁出人数。据此得到预测模型如下：

$$P_i = P_{i-1} + S_i^{'} + T_i^{'} = P_o + S_i + T_i$$

$$S_i \sum_{n=1}^{i} S_n^{'}, T_i = \sum_{n=1}^{i} T_n^{'}$$

式中：P_i——第i年的年末人口数，万人；

P_o——起始年的年末人口数，万人；

$S_i^{'}$——第i年的自然增长数，万人；

$T_i^{'}$——第i年的机械增长数，万人。

预测时，P_o可取为现状人口数，S_i、T_i可根据历年各区的人口统计资料进行回归分析后预测。

3. 增长率预测模型

人口增长率预测模型是一类比较简单的模型，它主要以人口的增长率作为变量，预测今后人口的发展趋势，主要包括线性增长模型和指数增长模型。

（1）线性增长模型

线性增长模型假设每年人口增长数量为一个常数a，那么第n年的人口数量就应该是：

$$P_n = P_0 + na$$

式中：P_0——基年的人口数量，万人；

a——人口年增长数量，万人/年；

n——预测的年份数，年。

其增长的规律如图2-1所示。

（2）指数增长模型

线性增长模型是基于某地区人口每年的增长数量是常数的假设而建立的；在一个不太长的时段内，或者在人口增长率不太高的情况下，这个假设是近似成立的。

但人口的增长是以人口数量本身为基数的指数增长，也就是说，使用指数增长的方法来描述人口水平更加切合实际。我们假设某地区的人口增长率为r，则：

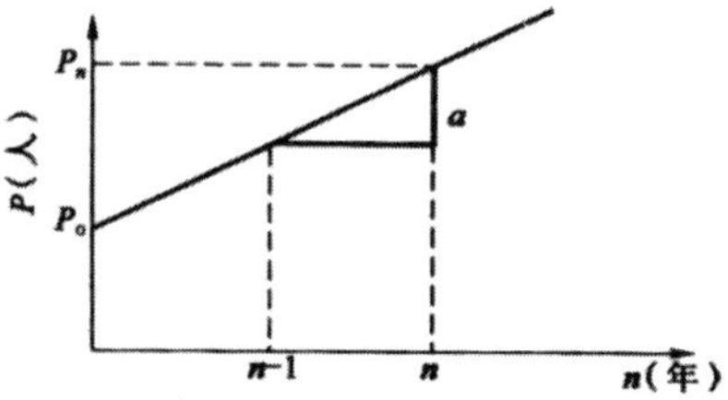

图2–1　P_n的曲线形式（一）

$$r = \frac{P_n - P_{n-1}}{P_{n-1}}$$

即：

$$P_n = P_{n-1}(1+r)$$

如果用基年的人口数量P_o来表示P_n，根据上式的递推公式，可得：

$$P_n = P_o(1+r)^n$$

图2–2显示出P_n的变化轨迹。

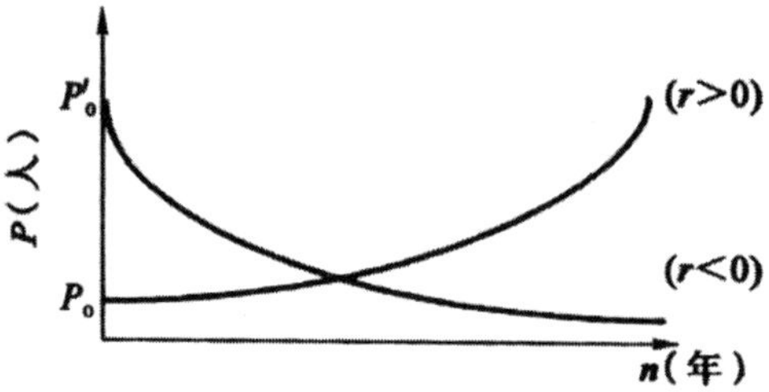

图2–2　P_n的曲线形式（二）

4. 生长曲线预测模型

生长曲线是由比利时数学家维哈尔斯特（P·F.Veihulst）在研究人口增长规律时提出来的，又称为Logist曲线。

Logist曲线预测模型为：

$$y_t = \frac{1}{k + ab^t}$$

或

$$\frac{1}{y_t} = k + ab^t$$

式中：k、a、b——参数；

t——时间。

对y_t求一、二阶导数，有：

$$y'_t = \frac{-ab^t \ln b}{\left(k + ab^t\right)^2}$$

$$y''_t = \frac{a(\ln b)^2 b^t \left(k - ab^t\right)}{\left(k + ab^t\right)^3}$$

令$y''_t = 0$，可求得曲线拐点的位置为：

$$\left(\frac{\ln k - \ln a}{\ln b}, \frac{1}{2k}\right)$$

曲线过此点由向上凸变为向下凹。

当k>0，a>0，0<b<1时，由于lnb<0，所以y'_t>0，此时，y_t为增函数，即y_t随t的增大而增大，且在点$\left(\frac{\ln k - \ln a}{\ln b}, \frac{1}{2k}\right)$出现转折，$y_t$的增长率由逐渐增大变为逐渐减小。在t=0时，$y_t = \frac{1}{k+a}$；当t→－∞时，$y_t$→0；当t→＋∞时，$y_t \to \frac{1}{k}$。所以$y_t$=0和$y_t = \frac{1}{k}$都是它的渐近线，它的图形为一条S形曲线，且关于拐点是对称的（图2-3）。它与龚柏兹曲线很相似，也是描述某些经济变量由开始增长缓慢，随后增长加快，达到一定程度后，增长率减慢，最后达到饱和状态。因此，对于具有这种发展趋势的预测目标，根据其具体情况，可考虑用Logist曲线描述。

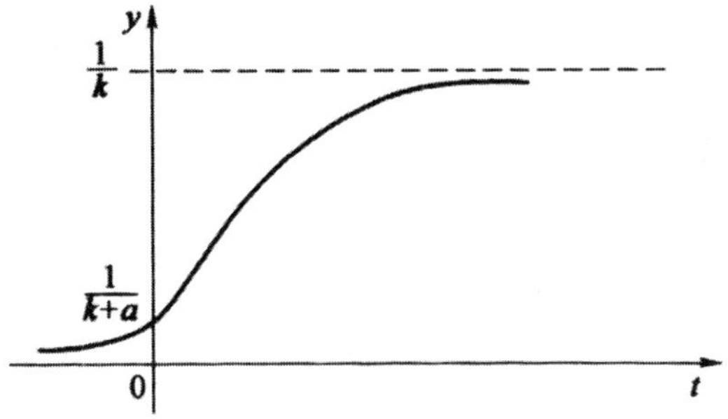

图2-3　Logist的曲线形式示意图

三、经济发展预测

按照不同的划分标准，经济发展预测可以有不同的分类。

按照预测方法的性质不同，可分为定性经济预测和定量经济预测两种方法。

1. 定性经济预测

定性经济预测，是预测者通过调查研究，了解实际情况，凭自己的实践经验、理论和业务水平，对经济现象发展前景的性质、方向和程度做出判断，从而进行预测的方法，也称为判断预测或调研预测。预测的目的主要在于判断经济现象未来发展的性质和方向，在分析实际情况的基础上提出粗略的数量估计。定性经济预测的准确程度，主要取决于预测者的经验、理论、业务水平以及掌握的情况和分析判断能力。这种经济预测方法综合性强，需要的数据少，能考虑无法定量的因素。在数据不多或者没有数据时，可以采用定性经济预测，它和定量经济预测相结合，可以提高经济预测的可靠程度。定性预测方法主要有市场调查法、专家评估法（德尔菲法）、主观概率法、交叉影响法等。

2. 定量经济预测

定量经济预测，是指根据准确、及时、系统、全面的调查统计资料和经济信息，运用统计方法和数学模型，对经济未来发展的规模、水平和速度的测定。由于定量预测与统计资料、统计方法有密切的关系，所以也称为统计预测。定量经济预测方法主要有回归分析法、时间序列平滑预测法、趋势曲线模型预测法、随机时间序列预测法、马尔可夫预测法、判别分析预测法等方法。

定性经济预测方法比较简单易行，可利用有关人员的丰富经验、专业知识及掌握的实际情况，考虑不定量因素的影响，进行比较切合实际的预测。其缺点在于，进行预测时包含的主观因素较多，往往会过于乐观而浮夸估计，或偏于保守而估计过低。预测者由于工作岗位不同、掌握的情况不同、理论水平及实践经验各异，对同一问题，不同的人会做出不同的判断，得出不同的结论。定量经济预测，以调查统计资料和经济信息为依据，考虑经济发展变化的规律性和因果关系，建立数学模型，可以对经济未来发展前景进行科学的定量分析。其缺点在于不能考虑定性因素的影响，需以经济条件和影响经济的各主要因素比较稳定为前提，当经济条件和因素发生突然变动时，定量预测结果就会出现较大偏差。

为了提高预测质量，以便为决策和计划提供可靠的依据，通常将两种预测方法相结合，对定性预测结果和定量预测结果进行比较、核对，分析产生差异的原因，根据经济情况进行综合判断。利用定性分析对定量预测结果进行必要的修正和调整，以取得良好的结果。

按照预测时间长短的不同可分为长期经济预测（预测年限一般为15年以上）、中期经济预测（预测年限一般为5 ~ 15年）和短期经济预测（预测年限一般为5年以下）。

按照预测的时态不同可分为静态经济预测和动态经济预测。静态经济预测是指不包含时间变动因素，对同一时期经济因果关系的预测；动态经济预测是指包含时间变动因素，根据经济发展的历史和现状，对未来发展前景的预测。

第二节　交通需求预测

一、交通需求预测的基本流程

现代交通规划理论中的交通需求预测习惯上被分为四个阶段，即交通产生预测、交通分布预测、交通方式分担预测及交通网络分配。这一预测模式在城市交通规划领域已被广泛应用，理论和技术上已趋于成熟。而在区域交通规划领域，由于涉及的地域范围广大、行政单元众多、管理层次复杂等，难以完全按传统的四阶段模式来操作。因此，需要针对区域的具体大小、特征、背景，对预测理论、方法作深入的研究，然后才能进行具体区域的交通需求预测分析。

区域社会经济活动的存在、社会经济的发展、区域间经济联系的增强，是区域运输需求产生和增强的直接动因。从经济角度来讲，区域内部各子区域间、区域与外部区域之间存在着互补互利、依附从属、互相制约等多种复杂的关系，这些复杂的经济联系必须依托一定的物质基础（包括运输设施等）才能维持。从社会角度来讲，区域间的行政从属关系、互存关系、公民亲情关系以及生存、娱乐、旅游、社交等多种需要亦产生了大量的交通需求。因此，区域交通需求预测是直接建立在对区域社会经济与土地利用等进行分析和预测的基础上的。

区域交通需求预测要比城市交通需求预测复杂和困难，因此，在预测过程中要坚持以下原则（见表2-2）。

表2-2　预测过程中要坚持的原则

原则	主要内容
系统分析原则	具体体现在四个方面：要将区域社会经济系统与国家社会经济系统、国际社会经济系统及周边地区社会经济系统联系起来；要将区域交通运输系统与区域社会经济系统联系起来；要将区域运输系统中各种运输方式联系起来；要将区域公路运输系统中各个要素联系起来

原则	主要内容
政策协调原则	对区域未来交通需求的预测必须建立在与国家、区域和地区社会经济发展政策相协调的基础上，以政策为导向来进行交通需求预测
定性与定量相结合的原则	由于预测无法回避社会经济发展同时具有规律性和偶然性的矛盾，因此我们既要充分运用科学的定量分析手段寻找交通需求发展的规律，也要充分考虑未来发展中的偶然性（不确定性），充分利用政策、专家经验和领导决策等定性分析手段把握预测的方向
弹性原则	既然未来社会经济发展具有偶然性，那么预测结果将不是唯一不变的，应充分考虑未来交通需求的多种可能性，预测结果应留有必要的弹性范围
历史与未来发展相结合原则	这个原则是上述四个原则的自然延伸，我们只能从区域社会经济与交通运输历史发展、演变中探索出区域交通需求发展的规律性，而对区域未来的交通需求预测则既要考虑区域交通需求的历史现状，又要根据对区域未来社会经济发展政策、条件、制约因素的分析，作出合乎逻辑的判断和决策

二、交通生成预测

模型法是根据历史资料建立数学模型进行预测的方法。模型法预测结果同样也必须通过征求专家意见，进行判断和修正，直至基本满意为止。模型法中的主要方法或模型如下。

1. 增长率法

增长率法是根据预测对象（如客货运量、经济指标等）的预计增长速度进行预测的方法。其步骤是：

（1）分析历史年度预测对象增长率的变化规律；

（2）根据对相关因素发展变化的分析，确定预测期增长率；

（3）进行未来值的预测。

预测模型的一般形式为：

$$Qt=Q_o(1+a)^t$$

式中 Qt——预测值；

Q_o——基年值；

a——确定的增长率；

t——预测年限。

增长率法的关键在于确定增长率，但增长率随着选择年限及计算方法的不同而存在较大的差异。所以增长率法一般仅适用于增长率变化不大且增长趋势稳定的情况，其特点是计算简单，但预测结果粗略，较适于近期预测。

2. 乘车系数法

乘车系数定义为区域旅客运量与人口数之比。乘车系数法又称为原单位发生率法，类似于城市交通预测中的类别发生率法，它用区域总人口与平均每人年度乘车次数来预测客运量。模型的形式为：

$$Q_t=P_t\beta$$

式中：Q_t——预测期客运量值，万人；

P_t——预测总人口，万人；

β——乘车系数。

乘车系数可以根据指标的历年资料和今后变化趋势确定，但是乘车系数本身的变动有时难以预测，各种偶然因素会使其发生较大波动。此外，人口、职业、年龄的变化也使系数很难符合一定规律。

3. 产值系数法

产值系数法是根据预测期国民经济指标值（如工农业总产值、社会总产值、国民收入等）和确定的每单位指标值所引起的货运量或客运量进行预测的方法。模型的形式为：

$$Q_t=M_t\beta$$

式中：Q_t——预测期总运量，万人或万t；

M_t——预测期经济指标；

β——产值系数。

产值系数法的关键在于把握产值系数的变动趋势。

4. 弹性系数法

弹性系数法借用了经济学弹性的概念，它是一种建立在回归分析基础之上的预测方法。

设某一交通生成预测模型为：

$$y=f(x_1, x_2, \cdots\cdots x_m)$$

定义y关于x_j的弹性系数E_j为y的变化率与x_j的变化率之比，即：

$$E_j=\frac{\Delta y/y}{\Delta x_j/x_j}=\frac{\Delta y}{\Delta x_j}\cdot\frac{x_j}{y}(j=1,2,\cdots\cdots,m)$$

Δy、Δx_j分别为y与x_j的增量，若$\Delta x_j\to o$，则有：

$$E_j=\lim_{\Delta xj\to o}\frac{\Delta y}{\Delta x_j}\cdot\frac{x_j}{y}$$

对于线性模型：$y=b_1x_1+b_2x_2+\cdots\cdots+b_mx_m$，$\lim\limits_{\Delta xj\to o}\dfrac{\Delta y}{\Delta x_j}$ =bj 可知 y 对 x_j 的弹性系数为：

$$E_j = b_j \cdot \frac{x_j}{y}$$

可见，对于线性回归模型，回归系数 b_j 是弹性系数的一个分量。在回归分析中，我们掌握的住往是一组统计样本，为了消除样本中由于随机干扰的影响所造成的差异，引入一个平均弹性 $\bar{E}_j$：

$$\bar{E}_j = b_j \cdot \frac{\bar{x}_j}{\bar{y}}$$

其中 $\bar{x}_j$、$\bar{y}$——分别为 x_j 与 y 的样本平均值。

弹性系数体现了 y 对 x 的反应，弹性系数越大，说明 y 对 x 的变化越敏感，这样在获得 x 增长率的情况下，考虑其与 y 的弹性系数就可获得 y 的增长率，进而求得 y 的预测值。

5. 时间序列法

时间序列法是根据规划区域客、货运输的历史统计资料，以时间 t 为自变量建立模型，对未来客、货运输量进行预测的方法。

时间序列预测技术的基本出发点是利用预测对象过去发展变化的特征来描述和预测未来的变化特征。各种事物的时间序列变化特征一般可以分为趋势型、周斯型、不规则型及组合型。在交通生成预测中，一般遇到的是组合型的时间序列，它常常由趋势型和不规则型组合而成。对于不同形式的时间序列，有不同的预测技术。

（1）时间序列预测技术的流程

时间序列预测技术的一般流程如图 2–4 所示。

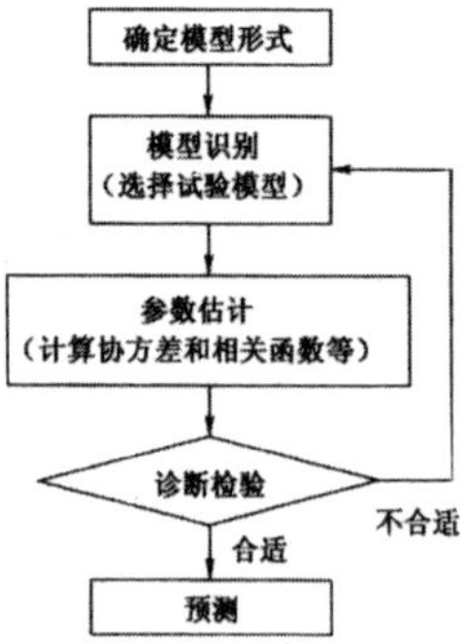

图 2–4　时间序列预测技术的一般流程示意图

（2）时间序列预测技术

1）移动平均法

移动平均法是最常用的时间序列预测方法之一，包括简单移动平均法和趋势移动平均法。其中，简单移动平均法较为粗糙，在目标发展趋势存在多种变化的情况下，往往会产生较大预测偏差；趋势移动平均法的各项指标比简单移动平均法有所改善，但仍不够理想，仅适用于短期预测。

2）指数平滑法

指数平滑法克服了移动平均法的诸多缺点，它对时间序列中每个数据进行加权处理，注重反映近期环境。指数平滑法对各种趋势及随机变化均有相应的模型，可用于中短期预测。

3）成长模型

在交通生成预测中常遇到这样的时间序列，即它的发展具有一定的成长过程：从缓慢增长的发生初期，过渡到迅速增长的发展期，达到一定水平后转至缓慢增长的成熟期，最终趋于极限。从理论上讲，人口的增长、客货运量的发展均符合这一规律。

时间序列预测技术不从因果关系分析入手，自然省去了变量筛选、自变量预测、参数检验等一系列工作，较为简单、直观。但是，时间序列预测技术本身所要求的数学知识较为深奥，计算复杂，只有借助计算机才能实现。

6. 回归分析预测法

交通生成的变化受许多因素的影响，它们之间往往存在着一定的因果关系，回归分析预测法就是一种通过分析研究客货运量与相关因素的联系规律从而进行预测的方法。在交通产生预测中，回归分析预测的应用较为广泛。

在区域客运量分析中，常用总人口、非农业人口、居民密度、人均旅行次数、人均消费水平、人均国民收入、客车保有量等指标作为相关因素；区域货运量分析中，常用总人口、工农业总产值、汽车保有量、人均国民收入、人均消费水平、基建投资额等指标作为相关因素。

7. 经济计量模型

在交通生成预测中，经济指标、各运输方式客货运量等预测目标之间，常常是相互联系、相互制约的，所以应用多目标预测技术可以更全面、更准确地描述实际过程的运行机制。在多目标预测中运用最多的是经济计量模型。

经济计量模型是指依据由统计学、经济学、数学三者结合而成的经济计量学，用定量方法描述经济系统的运行机制，研究经济变量间的数量关系，最后得到一个联立方程组。

在交通产生预测中，由于交通运输与国民经济之间以及交通运输内部的关系错综复杂，因此在对客货运量进行预测时，运用经济计量模型是较为合适的。

8. 类比法

若所研究区域的交通发展特性与某一时期国外或国内某些地区的交通发展特性类似，则可以直接使用已建立的较为成功的模型或其发展弹性系数进行交通生成预测。这样做的前提是对所研究区域及所要借鉴模型区域的交通发展特性做周密的调查研究论证工作。

三、交通方式选择预测

交通方式选择又称交通方式分担或交通方式划分。对于公路建设项目可行性研究或公路网规划，交通方式分担预测包含了两部分内容：其一是公路运输与铁路、水运、航空等运输方式之间的分担量预测；其二是公路客、货运输不同车型的分担量预测。对于前者，可分两种情形来处理：一是在只有公路OD资料，而没有铁路、水运等其他方式OD资料时，只能从间接资料中依据定性分析和专家经验来确定不同方式的分担量；二是当研究区域具有比较完整的与公路同口径的铁路、水运等其他运输现状或历史OD资料时，可以根据这些资料建立起不同方式分担预测模型来进行预测。第二项分担量预测内容一般根据现状OD调查或交通量调查资料，综合地区未来机动车、非机动车拥有量的发展预测近似地计算。

以下介绍几种应用较广泛的交通方式选择预测方法。

1. 专家经验法

该法主要是根据收集到的资料，分析预测年铁路、水运等交通方式区段运输能力适应状况。当它们的运能小于其运量时，考虑经济运距、直达性、安全性等因素，按适当比例将部分客货发送量从铁路、水运等客货运量中分流出来，由公路客货运输来分担。当铁路、水运等方式的运能大于运量时，则应仔细考虑它们与公路运输间的竞争协作关系，慎重选择它们的合理分担率。

上述两种情况下，分担率的确定都要广泛地征求专家的意见，进行反复的论证研究，而不能盲目、主观、草率地确定。

2. 总量控制法

交通方式选择总量控制法步骤如下：

第一步，根据地区历年公路、铁路、水运等运输方式运量分担及设施水平统计资料，建立总量分担模型。例如，对公路客货运分担量，可以选择如下Logist模型：

$$\hat{y}=\frac{100}{k\left(1+ae^{\beta x}\right)}$$

式中　$\hat{y}$——公路客运量或货运量分担率；

x——地区公路设施建设水平指标，可用公路网当量密度来表示（公路网当量密度指将地区各级公路长度换算成一种标准等级公路长度，然后再除以地区国土面积）；

k、a、β——待定系数。

第二步，按各交通小区现状的非公路客货运量分担比例，同时考虑各小区未来非公路方式设施水平和运输能力变化的影响，将非公路客货运量分配到各小区中，得到各小区未来非公路客货运量，即：

$$\hat{V}=\frac{V_i^o}{V^o}VR_i$$

式中：V^o——全地区现状非公路客（货）运总量，万人（万t）；

V——全地区未来非公路客（货）运总量，万人（万t）；

V_i^o——第i小区现状非公路客（货）运量，万人（万t）；

Ri——第i小区未来非公路运输方式由于其建设水平和运能变化而选用的经验修正系数。

其中，V可由下式计算：

$$V=T(1-\hat{y})$$

式中：T——全地区未来年全方式客（货）运输总量，万人（万t）；

$\hat{y}$——全地区未来年公路客、货运分担率（第一步已确定）。

第三步，将各小区预测的全方式客货运量中减去第二步确定的非公路客货运量，得到各小区预测的公路客货运量：

$$H_i=T_i-V_i$$

式中：H_i——第i小区预测的公路客（货）运量，万人（万t）；

T_i——第i小区未来年全方式客（货）运量，万人（万t）；

V_i——第i小区非公路方式客（货）运量，万人（万t）。

3. 运输方式分担率法

该法根据基年的公路、铁路、水运等OD表及运费、运输全过程时间表，建立方式划分分担率预测模型并进行标定、检验。通常采用如下形式：

$$P_{i,j,m}=\frac{e^{Um}}{\sum_{m=1}^{n}e^{Um}}$$

$$U_m=a_o+a_1C_m+a_2T_m$$

式中　$P_{i,j,m}$——第i小区到第j小区第m种运输方式客流或货流分担比例；

U_m——第m种运输方式的交通阻抗函数，一般采用如下形式：

C_m——第m种方式i→j小区的运费，元/h；

T_m——第m种方式i→j小区的运输全过程时间，h。

根据上述方式分担模型，考虑未来地区各种方式的建设水平和运能变化，预测确定各小区间公路客货运分担率$P_{i,\ j,\ h}$和分担量$x_{i,\ j,\ h}$：

$$x_{i,\ j,\ h}=T_{i,\ j}P_{i,\ j,\ h}$$

式中：Ti，j—i→j小区全方式客（货）运量，万人（万t）。

4. 交通系数法

在无OD调查资料或OD调查资料不全时，可采用交通系数法推算发生、吸引交通量，计算公式为：

$$X_{it}=Ja_{it}$$

$$Y_{it}=J(1-a_{it})$$

$$a_{it}=kE_{it1}^{a1}E_{it2}^{a2}E_{it3}^{a3}E_{it4}^{a4}E_{it5}^{a5}$$

式中：X_{it}——第t年i分区发生交通量，辆/d；

Y_{it}——第t年i分区吸引交通量，辆/d；

J——第t年i分区总交通量，辆/d；

a_{it}——第t年i分区交通发生率，可参照公路运输部门客货运输量的发生率或根据类似地区OD调查值拟定，也可根据上式计算得到；

kE_{it1}^{a1}——第t年i分区公路运输部门客货运输量发送率，%；

kE_{it2}^{a2}——第t年i分区大宗公路运输物资发送率，%；

kE_{it3}^{a3}——第t年i分区铁路运输量发送率，%；

kE_{it4}^{a4}——第t年i分区人均国民收入，元；

kE_{it5}^{a5}——第t年i分区人口密度，人/km^2；

k、a_1、a_2、a_3、a_4、a_5——常数，用最小二乘法求得。

第三章　公路网布局规划设计

第一节　布局规划的内容和方法

一、布局规划的内容

公路网的布局规划是公路网规划的一个重要组成部分，指在对公路网进行现状调查分析、对公路网所在区域的社会经济及交通需求进行预测之后，以一定的目标和条件为依据，采用适当的方法选择规划线路将选定的控制节点连接起来，形成未来公路网平面布局方案的过程，主要包括以下内容（见表3–1）。

表3–1　公路网平面布局方案的过程

步骤	主要内容
公路网合理发展规模的确定	在对公路网所在区域的社会经济现状和未来社会经济发展趋势、公路网历史交通状况及其未来发展趋势等进行分析和预测的基础上，应用数学模型或方法确定公路网未来能够适应和满足交通需求和经济发展而应达到的建设规模，如公路网总里程、密度、等级结构等
公路网节点的选择	根据区域各节点的经济现状和未来社会经济发展趋势、节点在区域发展中的地位和作用、节点未来交通需求预测情况以及区域发展政策等，确定公路网必须联结的控制节点和各节点所属的不同层次类别
网络布局	以一定的优化目标和约束条件为依据，采用适当的方法或模型选择规划线路，将确定的控制节点连接起来，确定各线路或路段的走向和技术等级，并进行交通质量评价

二、布局规划的原则

影响公路网布局的因素较多，如公路网的建设资金、公路网发展规模以及地理环境、自然条件、政策干预等。当所考虑的因素和采用的方法不同时，不同的人会得出各种各样的布局方案。为了得到合理可行的布局方案，在进行公路网布局规划时，一般应遵循下列原则。

（1）公路网的布局规划应根据区域交通源的分布、交通流量流向，并结合地形、地质、河流、综合运输布局、区域周围地区的公路网以及原有公路网状况，因地制宜地进行。各级公路网的控制节点应为区域中主要的交通源。

（2）公路网的布局、主要线路的走向、公路的等级应尽量和交通流量流向相一致，使公路发挥最佳的运输效益。

（3）地形、地质、河流会影响公路的造价，也会影响公路的运输效益。因此公路网的主要线路应尽量选择地形、地质状况较好的走向，并尽量减少与河流，特别是大江、大河的交叉。

（4）区域运输体系是由公路网、铁路网、航运网等各种运输方式组成的，各种运输系统之间应相互协调、相互配合。公路网布局与铁路网、航运网等的布置应协调一致，共同完成区域的运输任务，发挥各种运输方式的长处。同时，公路与铁路等在线路布置上也应尽量减少相互干扰，避免过多的交叉。

（5）区域公路网要与区域周围地区的公路网相衔接，使之能协调一致，避免出现断头路及设计速度的急剧变化。

（6）公路网布局规划应分层次并由上到下进行，局部服从整体。省道网应以国道网为基础，地方道路网应服从国道网、省道网的需要，王者协调，逐步完善。

（7）规划路网是在现有路网的基础上进行的，规划路网不可能也不应该完全抛弃现有路网，而应该充分利用现有路网，使之能在规划路网中发挥最大的作用。

（8）一条公路可根据交通量的大小分段采用不同的公路等级，但为使公路的技术等级保持相对均衡，一条公路的等级不应频繁变更。不同公路等级的路段应有一定的长度，公路等级越高，则其路段最短限制长度应越长。

三、路网布局的主要形式

公路网布局的典型形式主要有三角形（星形）、棋盘形（格网形）、并列形、放射形（射线形）、扇形、树杈形以及条形，如图3–1所示。

由于各个公路网中的运输点地理位置不同，影响公路走向的因素众多，因此公路网布局的形式不可能千篇一律。一般来说，在平原和微丘地区，公路网布局形式中的三角形（星形）、棋盘形（格网形）和放射形（射线形）较为普遍；而重丘区和山区，由于受到山脉和河川的限制，公路网布局往往形成并列形、树杈形或条形；当区域内的主要运输点（省、市或县的行政机关所在地等）偏于区域边缘时，有可能产生扇形或树杈形路网；条形是特例，有可能在狭长地带的地方公路网中出现。

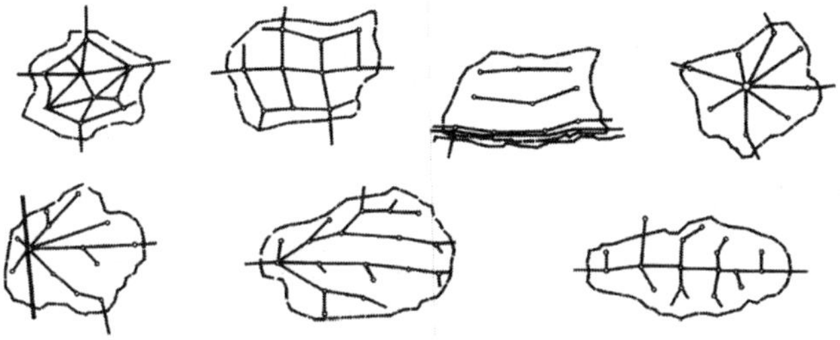

图3–1　公路网布局的形式

各种布局形式往往又相互组合而形成混合型。如果条件许可，为了满足公路网能够四通八达并达到效益最佳的要求，通常区域公路网宜成环状。

四、布局规划的方法

常用的公路网布局规划方法可归纳为三类：经验调查法、数理解析法和系统分析法。经验调查法，即专家论证法。西方国家在20世纪60年代以前，我国在20世纪80年代以前，公路网布局规划基本上都采用这种方法。该法是因实际需要，由专家（对规划区的情况比较熟悉、具有一定实践经验的专业人员）构思，集体共议献策，通过调查研究和测算，由领导决策的一种方法。此法一般限于短期内的修建计划，随机性很大，适应期限不长，难以实现规范化和系统化。应当肯定，专家的经验，在任何公路网规划设计中，均不应忽视，但经验必须与科学方法相结合，才能更好地发挥作用。

数理解析法是由前苏联一些经济地理学家在20世纪六七十年代提出的，主要借鉴几何原理和力学原理，以提高运输效率、缩短运输线路里程为目标推导出来的。可分为支线连接法、干道方向法等。可用于初始网络的拟定或小规模新开发地区的公路网布局规划、县乡公路网的布局规划以及县乡道路的局部改善等。

系统分析法是20世纪60年代以后，随着现代区域运输网络规划方法的形成和发展而产生的一类方法，是当代经济发达国家普遍用于交通规划和公路网规划的现代化方法，使用的范围也很广泛，如可用于预测、评价等。目前，常用的有动态规划法、最优树法、最佳规模法、逐步调整法等。其中，动态规划法和最优树法尤其适用于干线公路网的布局规划。而最佳规模法和逐步调整法可用于任何公路网的布局规划，即它们不仅可用于干线公路网，也可用于县乡公路网，同时还可用于既含有干线公路，又含有县乡公路的区域公路网的布局规划。

第二节　公路网发展规模与网节点选择

一、公路网发展规模

公路网在不同的发展阶段应有确定的发展规模，这主要与区域经济发展状况、规划节点分布状况及交通发展状况有关。公路网合理发展规模的确定，是进行公路网布局规划的首要工作和前提。

由于出发点不同，公路网发展规模的表示方法也存在着差异。常用的表示方法是采用公路网密度、公路网通达深度、公路网等级结构、出行距离以及出行时间等指标来表示。这些表示方法均有其科学性，并且是与公路网发展的一定阶段、一定层次相适应的。

公路网合理发展规模的确定方法主要有以下几种。

1. 经济分析法

（1）弹性系数法

这种方法通过建立公路建设增长速度与经济建设增长速度的关系来推知未来公路网的发展规模，如下式所示：

$$I_R=E\cdot I_E$$

式中：I_R——公路建设增长率；

I_E——经济建设增长率；

E——弹性系数，通过研究相关历史资料确定。

（2）结构类比法

此方法通过建立规划区与国内发达地区的类比关系来确定规划区远景公路网规模。规划落后地区时，将其一定时期规划目标定在相当于国内发达地区现有水平；在规划发达地区时，设定其规划目标相当于国外发达地区现有水平，关系模型如下式所示：

$$L=f(I, P, A)$$

式中　L——道路总里程，km；

I——人均经济指标，万元/人；

P——总人口，万人；

A——地区面积，km^2。

（3）期望密度法

随着社会经济的发展，交通需求会不断增加。不同的经济发展阶段需要不同的公路网密度，合理的公路网密度可由下式确定：

$$H_d = kP_d^a PGNP^{\hat{a}}$$

式中：H_d——公路网期望密度，km/100km^2；

P_d——人口密度，人/km^2；

PGNP——人均国民生产总值，万元/人；

k、a、β——待定系数。

（4）国土系数法

日本藤井真透博士经过对公路修建养护费用、每人所需的物资推移量的研究，提出国家干线公路网规划时采用国土系数的理论，认为理论公路网密度与人口密度的平方根成正比，其计算公路网总里程的公式为：

$$L = aI\sqrt{AP}$$

式中：L——公路网总里程，km；

a——国土系数；

I——平均国民收入，万元

A——区域面积，km^2；

P——人口数，万人。

（5）公路网车辆密度法

该方法通过研究公路里程与车辆总数的关系来确定公路网发展规模，计算式为：

$$D_N = L / N$$

$$\frac{1}{D_{N末}} = \frac{a}{D_{N内}} + \frac{\beta}{D_{N外}}$$

$$L_{N末} = D_{N内} \cdot N_{末}$$

式中：D_N——公路网车辆密度，km/辆；

L——公路网总里程，km；

N——车辆总数，辆；

$D_{N末}$——一定经济水平下的车辆密度预测值，km/辆；

$D_{N内}$——一定经济水平下的车辆密度按国内模型的回归值，km/辆；

$D_{N外}$——一定经济水平下的车辆密度按国外模型的回归值，km/辆；

a、β——国内外回归模型的修正系数，a+β=1；

$L_{N末}$——一定经济水平下的公路网总里程，km；

$N_{末}$——一定经济水平下的车辆总数，辆。

2. 公路周转量分析法

此方法通过研究客货周转量和公路运输能力、服务水平的关系来确定公路网的发展规模。首先对公路网交通周转量进行预测，计算式为：

$$Q_{NT}=\frac{1}{365}\left(\frac{\beta_P\cdot W_P}{n_p\cdot a_p}+\frac{\beta_F\cdot W_F}{n_F\cdot a_F}\right)$$

式中　Q_{NT}——公路网交通周转量，车·km/d；

W_P、W_F——公路客、货运周转量，人·km、t·km；

β_P、β_F——公路网承担的客、货运交通量比重；

a_P、a_F——公路网客、货运平均容量，人/车、t/车；

n_P、n_F——公路客、货运实载率。

上述各参数可通过运输统计资料分析和抽样调查确定。这样，以普通二级公路为标准的公路当量里程就可按下式求得。

$$L=\frac{Q_{NT}}{(S_n\cdot C_o)}$$

式中；L——公路当量里程，km；

Q_{NT}——公路网交通周转量，车·km/d；

S_n——服务水平系数，即饱和度；

C_o——普通二级公路通行能力，辆/d。

3. 时间序列趋势外推法

此方法通过建立公路总里程与时间的相关关系来推知未来公路网远景发展规模，如按年平均增长的道路里程数量推算时，计算式为：

$$L=L_o+n\cdot\triangle L$$

式中　L——远景公路网总里程，km；

L_o——起始年公路网总里程，km；

n——经历年数，年；

△L——年平均增长公路里程，km/年。

按年平均增长率推算时，计算式为：

$$L=L_o(1+\gamma)^n$$

式中：L——远景公路网总里程，km；

L_o——起始年公路网总里程，km；

n——经历年数，年；

γ——年平均增长率。

此外，还可以采用曲线趋势回归预测（可采用幂函数曲线、指数函数曲线等）以及指数平滑法确定。

4. 线性规划法

当以公路网的等级结构来表示公路网的发展规模时，可以采用线性规划法确定公路网等级结构。该法的主要思想是以建设费用最小为目标建立优化模型，采用单纯形法进行公路网等级结构优化，模型的建立过程如下。

设j等级公路的单位里程建设费用为A_j，其中j=0，1，2，3，4，5，分别代表高速公路、一级公路、二级公路、三级公路、四级公路和等外公路；ICC_o为现有公路网的折算资金，L_j为未来公路网中j级公路的里程，则未来公路网的总里程L为：

$$L=\sum_{j=0}^{5}L_j$$

总的建设费用F为：

$$F=\sum_{j=0}^{5}L_j-ICC_o$$

折算资金ICC_o为一常数，则公路网等级结构优化可抽象为如下数学模型。目标函数和约束条件分别为：

$$\min F=\sum_{j=0}^{5}A_jL_j$$

$$s.t.\begin{cases} l_j^*\ge L_j\ge L_j^* \\ \sum_{j=0}^{5}L_j\ge L^*\left(j=0,1,2,3,4,5\right) \\ \sum_{j=0}^{5}L_j\ge\dfrac{QNT}{S\cdot G_j} \end{cases}$$

式中：L_j——j级公路的里程，km；

A_j——j级公路的造价，万元Am；

L_j^*——路网中j级公路里程下限值，km；

l_j^*——路网中j级公路里程上限值，km；

L^*——路网总里程下限值，km；

G_j——j级公路通行能力，辆/d；

Q_{NT}——未来路网的交通周转量，车·km/d；

S——规划路网的服务水平系数，即饱和度。

二、公路网节点选择

1. 节点选择的原则和方法

在进行节点选择时，一般应根据公路网的特征、地位或层次、作用以及发展的战略目标，结合区域社会经济、政治、国防等发展的需要，选择合理范围的节点作为路网布局的控制点。

对全国性的干线公路网（如国家高速公路网、国道主干线公路网、国家重点干线公路网），一般遵循以城市为节点，强化和完善省会城市（直辖市、自治区首府）之间以及区域经济中心城市之间的相互连接，建立完善的综合运输体系为主轴，连接重要交通枢纽，为维护国家政治稳定和国防安全提供交通保障，适应未来旅游业的发展和更高层次对外开放的需要等原则。因而选择的节点一般为大、中城市（省会城市、直辖市、自治区首府、经济中心城市等）、重要的沿海和内河港口、航空港、铁路及公路运输枢纽、其他重要的客货集散地、军事战略重地和军事敏感区、重要旅游城市和陆路边贸口岸。

对省域干线公路网，可以遵循以省内各中心城市（县）为节点，强化和完善省会城市与各中心城市（县）之间以及各中心城市（县）之间的相互连接，建立完善的综合运输体系，连接重要的客货运输枢纽，并考虑未来旅游业需求等原则。因而选择的节点一般为省会城市、省内的重要市、县、铁路及公路运输枢纽、车站、港口、机场、其他重要的客货集散地等。

对省内的区域性公路网（如市域公路网），可以遵循以区域内中心城市及各县为节点，强化和完善该中心城市与各县之间以及各县之间的相互连接、连接重要的客货枢纽及运输集散地，并考虑未来旅游业需求等原则。一般选择区域内的市（县）、乡镇、集镇、大型工矿、农牧业基地、车站、港口、机场等作为公路网节点。

对局部公路网（如县乡公路网），可以遵循以路网范围内的中心县及各主要乡镇、行政村屯为节点，建立和强化该中心县与各主要乡镇之间以及各主要乡镇之间的相互连接等原则。因而一般选择中心县、各乡镇、行政村屯作为公路网节点。

除了上述原则以外，各类公路网在选取节点时还应考虑到区域及节点未来可能的经济发展状况。如某节点虽然在近期属于非重要节点，但未来将作为发展某一产业经济的重点，则该点也应在被选择的节点之列。

2. 节点的层次划分

由于不同节点之间的交通强度和功能存在差异，因此对路网布局的形式和要求必然不同。公路网布局应首先保障重要节点之间的彼此连接，然后考虑较重要节点和一般节点与重要节点的连接以及它们之间的彼此连接，以体现和区分不同层次节点的功能强弱，使得层次清楚、重点突出，并有利于公路网的分期、分重点建设和分级管理。因此，在进行公路网布局之前，应对选定的公路网节点进行层次划分。

节点层次划分的主要思想是选取能够反映节点所代表的小区的社会经济、政治等宏观因素发展水平的指标，依据“功能相似”的原则将入选节点划分为具有不同功能和地位的几个层次。一般情况下，可以根据需要将入选节点划分为三个层次：重要节点、较重要节点和一般节点。节点层次划分的方法主要有重要度法、动态聚类法、模糊聚类法、模拟退火聚类法等。下面介绍重要度法和动态聚类法，其他方法可参考有关文献。

（1）重要度法

1）节点重要度

现状公路网络布局并不一定是最佳的布局。为了寻求最佳的公路网布局，需要研究各个节点的功能和作用。区域内各节点由于社会经济发展水平及地理条件的差异，它们在交通网络中所表现出的功能是有差异的。功能表现强的节点，说明其所处的地位重要，反之则说明其地位不重要或不太重要。将反映规划区域内各节点功能强弱的特征量或特征参数，称为节点的重要度。它是对节点社会经济活动的度量，是描述规划区域内节点在交通网络中所处地位、重要程度相对大小的一个量的指标。它是一个综合指标，受政策、经济、文化、国防等诸多因素的影响。

由于公路网建设是为社会经济发展服务的，因此，作为公路网建设重点的被选节点应该在区域内具有较强的政治、经济、商业、金融等功能，并对区域社会经济的发展起主导作用。根据我国实际，可选择人口（反映区域活动机能）、工业总产值（反映区域产业机能）、社会物资产耗总量（反映社会的运输需求）或商品零售总额（反映区域的商业功能）三项指标作为选择公路网节点的定量分析标准。定义重要度如下式所示。

$$Z_i=\left(a_1\frac{R_i}{R_a}+a_2\frac{G_i}{G_a}+a_3\frac{S_i}{S_a}\right)\times 100\%$$

式中：Z_i——第i节点的重要度（现状或未来预测值）；

R_i——第i节点的人口，万人；

R_a——区域内各节点人口的平均值，万人；

G_i——第i节点工业总产值，亿元；

G_a——区域内各节点工业总产值的平均值，亿元；

S_i——第i节点的社会物资产耗总量或商品零售总额，万元；

S_a——区域内各节点社会物资产耗总量或商品零售总额的平均值，万元；

a_1、a_2、a_3——分别为第i节点以上三项指标的权重。

2）重要度法在节点层次划分中的应用

应用重要度法划分节点层次的过程，首先计算各节点的重要度，然后根据节点重要度排定节点的顺序，进而选择节点。将各节点的重要度从大到小排序，可以根据经验判断，按工作需要进行初步的节点层次划分。为了便于理解和把握，一般分为3～5个层次。同时，为了鉴别初步划分的合理性，尤其是对于中间层次，采用两个过程进行节点层次的分析鉴别：一是各层次内节点的鉴别，二是不同层次间相邻节点的鉴别，以选择其分或合。

①层次内节点的鉴别。层次内节点的鉴别按照&倍标准差作为舍弃标准，即弃那些在$\overline{X}\pm KS$范围以外的节点，然后重新进行分析鉴别，直至层次内各节点的重要度均在无：$\overline{X}\pm KS$范围内为止。如下面式子所示，其中$\overline{X}$为层次内各节点重要度的均值；S为层次内各节点重要度的标准差k为保证率系数。当层次内节点数目N为3、4、5、6个时，k值分别为1.15、1.46、1.67、1.82；N大于或等于7时，k值采用3。

$$\overline{X}=\frac{\sum_{i=1}^{N}X_i}{N}$$

$$S=\sqrt{\frac{\left(X_i-\overline{X}\right)^2}{N-1}}$$

式中：X_i——层次内各节点的重要度；

N——层次内节点数目。

②不同层次间相邻节点的鉴别。不同层次间相邻节点的鉴别遵循以下步骤。第一步，计算本层次内各节点的重要度均值：

$$a = \frac{\sum_{i=1}^{N} X_i}{N}$$

第二步，将相邻层次的节点并入本层次，重新计算并入后该层次内各节点重要度均值：

$$b = \frac{\sum_{i=1}^{M} X_i}{M}$$

第三步，构造一统计量：

$$t = \frac{a-b}{S_{(a-b)}}$$

该量服从自由度为N+M−2的t分布，其中，$S_{(a-b)}$为：

$$S_{(a-b)} = \sqrt{\frac{(N-1)S_1^2 + (M-1)S_2^2}{N+M-2}} \cdot \sqrt{\frac{1}{N} + \frac{1}{M}}$$

式中，S_1、S_2分别为层次合并前后的各节点重要度的标准差。

第四步，从t分布表中查出自由度为N+M−2、置信度水平为a下的临界值t_0，如果$|t|>t_0$，说明相邻层次的节点重要度与本层次有显著差异，不能合并；如果$|t|<t_0$，说明相邻层次的节点重要度与本层次没有显著差异，可以合并为同一层次。

（2）动态聚类法

动态聚类法又称移动中心聚类法，是对事物进行科学分类的一种常见的分析方法。将其应用于公路网络的基本思想是：先将规划区域中的所有节点视为聚类分析的样本，再按一定的标准将样本分为不同类，每一类具有典型的特征，如可把区域内特别发达城市所对应的节点分为一类等，最后根据需要按重要程度逐类选择节点。

为方便起见，下面先介绍相似系数和欧氏距离这两个概念。

1）相似系数

设有n个变量x_1、x_2、……、x_n的S组数据：

x_{1t}、x_{2t}、……、x_{nt}，t=1、2、……、S

把n个变量（每个变量有S个数据）视为R^S中的n个向量，常用：

$$r_{ij}^{(1)} = \sum_{t=1}^{s} \frac{\left[(x_{it} - x_i)(x_{jt} - x_i)\right]}{\left[\sum_{t=1}^{s}(x_{it} - x_i)^2 \sum_{t=1}^{s}(x_{jt} - x_i)^2\right]^{1/2}}$$

来描述变量x_i、x_j之间的相关性，称为x_i、x_j的相关系数。其中：

$$\bar{x}_i = \frac{1}{s}\sum_{t=1}^{s} x_{it}$$

$$\bar{x}_j = \frac{1}{s}\sum_{t=1}^{s} x_{jt}$$

而常用：

$$r_{ij}^{(2)} = \frac{\sum_{t=1}^{s}\left(x_{it}x_{jt}\right)}{\left(\sum_{t=1}^{s} x_{it}^2 \sum_{t=1}^{s} x_{jt}^2\right)^{1/2}}$$

来描述变量x_i，x_j之间的相关程度，为区别于前者，称之为x_i，x_j的相似系数。其几何意R^S就是在x_i，x_j的两向量x_i，x_j的夹角余弦。相关系数和相似系数都是从不同的角度描述变量的相近程度。

2）欧氏（Euclid）距离

设有两向量x_i，x_j定义：

$$d_{ij} = \left[\sum_{t=1}^{s}\left(x_{it} - x_{jt}\right)^2\right]^{1/2}$$

为向量x_i，x_j的欧氏距离。

欧氏距离也常用来衡量两个变量的相近程度。d_{ij}越小时，意味着x_i，x_j越相近；特别地，如果$d_{ij}=0$，则表示在距离意义下两变量完全相同；而d_{ij}越大，则意味着两者相差越远。将区域内各节点视为样本，选取能从不同侧面反映节点经济发展水平的指标值作为每个样本点的观测数据，并运用以上介绍的欧氏距离或相似系数所反映的相近程度进行分类，具体步骤如下。

①选定评价指标（可用专家咨询法确定），并调查获取各样本点数据。

②对原始数据进行标准化处理。设n个样本，每个样本有S个数据（即设有S个指标值），并假定原始数据为：

$$\begin{aligned}
&x'_{11}, x'_{12}, \cdots\cdots, x'_{1s} \\
&x'_{12}, x'_{22}, \cdots\cdots, x'_{2s} \\
&\vdots \\
&x'_{n1}, x'_{n2}, \cdots\cdots, x'_{ns}
\end{aligned}$$

记：$M_t = \max x'_{it}(t=1,2,\cdots\cdots,s)$

令：$x_{it} = \frac{x'_{it}}{M_t}(i=1,2,\cdots\cdots,n;t=1,2,\cdots\cdots,s)$

则称x_{it}为标准数据。也可采用其他标准化方法。

③选择预分类数。设x_{it}为经标准化处理后的第i个样本的第t个指标，令：

$$SUM(i) = \sum_{t=1}^{s} x_{it} \left(s\text{为指标数}\right)$$

$$MA = \max_{1 \le i \le n} SUM\left(i\right)$$

$$MI = \max_{1 \le i \le n} SUM\left(i\right)$$

则：

$$k = \frac{\left(K-1\right)\left[SUM(i) - MI\right]}{\left(MA - MI\right)} + 1$$

样本x_i的初始类属为与k最接近的整数（1≤k≤K）这样就得到每一个样本的初始分类，记为I'_1，I'_2，……，I'_K。

④计算每一类的聚类重心。对于第K类I'_K，其重心按下式计算：

$$C'_k = \frac{\sum_{i\varepsilon I'K}\left(pixi\right)}{\sum_{i\varepsilon I'K} pi}\left(k=1,2,\cdots\cdots,K\right)$$

式中　x_i——标号为i的样本点；

p_i——样本x_i的权，且Σpi=1（如果每个样本点都视为平等的，则取pi=$\frac{1}{n}$）。

于是求出了k个新聚类的中心：$C_1^2, C_2^2, \cdots\cdots, C_K^2$。

⑤按新聚类点进行分类。对每个样本i，计算i到每个C_K^2的距离，如果i离C_K^2最近，就把它划给I_K^2类。这样，以k个新的中心把样本重新划分为K类：

$$I_1^2, I_2^2, \cdots\cdots, I_K^2$$

重复第④步，如此进行下去，到第m次，即通过求第m–1次分类：

$$I_1^{m-1}, I_2^{m-1}, \cdots\cdots, I_k^{m-1}$$

的K个重心，得到K个新的中心：

$$C_2^m, \cdots\cdots, C_k^m$$

按第⑤步的方法，将样本划分为K个新的类：

$$I_1^m, I_2^m, \cdots\cdots, I_K^m$$

算法进行到以下三种情形之一时就停止：相应的两次分类（迭代）得到相同的划分；一个事先规定的标准值已不明显减少；事先规定的最大迭代次数已经达到。

第三节　干线公路网布局规划方法

干线公路网是指由干线公路所构成的公路网。从使用目的、服务对象和具体规模等方面考虑，路网中的道路分为干线公路和支线公路。根据《公路管理条例实施细则》的规定，干线公路主要包括国家干线公路和省（直辖市、自治区）干线公路两个部分，即所谓的国道和省道。国道是指具有全国性政治、经济意义的主要干线公路，包括重要的国际公路和国防公路，连接首都与各省、自治区、直辖市的公路，联络各大经济中心、港站枢纽、商品生产基地和战略要地的公路。省道是指具有全省（自治区、直辖市）政治、经济意义，连接省内中心城市和主要经济区的公路，以及不属于国道的省际间的重要公路。

由于布局规划的区域、层次和要求不同，具体布局规划方案中的干线公路是个相对的概念。例如，在进行国道主干线布局规划时，干线公路是指连接特别重要的节点的公路，基本上是在国道范围内选择规划对象。相对而言，尽管存在对省域而言比较重要的公路，但也只能考虑到其对国道主干线的影响，而不作为研究的主体；而对于一个县域公路网的布局规划，尽管可能整个地区只有县道和乡道，但这些公路中仍存在干线公路和支线公路的区分。

干线公路网的特点主要有：

因其目的在于实现区域内大规模的人口聚集点间的运输联系，因此功能侧重于通行功能；服务人群多，交通量大；技术等级高，所占总里程的比重少；区域范围广，布局规划侧重于公路建设等级和网络系统的整体性布局，对局部的路线布设和走向不必进行过多的约束；可搜集到多年交通量资料，也可采用OD调查等方式获得。

根据这些特点，干线公路网的布局规划可以采用动态规划法和最优树法。

一、动态规划法

动态规划是系统工程中控制论的一个组成部分，也是规划论的方法论之一。动态规划又称马氏决策动态序贯研究过程，即按同一方法相继采取一系列决策活动以达到最优化的目的。

在公路运输方面，动态规划可用于求最短勘测路线、最短运行时间、最小运输费用和最大通行能力等优化问题对于网络一类问题的求解，可以表现为矩阵、线性规划或动态规划等数学模型和计算序贯；而对公路网规划而言，又以应用动态规划最为可靠。

动态规划的基本原理，是将一个求解过程即系列决策过程，分解为多阶段、多步骤，不论最初时刻的系列初始状态的决策如何，每一步骤均为最优化，也就是说，后一步的最优化以前一步的最优化为基础。公路网规划中，动态规划最好以行程时间作为目标，因为行程时间能综合地表现出行程距离、行车速度、运输量及交通量的状况和条件。为了说明动态规划的原理和步骤，可举图3–2所示的简例，图上16个节点中A和B为主点（规划区内主要的运输集散点），各点之间标明行程时间t，决策目标是由A至B的总行程时间最少。

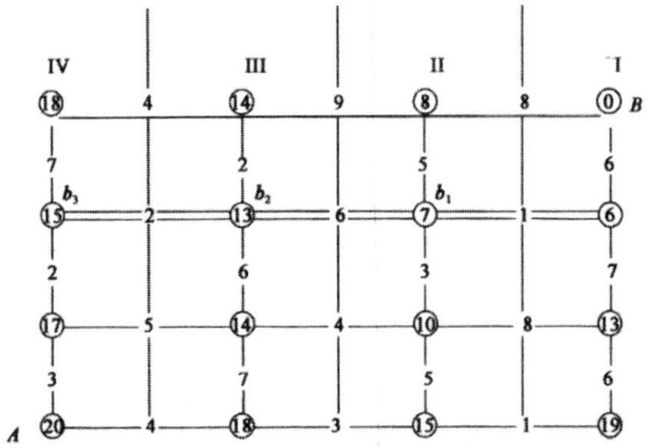

图3–2　动态规划网络图

首先将网络图划分为四个分区（I ~ IV个阶段），按反向法（也可按正向法）由B至A，逐阶段进行决策。B为始点，t=0（数字填在节点圈内）B点由I区至II区内各节点的最短时间，分别填入相应节点内，本例由I至II诸节点的最短时间t=7，即图中b_1点。继而由II至III的决策，以b_1为始点，得III区内时间最小（t=13）的b2。III至IV以b_2为始点，IV区内各点最小订程时间t=15，得b_3点，b_3点与终点A相接，最后决策的最短路为：B—b_1—b_2—b_3—A，总的行程时间t=20。

对路网布局设计而言，上述动态规划的决策，就是规划区内的公路干线的走向。当规划区内节点较多，而且运输主要方向不限于1 ~ 2个时，主干线走向确定后，可按相同原理和步骤，再进行次干线走向的决策。规划区内主干线和次干线的走向确定后，再辅以其他设计方法，将规划区内其余各节点与干线相接，则区域公路网布局方案即可形成。当规划区内节点较多或运输关系较复杂时，动态规划需要运用电算方法求解，而且动态规划也正是适应这种需要而形成和发展起来的一种现代化方法。正因为如此，动态规划法比干道方向法更具有实用价值和优越性。两者的设计步骤均从确定干线方向着手，再辅以支线连接，但设计手段和成果质量却有本质差别，动态规划法值得进一步深化研究，并应在路网规划中扩大运用范围。

二、最优树法

设给定的初始网络为N=（C，W）。其中G=（V，E）为相应的网络图，分别为网络中节点与边（或称线路）的集合；W为定义于E上的正值实函数，称为权。

定义1：若规划所确定的节点集为$V_{T\varepsilon}$（V，G），连接V_T中全部节点而不形成回路的线路集记为E_T，则称G的部分图Tb=（V_T，E_T）为对应网络的主干线。

定义2：将所有 $\upsilon \notin V_T$但 $\upsilon\ \varepsilon$ V用线连通且不形成回路构成的部分图，称为N在Tb基础之上扩展形成的一棵生成树，记为T。

就给定的网络N而言，这样的生成树一般不是唯一的，其全体记为S_T。树间的区别可用权函数W来反映。若记生成树中所有边的权和为W（T），则有定义3。

定义3：在N的所有生成树S_T中，满足条件：

$$\underset{T \in ST}{opt}\, W(T) = W\left(T^{*}\right)$$

的树T^*，称为权意义下的最优树。

根据规划工作的实际需要，权函数既可以是相应线路的距离、造价等，又可以是线路密度或反映线路效益的其他综合指标。对于前一类权，最优化（opt）意为求权和的最小值（min）；而对于后者，则应为求权和的最大值（max）。最优树可以作为运输干线网布局的参考方案。

因此，把以网络最优树作为干线网布局依据的布局方法称为最优树方法。

求网络最优树可采用Kruskal算法（即避圈法），依下列步骤进行。

第一步，简记已选边（υ_i，υ_j）为k=1，选边e_k使得：

$$W\left(e_k\right) = \underset{e_i \in \mathrm{E}}{opt}\, W\left(e_i\right)$$

成立。

第二步，若$e_1,e_2,\cdots\cdots,e_k$已选好，则从E’=E-（$e_1,e_2,\cdots\cdots,e_k$）中选取e_{k+1}，使得：

G[V，（e_1，e_2，……，e_k，e_{k+1}）]中无圈，且W（e_{k+1}）$=\underset{e_i\in E}{opt}W(e_i)$。

第三步，若所选节点数为N，则当k+1=N-1时，算法终止，已求得最优树$T^*=[V_T$，（e_1，e_2，……，e_{N-1}）]。

否则，k=k+1，转入第二步直至符合上述要求为止。

第四节　其他公路网布局规划方法

一、区域公路网布局规划方法

1. 最佳规模法

假定公路网节点数为M，分两个层次考虑路网的布局规划：首先，确定M-1条线路构成的最优树，把M个节点连起来；其次，以最优树为基础进行线路扩充，寻求网络整体布局效率最高的路网最佳规模。根据布局规划的着眼点，将其称为最佳规模法。

（1）线路权值

在布置线路时，通常是考虑应尽量使之通过人口稠密、工业集中、交通繁忙的地区，因此可选择线路沿线人口、工业总产值、交通量（或运量）作为评价标准，按多目标决策的目标加权法，定义线路的综合指标。线路权值为：

$$W_{ij}=a_1\frac{R_{ij}}{\overline{R}}+a_2\frac{GN_{ij}}{\overline{GN}}+a_3\frac{T_{ij}}{\overline{T}}\times100$$

式中：

W_{ij}——i点到j点间线路的权值；

R_{ij}——i点到j点间沿线的人口，万人；

$\overline{R}$——所有线路沿线人口的平均值，万人；

GN_{ij}——i点到j点间沿线工业总产值，万元；

$\overline{GN}$——所有线路沿线工业总产值的平均值，万元；

T_{ij}——i点到j点间线路交通量（或运量），标准车（或万人、万t）；

$\overline{T}$——所有线路交通量（或运量）的平均值，标准车（或万人、万t）；

a_i——指标的权重（i=1，2，3）。

（2）数学模型

给定初始赋权网络N=（G，W），其中G=（V，E）为相应的公路网络图。对于已选M个节点构成的集合$F^*\in V$，求规划线路集$E^*\in E$，使单位里程上获得最大的线路权值，即：

$$\max F=\frac{\sum\limits_{(\upsilon i,\upsilon j)\in E} W_{ij}}{\sum\limits_{(vi,vj)\in E} l_{ij}}$$

$$s.t.\left(\upsilon_i,\upsilon_j\right)\varepsilon V^*$$

边集$\left(\upsilon i,\upsilon j\right)$应使$V^*$中M个节点连通。

容易证明，当边数刚好为M–1条时，相应的连通子图无圈，为一个生成树。

（3）求最佳规模的算法可采用以下过程求最佳规模

第一步，对初始网络N=（C，W），建立边$e_{ij}=\left(\upsilon_i,\upsilon_j\right)$、距离$l_{ij}$、人口$R_{ij}$.、产值$GN_{ij}$、运量$T_{ih}$；等基础数据。

第二步，计算线路权值W_{ij}。

第三步，计算线路密度值，定义：

$$d_{ij}=\frac{W_{ij}}{l_{ij}}\left[V\left(\upsilon_i,\upsilon_j\right)\in E\right]$$

第四步，运用Kruskal算法求解模型式，确定M–1条连接V^*的所有M个节点的边，构成最优树，其边的集合记为E^*。

第五步，扩充边，寻求布局最佳的线路规模。将E中未选入E^*的线路，按其密度值的大小，由大到小排序，记序列为r（k）,k=1,2,……,e（$G-E^*$），这里e（$G-E^*$）是部分图（$G-E^*$）的边数。计算最小比值得到k^*，而r（k^*）对应的线路密度如记为d_{st}^*，则扩充线路（υ_i，υ_j）的条件是：

$$d_{ij}>d_{st}^*$$

运用上述方法确定的线路规模与累计线路权值的关系如图3–3所示。可见，当线路规模达到某一阈值时，关系曲线有一明显的拐点；规模继续扩大，累计线路权值的增长速度明显减慢，相应线路布局效率下降，故这时的线路里程值称为效率最高的规模值。

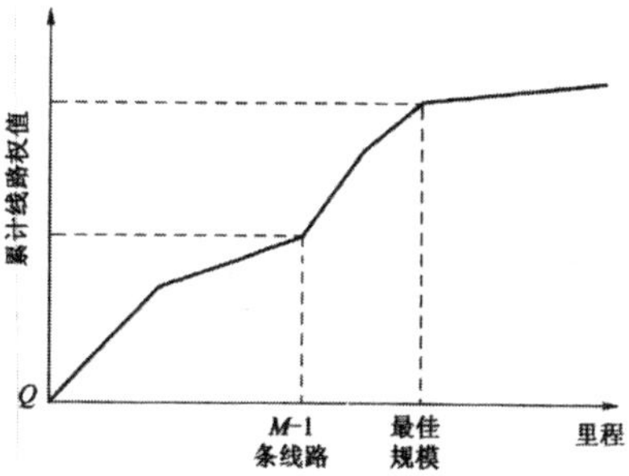

图3-3　最佳规模里程示意图

2. 逐步调整法

用于公路网规划中的数学、系统工程方法，能在一定范围内考虑技术经济的最优，是从优化的角度进行路网规划，规划过程中也能同时确定公路的交通量和等级。但这些方法考虑的因素只是交通布局和技术经济最优，而没有考虑地形、河流、铁路布局、原有公路网等因素的影响。同时，当地带或地区的交通布局较为复杂时，这些方法的使用会非常复杂，甚至不能使用。因此，还需要一种能应用于各种情况的公路网布局规划方法，这就是逐步调整法（或称模拟评价法）。

逐步调整法首先是根据公路网布局规划的原则，直接确定初始公路网方案，然后将预测的OD量用交通分配方法分配到初始网络上，根据分配的结果对公路网进行交通质量分析评价，分析评价各路段、交叉口的饱和度及服务水平是否满足规划要求。如满足，则该方案为可行方案；否则，对初始方案根据公路网布局规划的原则进行修改，再进行交通分配，直至交通质量满足规划要求，成为可行方案。

逐步调整法也可用于公路网布局规划，或者用数学、系统工程方法，先提出区域局部公路网方案，区域其他部分公路网布局根据前述原则确定，将两者结合作为初始方案，再进行交通分配、评价和调整，直至方案可行为止，其过程如图3-4所示。

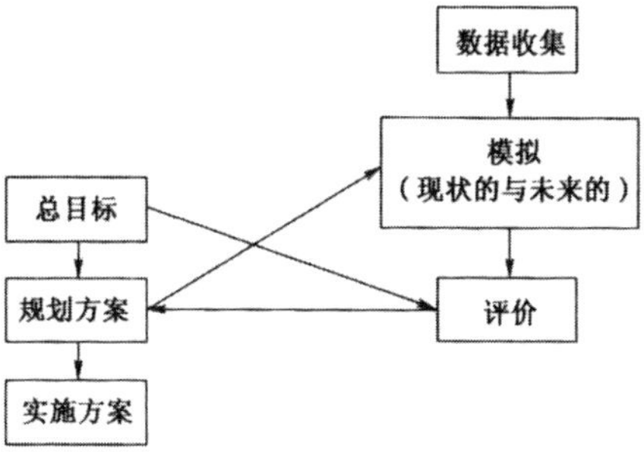

图3-4　公路网的逐步调整布局规划法

二、农村公路网布局规划方法

1. 节点重要度计算

由于各个节点的社会经济发展水平，区位条件，政治、军事和历史因素等方面的差异，其在网络中所处的作用和地位是不同的。为了定量描述不同节点在规划区域内的重要程度，便于节点类型划分及有层次地进行公路网布局优化，以节点重要度这一指标来计算规划区域内各节点功能强弱的特征值，描述规划区域内节点在网络中所处地位程度的相对大小。

节点重要度是一个综合性指标，为了尽可能真实、全面地反映一个节点的重要程度，结合地区地域及经济特点，选用人口、产业增加值、旅游收入、人均收入、国内生产总值、工业总产值、农业总产值等众多指标与交通需求作相关分析，根据我国农村实际情况，选择人口、国内总产值和农业总产值三项指标作为定量分析标准。

2. 节点层次确定

经过节点重要度计算和调整后，按节点重要度的大小对节点进行排序，确定规划区域内不同节点的功能地位，将节点划分为不同的层次，以确定不同层次的路线布局的主要控制点。

将各节点重要度从大到小排序，根据经验、按工作需要进行初步节点层次划分。为了判别初步划分的合理性，尤其对于中间层次，应用两个过程进行节点层次的分析鉴别：一是各层次内节点的鉴别，二是不同层次间相邻节点的鉴别，以选择其分或合。农村公路系统中的公路并不是同等重要的，根据其重要度的不同划分出不同的层次，重要线路作为农村公路网的框架，一般公路作为框架的完善与延伸。

层次内节点鉴别按照k倍标准差作为舍弃标准。即舍弃那些在$\overline{X}$ ±kS范围以外的节点，然后重新进行鉴别，直至层次内各节点的重要度均在$\overline{X}$ ±kS范围为止，计算公式如下：

$$\overline{X}=\frac{\sum_{i=1}^{N}X_i}{N}$$

$$S=\sqrt{\frac{\sum_{i=1}^{N}\left(X_i-\overline{X}\right)^2}{N-1}}$$

式中　$\overline{X}$ ——层次内各节点重要度的均值；

S ——层次内各节点重要度的标准差；

X_i ——层次内各节点的重要度；

N ——层次内节点数量。

k为保证率系数，当层次内节点数量分别为3、4、5和6时，k值分别取1.15、1.46、1.67和1.82；当N等于或大于k值时，应用M二层次内各节点的重要度。

3. 路段重要度计算

公路网络图中两节点间的连线即为路段，而几个路段之和为路线。跟节点一样，由节点所连成的路段、路线也必然有其相对应的重要度。边权的定义是该边权值的大小，表示该边（路段）在公路网络中的重要度。权值大，表示重要度大，在公路网中的重要程度高；反之，重要度小，重要程度低。

路段重要度的大小受节点重要度的直接影响，如果两个节点在路网上是比较重要的，那么，其间连接的路段也就相对重要、地位相对较高、功能相对较强。路段重要度除受节点重要度影响外，还受两节点间交通阻抗的影响。从模拟类比的观点出发，参考牛顿万有引力定律，定义路段重要度的计算公式为：

$$IM_{ij} = a\frac{X_i \cdot X_j}{L_{ij}}$$

式中：IM_{ij}——节点i、j之间路段重要度值；

X_i，X_j——路段连接的i、j两个节点的重要度；

L_{ij}——节点i、j之间的距离，km；

α——修正系数，节点i、j有路段连接取1，反之取0。

有了路段重要度，就不难计算路线重要度，定义为组成各个路段重要度的阻抗加权平均值。

4. 路网布局优化

农村公路网通常为树形结构，在人口稀少地区是沟通人口的聚集点。借鉴图论中最优树理论进行规划设计。

在得到节点、路段的重要度之后，进行路网线路的基本布置。由于已经将农村公路网抽象成由点、线组成的图并将路段重要度赋值为边权，在规划中就直接根据重要度的大小布设路网，以路网权值最大为最优。如何获取权值最大的布局方式，又使各节点连通，应用图论中的最优树理论。

假设给定的节点集合V和反映V中元素间关系的无序元素对的集合E组成，记为G=（V,E）。若一个点、边交错的序列[$(\upsilon_{i1},e_{i1},\upsilon_{i1},e_{i2},\cdots\cdots\upsilon_{ik},e_{ik})$]，其中eit=（ υ_{it}，

υ_{it}+1）（1，2，……，k–1）则称此序列为连接 υ_{i1}，υ_{i2}的链。若 $\upsilon_{i1}=\upsilon_{ik}$，则称其为圈，无圈且任意两点间至少有一条链的图称为树。若树T满足V（T）=V（G），E（T）⊆E（G），则称T为图G的生成树，即把图上的节点以最少的边数连接起来的树。

获取最优树的方法有两种：破圈法和避圈法。破圈法是任取一个圈，从圈中去掉权重最小的边，对余下的图重复这个步骤直到不含圈为止，得到的权重最大的树，也就是重要度最大的路网布局方案；避圈法是在图中取权重最大的边，在以后的每一步都取图中权重最大的边，并使之与已选的边构成图，得到重要度最大的路网布局方案。

第四章　公路网规划方案优化与运输枢纽规划

第一节　公路网规划方案优化

一、公路网等级结构优化

公路网等级结构，是指公路网中各等级公路里程所占比重。它从数量和质量两个方面反映了公路网的发展水平。网络等级结构优化设计就是在现有的交通发展条件下，正确合理地确定各等级公路建设规模，以满足一定时期内的交通发展需求。因此，合理的公路网等级结构设计也是公路网规划设计的一个重要组成部分。公路网等级结构优化设计可分为无资金约束条件下的等级结构优化设计和有资金约束条件下的等级结构优化设计两方面，它们是在建设项目划分后，以项目为单位进行的。

1. 公路网等级结构优化方法综述

公路网等级结构优化设计是公路网规划中网络设计的重要内容之一，公路网等级结构优化设计方法主要可分为两类：县域公路网等级结构优化方法和县道公路网等级结构配置方法。

（1）县域公路网等级结构优化方法

县域公路网等级结构优化设计方法主要思想如下。

设y等级公路的单位里程建设费用为A_j，这里j=0，1，2，3，4，5，分别代表高速公路、一级公路、二级公路、三级公路、四级公路和等外公路；ICC_o为现有公路网的折算资金，L_j为未来公路网中j级公路的里程，则未来公路网的总里程L为：

$$L=\sum_{j=0}^{5}L_j$$

总的建设费用F为：

$$F=\sum_{j=0}^{5}A_jL_j-ICC_o$$

折算资金ICC_o为一常数，所以公路网等级结构优化可抽象为如下数学模型：

目标函数：$\min F=\sum_{j=0}^{5}A_jL_j$

$$l^*{}_j\geq L_j\geq L^*{}_j$$

约束条件$\sum_{j=0}^{5}L_j\geq L^*$

$$\sum_{j=0}^{5}L_j\geq\frac{Q_{NT}}{S\cdot G_j}$$

式中 L_j——j级公路的里程长度，km；

A_j——j级公路的造价，万元/km；

L^*_j——路网中级公路里程下限值，km；

l^*_j——路网中级公路里程上限值，km；

L^*——路网中总里程下限值，km；

C_j——j级公路通行能力，辆/d；

Q_{NT}——未来路网的交通周转量，车·km/d；

S——服务水平系数，即规划路网的饱和度。

利用线性规划理论中的单纯形法，即可解得公路网等级结构优化的结果。

（2）县道公路网等级结构配置方法

县道公路网等级结构配置方法主要步骤如下：

1）进行现状路网交通调查，并通过换算得到路段交通量数据。

2）进行路网层次结构分析，根据确定的层次结构，初步拟订各路段的等级。

县道公路网分为三个层次，配合国、省道构成的地区道路骨架层（应达到三级以上以二级为主的水平）；连接地区内重要节点和交通枢纽的次骨架层（应达到三级左右水平）；解决面上覆盖的一般道路（一般在三级以下水平）。

3）建立交通预测模型，进行未来道路路段交通量预测。

4）根据道路路段的预测交通量，计算道路拥挤度F/C值，确定道路等级调整标准。

对于规划的高速公路，在V/C>1.2时，拟订为投资项目。对于规划的一级公路，V/C>1.2时，拟将该路提高一个等级。对于规划的二级公路，1.2 ≤ V/C ≤ 3.1时，拟将该路提高一个等级，V/C>3.1时，拟将该路提高两个等级。对于规划的三级公路，1.0 ≤ V/C ≤ 2.6时，拟将该路提高一个等级，V/C>2.6时，拟将该路提高两个等级。对于规划的四级公路，1.2 ≤ V/C ≤ 10.1时，拟将该路提高一个等级，V/C>10.1时，拟将该路提高两个等级。

5）根据拥挤度的计算结果，对初步拟订的等级结构进行调整，最终得到县道公路网等级结构配置。

上述两种方法针对实际情况作了很好的研究，有其科学性，并在实际中得到了应用。其中，第一种方法主要侧重定量分析，且各个等级路段上下限的确定人为因素较大，易受规划人员的影响；第二种方法主要侧重定性分析，辅以定量分析方法。两种方法都是以交通量为依据确定各路段的等级配置，没有考虑资金约束的问题。同时，等级配置是以路段为单位，没有考虑建设项目划分问题，这样，有可能造成道路等级配置变更频繁，与公路建设原则不相符。因此，我们在公路网等级结构设计时，首先要进行建设项目划分。在建设项目划分的基础上，以公路网建设项目为目标进行网络等级结构优化配置，以满足交通发展为依据，并同时考虑在无资金约束条件下的公路网等级结构优化设计和在有资金约束条件下的公路网等级结构优化设计。

2. 公路网的建设项目划分

公路网建设项目是指为了满足交通需求，保障区域公路网交通的连续与通畅，经统一规划、统一设计、统一施工、统一管理待建或在建的有统一线路走向的若干路段共同构成的公路建设目标的集合。它的基本单元是新建或改建的路段。项目划分就是在路网交通状况分析的基础上，从路网的几何结构入手，分析公路网中不能满足交通需求的路段以及在交通量分析预测的基础上，确定备选路段之间的关系，合理组织、划分、调整线路走向，将纷乱的路段合理地组织划分成建设项目，最终形成有机整体的项目过程。公路网建设项目划分具有一定的目的性，即为了实现某一地区交通的连续性与通畅性，是区域公路网规划设计的基本组成部分。如何划分公路网建设项目是公路网设计的重要内容之一。以往在建设项目划分时，大多从主观角度出发，凭经验确定公路网建设项目，没有或很少从公路网整体角度出发，进行科学、全面、系统地分析。

（1）建设项目划分原则

公路网建设项目划分时应遵循以下原则（见表4–1）。

表4-1 公路网建设项目划分时应遵循的原则

原则	主要内容
连续性原则	公路网的功能是加强地区间的联系。项目划分时要有利于保证地区道路的连续性，有利于保证交通流的通畅，有利于加强地区间的联系
经济性原则	兴建道路是一项投资巨大的工程，要消耗大量的人力、物力和财力，因此，要尽可能地发挥原有道路的作用，少占良田，尽量减少工程量，以节省公路网建设项目的工程投资
政策性原则	公路网建设项目划分时，要考虑到国家政策的要求。如在当前，为了带动贫困地区的脱贫致富，走共同富裕的发展道路，在划分道路项目时，贫困地区的建设项目要适当地超前
层次性原则	项目划分中的层次性，是指项目连接的城镇等控制点（节点）不同，发挥的作用不同，地位上便会有差异。在划分道路项目时，要按照从高到低的次序进行，低等级的项目要服从于高等级的项目
特殊性原则	对于林区、矿区、旅游区等特殊地区的公路，除了要考虑交通需求以外，还要考虑所处地区的特殊要求。具有特殊的政治、经济、国防意义的公路宜单独立项
相似性原则	公路网建设项目划分时，应尽量使一个项目中包含的是条件相似的路段。这些条件包括：地形、地质、技术等级、交通流量等
总体分析与局部分析相结合的原则	公路网建设项目与公路网是密不可分的，公路网建设项目划分既要考虑项目所在地区的情况，又要充分考虑建设项目对公路网全局的影响，从全局角度出发来考虑划分建设项目
定性分析与定量分析的原则	公路建设涉及社会经济的各个方面，相关因素很多，难以完全用量化的指标加以衡量、确定；另外，公路网建设项目划分应摒弃过去那种反凭主观经验判定的弊病，要有一定的科学依据。综合上述两方面的因素，必须将定性分析和定量分析相结合，使二者相互补充

（2）建设项目划分方法

公路网建设项目划分主要依据公路网的几何特征和公路网交通质量评价结果，应立足于连续性要求。一个完整的建设项目的确定，应包括公路网建设项目的初步划分和公路网建设项目的检查与调整两个过程。具体可按路网节点重要度分析、建设项目的初步划分及建设项目的检查、调整与合并三个阶段进行。

1）节点重要度分析

公路网规划区域内各节点由于社会经济发展水平及地理条件的差异，在路网中，它们表现的功能有明显的不同。功能表现强的节点，所处的地位重要性大；反之，所处的地位重要性小。我们将行政区简单地抽象为节点，弱化了行政区的差别，为了能区分节点功能的强弱及规模的大小，采用节点重要度指标，以对公路网中的节点进行相对比较与描述。显然，影响节点重要度的因素是多方面的，它是多因素综合作用的度量。在进行节点重要度分析时，我们采用动态聚类方法。

节点重要度的确定，可采用能反映节点的政治、经济地位和人口规模、工农业总产值、土地利用面积等特征指标。

根据各个节点重要度的聚类结果，将公路网中的所有节点按其重要度值的大小分成四类，即为："最重要"、"重要"、"次重要"、"不重要"。对于市域而言，"最重要"的节点可能是极少数经济相对发达的城市，"不重要"的节点可能是极少数经济相对不发达的乡村。在经济发展不平衡的区域，考虑为了带动不发达地区的经济发展，实现共同富裕，不发达地区的公路建设要适当超前。因此，处于这些地区的节点重要度指标值可以相应地提高一级。

2）建设项目的初步划分

建设项目初步划分是在规划节点分类的基础上进行的。按照节点重要度将规划节点进行分类，根据节点分类情况，按从"最重要"规划节点至"不重要"规划节点的顺序将建设项目分成以各区域中心为出发点，连接重要节点的第一层次建设项目和以乡镇为出发点，连接不重要节点的建设项目两个层次，初步确定出建设项目的走向。建设项目的走向必须满足以下三个条件：

其一，同一建设项目尽可能通过同一类规划节点；其二，避开不良地形与地质条件；其三，线路非直线系数尽可能小。

建设项目线路走向的确定，实际项目起、终点之间的控制点搜索与比选的过程如下：设某一初始建设项目起点为终点为D，从0点开始搜索与0点相邻的下一级节点所对应的路网节点A_1，其中A_1必须满足介于0、D之间，且之间非直线系数尽可能小；从A_1开始搜索同级节点所对应的路网节点A_2，同样满足介于A_1，D之间且非直线系数尽可能小。按此方法继续搜索，直到建设项目终点D为止，得出一条线路的初步走向。

3）建设项目的检查、调整及合并

建设项目初步划分以后，还需要对初始建设项目进行检查、调整及合并。检查与调整的目的是将建设项目中不合理的部分删除，重新检查与调整项目的走向；合并是将某些零散的、类别相同的建设项目进行适当合并。这样，才能产生最终推荐建设项目。

①建设项目的检查与调整

建设项目的检查是指检查初始建设项目的类别、走向以及交通流量。调整是在检查的基础上，确定出建设项目的最终走向。

建设项目类别检查主要是检查初始建设项目是否与公路网中道路走向重复，如有重复，则根据线路走向进行调整，使建设项目走向与原有道路走向大体一致，同时进行建设项目层次划分。

根据类别检查与调整后的初始建设项目和交通预测分配结果进行校核，检查建设项目是否与未来路网中交通流向一致，并对局部不一致的走向进行适当调整。

一般意义的建设项目调整在类别检查和流向检查中已完成，此外，还要进行建设项目的特殊调整。其依据是《公路路线设计规范》（JTGD20 —2006）中规定的各等级公路最小长度值。对于长度小于最小长度的建设项目，可直接删除此建设项目或者与其他建设项目合并。

②建设项目的合并

根据初始建设项目检查与调整后的项目可能很多，分布零乱，为避免这种情况，可将同一类别的建设项目进行适当合并，产生新的项目组合。项目合并必须满足两个基本要求：一是项目走向基本相同，二是项目交通量具有相似性。

假设项目A与项目B在空间上首尾（N_1，M_1）并不衔接，如图4-1所示。考虑到交通连续性的要求，有必要对两个项目进行合并。为进一步明确合并的条件，定义“项目距离D_P”这一概念，项目距离D_P为两个项目相邻节点之间的距离。它反映了两个项目空间距离的远近，图4-1中，N_1，M_1间的距离即为项目A与项目B的项目距离。合并时，除考虑连续性要求外，项目距离D_P应很小（小于项目最小设计长度）。若不将两个项目合并，会因其里程短而很难被划分为一个项目。

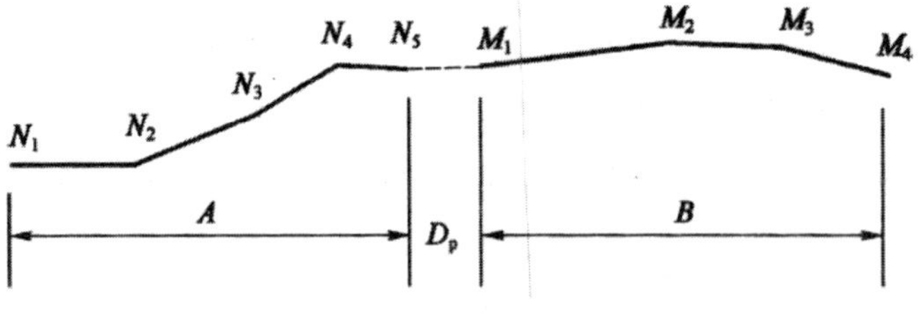

图4-1　建设项目合并示意图

根据公路建设项目最短长度要求，可以将项目距离D_P小于等于公路项目最短长度要求的同类建设项目进行合并，并将连接两个项目的路段一并改造，使之成为合并后新项目的一部分。

3. 无资金约束条件下的等级结构优化设计

无资金约束条件下的网络等级结构优化设计，主要是以网络的交通发展需求为条件，以满足各个建设项目在不同规划时期的交通需求来进行网络等级结构优化配置。

公路网的等级结构设计采用定量分析为主，定性分析为辅，定性与定量相结合的方法来确定。主要依据各路段及各建设项目的预测分配交通量的大小，同时，综合考虑道路建设项目的行政级别、道路功能和道路的特殊作用等因素。在一般情况下，各个建设项目的预测分配交通量的大小将是主要决定因素。

无资金约束条件下的公路网等级结构设计，是在建设项目划分的基础上进行的。根据公路网的建设项目划分以及各个路段预测分配交通量，按建设项目中各个路段的预测分配交通量里程加权平均值，求出各个建设项目的交通需求。各个建设项目的交通需求可按下式求得：

$$T_j = \frac{\sum_{i=1}^{n} t_i \cdot l_i}{\sum_{i=1}^{n} l_i}$$

式中：T_j——项目的交通需求量，辆/d；

t_i——路段i的预测交通量，辆/d；

l_i——路段/的公路里程，km；

n——组成项目的路段数。

根据《公路工程技术标准》（JTGB01—2003）和我国公路通行能力的实际情况，各等级公路以中型车表示的通行能力如表4–2所示。

表4–2 各等级公路的通行能力（单位：辆/d）

等级	一级	二级	二级汽专	三级	四级	等外
通行能力	12500	7000	5000	2000	500	200

根据各个建设项目的交通需求量和各等级公路通行能力，将各个建设项目配之与通行能力相适应的等级，即可确定无资金约束条件下的网络等级结构优化配置。

4. 有资金约束条件下的等级结构优化设计

有资金约束条件下的公路网等级结构优化配置是在资金受到限制，公路网的建设项目安排无法完全满足交通发展需求的情况下进行的。它是在建设项目划分和无资金约束条件下的公路网等级结构优化配置的基础上进行优化设计的。假设根据上一节介绍的无资金约束条件下网络等级结构优化配置方法，已求得无资金约束条件下的公路网等级结构优化配置，便可以用网络中各个路段的行驶时间或费用等为路权值进行有资金约束条件下的公路网等级结构优化设计。

无资金约束条件下的公路网等级结构优化配置方案形成以后，即可采用系统分析方法进行有资金约束条件下的网络等级结构优化设计。优化设计的具体步骤为：①确定公路网中各个路段的路权值；②计算公路网中各个路段和各建设项目对网络的贡献度；③根据公路网建设资金规模，确定公路网建设项目，形成有资金约束条件下的网络等级结构优化设计方案。

下面具体阐述上述各步骤。

（1）公路网中各路段路权值确定

公路网等级结构设计的目的是解决公路网的交通问题。因此，等级结构优化设计首先要考虑交通运行质量问题，反映公路网各个路段路权值的指标应是各路段的行驶时间。各路段的行驶时间的确定方法如下。

交通运输部规划研究院在分析大量调查资料的基础上，得到了平均技术速度与交通量之间的关系式如下：

$$\upsilon = aN^{-b}$$

式中：υ——路段平均技术速度，km/h；

N——路段交通量，辆/h，分道行驶时为汽车折算值，混合行驶时为混合交通量折算值；

a，b——与公路技术等级有关的常数，对于南方地区，a、b的取值见表4–3。

根据下式可以求得各个路段的平均技术速度，若路段长度为d，则路段行程时间t可由下式确定：

$$t = \frac{d}{\upsilon} = \frac{d}{a}N^{b}$$

式中符号意义同前。

表4–3　南方地区a、b取值表

公路等级 常数	一级	二级	三级	四级
a	266	171	216	140
b	0.158	0.162	0.218	0.218

（2）路段和建设项目对网络的贡献度

贡献度的概念由东南大学王炜教授提出。它是根据公路网中各个路段的路权值，用最短路法确定出规划区域各规划节点任意两节点之间行驶时间最短的路线。某一路段在所有路线中出现的频数，代表了其在网络结构设计中的重要程度，称该频数为该路段对网络结构设计的贡献度。路段的频数越高，表明该路段对网络结构设计的重要性就越大，那么，该路段的网络贡献度也就越大；反之，则表明该路段对网络结构设计的重要性越小，那么，该路段的网络贡献度也就越小。东南大学王炜教授还利用C语言编制了公路网各路段的网络贡献度软件，利用该软件可以很方便地计算公路网中各个路段的网络贡献度。

按计算得到的公路网各个路段对网络结构的贡献度，根据下式计算出各个建设项目对网络结构的贡献度：

$$N_j = \frac{\sum_{i=1}^{n} t_i \cdot n_i}{\sum_{i=1}^{n} t_i}$$

式中　N_j——建设项目j对网络结构的贡献度；

t_i——路段i的行驶时间；

n_i——路段i对网络结构的贡献度；

n——构成项目j的路段数。

（3）确定建设项目，形成网络等级结构优化设计方案

根据《长江三角洲综合交通运输规划》报告中的有关资料，新建公路造价和改建公路造价分别见表4–4和表4–5。

表4–4　各等级新建公路造价（单位：万元/km）

等级	一级	二专	二级	三级	四级
造价	500	300	120	80	40

依据表4–4中每公里各等级新建公路的造价，每个新建道路项目的造价为：

$$F_j = \sum_{i=1}^{n} G_i \cdot L_i$$

式中：F_j——新建项目i的费用，万元；

G_i——新建路段i的单位里程造价，万元/km；

L_i——新建路段i的里程，km；

n——构成新建项目j的路段数。

表4–5　各等级公路改建造价（单位：万元、km）

改造后等级 / 造价 / 改造前等级	四级	三级	二级	二专	一级
等外	20	60	120	300	500
四级	–	40	90	300	500
三级	–	–	60	300	500
二级	–	–	–	225	500
二专	–	–	–	–	250

根据表4–5中每公里各等级公路改建的造价，每个改建道路项目的造价为：

$$F^*_j = \sum_{i=1}^{n} G_{ij} \cdot L_i$$

式中，F^*_j——改建项目j的费用，万元；

G_{ij}——路段i改造成j级的单位里程造价，万元/km；

L_i——改建路段i的里程，km；

n——构成改建项目j的路段数。

根据各个建设项目所需建设费用和公路网建设资金规模，确定新建和改建的建设项目。确定新建和改建项目时，可分为考虑项目之间相互联系和不考虑项目之间相互联系两种情况来进行。所谓项目之间的相互联系是指某一项目的兴建或改建与否对其他建设项目网络贡献度大小的影响程度。若某一项目不建时，其他各个建设项目的网络贡献度改变的程度大，我们称该项目和其他各个建设项目联系程度大；反之，称该项目与其他各个建设项目联系程度小。

1）不考虑项目之间的相互联系

按照上述计算项目网络贡献度的方法，计算出各个项目对网络结构的贡献度，并按贡献度从大到小顺序排列，在资金规模C的约束下，将贡献度小的新建或改建项目停建或缓建，使下式成立，即：

$$\sum_{j=1}^{N}F_j+\sum_{j=1}^{N}F^*{}_j\leq C$$

式中：F_j——新建项目j的费用，万元；

F^*_j——改建项目j的费用，万元；

N——公路网中新建项目数；

M——公路网中改建项目数。

同时，将贡献度大的项目优先建设，这样，形成网络等级结构优化设计方案，即为公路网在有资金约束条件下的等级结构优化设计。

2）考虑项目之间的相互联系

由于考虑项目之间的相互联系，采用原有的迭代法进行网络等级结构优化设计，计算工作量会成数倍地增加。为减少计算工作量，采用建设项目网络贡献度的方法进行网络等级结构优化设计。其方法是：按照上述计算项目网络贡献度的方法，计算出各个项目对网络的贡献度，并按贡献度从大到小顺序排列。将建设项目按项目网络贡献度从大到小分成三个层次，贡献度最大的建设项目分为第一层次，贡献度较大的建设项目分为第二层次，贡献度小的建设项目分为第三层次。以建设项目网络贡献度最大的第一层次项目为目标，将网络贡献度最大的第一层次建设项目停建或缓建，再运用上述贡献度计算方法，分别计算其余各个建设项目的网络贡献度，并按此时的建设项目网络贡献度大小重新从大到小排列。在公路网资金规模C的约束下，综合考虑各个建设项目两次所计算的网络贡献度，按照首先将第一次计算中属于第三层次贡献度小和第二次计算中贡献度仍小的建设项目停建或缓建；再将第一次计算中属于第三层次贡献度小和第二次计算中贡献度较大的建设项目停建或缓建；接着将第一次计算中属于第二层次贡献度较大和第二次计算中贡献度小的建设项目停建或缓建；最后将第一次计算中属于第二层次贡献度较大和第二次计算中贡献度仍较大的建设项目停建或缓建的顺序进行网络等级结构设计，直到满足公路网资金规模C的约束，使上式成立。同时，将其他建设项目优先安排资金建设，这样，形成网络等级结构优化设计方案，即为公路网在有资金约束条件下考虑建设项目之间相互联系的等级结构优化设计。

二、公路网布局优化

1. 公路网布局优化的含义

公路网方案优化，主要是指在原有路网的基础上，以公路网的整体最优化为目标，根据可能的投资条件，确定新建和改建路段。它包括三个方面的含义：

（1）一般所说的公路网优化是指根据资金的许可情况，以路网的整体优化为目标对原有路网进行的改善和扩展，即公路网布局方案设计的内容。

（2）广义的公路网优化是公路网规划建设全过程投资的优化，除了上述的布局优化外，还包括将在公路网布局规划方案中确定的各个建设项目按不同的五年（或十年）规划期安排实施顺序，以使得规划期内的总建设效益最大，即通过建设项目排序进行公路网建设实施方案设计的过程。

（3）公路网布局规划的实际实施是一个长期的过程。在此期间，由于经济发展的速度、生产力布局、投资结构或国家有关政策发生变化，可能导致运输结构和公路交通量与预测的情况不完全相符，致使公路网结构、规模及路线等级对运输需求的适用性发生变化。这时就需要根据具体情况，参考公路网建设对投资方向进行调整，以充分利用有限的投资，尽最大可能满足运输需求的变化，这属于公路网规划的滚动调整中的内容。

2. 公路网布局优化理论和方法

（1）基本思想

公路网布局是对公路网的平面轮廓进行设计。只要做出一个路网的设计，就有一个公路网的布局方案，显然，由于规划者所考虑的因素和所采用的设计方法不同，会得出各种各样的布局方案。如何在诸多布局方案中选出一个合理的布局结果，就是公路网的布局优化问题。正如公路网的等级结构优化一样，公路网的布局优化必然也是指满足一组给定的约束条件而达到预期给定目标的一个布局优化结果，它随着所给目标和约束条件的变化而得到不同的公路网布局优化结果。影响公路网布局的因素比较多，如公路网的有限建设资金，公路网的发展规模以及地理环境、自然条件、政策干预等，因此，为了得到一个合理的公路网布局优化结果，就必须坚持以下几个原则：

依据国土规划，做好与其他运输方式之间的协调；根据规划区域的实际情况，路线走向因地制宜；规划的长期性与阶段实施的可能性相结合；着眼于布局的整体优化；富于经验的构思与科学定量的计算密切配合。

（2）我国公路网布局优化方法简介

目前，我国具有代表性的公路网布局优化方法主要有三类。

1）四阶段法布局方法

四阶段法是以技术评价为核心，以微观经济学理论为基础，通过现状OD调查、交通数据采集和历史资料分析，研究区域经济在时间和空间上的发展对交通需求的影响，建立需求预测模型，把公路网布局规划同经济发展有机地联系起来的一种方法。这种方法通过未来交通增长需求条件下各规划路网布局方案的运行分析，如流量、车速、饱和度等技术指标，对布局规划方案进行评价和比选。四阶段法的有效性较多依赖于OD流量资料，分析过程偏重于以改善交通运行状况为目的进行网络和线路的优化。四阶段法布局是以路段分配交通量结果为依据，提出几种备选方案，然后进行公路网的建设效益计算，最终在资金约束的条件下，选出一个总效益最大的公路网。这种布局方法的局限性在于：

①路网布局方案的确定缺乏系统性。四阶段法路网布局在进行路段交通量分配以后，主要采用经验调查法进行备选方案设计，即由专家构思、集体共议献策，进行有限的调查和研究测算，最终确定几个路网方案。因此随意性大，难以实现操作方法的规范化和系统化。备选方案经过评价选优以后得到的最终方案，虽然相对于其他备选方案而言是优的，然而由于缺乏理论说明，无法确定最终方案就是唯一最优的。

②在方案比选上仅仅选择公路网建设效益为单一目标进行优化。同时，其方案设计仅以路段交通拥挤度大小作为唯一的依据，忽略了公路网方案设计是受社会、经济、环境等多条件约束的产物。往往导致规划方案与实际脱节，不易被决策部门接受。

从单纯的技术角度而言，四阶段法及其理论体系，为我们提供了到目前为止最为成熟的路段交通量预测分析技术，并较为具体地反映了土地利用与交通状态的关系。但作为一种公路网规划中交通需求预测的理论方法，基于现状的交通需求预测本身并不能成为规划的目标，而只能作为一种辅助决策或政策分析的基本手段，只有与公路网络分析相结合，才能更好地发挥其在公路网规划中的作用。

2）节点法布局方法

这种方法是将路网布局优化分解成路网节点的选择和路网线路的选择两部分进行。不同地区、规模和不同层次的路网布局对节点的选择可以有不同的依据，其核心是通过交通、经济要素的综合考虑，建立节点重要度模型和节点间连线重要度模型作为网络布局的依据。由于城镇体系发展、土地开发和交通网络之间存在必然的联系，这类方法能够比较好地解释土地利用、交通需求与交通设施之间的关系，可以体现网络的整体服务要求而不仅仅是交通需求。然而，节点选择重要度模型建立过程中定性成分相对较多，无法对线路布局进行优化分析。

节点法在应用中定性成分相对较多。如在计算节点重要度时，各经济指标的权重需要人为主观确定，不同的人，考虑的因素不同，则得到的节点重要度也不同。

这使得应用该法得到的规划布局方案带有不确定性。

3）总量控制法布局方法

总量控制法的基本思想是从宏观整体出发，以区域内道路交通总需求来控制公路网建设总规模；以区域内社会经济发展和生产力分布特点，来确定路网的总格局和分期实施方案。作为一种宏观规划方法，总量控制法的优点是可以科学地把握网络总规模，总体上属于“供给追随型”规划思想，即根据需求决定“供给”水平，对线路布局和优化还有待研究更为合理的方法。在公路网布局设计优化问题上，目前主要有以下几种优化方法或方式：

①把单位里程的路段重要度最大作为优化目标，公路网的规划总里程作为约束条件。

②把路网的重要度最大作为优化目标，建设资金、公路网发展规模、政策等条件作为约束条件，用0–1整数规划模型求解。

③只是进行节点的聚类分析，然后根据经验将不同层次的节点连接起来。

④先应用图论理论分块得到公路网的最优树，然后增补附加联络线，最后将各块合并得到最终的布局优化方案。

⑤将路网中节点的吸引度之和作为路网的吸引度，并把路网吸引度最大作为优化目标，同时满足公路网发展规模、建设资金等约束条件。上述各种方法都有一定的优越性，同时也不同程度地存在各种各样的缺陷或问题，目前，对公路网布局优化问题的深入研究正在进行之中。

总量控制法注重运输的宏观成因，研究区域的综合经济规模分布与运输网络形态之间的关系，从宏观系统角度，整体上把握公路网的发展方向，是一种定量和定性分析相结合的规划方法，是公路网规划的一种较好的思路。它与中国国情紧密结合，最大限度地利用了中国现有的统计资料，操作方便，便于决策者对规划思想的理解。但其在路段分配交通量方面存在不足，这影响了各路段规划等级确定的可信度。

上述三种方法在实践中均有成功的应用，尤其是采用四阶段法进行交通需求分析及预测，在公路网规划、城市道路网规划、建设项目可行性研究等方面均得到广泛的应用。除此之外，目前的许多交通分析及规划商业软件也多以四阶段法为理论支持，进行交通需求分析和预测系统的研制开发。

由于上述三种理论与方法各自存在优点和不足，因此寻求三种方法的结合点，特别是通过简便有效的公路交通OD分布推算方法的研究，使三种规划理论与方法相互取长补短，有机地结合起来，已经成为目前理论研究和实践的重点。

（2）公路网布局优化的0–1整数规划方法

1）0–1整数规划布局优化的基本思想

为了把影响公路网布局优化的诸多因素和几个原则尽可能地用数学语言表示出来，需要建立对应的数学模型，这样才能使公路网的布局优化真正建立在定量计算的基础上。现引入0–1整数规划的理论，以公路网的重要度最大作为布局优化追求的目标，在建设资金、公路网发展规模以及政策等约束条件下，建立公路网布局优化模型。建立0–1整数规划布局优化的基本思想就是：0–1整数规划所解决的就是变量只为1或为0情况下的线性规划问题，我们不妨设公路网中每一条边为一个变量，对于一个边的组合，在一定约束条件下，如果达到预期给定目标的某些边，就可以令这些边的值为1；反之，就令这些边的值为L，显然对于不同的约束条件和目标函数，就有不同的边的组合，那么，对于公路网的布局优化问题，就可转化为在一定约束条件下，为达到某个目标，而求解那些变量值为1或0的边的一个组合，这正与0–1整数规划所解决的问题相吻合。

2）公路网布局优化模型的建立

设区域中公路网的节点数为n，分别以x_1、x_2、……x_n表示，对应的节点重要度为I_1、I_2……I_n，引入矩阵：

$$X=\begin{bmatrix} x_{11}x_{12}x_{13}\cdots\cdots x_{1n} \\ x_{21}x_{22}x_{23}\cdots\cdots x_{2n} \\ x_{(n-1)1}x_{(n-1)2}x_{(n-1)3}\cdots\cdots x_{(n-1)n} \\ x_{n1}x_{n2}x_{n3}\cdots\cdots x_{nn} \end{bmatrix}$$

表示n个节点间的相互连通关系，显然，公路网中所有待连通的边可以用如下矩阵表示：

$$L=\begin{bmatrix} x_{12}x_{13}\cdots\cdots x_{1n} \\ x_{23}\cdots\cdots x_{2n} \\ \cdots\cdots \\ x_{(n-1)n} \end{bmatrix}$$

很容易算得公路中n个节点的待连通边的条数为$\frac{n(n-1)}{2}$。依据路段重要度的定义式，对于公路网中任意两个节点i和j（i<j）之间的路段重要度可表示为：

$$IP_{ij}=\frac{I_i+I_j}{(n-1)\cdot Li_j}(i=1,2,\cdots\cdots,n-1;j=i+1,i+2,\cdots\cdots,n)$$

由此可建立公路网布局优化模型如下：

$$\max I_n = \sum_{i=1}^{n-1}\sum_{j=i+1}^{n} IP_{ij}\cdot x_{ij}\cdot \frac{L_{ij}}{L_N}$$

$$s.t.\begin{cases}\sum_{i=1}^{n-1}\sum_{j=i+1}^{n} IP_{ij}\cdot x_{ij}\le L_N\\ \sum_{k=1}^{i-1} x_{ki}+\sum_{j=i+1}^{n} x_{ki}\ge 1\\ \sum_{i=1}^{n-1}\sum_{j=i+1}^{n} A_{ij}\cdot x_{ij}\le A_{\mathrm{n}}\left(i=1,2\ \cdots\cdots\ n-1\right)\\ x_{ij}=\begin{cases}1,\text{边连通}\\0,\text{边不连通}\end{cases}\\ \text{其他约束条件}\end{cases}$$

上式可转化为：

$$\max I_n = \frac{1}{(n-1)}\cdot L_N\sum_{i=1}^{n-1}\sum_{j=i+1}^{n}\left(I_i\cdot I_j\right)\cdot x_{ij}$$

$$s.t.\begin{cases}\sum_{i=1}^{n-1}\sum_{j=i+1}^{n} L_{ij}\cdot x_{ij}\le L_N\\ \sum_{k=1}^{i-1} x_{ki}+\sum_{j=i+1}^{n} x_{ki}\ge 1\\ \sum_{i=1}^{n-1}\sum_{j=i+1}^{n} A_{ij}\cdot x_{ij}\le A_n\left(i=1,2\ \cdots\cdots n-1\right)\\ x_{ij}=\begin{cases}1,\text{边连通}\\0,\text{边不连通}\end{cases}\\ \text{其他约束条件}\end{cases}$$

式中 I_n——公路网的重要度；

I_i——节点 i 的重要度；

I_j——节点 j 的重要度；

L_{ij}——路段 ij 的里程，km；

L_n——公路网的规划里程，km；

A_n——公路网的有限建设资金，万元；

n——公路网的节点数。

上述模型表明，公路网布局优化是在公路网的总里程和其他约束条件下，保证公路网的有效连通，尽可能使公路网的重要度达到最大。那么，公路网的重要度最大能达到多少呢？在此，不妨假设公路网布局优化的一种理想状态，即公路网不受任何约束条件而尽可能满足路网重要度最大，由上式可知，当 $x_{ij}=1$（i=1，2，n－1；j=i+1，i+2，……，n）时，也就是说，当公路网中每一个节点都有n—1条与它相连接，连通度 D_N 达到最大 $\left(D_N=\frac{n-1}{2}\right)$ 时，公路网的重要度 I_n 达到最大。

$$
\begin{aligned}
I_{n\max} &= \frac{1}{(n-1)\cdot L_n}\cdot\sum_{i=1}^{n-1}\sum_{j=i+1}^{n}\left(I_i+I_j\right)\cdot x_{ij} \\
&= \frac{1}{(n-1)\cdot L_n}\cdot\sum_{i=1}^{n-1}\sum_{j=i+1}^{n}\left(I_i+I_j\right) \\
&= \frac{1}{(n-1)\cdot L_n}\cdot(n-1)\cdot\sum_{i=1}^{n}I_i \\
&= \frac{1}{L_n}\cdot\sum_{i=1}^{n}I_i
\end{aligned}
$$

显然，当 $x_{ij}=0$（i=1，2，……，n−1；j=i+1，i+2，……，n）时，也就是说，当公路网中所有节点全为孤点时，公路网的重要度最小为零。

而实际上，公路网布局优化必定在一定的约束条件下，尽可能地使目标函数达到最大，公路网的重要度（目标函数优化值）也必然在（0，$I_{n\max}$）之间。

假设如前所述的抽象网络图形是G，它由点集V和边集E组成，图形G表示成G=（V，E）。若G=（V，E）具有性质：连通且没有圈，则称G为树T。若每条边 e_j 的长度L（$-e_j$）＞0，L（T）$=\sum_{j=1}^{n}L(ej)$ 则把具有minL（T）=min $=\sum_{j=1}^{n}L(ej)$ 的树称为最小树。若最小树T包含了各节点间的最小长度，则称此最小树为最优树。其中，边长L（e_j）可以是里程，也可以是有某种特定意义的赋值。在本文中，公路网重要度最优树是以路段重要度作为边的赋值，根据其原理，可建立公路网重要度最优树模型如下：

$$
\max In=\frac{1}{(n-1)\cdot L_n}\cdot\sum_{i=1}^{n-1}\sum_{j=i+1}^{n}\left(I_i+I_j\right)\cdot x_{ij}
$$

$$s.t.\begin{cases}\sum_{k=1}^{i-1}x_{ki}+\sum_{j=i+1}^{n}x_{ki}\geq 1\\ \sum_{i=1}^{n-1}\sum_{j=i+1}^{n}x_{ij}=n-1\left(i=1,2\cdots\cdots n-1\right)\\ x_{ij}=\begin{cases}1,\text{边连通}\\0,\text{边不连通}\end{cases}\\ \text{其他约束条件}\end{cases}$$

式中符号意义同上。

上述模型的实质是一个典型的0–1整数规划模型，用一般的0–1目标规划算法即可求解。

3）公路网布局优化方法

在求解上述模型的实际操作过程中，经常采用三种布局优化的方法，它们分别是：混层布局法、分层叠加布局法和逐层展开布局法。当目标函数和约束条件都完全一样时，采用这三种方法针对同一个问题的布局优化结果是否唯一？对此问题，已经有人作了更深一步的研究，现介绍如下。

①混层布局法。对于公路网中n个节点，如果不考虑各个节点的不同层次所属关系，而把所有节点混在一起，采用上述模型进行公路网的布局优化，得到一个布局优化结果，则称这种优化方法为混层布局法。由前述可知，此时公路网中待选边数目为：

$$Num=\frac{n\cdot\left(n-1\right)}{2}$$

式中：Num——公路网中待选边的数目；

n——公路网中节点的个数。

②分层叠加布局法。根据公路网节点层次划分的结果，在公路网布局优化时，分别对不同层次的节点进行布局优化，在求解一个层次节点的优化结果时，不考虑其他层次节点对它的影响，这样就可以得到不同层次节点的公路网布局优化结果，然后试想用透明纸把不同布局优化结果叠加在一起，即可得到一个完整的公路网布局优化结果，称此种优化方法为分层叠加布局法。假设公路网中有三个层次的节点，各层次节点的数目分别为n_1、n_2和n_3，那么，不同层次公路网的待选边数目为：

$$Num_1=\frac{n_1\cdot\left(n_1-1\right)}{2}$$

$$Num_2 = \frac{n_2 \cdot (n_2 - 1)}{2}$$

$$Num_3 = \frac{n_3 \cdot (n_3 - 1)}{2}$$

式中：Num_1、Num_2、Num_3——不同层次公路网待选边的数目；

n_1、n_2、n_3——不同层次公路网节点的数目。

根据分层布局法的定义，此时整个公路网的待选边数目为：

$$Num = Num_1 + Num_2 + Num_3$$

$$= \frac{n_1 \cdot (n_1 - 1)}{2} + \frac{n_2 \cdot (n_2 - 1)}{2} + \frac{n_3 \cdot (n_3 - 1)}{2} \neq \frac{n \cdot (n - 1)}{2}$$

式中其他符号意义同前。

③逐层展开布局法。在进行不同层次节点布局优化时，先进行第一层次节点的布局优化，然后在第一层次布局优化结果的基础上，进行第二层次节点的布局优化，并且考虑上一层次节点对下一层次节点的影响，依次类推，逐层进行公路网的布局优化，直到完成所有节点的布局为止，则称此种方法为逐层展开布局法。对于三个层次的公路网，在进行第一层次节点布局优化时，公路网中待选边的数目为：

$$Num_1 = \frac{n_1 \cdot (n_1 - 1)}{2}$$

在进行第二层次节点布局优化时，公路网中待选边的数目为：

$$Num_2 = \frac{n_1 \cdot (n_1 - 1)}{2} + \frac{n_2 \cdot (n_2 - 1)}{2} + n_2 C_{n1}^1$$

$$= \frac{n_1 \cdot (n_1 - 1)}{2} + \frac{n_2 \cdot (n_2 - 1)}{2} + n_1 \cdot n_2$$

$$= \frac{(n_1 + n_2)(n_1 + n_2 - 1)}{2}$$

在进行第三层次节点布局优化时，此时公路网中待选边的数目为：

$$Num_3 = \frac{(n_1 + n_2)(n_1 + n_2 - 1)}{2} + \frac{n_3 \cdot (n_3 - 1)}{2} + n_3 C_{n1+n2}^1$$

$$= \frac{(n_1 + n_2)(n_1 + n_2 - 1)}{2} + \frac{n_3 \cdot (n_3 - 1)}{2} + (n_1 + n_2) \cdot n_3$$

$$= \frac{(n_1 + n_2 + n_3)(n_1 + n_2 + n - 1)}{2}$$

$$= \frac{n \cdot (n - 1)}{2}$$

在论证上述三种布局优化方法的唯一性问题时，不妨把不同层次的公路网布局优化模型叠加，自然地就把这个问题转化为论证三种方法布局优化的公路网中待选边的数目是否相同的问题。因此，上述结果很明显地告知我们，在约束条件和目标函数相同的情况下，混层布局和逐层展开布局的优化结果是相同的，而分层叠加布局的结果则与其他两种方法的结果不同。

在选择公路网布局的优化方法时，由于分层叠加布局在进行某一个层次的优化时，没有考虑其他层次节点对它的影响，而对于实际的公路网中这种情况是不存在的，故不宜选择此种方法。对于混层布局和逐层展开布局这两种方法，虽然它们的最终布局优化结果是相同的，但由于混层布局把全部节点混在一起布局，没有区分不同层次节点的功能强弱，层次不清楚，重点不突出，把节点等同看待，不利于公路网的分期、分重点建设和分级管理。因此，在实际公路网布局优化时，一般宜选择逐层展开布局的公路网布局优化方法。

第二节　公路运输枢纽规划

一、公路运输枢纽布局规划

1. 基本概念

（1）运输枢纽

运输枢纽是指建立在两条或两条以上运输线路交会与衔接处的，为办理旅客与货物中转、发送、到达所需的多种设施的综合体。

由同种运输方式的两条或两条以上线路交会或衔接形成的枢纽称为单运输方式枢纽，由两种或两种以上运输方式的线路交会或衔接形成的枢纽称为复式枢纽。运输枢纽是同一种运输方式多条运输线路或多种运输方式运输线路的交会点，是发展综合运输的关键。它的主要功能是组织客流的集散和中转，包括办理各种手续、协调运输工具调度和旅客的上下车及换乘、货物的承运及换装等生产作业和相应的各种服务。

（2）一般公路运输枢纽

一般公路运输枢纽是指在两条或两条以上公路交会处，或在一条或一条以上公路与铁路、水运通道、港口、民航机场等交会处，依托于客货流量相对集中的城镇，由公路客货运输站场及相关附属设施组成的，具有组织客货流量的集散和中转，包括办理各种手续、协调运输工具调度和旅客的上下车及换乘、货物的承运及换装等生产作业和相应的各种服务等基本功能的公路运输站场服务系统。

（3）公路主枢纽

公路主枢纽是在分析研究我国公路运输业发展实际状况的基础上，伴随着公路主骨架（又称国道主干线）概念的提出而提出的。它是在公路主骨架与水运主通道、铁路和航空干线交会处的全国综合运输网重要节点上逐步形成的，面向全社会的，具有运输组织、中转、装卸储运、中介代理、通信信息和辅助服务等基本功能的公路运输站场服务系统。在我国公路运输枢纽中，它的层次最高，辐射面最广，并起着主导作用，是发展和组织公路运输的基础设施之一。公路主枢纽与一般公路运输枢纽以及遍布城乡的客货集散地（站）共同构成全国公路运输服务网络。公路主枢纽同时也是港站主枢纽、综合运输枢纽的重要组成部分，是多种运输方式相互衔接、相互转换的组织中心之一。

2. 公路运输枢纽的层次划分

如何界定公路运输枢纽的层次是一个非常复杂的问题。目前，对于公路运输枢纽的层次划分没有统一的标准，也没有一个比较一致的认识。公路运输枢纽有别于公路网，也有别于单个站场，其层次划分不能完全照搬公路等级标准或站级划分标准。层次划分不宜过多也不宜过少，层次划分过多，则相邻层次之间的功能很难区分；层次划分过少，则同一层次的枢纽又差别太大。根据道路的重要性，国道、省道或县道，可考虑把枢纽分为三级（见表4–6）。

表4–6　枢纽的等级分类

类别	主要内容
国家公路主枢纽	国家公路主枢纽是国家级的公路主枢纽，是指在公路主干线与铁路、水运通道、港口、民航机场等交会处的国家级区域综合运输网重要节点上逐步形成的面向全社会的，具有运输组织管理、中转、装卸储运、中介代理、通信信息和辅助服务等基本功能的公路运输站场服务系统
省级公路运输枢纽	省级公路运输枢纽是指在公路干线与铁路、水运通道、港口、民航机场等交会处的省级区域综合运输网重要节点上逐步形成的，面向全社会的，具有运输组织管理、中转、装卸储运、中介代理、通信信息和辅助服务等基本功能的公路运输站场服务系统。省一级公路运输枢纽在全国公路网及综合运输网中具有较为重要的地位，在省综合运输网中的地位突出，仅次于国家公路主枢纽，位于综合运输网重要节点城市、国道或国道主干线同铁路干线或枢纽港、机场交会处。省一级公路运输枢纽主要承担大量跨省、跨区的客货运输量。省二级公路运输枢纽位于省公路网重要节点城市，是区域的政治经济中心，客货流量比较集中，有一条国道和一条以上的省道交会且与铁路或水运通道、港口、民航机场等交会。省二级公路运输枢纽主要承担跨区客货运输量

类别	主要内容
县级公路运输枢纽	县级公路运输枢纽是指在两条或两条以上公路交会处，或在一条或一条以上公路与铁路、水运通道、港口、民航机场等交会处，依托于客货流量相对集中的县级城镇，由公路客货运输站场及相关附属设施组成的，具有组织客货流集散和中转，包括办理各种手续、协调运输工具调度和旅客的上下车及换乘、货物的承运及换装等生产作业和相应的各种服务等基本功能的公路运输站场服务系统。县级公路运输枢纽主要承担跨县及县内客货运输量

3. 公路运输枢纽应具备的一般条件

虽然各级公路运输枢纽形成的具体条件不尽相同，但各级公路运输枢纽的形成都要具备一些最基本的条件，主要可以归纳为以下几点：

（1）依托于城镇。城镇是一定区域范围内政治、经济、文化及物资的交流中心，是客货流相对比较集中的源点和终点。城镇也是路网的重要节点，交通比较发达，是各种运输方式的交会点，对客货流的集散起纽带作用。

（2）处于路网的交会点。公路运输枢纽均位于公路与公路或公路与铁路、水运通道、民航的交会点，对外交通比较发达，便于客货流的集中和疏散。

（3）有效的组织管理。要形成枢纽，除了具备有利的交通地理优势外，还需有效的组织管理，把各个分散经营的站场组织起来，通过利用现代化的通信技术和管理手段，组织客货流的集疏，提高综合运输能力和服务水平。

（4）客货站场组成系统。单个分散的站场不能实现公路运输枢纽的基本功能，只有把各个功能不同、规模不等的站场有机地组织起来，配以先进的通信手段并施以有效的组织管理，才能达到“人畅其行，物畅其流”的目的。

4. 公路主枢纽总体布局规划

公路主枢纽总体布局规划分为宏观和微观两个层次。宏观上的公路主枢纽总体布局规划是指全国性的公路主枢纽布局规划。经大量调查研究和分析论证，交通运输部确定了由全国45个公路主枢纽组成的布局规划方案。这45个公路主枢纽是：北京、天津、石家庄、唐山、太原、呼和浩特、沈阳、大连、长春、哈尔滨、上海、南京、徐州、连云港、杭州、宁波、温州、合肥、福州、厦门、南昌、济南、青岛、烟台、郑州、武汉、长沙、衡阳、广州、深圳、汕头、湛江、南宁、柳州、海口、成都、重庆、贵阳、昆明、拉萨、西安、兰州、西宁、银川和乌鲁木齐。

微观上的公路主枢纽总体布局规划是指主枢纽城市的总体布局规划。《公路主枢纽总体布局规划编制办法》即针对公路主枢纽总体布局规划的编制工作而制订的。

公路主枢纽总体布局规划是对具体公路主枢纽的站场布局、服务系统、工程设施、营运、组织与建设实施等进行论证优化、统筹安排的过程。在这一过程中，应该运用系统工程的思想与理论，采用行之有效的规划方法，做到定量与定性分析相结合，并着重分析现有公路站场服务系统的适应性，揭示存在的问题。研究未来社会经济与交通运输发展的大趋势，并分析预测其对公路站场服务系统的质和量的需求。综合分析各种因素，优化确定站场布局方案。统筹规划设计公路主枢纽的组织管理、生产服务、通信信息、辅助服务等系统，合理安排实施序列。《公路主枢纽总体布局规划》的编制工作应科学严谨，实事求是。要组织好规划编制班子，进行深入的调查研究和分析论证，并广泛征求有关方面专家及客户的意见，力求基础数据可靠、方法科学、结论合理。

公路主枢纽总体布局规划一般可分为以下几个步骤：资料的调查与分析，发展预测，布局方案优化论证，系统设计，项目实施的总体安排与评价。下面对各步骤加以介绍。

（1）资料的调查与分析

资料的调查与分析是总体布局规划的基础。资料调查的范围以主枢纽所辐射区域为宜，条件困难时范围可适当缩小，但至少应调查到主枢纽所在省（市）。在规划区域内应进行重点调查，力求调查资料的完整、准确。资料调查的内容主要包括社会经济、交通运输量、运输网及站场设施、运输机具等。

1）社会经济调查内容

社会经济调查内容包括：调查范围内的人口、面积、国民（内）生产总值及其构成、工农业总产值、对外贸易发展情况等；调查范围内的资源开发情况；公路主枢纽所在城市的功能、性质和城市特征；生产力分布和城市总体布局状况；主要产业和产品结构的发展特点；社会经济发展规划、国土开发规划、城市总体规划以及有关社会经济发展的方针政策等。

2）交通运输量调查内容

交通运输量调查内容包括：铁路、公路、水运、航空及管道等运输方式历年完成的客货运输量及其所占的比例；历年公路交通部门完成的客货运输量及周转量；历年公路零担运量、周转量；公路零担运输的发展情况；历年公路集装箱运输量、进站作业量；联运的开展情况，历年公铁、公水联运量及进站作业量；现有仓储业情况，包括仓储量及仓储的货类；铁路分运距、分货类货运量，分运距客运量，水运货类构成情况等；历年港口吞吐量、国际集装箱量、公路集疏运情况；公路旅客及货物的流向分布；铁路、公路、水运、航空、管道运输量及主要港口（区）吞吐量发展规划等。

3）运输网调查内容

运输网调查内容包括：公路网分布、公路里程、等级及适应状况；其他运输方式运输网的分布及适应状况；公路、铁路、水运、航空、管道运输网发展规划等。

4）运输站场调查内容

运输站场调查内容包括：各公路客运站的规模、旅客发送量、适应状况；各公路货运站的规模、功能、货物吞吐量及适应情况；港口、铁路、机场等客（货）站场（库房）的分布、规模、功能，旅客、货物到发量（吞吐量）及其适应情况；公路、铁路、民航站场和港口发展规划等。

5）运输机具调查内容

运输机具调查内容包括：历年民用汽车保有量及构成；公路客、货站场装卸设备及必要的取送车辆的配备情况等。

以大量调查资料为基础，对社会经济和交通运输的发展特点以及二者之间的内在联系做出系统的分析；对公路站场服务系统的发展现状及其存在问题做出客观评价，以揭示规划建设公路主枢纽的必要性和迫切性。

在评价现有公路站场服务系统时，可用站场适应度、服务水平等指标进行定量和定性评价。站场的适应度采用下式计算：

$$D=\frac{A_e}{A_d}$$

式中　D——站场适应度；

A_d——设计能力，t/d、人/d；

A_e——实际承担的吞吐量或发送量，t/d、人/d。

不同D值所对应的站场适应情况如表4-7所示。

表4-7　不同D值所对应的站场适应情况

D值范围	适应情况	D值范围	适应情况
D<0.8	适应	1.0<D<1.2	不适应
0.8≤D≤1.0	基本适应	D≥1.2	极不适应

站场服务水平可用货物（或旅客）在站滞留时间、货损货差、货主（或旅客）办理货运手续（或购票）的方便性等指标表示。货物（或旅客）在站内滞留的时间越短，货损货差越小，办理货运手续（或购票）越方便，则站场服务水平越高；反

之，服务水平越低。

（2）发展预测

公路主枢纽运量预测要在分析社会经济和交通运输发展特点以及二者之间内在联系的基础上，对规划区域内的社会经济和交通运输的未来发展趋势进行研究，并对有关的未来社会经济指标和运量进行预测。预测的内容包括：规划区域内的社会经济发展预测；公路客、货运量预测；铁路客、货运量预测；水运客、货运量预测；民航客、货运量预测；港口吞吐量预测；公路主枢纽组织量预测；公路主枢纽适站量预测；分方向适站量预测等。

1）社会经济发展预测

社会经济发展预测是各种运输方式运量预测的基础。预测的主要指标有人口、国内生产总值和三大产业构成、工农业总产值等。一般情况下，未来社会经济的发展预测应参照当地省、市计划部门制定的中长期国民经济发展规划进行。在缺乏可依据的发展规划时，应在充分分析主枢纽所在城市和地区的社会经济发展特点的基础上进行预测。

2）公路客、货运量预测

公路客、货运量预测是在分析主枢纽所在城市和地区的社会经济和交通运输发展趋势、特点以及二者相互关系的基础上，采用定量计算与定性分析相结合的方法进行的。

定量计算主要通过分析规划区域内的社会经济指标和公路运输量的历史统计资料，建立数学模型来寻求公路客、货运量的发展规律，进而预测公路客、货运量。常用的方法有回归分析法和趋势外推法。

为了正确把握公路客、货运量的发展趋势，使预测结果更趋于合理，除利用数学模型进行定量预测外，还要分析主枢纽所在城市和地区公路客、货运量对经济指标弹性系数的变化特点。参照国内外同等经济发展水平下，公路客、货运量发展的弹性系数，结合社会经济发展预测，推算出将来的公路客、货运量。此外，结合社会经济的发展阶段及特点，还可分析货运强度（即单位产值货运量）、人均出行的变化特征及运输结构的变化特点，以预测公路客、货运量未来的发展水平。最后，可广泛征求专家意见，判断预测结果，确定公路客、货运量预测值。

3）其他运输方式客、货运量预测

其他运输方式客、货运量预测的内容主要包括：铁路总运量、铁路零担量和集装箱量；水运运量、港口吞吐量、国际集装箱量；民航货运量等。其他运输方式客、货运量的预测应尽量参考当地综合计划部门和铁路、水运、民航规划部门的预测值，并进行综合平衡。如缺乏行业规划，可参照公路运量预测方法进行预测。

4）公路主枢纽组织量预测

公路主枢纽组织量泛指通过公路主枢纽信息服务系统进行处理并调配的公路货运量和客运发送量。它是反映公路主枢纽在公路运输中所起作用的一个定量指标。公路主枢纽组织量分为客运组织量和货运组织量两部分。组织量的预测应充分研究我国社会主义市场经济体制下公路客货运输市场的变化趋势和特点，分析可能纳入公路主枢纽信息服务系统的客货运量占全社会公路客货运量的比重，在此基础上，结合公路客货运量的预测值进行测算。从组织量的构成方面看，货运组织量包括货运适站量、代理量、信息配载量、市场交易量等；客运组织量则指主枢纽组织的客运发送量。

5）公路主枢纽适站量预测

公路主枢纽适站量是指进入公路主枢纽站场进行站务作业的货运量和客运发送量。它是公路主枢纽组织量的重要组成部分，是确定站场建设规模的依据。客运适站量可用下式进行计算：

$$S=\eta \cdot E$$

式中：S——公路主枢纽客运适站量，人/d；

E——公路客运量，人/d；

η——公路主枢纽客运适站系数；可以通过调查客运站（包括沿路站点）内发送的旅客量占公路客运量的比例获得。

公路货运适站量包括公路零担量、公路国际集装箱量、储运量、公铁联运量、公水联运量、其他运输方式转移适站量等几部分，预测方法大致可分为总量预测法和分项预测法。

总量预测法是直接预测各部分适站量的总和，其思路是在分析社会经济发展趋势的基础上，分析货类的变化特点，确定适宜进入公路主枢纽站场进行站务作业或临时堆放、储存的货物所占比例，结合公路货运量预测推算出适站量。分项预测的内容分为零担量、集装箱量、联运量、储运量、其他运输方式转移量预测。公路零担量的预测可以在分析已有资料的基础上，通过建立数学模型来推求其未来状况。同时，还应结合货类变化的情况，第三产业的变化趋势，站场设施的改善、公路网的完善和车辆装备水平的提高等因素对公路零担运输发展的影响，定性分析公路零担运量占公路货运总量的比重变化趋势，从而推算出公路零担量。

由于我国目前统计制度尚不完善，缺乏完整的现状适站量资料，再加上现有公路站场基础设施落后，公路集装箱运输及仓储服务刚起步，零担运输也没有形成规模，采用总量预测法难以根据现状资料系统地分析未来的适站比例，因此在进行公路主枢纽适站量预测时，应以分项预测法为主，而总量预测法只作为分项预测法的辅助验证方法。

对沿海港口城市，国际集装箱运量的预测应在分析预测港口国际集装箱发展的基础上，分析公路集疏运比例及拆装箱比例，以此测算国际集装箱适站量。对内陆城市，国际集装箱运量的预测可根据需求调查以及所在城市的外贸发展规划进行分析。

公、铁、水联运量是指公路集疏铁路、港口物资的量。从现有联运的开展情况来看，联运量中需要进行站务作业的部分主要是国内集装箱和需临时堆放的杂货量。在货类构成分析的基础上，研究进站量占总联运量的比例，最后确定联运适站量。

储运量的预测可根据公路主枢纽所在城市的仓储业发展现状及储运货类的变化特点，结合用户需求调查综合测算。

其他运输方式转移量（主要是铁路转移量）的预测应在调查摸清其他运输方式不同运距可能转移的货类运量的基础上，综合比较公路与其他运输方式在“门到门”运输费用（含装卸、仓储费等）、运送时间、货损货差、方便性等方面的差异及其未来变化，确定可能转由公路承担的不同货类运量；然后进一步分析不同货类的适站比例，从而确定其他运输方式转移适站量。

6）分方向适站量预测

分方向适站量预测应在分析现状客货流向特征的基础上，研究城市出入道路规划、干线公路网布局、对外交通联系等因素变化对客货流向的影响，预测各方向客货流量的比例，测算出各方向适站量。

（3）站场布局方案优化论证

站场布局方案优化论证主要是在适站量预测的前提下，根据规划区域内客货流量、流向、城市总体规划及各分区的功能和城市对外通道的分布等，确定最优的站场空间分布、服务范围和规模。

1）总规模的测算

客、货运站场总规模可按下式计算：

$$A=\mu \cdot Q$$

式中　A——客、货运站场需求总规模，m^2；

Q——远景年客、货运适站量（生产能力），人/d、t/d；

μ——单位生产能力所需面积，m^2/（人/d或t/d）。

同样，各客、货运站场的需求规模为：

$$A_i=\mu \cdot Q_i$$

式中　A_i——第i个客、货运站场的需求规模，m^2；

Q_i——第i个客、货运站场的适站量（生产能力），人/d、t/d；

μ——同上式。

Q_i由下式计算：

$$Q_i=\delta_i \cdot Q$$

式中　δ_i——第i个客、货运站场适站量的分配系数，$\delta_i \leq 1$。

同时有：

$$Q=\sum_{i=1}^{n} Q_i A=\sum_{i=1}^{n} A_i \sum_{i=1}^{n} \delta_i =1$$

式中：n——拟设的客、货运站场数。

客、货运站场单位生产能力所需面积参照有关站级标准或国内外站场设计的有关参数，并考虑各客、货运站场的性质、功能进行测算。

各客、货运站场适站量的分配系数δ_i主要由以下因素确定：适站量构成及流量流向比例；各客、货运站场的性质和功能；客、货运站场的布设数量；站场用地的限制。

2）布局方案设计

布局方案设计一般由确定站场布设数量和站场选址两个工作步骤组成。在确定站场布设数量时，要综合考虑以下各主要影响因素：城市未来的形态及功能分区；不同货类适站量构成；干线公路网的布局及城市主要对外交通方向；专业站与综合站合理配置（指货运）；不同类型站场的合理生产规模。

在分析确定站场布设数量的基础上，需选择、确定站场的具体位置。为此，要进一步根据城市各功能分区的特征、城市干道及主要出入道路的格局、铁路站场、港口、机场及大宗客（货）源点分布、已有站场的可利用程度及是否纳入布局方案等情况，确定各站场的布置位置。然后通过对可能用地的实地考察，与有关部门协商，确定各站场具体用地范围，并按前述方法计算各站场的生产能力与规模。一般认为，客运站的布设应尽可能靠近城区客流集中地，与铁路车站、水运港口（客运码头）相衔接；货运站应布设在城市外缘、主要干线（绕城）公路旁、靠近铁路货场和水运港口。

需要说明的是，站场布设数量的确定、各站场生产能力的分配与站址的选择不可分开，站址的选择关系到布设站场的数量和站场的生产能力。

在布局方案设计时，应尽可能按照不同的设计思路，拟订几个可行的方案，从中选出相对最优方案。受客观条件限制，采用多方案比选方法确定推荐方案确实有困难时，可只拟订单个方案并对其进行直接优化论证。

在拟订多方案的基础上，为筛选出最优方案，可采用建立评价指标体系的方法进行比选。选择的各项评价指标应尽量能反映由于站场布局的不同而带来的不同效果；侧重社会与经济效果；尽可能独立；在保证反映布局特征的前提下，指标数目应尽量少；所选指标应尽量能定量描述等要求。

根据设定的评价指标，采用合适的评价模型对拟订的各布局方案进行评价，从中筛选出最优方案作为推荐方案。

（4）系统设计

公路主枢纽总体布局规划不但应优化论证站场的合理布局，同时还应研究主枢纽系统的有机构成及其规划建设的主要内容。应围绕公路主枢纽的四个系统（即生产服务系统、组织管理系统、通信信息系统、辅助服务系统），提出为确保公路主枢纽基本功能（即运输组织、中转和装卸储运、中介代理、通信信息和辅助服务）的充分发挥和公路主枢纽高效有序运转而需要的设施和设备以及运营组织设计。

1）生产服务系统。该系统的设计主要依据交通运输部颁发的站场技术标准，参照国外站场设计的有关经验，以满足旅客、货主及车主在到、发、中转等运输生产活动中的各种需求为目的，根据客、货站场的不同功能，提出生产所需要的设施以及满足作业要求所需要的设备。

2）组织管理系统。在分析现有公路运输市场存在问题的基础上，结合社会主义市场经济的特点，提出组织管理系统设计的指导思想。认真研究公路主枢纽站场的相互协调及与其他公路主枢纽的相互联系，根据客货站场服务对象的不同特点，设计出保证整个主枢纽高效、有序运行的组织结构和机制。

3）通信信息系统。根据公路主枢纽未来运营中所发生的运输信息（包括与行业主管部门与其他公路主枢纽及与铁路站场、水运港口和航空港的信息联系，主枢纽客货站场的生产调度及指挥，主枢纽信息网点运输信息的采集、传输、处理等），研究通信信息系统的功能，提出通信信息系统规划设计的目标和原则，优化论证通信信息系统网络结构。

4）辅助服务系统。辅助服务系统应从为旅客、货主、车主及驾乘人员服务等方面提出具体的建设内容及必备的辅助设施。

（5）项目实施的总体安排与评价

公路主枢纽建设项目的实施序列应在充分分析各规划阶段的发展需求以及资金

筹集可能性的基础上，按照轻重缓急的程度进行安排。同时，为保证规划方案的顺利实施，应本着多渠道筹资、多元化建设、多种形式经营的原则，对资金的筹集渠道和方式进行分析。

鉴于公路主枢纽是面向社会服务的公益性基础设施，其规划实施不仅会给企业带来一定的经济效益，更重要的是会给社会带来巨大的社会和经济效益。所以，对其评价应采用定性和定量相结合的方法。要从发展综合运输，加强行业管理和宏观调控，提高运输企业、车主和货主的效益及效率，方便客货运输，有利于环境保护等方面进行综合评价。

二、公路客货运枢纽站（场）规划

1. 客运枢纽规划

交通运输部颁布的《公路主枢纽总体布局规划编制办法》的编制说明指出：客运站的布设应尽可能靠近城区客流集中地，并与铁路车站、水运港口（客运码头）相衔接。

客运枢纽的类型、规模和规划应该反映具体的旅客、客运服务以及通达性的要求。与之相关的因素包括：旅客数量、到达的交通方式和高峰的形式、车流量和运营实际（包括收费、服务频率、乘车方式、停歇时间和车辆停放要求）、同周围道路的连接等。

图4–2为国外某客运中心站的一个规划方案。这个方案首先形成了一个各种道路客运方式（包括地铁、长途客运汽车、郊线客运汽车、市内公共汽车、出租汽车或私人汽车）的接口，为旅客提供了在任意两种方式间直接换乘的可能。其次建筑物的高层用作其他商业用途（包括停车库），充分利用土地面积。再次建筑物底

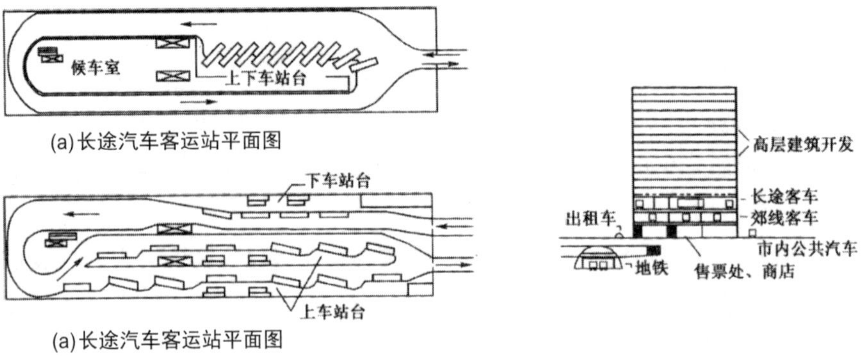

图4–2　客运中心站规划方案示意图

层（除售票室、调度室之外）用来为旅客提供辅助服务（如餐厅、休息厅、卫生间等）。最后将郊线车与长途车分别设置在不同楼层内，这是因为它们在服务特性和站台布置要求方面有很大的不同。此外，还应该注意到长途客车站台与郊线客车站台布置有很大的不同。

站台布置应该按照具体生产能力和运营要求进行。长途客车有比较长的停歇时间供旅客上下车和处理行李包裹，旅客上车、下车在同一个站台。每个停泊位置每小时接纳两辆客车，站台形式为密集的锯齿形，为旅客提供环境舒适的候车区域。

郊线客车要求具有较高的高峰小时通过能力，但乘客多是通勤人员，很少有行包。乘客上、下车区域必须彻底分开，以避免乘客上、下车时发生冲突，并缩短停歇时间。使用直线形或浅锯齿形的上车站台，它允许若干辆车排在同一站台上，并且每个停泊位置的容纳能力平均为每小时8 ~ 10辆客车。

下车站台的长度应该反映出接纳旅客下车高峰流量所需要的停泊位置数和客车驶进、驶出的特点。当有相当数量的空车进站且需停在下车站台时，需要提供一条与下车站台分隔开的单独的行车道。上车站台的空间与布置，对站场而言是最关键的，应该给不同的线路（起点）提供单独的上车空间。对于简单的一条线路的运行，所有客车停泊位置一般可以位于同一站台上。但当涉及若干条线路时，指定到一个站台上的线路数或者不同类型服务的线路数目应该尽可能少，最好不超过2 ~ 3条。在有相当多的旅客排队并具有相当大的客流量时，上车站台宽度至少应该有3.6m。对于平行于客车车门的锯齿形上车站台，宽度至少应为1.5m。

在高峰阶段时，上车排队是必要的，以避免乘客无秩序而造成站台空间减少。永久性的上下车站台应该高出路面，以更好地确定旅客和客车各自的活动空间，并且使旅客上、下车方便、安全。多层的客运枢纽应该考虑装置自动扶梯，还应该装置电梯以便为使用轮椅的旅客、老人和儿童服务。长途客运站和大的郊线客运站应该建立辅助服务设施，如餐厅、商店、卫生间等。其中的餐饮与商业服务收入可以用作部分补充枢纽的运营费用。

2. 货运枢纽规划

（1）物流

与货运枢纽紧密相关的一个概念是“物流”，物流是一种活动过程，目前，物流理论日益受到人们的关注并逐步成为研究的热点。物流有广义和狭义两种概念，广义的物流是二次世界大战时从军事后勤工程学里产生的，其定义有两种，一是指物资实体的场所或位置在空间上的转移和时间上的占用，即物资实体的物理流动过程（包括有形的和无形的）；二是指物资实体在空间上的转移与时间上的占用过程，并要实现其效益。

狭义的物流概念也有两种定义，一是指有计划地对原材料、半成品及其成品由其生产地点到消费地点的离散流通活动；二是指从原材料输入生产系统，经过储存、搬运、装卸、加工等一系列物理与化学的转换直至输出生产系统的全部运动过程。

一般认为，物流成本的一半与运输有关。如把物流视为流通功能的一种，那么，其功能最具视觉性、最容易理解的是运输。从运输的角度可以将物流理解为：物流是指在物流网络的据点之间经过公共空间移动货物的活动。可见，公路货运实质上是一种物流活动，公路货运枢纽是公路物流系统的重要组成部分，货运枢纽站（场）的位置和规划设计将直接影响物流系统的运营效益和效率。

（2）货运枢纽的运营方式

枢纽设施的任务、选址和设计，不应该仅根据单个站场来确定。货运枢纽的规划过程应该包括：制订系统运营计划、确定枢纽的任务、完成枢纽站布置和绘制现场平面图。

交通运输部颁布的《公路主枢纽总体布局规划编制办法》的编制说明中指出：货运站的布设应在城市外缘、主要干线（绕城）公路旁、靠近铁路货场或水运港口。

客运枢纽站布局应相对集中，而货运枢纽站布局则可以适当分散，后者主要由整个货运系统的运营方式决定。

货运枢纽的运营方式可大致分为以下两种。

1）传统式运营

由几个独立的货运站组织运输，将散货运输集中于主要货运中心，然后进行转运。这种运营方式的主要优点是提供直接的、没有迂回的长途运输，中间换装少。其缺点是系统适应运输需求地点的变化或增加新的服务区缺乏灵活性，难于实现对整个服务区域提供一致的服务。

2）卫星式运营

指为数较多的小规模货运站由一个功能齐全的货运中心协调组织运输。特别是长途散货和需要转运的货物通过货运中心实施运输。它的优点是减少了货物集散（取送）时间，改善了长途货运的平均装载率，提高了劳动生产率。卫星站更接近客户，市场辐射力强，能服务于变化的市场需求，提供一致的服务。其缺点是增加了换装的工作量和设施的固定费用。

目前，我国有的省份正在着手建立以地区首府为中心站，负责组织全地区县级市货运站的货物运输，并且在全省范围内建立公路主枢纽与各地区中心站间的运输信息网，实现跨地区物资高效率转运。

（3）货运站场规划

在进行货运站场规划之前，必须确定该站场的任务，即未来它的工作负荷（适站量及货物来源）、服务标准、工作负荷的稳定性、连续作业时间以及其他规划站场所需要的信息。货运站场规划内容主要包括如下几项。

1）确定站场的装卸系统

装卸系统的基本参数是仓门数，这个参数是由到站的或发送的高峰货物量决定的。主要考虑四个因素：到站和发送的平均货物量和高峰货物量、货物到达率、从取货到送货这一转运过程的时间标准和所装卸货物的性质。

装卸仓库门数分别按发送货物和到站货物计算。发送货物仓门数等于货物分别运送的终点站数加上高峰班次时托运量大于单个仓门所能装卸的货物量的终点数。而到站货物仓门数等于送货线路的终点数，再加上大客户的或线路间转运用的货车或挂车数。一般是每一条线路或送货地点（如大的客户）至少需要一个仓门。

2）装卸设备的选用

典型的装卸设备分为基本设备和辅助设备两类。基本设备是四轮的站台搬运车，在仓门数少于65的较小的站场多用人力车；在大型站场采用机械牵引车。辅助装卸设备有叉车和两轮的人力搬运车。

3）站台尺寸的确定

站场站台的具体尺寸分两步确定：一是确定站场的运作计划，即作业内容、作业时间、作业方法和程序；二是根据所需要的长度和宽度计算基本空间要求。

长度的主要决定因素是仓门数。每个仓门间距要求为3 ～ 3.6m，通常设置在中心位置上。宽度主要取决于待运面积、通道和作业空间的要求。一般而言，随着站场转运量、复杂程度、到站货物量的增加及到达率的提高，仓门数增加，站台宽度也增加。

通常，仓门布置在站台的两侧。站台一端布置办公室，另一端如有可能，可预留发展用地。仓门数在20以下时，站台宽度为12m；仓门数为21 ～ 30时，站台宽度为15m；仓门数为31 ～ 50时，站台宽度为18m；仓门数超过50时，站台宽度为24m。

4）货运站场总布置

货运站场总布置的目标是根据该枢纽需完成的任务确定用地面积，布置各种作业的场地和建筑物，保证空间的充分利用和高效率的作业流程。

①确定用地面积。就枢纽作业而言，除了站台尺寸（长度、宽度）之外，还应该考虑办公室、车间、加油站和其他固定设施所要求的面积。枢纽用地的另外一部

分是停放车辆用地（包括牵引车与挂车），停车区域面积应能够容纳高峰进站量的要求。

②站场选址。确定站场位置首先应该从保证现今和未来的货源出发，再考虑可能获得的用地大小和形状。选址的原则包括：该场地距高速公路在3km以内或同其他交通主干线有方便的通路，面积足够，检验土地确实适于建筑，确定清理场地所需要的时间与费用。

③总体布置。首先确定作业流程，即装载车辆进入站场后的一系列作业顺序。然后根据作业流程布置建筑物、停车位置以及作业区域。

④在确定的总体布置方案的基础上做站场设计。

在通往货运枢纽站场的道路上产生了相当多的货运交通，导致对周围地区的各种不利影响，包括交通拥挤。这不仅给交通安全带来危害，而且产生噪声、空气污染以及视觉上和心理上的有害负面效应。货运枢纽还将吸引其他的商业活动以及与载货汽车有关的经营活动，如货车修理与配件供应等。枢纽内为夜间作业和保安而设置的高照度的照明和车辆在枢纽内行驶与装卸机械运作的噪声会对周围居民的生理、心理产生影响，尤其是在夜间。

货运枢纽的适宜地点可以通过土地利用与工程调查确定。能够同其他土地利用形式相兼容的货运站场位置的确定，要求事前进行全面规划和严格的土地利用控制。

三、公路运输与其他运输方式的衔接规划

单个运输方式使用的现有客货运输枢纽在不同程度上可以认为是为多种运输方式服务的。但本节所强调的是那些从一开始就为协调两种或两种以上运输方式作业而规划的枢纽站场，即多种运输方式衔接站场。其中，最普遍的也是最重要的是公路（包括城市道路）运输与其他运输方式的衔接。

建立多种运输方式衔接（简称多方式枢纽）是通过系统规划，协调利用两种或两种以上运输方式，以达到最大限度地提高客货运输总效率的目的。这涉及两个方面的内容：一是在具体的起终点之间采用在服务性能上和费用上最佳的运输方式；二是在中转站场提供最便捷的换乘（或换装）和转运。多方式枢纽规划主要解决运输方式之间如何方便相互连接的问题。

在我国，由于各种运输方式分属不同的政府部门管理，尽管有的城市在规划中提出了多方式枢纽的设想，但在具体实施上存在着很多困难。通过下面两个例子，可以得到对多方式枢纽的感性认识。

（1）美国新泽西州泽西城的泽纳尔广场的运输中心就是一个多方式的运输与商

业中心。它是在当地地铁一个主要车站的基础上建设起来的。它把地铁、公共汽车和小汽车停车场协调在一起，并且同一个十层的写字楼及商业服务设施结合起来。由于交通量比较大，公共汽车枢纽与小汽车停车场在空间上是分隔开的，并且分别通过楼梯、自动扶梯和电梯通向地铁的站台。地铁在高峰期每3min通过一列有10节车厢的列车，工作日客运量达54000多人。公共汽车枢纽内有21条线路，工作日客运量为22000多人。

（2）波士顿城的南站是一个城市间通勤交通与地方交通的主要接口。经过不断扩建，逐步形成了多方式运输中心。该中心首先完成了铁路与城市的地铁系统的连接，使旅客换乘不再受天气恶劣之苦。随后的工程项目是在火车站上方建造公共汽车枢纽站和停车库。第三期工程项目是在枢纽站的上面建造商业用途的塔楼。这使得波士顿城的南站成为美国最大的公共交通中心之一。

应该指出，各种运输方式在车站、枢纽、运输中心等方面的协调一致是很重要的。但是要真正做到协调还需要消除一些制度方面的障碍，如票务政策等。

多方式货物运输（简称多式联运）无论在数量上还是在多样性方面都在增长。多式联运通常有下列几种组合方式：公路与铁路、公路与水运、公路与航空、公路与管道运输、铁路与水运、管道运输与水运等。

多方式货运枢纽具有土地密集型的特点，并且多采用大型的、重型载货汽车进行运输。通往这些设施的通道和汽车在枢纽内的存放空间是整个运作的重要组成部分。多方式枢纽的设计必须考虑涉及的所有运输方式的需要。例如：海港和铁路货场必须给汽车设置足够的通道和停放设施等。

第五章　公路网规划的综合评价与建设项目排序

第一节　公路网规划的综合评价

一、公路网规划综合评价的目的和意义

评价是指依据明确的目标确定系统的属性，把这种属性转换为主观价值，并通过评价指标来反映事物价值的过程。评价在公路网规划中是对公路网状况、公路网规划方案及其各阶段效果的描述和价值的阐明。

现代规划思想正朝着决策化过程迈进，这意味着规划将是一个科学的、民主的、动态的集体思维过程，价值体系和评价分析将是规划中的关键内容。

1. 规划目标阶段

在该阶段评价主要用来分析公路网规划范围、期限及规划目标等一系列前提条件，这项工作可以说是对规划总方向的把握。实际工作中，一般由领导决策部门和专家分析讨论，并结合当地客观条件和当时的社会经济形势等事先拟定。

2. 现状分析阶段

通过评价分析确定现状公路网是否适应现状及其未来的各项需求，适应程度如何，存在什么问题，有多少潜力可挖掘等。

3. 发展预测阶段

在该阶段，评价手段依然不可缺少，因为预测结果合理与否与制订出的规划方案实施效果密切相关。但考虑到许多预测方法自身具备一定的检验能力，故评价一般不单独提出。

4. 规划方案阶段

这是拟订并确定规划方案的阶段，也是评价的关键阶段，它又分为公路网建设

规划方案和建设实施方案。评价应从方案的技术性能特征、社会经济效益和环境影响等多方面综合考虑，从而选出最优方案。

5. 规划实施阶段

评价主要是对方案实施后的实际效果进行分析，以使下一轮规划更加科学、合理。这种评价通常也称事后评价。

通过以上分析可知，评价对于整个公路网规划工作是至关重要的，尤其是对规划方案的评价更应慎重对待。

由于公路网属于多层次、多因素、多目标的复杂系统，因此对这样的一个复杂系统，仅考虑某一两个方面或靠人为分析是不够的，也是不合适的，而应该运用科学的方法，从技术、经济、社会多方面综合考虑该系统及其与周围环境的相互作用，从而对公路网规划方案的备选方案进行全面系统的定性和定量分析，以度量不同方案的相对价值，为公路网方案比选提供科学的判别依据。

二、公路网规划综合评价指标体系与工作流程

综合评价是在各部分、各阶段、各层次等评价的基础上，对多种因素所影响的事物或现象做出总评价，也就是对评价对象的全体，根据所给的条件，给每个对象赋予一个评价指标值，再据此排序择优，寻求系统整体功能的“最优”，而不仅仅是寻求某一项或几项指标的“最优值”。同时，在系统整体优化过程中，综合评价不断向决策者提供各种信息，因此又称为多属性评价或多准则评价。如每一个已被确定等级结构的公路网方案的优劣可以通过这一组指标值来反映，但当反映各方案的指标值出现交叉或冲突时，就需要寻求一个能起到综合评价作用的评价指标值，并按评价指标值的大小，从中选择最优方案。注意到，“最优”的含义不是绝对最优，而是相对的，对于决策者而言是满意值。

1. 综合评价系统的组成

公路网的综合评价系统可由四个子系统组成，即技术评价、经济评价、环境评价和社会评价。

公路网的技术评价，是从公路网的技术性能方面，分析其内部结构和功能，目的是揭示公路网的使用质量，为编制公路网规划方案、验证方案的合理性并进行方案的优化和决策提供技术方面的依据。从整体而言，公路网的社会效益和经济效益如何，首先取决于公路网规划方案的技术性能，因此公路网的技术评价是公路网评价系统中的重要组成部分。

公路网的经济评价，是指对公路网进行的经济效益分析。公路网规划的根本目

的和重要原则之一，就是要以最少的投资获得公路运输的最佳经济效益。因此，公路网的经济评价也是公路网评价系统中极为重要的组成部分。一般而言，公路网的经济评价主要是指经济指标方面的计算与分析，通过比较规划方案的建设、营运费用和效益，并结合规划期的未来资金预测，对方案的经济合理性进行分析论证。

公路网系统处在整个社会经济系统和综合交通系统这些大环境之中，它与周围环境有着千丝万缕的联系。公路网的环境评价，就是对公路网建设和运营给环境造成的正负影响及影响程度做出评价，用以指导公路网规划方案的决策和建设。所影响的环境一般包括政治环境、经济环境、文化环境、生活环境和生态环境等。由于政治环境、经济环境和文化环境属于社会性环境，因而属于社会评价内容。这样，公路网的环境评价主要是指对生活环境和生态环境影响的评价。

公路网规划方案实施后，除给全社会公路使用者带来直接经济效益外，还将对规划区域的社会经济发展产生深远影响。公路网的社会评价，就是分析公路网系统对规划区域的社会方面的作用和影响，包括对区域政治、经济和文化等方面的影响。相对经济评价而言，公路网规划方案的社会评价具有宏观性、长期性、多目标性以及间接效益（正或负）多、指标定量难等特点。从定量分析要求出发，社会评价是难度较大的一类评价，还有待进一步研究。

公路网的技术评价、经济评价、环境评价和社会评价，分别以相应的多项单因素为指标，从不同方面对公路网的性能和价值做出定性或定量的分析判断。由于单一评价指标较多，且相互之间往往存在相关性或缺少可比性，甚至各方案之间优劣程度不相一致，因此，有必要对公路网规划方案的整体加以综合评价。

2. 建立综合评价指标体系的原则

在众多反映公路网规划方案优劣的评价指标中，建立一个科学、合理的评价指标体系，以全面、系统地反映规划方案的性能，对于最终评价结果的科学性和合理性有着至关重要的意义。考虑到综合评价的普遍性和公路网规划综合评价的特殊性，在建立公路网规划的评价指标体系时应遵循以下原则（见表5–1）。

表5–1 建立公路网规划的评价指标体系时应遵循的原则

应遵循原则	主要内容
科学性原则	评价指标体系必须客观反映各公路网规划方案的可行性与满意性，既有定性分析，也有定量分析，既有宏观分析，也有微观分析，做到定性与定量分析相结合，宏观与微观分析相结合

应遵循原则	主要内容
系统性原则	公路网规划是一个多层次、多因素的复杂系统，单指标只能从某一侧面反映评价对象的性能，而不能反映系统的整体效益和结构。因此，指标体系应力求全面反映备选方案的综合情况，从中抓住主要因素，既能反映系统内部结构情况，又能正确地评估系统与外部环境的关系，既能反映直接效果，也能反映间接影响，以保证评价的全面性和可信度
实用性原则	指标体系应力求达到层次清晰、指标精炼、方法简单易行，使之具有实际应用价值，并易于推广
可比性原则	选择评价指标时，要考虑到时间与空间的变化及其影响，合理选用相对指标与绝对指标，以保证各方案间的可比性

3. 综合评价指标体系的建立

根据以上原则，在选定评价指标时要考虑到以下几个方面：

（1）各指标尽可能相互独立；

（2）在保证反映路网系统特征的前提下，尽量减少指标数；

（3）所选指标尽量能定量描述。

4. 综合评价工作流程

（1）明确评价前提

首先，需明确评价立场，即明确评价主体是系统使用者还是开发者，或是二者兼而有之或其他受影响者，这与评价目标的确定、评价指标的选择等都有直接的关系。公路网规划属行业规划，它是为政府决策部门制定决策提供服务的，因此，评价必须以人民生活水平的提高、社会经济的发展和环境质量的改善为根本出发点。其次，要明确评价的范围和时期，即评价对象涉及哪些地区和部门，评价处于系统开发的哪个时期。公路网规划按区域范围的不同可分为国道网规划、省道网规划、地区（市）级公路网规划、县乡级公路网规划等。牵涉的部门有交通、经济、统计、计划、土地管理、环境保护等，这些需在评价前确定下来，以便尽可能组织各方参与评价工作。至于评价的时期，一般分为初期评价、中期评价、终期评价和跟踪评价四个阶段。不同时期的评价目的和要求各不相同，其评价方法也不完全一样，一般是由定性分析过渡到定量分析。

（2）研究制定评价指标体系

综合评价指标体系通常具有多层次结构。首先要确定评价目标，这是评价的依据。综合评价从广义上说是对人类实践活动进行选择和优化的过程，它研究人们的实践活动与其宗旨和目标的逼近程度及其需要付出代价的大小，进而指导人们优选的行为决策。目标也是分层次的，可分为总目标与具体目标。公路网规划方案的综合评价总目标就是整体评价备选方案并选择最佳方案，具体目标要根据方案的性质、范围、类型、条件等确定。目标结构确定后，就要建立评价指标体系，评价指标和标准可以说是目标的具体化，根据具体目标设立相应的评价指标。

（3）定量各项评价指标

要定量各项评价指标，需先确定相应的量化标准。每项评价指标都应有详细的评价标准，对于可用货币、时间、材料等衡量的指标，可进行定量的分析评价；对社会、自然环境等的影响评价，则只能先作定性分析，然后确定量化方法。对每项评价指标，均需确定计算方法，并对评价标准作恰当的说明。评价标准确定后，就可根据该标准对评价指标进行评分。在确定评价指标的量值时，可采用直接定量、模糊定量或等级定量等方法，视指标的特点分别加以应用。

（4）备选方案综合评价

首先，需确定综合评价方法，即根据各指标间的相互关系及其对总目标的贡献确定各项指标的并合计算方法。下层指标值并合成上层指标值需借助一定的并合规则，常用的有加法规则、乘法规则、指数运算规则、取大规则、取小规则、代换规则、定量规则等，各种规则还可以和“权”配合使用。

另外，也可以上述规则为基础进行某种组合和修正，选取并合规则时应考虑指标的含义和相应的并合目的。

其次，根据各指标的重要性确定并合过程中相应的权重系数值，常用的方法有层次分析法、熵值法等。

最后，按选定的并合方法计算上层指标的值。如果评价指标体系有多个层次，则逐层向上计算，直至得到第一层次指标的值为止，并据此排出备选方案的优劣顺序，进行分析和决策。

三、公路网规划的技术评价

1. 技术评价的原则

公路网系统处于复杂的社会大系统中，它与周围环境相互联系，相互依存。当公路网系统发展滞后时，国民经济的发展会受到制约和影响；公路网系统发展过度超前时，资金、土地资源等耗费太大，不能充分发挥投资效益。因此，以保持社会经济持续、稳定、协调发展为目的，使公路网的规划建设与社会经济发展相适应、相协调，是进行公路网规划方案技术评价的根本出发点。鉴于我国公路网发展建设存在滞后性与不平衡性的特点，公路网技术评价更应注重从公路网系统技术性能适应社会经济发展和交通需求的程度方面进行分析评判，而不能一味寻求大规模、高质量的所谓最优方案，这是选择技术评价指标和确定评价标准时所应遵循的基本原则。除此之外，技术评价指标的选择还应考虑以下几点基本要求（见表5-2）。

表5-2　技术评价指标选择时应考虑的基本要求

基本要求	主要内容
可测性	包括两个方面的含义，一是评价指标可根据一定的方法和手段求得；二是所用的基础资料比较可靠和易取得
可比性	要求相同指标可用于不同方案的比较，为此力争使指标实现定量化。对于不能定量的指标，亦应有相对优劣程度的评定标准
科学性	评价指标要有理论根据，并能在数量和质量方面及空间和时间上充分反映公路网的技术特征和使用质量

2. 技术评价指标分析

公路网技术评价主要从两方面进行，一是网络结构性能评价，即考察公路网建设规模、布局、连通水平、均衡状况、等级水平及铺装水平等满足社会经济发展和公路运输需求的程度；二是交通质量评价，即对公路网所能提供的交通服务水平适应交通需求的程度进行评价。

（1）网络结构性能评价指标

1）公路网密度

公路网密度是一项常用的客观指标，其大小反映了一个国家或地区的公路网发展水平，在某种程度上体现了路网的内部结构及其合理性。依据分担的对象不同，公路网密度具有以下几种不同的计算模式。

①面积密度（$km/100km^2$）。指单位面积拥有的公路里程长度，计算式为：

$$\gamma_A=L/A$$

②人口密度（km/万人）。指单位人口拥有的公路里程长度，计算式为：

$$\gamma_P=L/P$$

③经济密度（km/亿元人民币）。指单位经济产值占有的公路里程长度，计算式为：

$$\gamma_G=L/GNP$$

④运输密度（km/亿车·km）。指单位运输周转量占有的公路里程长度，计算式为：

$$\gamma_T = L/T$$

⑤车辆密度（km/百辆）。指单位车辆占有的公路里程长度，计算式为：

$$\gamma_N = L/N$$

上述公式中A、P、GNP、T、N分别表示区域的面积、人口、国民生产总值、运输周转量及车辆数；L表示公路网的等效里程，即将区域中各等级公路的里程折算成标准等级（二级）公路长度，可用下式计算：

$$L = \sum_{j=0}^{5} b_j m_j x_j$$

式中：L——标准二级公路一个车道的里程，km；

b_j——j级公路一个车道的等效系数（表5-3），j取值为j=0、1、2、3、4、5，分别代表高速、一级、二级、三级、四级、等外公路；

m_j——j级公路的车道数，条；

x_j——j级公路的实际里程，km。

表5-3　各级公路的等效系数

技术等级	高速	一级	二级	三级	四级	等外
车道数（条）	4	4	2	2	2	2
适应交通量上限（中型车）	25000	125000	5000	2000	200	100
b_j	2.500	1.250	1.000	0.400	0.040	0.020

2）公路网连通度

公路网密度是从公路网建设规模和覆盖范围方面反映公路网结构性能的，公路网连通度则通过考察各节点的连通状况，从公路网布局方面反映公路网的结构特点，定义为规划区域内各节点间依靠公路相互连通的强度，计算式为：

$$C = \frac{L/\xi}{\sqrt{A \cdot N}}$$

式中：C——规划区域内公路网连通度；

L——规划区域内公路网总里程，km；

A——规划区域面积，km^2；

N——规划区域应连通的节点数，个；

ξ——公路网变形系数（或称非直线系数），定义为各节点间实际线路总里程与直线总里程之比。

当C值接近1.00时，路网布局为树状，各节点间多为二路连通；C值为2.00时，路网布局为方格网状，节点多为四路连通；当C值略大于3.00时，路网布局为三角网状，节点多为六路连通。

实际规划时C值与选取的节点关系很大，一般来说,C值最好在2.00 ~ 3.00之间。对于一般干线公路，平均连通度的目标值C ≈ 2.00 ~ 2.50。

3）公路网理想规模接近度

考虑到各区域经济发展水平和人口密度不同，对公路网面积密度也存在不同的要求，因此，单一的公路网面积密度指标不能确切评判公路网规模对社会经济发展的适应程度。此时可采用“公路网理想规模接近度”指标来评价公路网建设规模的适应性。该指标定义为规划公路网实际道路长度与理想道路长度的接近程度。

根据“道路密度与人口和面积之积的平方根以及经济指标成正比”的国土系数理论，理想的道路长度可用下式计算：

$$L=K\sqrt{AP}$$

式中：K——道路网系数（经济指标系数）。

理想的道路网系数K值，可用人均国民生产总值通过回归分析各道路网发达国家的道路网系数的实际值求得。于是，综合考虑地区面积、人口、经济力量等基本要素的“公路网理想规模接近度”可表示为：

$$DP=\frac{L_P}{K\sqrt{AP}}$$

式中 L_P——规划路网实际干线公路里程，km。

此处干线公路指高速公路、一级公路和二级公路。

4）公路网等级水平

公路网等级水平用区域内各路段修正技术等级的加权平均值表示。公路网等级水平的高低将直接影响公路交通运行状况，计算式为：

$$G=\frac{\Sigma L_i G_i/\eta_i}{\Sigma L_i}$$

$$\eta_i=a_i\times b_i$$

式中：G——公路网等级水平（0≤G≤5）；

L_i——区域内各路段的公路里程，km；

G_i——区域内各路段的技术等级，对应高速、一级、二级、三级、四级、等外，G_i分别取0、1、2、3、4、5；

η_i——区域内各路段的等级修正系数；

a_i——车道修正系数，为路段实际车道数和标准车道数之比；

b_i——车道宽度修正系数，为路段实际车道宽和标准车道宽之比。

各等级公路标准车道数与标准车道宽取值参考《公路工程技术标准》（JTGB01—2003）确定，如表5-4所示。

表5-4　各等级公路标准车道数与车道宽

公路等级	高速公路	一级	二级	三级	四级
标准车道数（双向）	4	4	2	2	1
标准车道宽（m）	3.75	3.75	3.75	3.50	3.50

5）公路网铺装水平

公路网铺装水平与整个路网的通行能力和服务水平密切相关。它一方面直接影响到行车质量，另一方面又直接影响公路运输经济效益。该指标定义为区域内各路段路面等级的加权平均值，计算式为：

$$P=\frac{\Sigma L_i P_i}{\Sigma L_i}$$

式中　P——公路网铺装水平（$1<P<4$）；

L_i——区域内各路段的公路里程，km；

P_i——区域内各路段的路面等级，对应高级、次高级、中级、低级路面，P_i分别取1、2、3、4。其中，高级路面主要包括水泥混凝土、沥青混凝土路面；次高级路面主要包括沥青灌入、沥青、沥青表处、沥青碎石、沥青粒料、沥青砂土等类型的路面；中级路面主要包括砾料、粒料、碎石、砂石路面；低级路面主要包括砂土、土路、沙土等类型的路面。

6）迂回率

迂回率用来表征节点之间的连接相对于直线连接作何种程度的迂回，定义为最短实际公路距离和假想直线连接距离之比，可用下式计算：

$$Y_{ij}=\frac{s_{ij}}{d_{ij}}$$

式中　Y_{ij}——i、j节点间的迂回率；

s_{ij}——i、j节点间的最短公路距离，km；

d_{ij}——i、j节点间假想直线连接距离，即空间距离，km。

相邻节点间的d_{ij}较小，故其Y_{ij}较敏感，这样迂回率指标就可很好地反映相邻节点间的公路便捷程度。

一般说来，任意两节点间的Y值不宜大于2.0，迂回率大于2.0时为高迂回率连接。对于这样的连接公路有必要考虑设置新线（包括道路的升级），以强化节点间的连接。

（2）交通质量评价指标

公路网交通质量是指公路网为道路使用者所提供的行车速度、舒适、方便及经济安全等方面的服务效果。目前，对于一条公路，其交通质量大体可根据以下指标来确定：公路网负荷度、平均车速及行程时间、平均运距、里程拥挤率、交通事故率。

整个公路网很难全面考虑和综合上述诸多因素，这里着重介绍采用公路网平均车速、公路网里程拥挤率和公路网负荷度三个指标来考察公路网的交通质量。

1）公路网平均车速

公路网平均车速是公路交通中的公路系统、车辆系统和管理系统综合作用的结果，它综合反映了路网的系统性能和交通质量。

路段的平均车速可以通过抽样调查、技术等级折算或按实际交通量计算得到，计算公式为：

$$\upsilon = aN^{-b}$$

式中：υ——路段的平均车速，km/h；

N——路段的交通量，辆/d，分道行驶时为汽车折算值，混合行驶时为混合交通量折算值；

a、b——与公路技术等级有关的常数。

对路网整体而言，平均车速计算式为：

$$\upsilon = \frac{\Sigma(\upsilon_i L_i q_i)}{\sum_i (L_i q_i)}$$

式中：υ——公路网的平均车速，km/h；

υ_i——公路网中第i路段平均速度，km/h；

L_i——公路网中第f路段长度，km；

q_i——公路网中第i路段交通量，辆/d。

2）公路网负荷度

公路网负荷度定义为公路网实际负荷交通量和容许最大负荷交通量（设计容量）之比（也称阻塞度或拥挤度），表示整个路网拥挤或利用的程度，反映出整个路网承担交通负荷的能力，从整体上表征路网的畅通性能，是反映路网适应性的一项重要技术指标，计算式为：

$$S=\frac{Q}{C}=\frac{\Sigma q_i L_i}{\Sigma C_i L_i}$$

式中：q_i——路网中第i个路段实际服务交通量或分配交通量，辆/d；

C_i——路网中第i个路段设计容量，辆/d。

3）公路网里程拥挤率

公路网里程拥挤率定义为拥挤路段的总里程占整个路网总里程的比率（拥挤路段是指负荷度大于0.9的路段），计算式为：

$$P_s=\frac{\Sigma L_{si}}{\Sigma L_i}\times 100\%$$

式中　P_s——公路网里程拥挤率，%；

L_{si}——拥挤路段里程，km；

L_i——公路网中第i个路段里程，km。

3. 技术评价标准

如前所述，以保持社会经济持续、稳定、协调发展为目的，使公路网系统的规划与社会经济发展相适应、相协调；是公路网技术评价的基本出发点。换句话说，公路网技术评价应着眼于考察公路网的各项技术指标适应社会经济发展和交通需求的程度。为此，技术评价标准的制定必须具备动态性，体现出时间和空间的差异性。

在时间方面，由过去到现在再到未来，经济不断发展，对公路交通的需求也相应增加，同样的公路网系统能适应现在的需求，并不一定能适应未来某一时期的需求；在空间方面，我国的东部地区、中部及西部地区，经济发展水平各不相同，对公路交通需求也有所不同。而时间和空间方面的差异，从根本上看是经济水平的差异。正是由于社会经济的发展变化决定了公路网必须要发展。因此，公路网技术评价标准必须紧紧围绕规划区域的经济发展水平来制定。

在以上介绍的各项技术评价指标中，反映网络结构性能的几项指标直接与公路网系统的建设规模、建设质量相关联，而公路网的建设规模与质量并非越大越高越好，而是应与规划区域规划期的经济发展水平、交通需求相适应。因此，这几项指标应该存在一个理想值（或者合理值），可以用各项指标的理想值作为评价标准。反映交通质量状况的三项指标则是公路网系统规划布局质量优劣的直接体现，从评价角度来看，可以只进行相对评价。

四、公路网规划的经济评价

1. 经济评价的概念、原则、目的和内容

（1）概念和原则

公路网的经济评价是指对路网进行的整体经济效益分析，亦即比较各备选方案的建设、运营费用和效用，并结合规划期的未来资金预测对方案的经济合理性进行分析论证，并做出评价。公路网规划方案的经济评价是公路网评价系统中的重要组成部分。按《公路网规划编制办法》，只需进行国民经济评价。国民经济评价是从国家整体角度出发考虑项目的效益和费用，计算项目对国民经济的净贡献，评价项目的合理性。其目标是对公路网的经济价值进行分析，以确定公路网消耗社会资源的实际价值。

在公路网规划方案的经济评价中，必须遵循以下原则（见表5–5）。

表5–5　必须遵循的原则

原则	主要内容
采用“有”、“无”比较法的原则	“有”、“无”比较法是指通过对规划方案的实施而发生的各种费用和效益，与规划方案不实施的情况下发生的各种费用和效益两者进行比较，来确定规划方案费用和效益的一种方法。为了准确地衡量公路网建设所带来的净效益，采用“有”、“无”比较法是很必要的
费用、效益的范围对应一致的原则	公路网规划方案的经济评价，实际上就是总支出费用与所获得效益的相对比较。效益和费用的范围划分应为，凡为国民经济所作的贡献均计为该方案的效益。一般为了便于计算，均只计算直接经济效益，也就是由公路使用者所获得的效益，费用就是在规划期内所投入的物质的经济价值
计算年限应统一的原则	按交通运输部颁发的《公路建设项目经济评价方法》，计算年限为建设年限加上公路投入使用后的预测年限，投入使用后的预测年限原则上按20年计算。对不同等级公路应采用同一经济评价计算年限，以便于方案比选
计算期采用同一价格的原则	国家发展和改革委和建设部联合颁发的《建设项目经济评价方法与参数》规定：国内项目的经济评价，在计算期内各年使用同一价格。由于公路网规划方案的经济评价只作国民经济评价，故需使用影子价格

（2）目的和内容

经济评价的目的在于从国民经济的角度计测项目的实施、维护管理等所需的经费以及公路建成后的经济效益，把公路项目的纯效益同从其他投资得到的纯效益进行比较，判定是否值得充分投资。此外，在考虑几个替代方案时，为确定替代方案优先顺序提供判断材料也是经济评价的重要目的之一。经济评价的基本思想是通过分析实现资源的有效分配，从整个社会出发，保证最优（或较优）的效益分配方案，从而达到最佳的全社会福利效果。

一般而言，路网的经济评价（经济效益分析）主要指经济指标方面的计算与分析，但也应包括一些社会和技术方面的因素，可以用货币作为指标，从而达到以经济评价来分析某些社会和技术因素的目的。通常由以下几项内容组成：①经济方面费用的测算；②经济效益的测算；③经济方面费用与效益的比较（算出内部收益率、净现值、效益费用比）；④敏感度分析。在经济评价中，效益和费用都不是市场价格，必须用真实反映资源价值的价格表示。同时，应从效益和费用这二者中扣除化为转移项目的税金、关税等。另外，还要去掉由于通货膨胀而引起的物价上涨因素，在分析期间用固定价格（不变价）表示。

2. 经济评价中的费用和效益分析

（1）费用分析

规划方案投入的总费用是指国民经济为完成方案中规划项目的建设、管理和运营所付出的经济代价，即所投入的全部物质资源和人力资源，它可用货币形式计量，主要包括以下几项内容。

1）基建投资

基建投资就是公路建设费用，包括建筑安装工程费、设备及工具器具购置费、其他基本建设费用以及预留费用等项。根据概预算得近似公式为：

$$C_{1j}=\sum_{k=1}^{n_1}L_{kj}\times CA_{kj}$$

式中：C_{1j}——规划期内第j种方案的总建设费用，万元；

CA_{kj}——第k段公路第j种方案的单位造价，万元/km（对于不同地区各种等级公路新建或改建的单位造价有定额）；

L_{kj}——第k段公路按第j种方案的建设里程，km；

n_1——规划期内建设路段总个数，个。

2）道路使用费

道路使用费包括养护费、养护管理费和折旧费。养护费及养护管理费按统一的费率计算（可参考交通部规划研究院1985年《公路建设技术经济指标初步方案》）。折旧费中取基建投资的50%为残值，年平均折旧率为使用年限的倒数。

3）道路大修费

道路大修费是指公路在使用一段时间后对路面及其他设施进行大修的费用。由于路面一般按大修间隔为20年计，故在规划期内大修项目不多。如有必要可按下式计算：

$$C_{3j}=\sum_{k=1}^{n_2}L_{kj}\times CA_{kj}$$

式中：C_{3j}——规划期内第j种方案的大中修费用，万元；

L_{kj}——第k段公路按第j种方案需大中修的里程，km；

CA_{kj}——第k段公路第j种方案需大中修的单位费用，万元/km；

n_2——需大中修的路段个数，个。

4）残值

残值是指评价期末道路残留下来的价值。按《公路建设项目经济评价方法》的规定，一般取工程费用的50%，以负值形式计入费用。

（2）效益分析

公路网建设项目经济效益是指由于公路网建设项目的建设带来国民经济的增值，它表现为有项目相对于无项目对公路网整体运输总费用的节约，以及项目所带来的其他效益。公路网建设项目效益从总体上可以分为两部分：一是项目自身经济效益；二是项目对公路网中其他公路车流运行状况改善产生的辅助经济效益。

1）公路网建设项目相对于老路产生的直接经济效益（项目自身效益）

①公路里程缩短减少运输费用的效益。因公路的新建或改建缩短了其所连接的节点之间的公路里程，从而减少客、货运距，产生里程缩短的经济效益，按改建或新建当时老路的旅客、货物运输成本计算，其计算式为：

$$B_s=\sum_{i=1}^{n}365\ (Q_{ti}-C_{ti}+Q_{fi}-C_{fi})\cdot\Delta L_i/10000$$

式中：B_s——公路里程缩短的经济效益，万元；

Q_{ti}——第f路段平均日客运量，千人/d；

C_{ti}——第i路段新建或改建当时老路交通量状况下的单位客运成本，元/千人·

km；

Q_{fi}——第i路段平均日货运量，千t/d；

C_{fi}——第i路段新建或改建当时老路交通量状况下的单位货运成本，元/t·km；

ΔL_i——第i路段缩短的里程，km；

n——建设项目路段总数，个。

②公路晋级效益。公路晋级效益是指由于建设项目的实施，车辆运行状况改善、服务水平提高，相对于老路车辆油耗和维修等减少，从而降低旅客、货物运输的运输成本所产生的效益，亦即建设项目运输成本降低效益。新建公路项目运输成本降低可按无此项目时旅客、货物通过其他公路的运输成本，与有此项目时的汽车运输成本之差额来计算。改建公路项目运输成本降低额按公路改建前评价年度交通状况下的旅客、货物运输成本，与经过改建后同一交通量水平下所能达到的旅客、货物运输成本之差额计算。公路晋级效益的计算式为：

$$Bc=\sum_{i=1}^{n}365\left[Q_{ti}\left(C_{ti}-C'_{ti}\right)+Q_{fi}\left(C_{fi}-C'_{fi}\right)\right]\cdot L_i/10000$$

式中：Bc——建设项目的公路晋级效益，万元；

Q_{ti}——建设项目的第i路段平均日客运量，千人/d；

Q_{fi}——建设项目的第i路段平均日货运量，千t/d；

C'_{ti}——建设项目实施后第i路段的单位客运成本，元/千人·km；

C'_{fi}——建设项目实施后第i路段的单位货运成本，元/t·km；

L_i——建设项目第i路段长度，km；

n——建设项目总路段数，个；

C_{ti}、C_{fi}——含义同上式。

③运输时间的节约效益。运输时间的节约效益是指建设项目实施后，比老路有较高的车辆运行速度，从而缩短旅客和货物在途时间，使旅客多创造国民收入或减少货物的资金周转时间而获得的效益，可分为客运时间效益和货运时间效益。

客运时间效益采用下式计算：

$$B_{ki}=365Q_{ti}\cdot\Delta t_i\cdot G$$

式中：B_{ki}——第i路段年旅客时间效益，元；

Δt_i——第i路段新路相对老路的时间节约，h；

G——旅客单位小时价值指标，按旅客的机会成本计算，元/h。

Δt可按下式计算：

$$\Delta t = t - \bar{t} = \frac{L}{S} - \frac{\bar{L}}{\bar{S}}$$

式中：L、$\bar{L}$——分别为老路路段、新路路段的里程，km；

S、$\bar{S}$——分别为老路路段、新路路段的平均车速，km/h；

t、$\bar{t}$——分别为老路路段、新路路段的平均车辆运行时间，h。

货物运输时间节约效益按货物在途时间的节省及货物的时间价值（机会成本）来计算。时间价值一般由在途货物所占流动资金利息的减少支出量来计算，计算式为：

$$B_{hi}=365Q_{fi}\cdot\Delta t_i\cdot W\cdot r$$

式中：B_{hi}——项目第i路段年货运时间节约效益，元；

Δt_i——项目第i路段货车在途时间，h；

W——在途货物的单位价值，元/t；

r——小时流动资金利率，按折现率进行折算。

在计算货物运输时间节约效益时，考虑当前公路运输的一般经营水平，汽车运输业大都达不到昼夜连续运送货物的水平，将节约16h在途时间认为相当于减少了一天的货物流动资金周转时间。项目总体时间效益可按下式计算：

$$B_T = \sum_{i=1}^{n_1}\left(B_{ki} + B_{hi}\right)/10000$$

式中：B_T——项目年直接时间效益，万元；

n_1——项目包括的总路段数，个。

2）建设项目改善其他相关公路车辆运行状况的经济效益

①减少拥挤所产生的效益。无此项目时，原有相关公路的交通量不断增加，单位运输成本不断提高，而此项目实施后，使原有相关公路部分交通量转移到新公路上，从而减少拥挤，使单位运输成本相对降低，这项资金的节约即为拥挤效益。其计算式为：

$$B_{cn}=\sum_{i=1}^{n}365\ (C_{hti}-C'_{hti})\ Q_{hti}+(C_{hfi}-C'_{hfi})\ Q_{hfi})\cdot L_j/10000$$

式中　B_{cn}——建设项目影响其他相关公路的拥挤减少产生的效益，万元；

C_{hti}、C'_{hti}——分别为无项目、有项目时其他公路中第j路段的单位客运成本，元/千人·km；

Q_{hfi}——项目所影响的其他公路路段中第j路段的平均日客运量，千人/d；

Q_{hti}——项目所影响的其他公路路段中第j路段的平均日货运量，千t/d；

C_{hfi}、C'_{hfi}——分别为无项目、有项目其他公路中第j路段的单位货运成本，元/千t·km；

L_j——项目所影响的其他公路中第j路段的公路里程，km；

n——项目所影响的公路路段总数，个。

②相关公路时间节约效益。相关公路时间节约效益指项目实施后，吸引大量交通量，从而提高其他公路路段的平均车辆运行速度，节约旅客和货物在途时间所产生的效益，其计算式为：

$$B_{tc}=\sum_{i=1}^{n}365\left(Q_{hti}\cdot\Delta t_j\cdot G\cdot Q_{hfi}\cdot\Delta t_j\cdot W\cdot r\right)$$

式中　B_{tc}——其他相关公路年&时间节约效益，万元；

Δt_j——项目所影响的其他相关公路中第y路段节约车辆运行时间，h；

其他指标意义同前。

3）项目的安全效益

项目的安全效益是指公路建设项目使用后使得路网交通事故率降低，从而改善路网整体的交通安全性能，相对减少国民经济损失带来的经济效益，可用下式计算：

$$B_{sa}=C_{sa}\cdot\left(P-P'\right)\cdot Q$$

式中：B_{sa}——公路交通建设项目的安全效益，万元；

C_{sa}——公路交通事故平均损失费，万元/次；

Q——路网年交通周转量，万车·km/年；

P、P'——分别为无项目和有项目时交通事故发生率，次/万车·km。

4）减少货损产生的效益

减少货损产生的效益指项目实施后，减少货损事故所节约的费用，按货损差及项目分析年度在运货物平均价值计算，计算式为：

$$B_{sb}=165\left(S_w-S_y\right)\cdot Q_h\cdot P_r/L$$

式中：B_{sb}——年货损事故减少产生的效益，万元；

S_w——无此项目时的货损率，%；

S_y——项目实施后的货损率，%；

Q_h——平均每日货物周转量，t·km/d；

P_r——在运货物平均价值，万元/t；

L——平均运距，km。

3. 建设项目经济评价指标分析

公路网建设项目经济评价是通过对各建设项目的全部预计成本与全部预期效益的现值进行比较，以经济比较的结果作为判别各建设项目经济合理性的重要依据。

经济评价的常用指标有五个：净现值（NPV）、效益成本比（BCR）、净效益成本比（NBCR）、内部收益率（IRR）和投资回收期（N）。各经济评价指标均是在效益和成本折现的基础上进行的。

（1）净现值NPV

净现值是建设项目全部预期效益现值与全部预计成本现值的差额。建设项目的净现值NPV大于零时建设项目是可行的，NPV越大，项目越优。建设项目的净现值可表示为项目分析期内各年的净效益折现到基年的现值之和，如下式所示：

$$NPV=\sum_{t=1}^{n}\left(B_t-C_t\right)\cdot P_t$$

式中　B_t——第t年的预期效益，万元；

C_t——第t年投入的费用，万元；

P_t——第t年的折现系数，$P_t=(1+r)^{-t}$，其中r为折现率；

n——建设项目效益计算年限，n=20。

（2）效益成本比BCR

项目的效益成本比是项目评价分析年限内，各年效益现值总额与各年费用现值总额的比值，其经济含义为单位投入可获得的效益，计算式为：

$$BCR=\frac{\sum_{t=1}^{n}B_t\cdot P_t}{\sum_{t=1}^{n}C_t\cdot P_t}$$

上式各指标含义与上式相同。

当项目BCR>1时，说明项目具有获利能力，其效益超过对项目的投入费用，项目是可行的；BCR<1时则相反，项目不可行。

（3）净效益成本比NBCR

净效益成本比是各年的净效益现值总额与各年费用现值总额的比值，计算式为：

$$NBCR=\frac{\sum_{t=1}^{n}\left(B_t-C_t\right)\cdot P_t}{\sum_{t=1}^{n}C_t\cdot P_t}$$

式中各指标含义同前。净效益成本比NBCR>0时，项目才可能创造净效益，方案项目可行；否则，项目不可行。

（4）内部收益率IRR

内部收益率是指项目在评价分析年限内，使各年净现值的总额等于零时的折现率，计算公式为：

$$\sum_{t=1}^{n}\left(B_t-C_t\right)\cdot\left(1+IRR\right)^{-t}=0$$

式中各指标含义同前。上式是一个一元非线性方程，可采用试算法求出近似解。一般当IRR>r时，项目是可行的；反之，当IRR<r时，项目是不可行的。

（5）投资回收期N

投资回收期是此项目的净效益抵偿项目建设投资所需要的时间。投资回收期包括项目建设期，计算时需考虑时间价值，采用动态的投资回收期计算。

4. 相关参数的确定

（1）客、货运量

公路网中各路段的客、货运量根据交通方式预测及路段交通量分配结果，并结合各交通方式的实载状况确定，其计算式为：

$$Q_{ti}=Q_i\cdot\left(P_m\cdot\gamma_m+P_e\cdot\gamma_e+P_b\cdot\gamma_b\right)/1000$$
$$Q_{fi}=Q_i\cdot\left(P_{t1}\cdot\gamma_{t1}+P_{t2}\cdot\gamma_{t2}+P_{t3}\cdot\gamma_{t3}\right)/1000$$

式中：Q_{ti}——i路段日客运量，千人/d；

Q_{fi}——i路段日货运量，千t/d；

Q_i——i路段日交通量，辆/d；

P_m，P_e，P_b——分别为摩托车、小客车、大客车在路段交通量中所占比重，%；

γ_m、γ_e、γ_b——分别为摩托车、小客车、大客车平均实际载客人数，人/辆；

P_{t1}，P_{t2}，P_{t3}——分别为小货、中货、大货在路段交通量中所占比重，%；

γ_{t1}、γ_{t2}、γ_{t3}——分别为小货、中货、大货平均实际载货量，t/辆。

（2）折现率

将未来不同年份的效益或费用调整到基年的过程称之为折现，其过程就是将评价分析期内某年的费用或效益乘以该年的折现系数转换成基年的价值量。折现系数根据P_t= "(1+r)" 确定，其中，折现率根据国家有关经济效益确定，以安徽省为例，在公路建设项目经济分析及路网经济评价中，折现率r=12%。

（3）汽车运输成本

在公路建设项目经济效益中，有相当的部分是由汽车运输成本降低所产生的经济效益，汽车运输成本是确定公路经济效益十分重要的因素。汽车运输成本是公路运输中所消耗的以货币形式体现的一切费用，包括车辆费用和企业管理费用两大部分。车辆费用是指营运车辆（包括挂车）从事运输生产所发生的费用，包括职工的工资、福利基金、燃料消耗、轮胎磨损、车辆大修、折旧、养路费、运管费及其他费用。企业管理费指承运者为组织和管理运输生产所发生的各项管理和业务费，一般分为企业管理费、车队管理费和车站管理费。

影响汽车运输成本的因素很多，如路况、公路等级、车速、交通量等。为便于分析，在诸多因素中选取对成本影响最大的公路等级、交通量和速度，并结合企业管理一般水平来研究它们与汽车运输成本之间的关系。根据交通运输部规划研究院《公路技术经济指标》（第二次修订稿），各等级公路车速与成本的关系模型为：

$$C_0=501.3328-12.3304\upsilon_a+0.10198\upsilon_a^2$$

式中　υ_a——不同等级路段的平均车速，km/h；

C_0——路段车辆行驶费用，元/千t·km。

（4）旅客单位时间价值

旅客节约在途时间的价值，以旅客旅行时间缩短，可多创造国民收入来确定。旅客单位时间价值可按单位时间内旅客平均创造的国民收入进行计算。例如：某地某年人均国民收入2500元，则单位时间价值为1.24元/h。

（5）在途货物时间价值

在途货物时间价值一般由调查统计而得，如安徽省1992年10月OD调查统计结果表明，其平均时间价值为2949.2元/t。

5. 经济评价中的不确定性分析

（1）不确定性分析的必要性

公路网建设方案的评价是建立在某种假设判断和数据统计基础上的。所采用的数据大部分来自预测和估计，因此，无论采用哪种方法进行评价，总是带有一些不确定的因素。例如：预测数据的误差、基本数据的误差和不足、统计资料的不足、技术进步引起的变化、价格的变动、经济结构的变化等。各种不确定因素的作用可能对评价项目产生很大的影响。因此，在进行规划项目评价时，需要进行不确定性分析，以估计项目可能承担的风险，确定项目在经济上的可靠性。不确定性分析包括盈亏平衡分析、敏感性分析和概率分析。盈亏平衡分析只用于财务评价，是通过盈亏平衡点分析项目的成本与收益间的平衡关系的方法。通过盈亏平衡分析，可以观察在运价变动、运输需求不足等不利情况下，项目可承受多少风险而不致发生亏损。敏感性分析和概率分析可同时用于财务评价和国民经济评价。敏感性分析是找出对经济效益评价指标的优劣影响大的因素，并确定其影响程度，这类因素称为敏感性强的不确定因素，例如：价格、建设工期、外汇汇率等。这些因素的变化将产生风险，并使经济评价的结果随之发生变化。敏感性分析的目的，就是找出这些敏感性强的不确定因素。分析其产生的原因，确定其变化条件和范围，并采取相应的对策以提高经济评价结论的可靠性。对于受不确定因素影响很大的方案，可考虑予以淘汰。概率分析是利用概率来研究和预测不确定因素的变化对方案经济评价指标产生的影响，从而为决策提供依据。一般对于公路网建设的经济评价，只需作敏感性分析。

（2）敏感性分析的做法

敏感性分析通常是分析各因素单独变化或多因素同时变化时对内部收益率的影响，必要时也可分析对效益费用比和投资回收期等的影响，一般是在现值法基础上进行的，有两种做法：

1）某不确定性因素按一定比例变化，引起评价指标的变化，其变动幅度可列表以百分比表示，这种做法带有一定的主观性。

2）当评价指标达到临界点，如经济内部收益率等于社会折现率时，考虑允许某个因素变化的最大幅度，即极限变化。超过此极限，方案不可行。为求此极限，需绘制敏感性分析图。

6. 不同方案的经济比较

方案的经济比较是寻求最优决策的重要依据。方案的经济比较就是对经筛选后的可行方案进行经济计算，通过详细的论证来确定经济效益最优的方案。原则上方案比较应通过国民经济评价结果来进行。如果各比较方案的费用和效益基本相同，为了简化计算，可在与国民经济评价结果不发生矛盾的前提下，通过财务评价结果的比较来进行。方案比较的具体做法可按各个方案所含的全部因素（相同因素和不同因素）计算各方案的全部经济效益，进而做出全面的比较，也可不计算方案的相同因素，而仅就不同因素计算相应的经济效益，进而做出局部的比较。通过方案比较，可得到经济效益最佳的方案。不过最终决策还要对方案的技术效益、经济效益

（包括直接与间接经济效益）、社会效益等综合效益进行全面衡量才能做出。

五、公路网规划的环境评价

1. 路网环境影响分析

（1）总体分析

公路网系统处在整个社会经济系统和综合交通系统这些大环境之中，它与周围环境有着千丝万缕的联系。公路网建设和运营所影响的环境，有政策环境、经济环境、文化环境、生活环境和生态环境等。

上述的各项环境影响项目具体又可分为诸多作用因素，如表5–6所示。当然，表中所列并未穷尽全部，只是列出主要因素。由于政策环境、经济环境和文化环境的影响多半只能定性考虑，因此本节后面将不再细致分析，而是重点研究生活环境和生态环境的影响。

表5–6 公路网规划的环境影响因素分析

环境项目	环境影响因素	影响的度量	度量单位
经济环境	促进产业开发+	定性，有可能定量化	无
	促进资源开发+		
	扩大市场范围+		
	促进生产运输合理化+		
	增加人们就业机会+		
	增加国家税收+		
政策环境	加强国防安全+	描述性的	无
	促进民族团结+		
	提高国家和地区声誉+		
文化环境	促进文化交流+	描述性的	无
	缩小城乡差别+		
生活环境	噪声–	以车辆噪声衡量	dB
	振动–	车辆振动	dB
	大气污染–	主要是CO、NO_2量	ppm
	水质污染–	BOD生化需氧量	ppm
	空间的隔断–	社区和农田分隔	分隔比例
	历史遗产和古迹–		

环境项目	环境影响因素	影响的度量	度量单位
生态环境	地形、地貌 -	软土地基、填挖方	
	动物 -	野生动物自然保护区	破坏面积和程度
	植物 -	森林、草原等植被	破坏面积和程度
	自然景观 -	风景名胜区	破坏程度

（2）生活环境的影响

所谓生活环境，通常是指环绕人们社会生活的自然界。这里主要是指对公路沿线两旁的人们而言。生活环境的好坏，直接影响着人类的生存和发展，也在一定程度上影响经济和社会发展的进程。对生活环境造成的影响主要有噪声、大气污染、振动、水质污染、空间的隔断等。其中噪声和大气污染是两个比较突出的方面。

1）噪声

交通噪声是指由公路交通所产生的那些影响人类健康和破坏人类生活环境的各种声音的统称。交通噪声危害人体健康，使人感到焦躁不安、无法睡眠，严重者对人体造成无法弥补的伤害。道路交通噪声是主要的噪声污染源，随着我国经济建设的迅速发展，公路交通量大大增加，许多已建成或待建的高等级公路的交通噪声已超过标准，给公路两侧的居民生活带来了不可估量的影响。交通噪声来源、特性和危害如表5-7所示。

表5-7　交通噪声来源、特性和危害

来源	特性	危害
动力发动机声、吸排气声、动力机械声、风扇声、行驶噪声、轮胎噪声、风声、车体振动声	（1）噪声量与车辆种类及构造有关； （2）噪声量与道路条件、交通条件有关； （3）噪声传播与道路条件及周围环境有关	（1）听觉疲劳和听力损伤等； （2）影响人们的睡眠； （3）生理影响，如对消化器官、呼吸器官、神经系统的影响等； （4）心理影响，如心烦、不适等

公路上行驶的车辆所产生的交通噪声是一种包含各种性质噪声的综合性声源，主要来自车辆发动机动力系统、轮胎与路面的接触摩擦以及行驶的车体的风动噪声等。交通噪声和车流量、车辆种类有密切关系，变化幅度很大，对人们的影响程度不仅与声级、频谱有关，而且和持续时间、起伏变化幅度有关，需要用计权和统计

的方法来评价。

计权的方法根据人耳对不同频率的声音有不同灵敏度的特性，通过声学测量仪器中设计的A、B、C计权网络测得的声级分别为A计权声级、B计权声级和C计权声级，分别表示为dB（A）、dB（B）和dB（C）。A计权声级与人的主观感觉响度、烦恼程度、听力损失程度均有较好的相关性，一般在不特殊注明的情况下，声级指A计权声级。

公路交通噪声的分布与公路网的分布一致，其影响范围主要是道路两侧一定范围内的居民及建筑物等。因此，交通噪声和公路网规划关系密切。评价公路交通噪声的标准同公路沿线居民生活习惯和生活环境有关，根据我国的《环境保护法》及其他噪声法规和国外经验，我国公路交通噪声建议值，最高不超过75dB（A），最低理想值是50dB（A）。

2）大气污染

公路交通对大气的污染是指交通运输中，车辆排出的烟尘和有害气体，其数量、浓度和持续时间都超过大气的自然净化能力和允许标准，使人和其他生物等都蒙受其害，如表5–8所示。

表5–8　交通大气污染的特性和影响

主要污染物质	现象特征	危害
（1）一氧化碳（CO）； （2）氮氧化物（NO_X）； （3）碳烃化物（HC）； （4）二氧化硫（SO_2）； （5）尘铝及颗粒物质（TSP）	（1）污染物质因燃料种类不同而不同； （2）污染物质量与车辆运行状态有关； （3）污染物质和扩散与环境（自然、土地使用）条件有关	（1）不舒适的感觉； （2）视线的阻碍； （3）人体健康影响； （4）敏感动物、植物的异状； （5）物品的损伤

由于大气污染的物质很多，在评价其污染程度时，一般选一两种典型污染物，如Co、No2等。根据我国大气环境质量标准，公路网所影响区域为二类区，即城市规划中确定的居民区、商业交通居民混合区、文化区、名胜古迹和广大农村等，一般执行二级标准，三级标准为任何大气环境必须达到的起码标准。

3）振动

公路交通振动是指由于路面不平，机动车冲击地面而发生振动，并沿地面有衰减地传递，对于人体主要是通过支撑面传递的，其特征和危害如表5–9所示。

表5-9　交通振动种类、特性和危害

种类	现象特性	危害
空气振动； 地面传播振动： （1）一般公路振动； （2）高架道路振动	交通工具的准备状态、超载情况、行驶速度与振动量、特性有关； 路线平坦性、设施构造的刚性与振动量、振动特性有关	人的心理和生理影响； 建筑物损害； 精密仪器的影响

度量公路交通振动的指标一般有其垂直方向的振动级。根据我国已制是的《城市区域环境振动标准》，并参照国外资料，拟订公路交通振动的最高值和理想值分别为70dB和60dB。

4）水质污染

水是人们日常生活、工农业生产以及调节气候、净化环境、维持生态平衡等不可缺少的社会财富。所谓水质污染，是指由于人为的原因，使某些有害有毒物质进入水中，超过了水的自净能力，使水的组成发生了变化，从而危害人们的身体健康和动植物的生长条件（表5-10）。公路交通对水质的影响主要表现在地面排水和地下水的污染。

表5-10　水质污染物质和危害

污染物质或项目	危害
悬浮物质、pH、生化需氧量、化学耗氧量、溶解氧、其他有害物质	危害人体健康； 危害工农业生产； 破坏生态系统，尤其是水中生物生长条件； 破坏环境，使地下水遭到污染

对于噪声、振动、大气污染和水质污染这四项环境影响因素，可以用环境质量指数来评价其环境影响程度，也就是用反映单一污染物影响下的“分指数”或反映多项污染物共同影响下的“综合指数”来表示。

分指数I_i是某项环境污染的实际值C_i与该项污染在环境中的允许值（评价标准）C_{si}的比值。综合指数表示多项污染物对环境产生的综合影响的程度，可采用分指数的算术平均值，计算式为：

$$P_i = \frac{1}{n}\sum_{i=1}^{n} I_i$$

式中　n——参加评价的污染物的项目数，个。

5）空间的分隔

空间的分隔是指由公路交通，特别是交通量连续通行的高路堤公路给沿线居民生活和工作区域造成的一定的隔离，它包括社区的分隔和农田的分隔。社区的分隔是指因公路交通将居民与其在社区中使用的设施和服务隔离开，与他们的朋友、亲属和他们的工作地点分隔开。社区的阻隔对许多个人决策产生较大的影响，尤其是老年人受到的影响比其他成年人更为严重，因为他们出行不便，更需要依靠社区的方便联系来保持生活质量。

公路交通对农田的分隔造成的破坏有两方面：一是公路新建项目占用农田，尤其是一些高质量的田地；二是公路沿线所经过的田地作物生长受到影响，产量下降，特别是一些等级低且不注意绿化的公路。

评价由于公路交通而导致的空间的分隔影响程度可按表5-11 ~ 表5-13进行，主要考虑分隔的面积比例和分隔对象与间距这两种因素。

表5-11　按分隔的面积比例划分的影响程度

程度	面积分隔比例	程度	面积分隔比例
大	0.3 ~ 0.5	小	0 ~ 0.1
中	0.1 ~ 0.3		

表5-12　按分隔社区与间距划分的影响程度

程度	分隔社区与公路间距	农田质量
大	100m以下	高产田
中	100 ~ 300m	一般农田
小	300 ~ 500m	低产田

表5-13　综合影响程度

综合影响程度	A	B	C	D	E
两因素组合	大、大	大、中	中、中大、小	中、小	小、小

公路交通对生活环境的影响，除上述几项主要因素外，还有日照通风问题、电波干扰和灯光及反射光的干扰问题等，这些都对沿线居民生活产生了不可忽视的影响。这些问题在城市交通中已引起了一定的重视，因为城市是一个区域的工业、商业等经济活动和文化、政治活动的中心场所，交通公害已成为城市的肿瘤。随着我国经济实力的增强和人们对生活质量要求的提高，公路交通对人们生活环境所造成

的影响将会逐渐地受到重视。

由于交通公害同道路条件、交通条件关系密切，如车速对噪声有很大影响，车速越高，噪声越大。因此，如何通过公路网规划确定合理的车速、合理的交通分流，来尽量减少或控制环境污染的影响，是有待研究的课题。当然，做好公路网规划只是控制环境污染的一个方面，还应从其他各个方面、多种渠道去认真研究并处理环境问题。

（3）生态环境的影响

所谓生态环境，通常是指动物、植物群落和生态系统发展的各种环境条件构成的大自然，包括气候条件、土壤条件、生物条件、地理条件、人为条件等各种生态因素。生态环境和生态平衡状况的优劣，在长时期、大范围内，对人类的生活和社会、经济发展的进程产生着深远的影响。

公路交通对生态环境的影响主要表现在公路建设阶段，因此公路网规划中对生态环境的考虑就显得尤为重要了。公路建设对生态环境的影响主要有以下几个方面。

1）地形地貌

公路网建设对地形、地貌的影响表现在对原来地形地貌的改变，特别是扩大水土流失和土地沙化的面积方面。直接原因是公路建设时的填方、挖方、弃土等操作改变了原有的自然生态环境。公路沿线经过以下地区时尤其应引起重视：江河流域、永久放牧区、林业区、沼泽地、沙漠地带等。评价对地形地貌的影响一般作定性分析，按无影响、细微影响、中等影响、严重影响和很严重影响五种程度进行描述。

2）动物群

公路对动物群的影响多种多样，如由于公路建设而直接导致动物的迁徙、由于汽车交通公害（如光害、噪声、大气污染）直接或间接影响动物的生存，还有因公路周围地区开发而造成的影响等。由于这些主要因素与动物之间的关系并不明确，要通盘考虑十分困难。但鉴于政府为加强对野生动物资源的保护，也颁布了一系列动物保护法令，并自20世纪70年代起，已建立了数百个自然保护区，本书就重点考虑对特产珍稀野生动物的繁殖区域的影响。评价公路对动物群的影响主要是看其是否穿过野生动物保护区，影响程度根据受影响的动物保护区的面积大小确定（表5-14）。

表5-14　根据影响的保护区面积比例确定的影响程度

影响程度	无影响	轻微影响	中等影响	严重影响	很严重影响
影响的保护区面积比例	不经过	1/5以下	1/5 ~ 3/5	3/5以上	全部

3）植物群

公路对植物群的影响也是多方面的，一是公路建设土石方工程直接导致植被的破坏；二是由于地表水系和地下水位的变化以及土壤、大气等生态条件的改变对植物产生的影响，这种影响是间接的。评价对植物的影响，重要的是考虑到复原的可能性、需要时间长短等。一般说来，覆盖性能越高的植物，其复原所花费的时间越长。在此仅考虑公路建设对植物的直接影响，按表5-15描述。

表5-15　公路建设对植物的影响程度

影响程度	A	B	C	D	E
地带植被类型	自然森林区	人工防护林带	草原地带	生产地带	荒漠地带
覆盖度	10，9，8	7，6	5，4	3，2	1

4）自然景观

公路景观实际上有内部景观和外部景观之分。内部景观是指从公路上行驶的车辆中向外看的景观，这是动景观；外部景观是指从沿线及其他公路上看该路的景观，这是静景观。公路网规划中所考虑的公路对景观的影响主要是指因公路建设而对沿线两旁自然景观所产生的影响，主要表现在阻隔或抑制了景观，如新道路的路堤、噪声围栏、高架桥等结构可能会阻挡景观，当然也不排除好的景观设计也可能提高公路的美学和文化价值。

一般将景观划分为四种不同的类型：①工业的或商业的；②居住区的；③农业的、森林的、沼泽地的；④视觉质量高的风景。公路通过不同类型的景观产生的影响也不一样，应具体情况具体分析。

5）历史遗产和保护区

保护历史遗产和文化成就是整个社会的职责，公路建设者也应承担起保护历史遗产的责任。历史遗产和保护区包括：与历史上某些著名人物或重大事件有关的遗址、遗迹；本身具备极高文化价值或考古价值的建筑物；具有一定的或重大的政治影响，或与社会公德、福利、游憩等有关的保护区等。

公路建设对上述地点的影响应慎重考虑，一般可能会有以下几种：①直接的物质影响，如拆毁；②非直接的物质影响，如改变地下水层或来自交通的振动等；③美学影响，如所增加的噪声，或视觉干扰破坏整体美观。

2. 规划方案的环境评价

（1）环境评价的步骤

由于公路网建设对环境的影响比较复杂，基本上只能做定性分析，为使得各备选方案能进行比较，可将其定性分析作等级量化处理，具体实施步骤如图5-1所示。

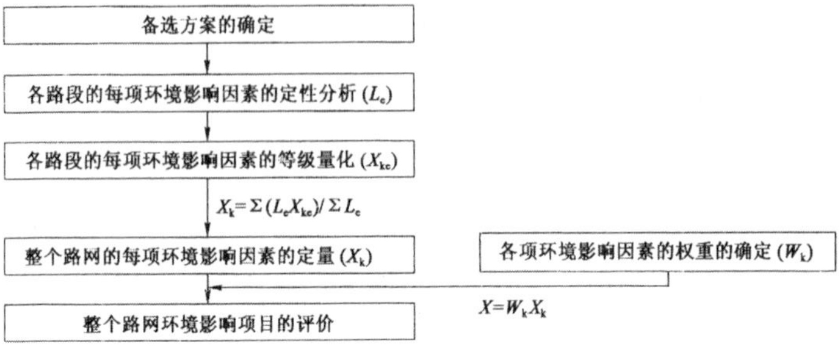

图5-1　环境评价工作流程图

（2）环境影响因素的指标定量

公路网系统对环境影响的因素众多，形式多样，有些能具体量化，但多半只能作定性分析。由于规划考虑的是对未来的环境影响，故必须结合现状环境和未来的道路状况、交通状况和沿线服务设施等，预测规划的公路网建设和运营对未来环境的影响。为了便于对各个方案进行比选，各种环境影响因素的定性分析应根据其影响程度进行等级量化，按表5-16进行。由于公路交通对环境影响有两方面的效果：一是正效果，对该环境项目有积极的意义；二是负效果，对该环境项目有一定的消极和破坏作用，必须花费一定的经济投入才可能达到减少或控制的效果。考虑到正负两种效果，在量化时，取值如表5-17所示。

表5-16　定性评价等级化

影响程度	很严重	严重	中等	轻微	无
评价等级	A	B	C	D	E

表5-17　定性指标量化

评价等级	A	B	C	D	E
正效果（+）	0.8 ~ 1.0	0.6 ~ 0.8	0.4 ~ 0.6	0.2 ~ 0.4	0 ~ 0.2
负效果（-）	0.8 ~ 1.0	0.6 ~ 0.8	0.4 ~ 0.6	0.2 ~ 0.4	0 ~ 0.2

（3）环境影响因素权重的确定

生活环境和生态环境的影响对一个文明国家的公路网规划来说是不可忽视的。日本一直很重视环境保护，这方面研究工作比较深入。因此，生活环境和生态环境的影响因素权重主要参考日本的调查资料，并结合中国国情作了适当调整，如表

5-18所示。

表5-18　生活环境和生态环境影响因素权重

生活环境影响因素	W35（I）	生态环境影响因素	W34（I）
噪声	0.358	地形地貌	0.140
振动	0.155	动物	0.180
大气污染	0.236	植物	0.255
水质污染	0.079	自然景观	0.234
空间分隔	0.172	历史遗产和保护区	0.191
总计	1.000	总计	1.000

六、公路网规划的社会评价

1. 社会评价的内容

公路网的社会评价，是分析路网系统（方案）对规划区的社会方面的作用和影响。众所周知，交通运输业在城市的形成、资源的开发、就业岗位的增加、区域的繁荣过程中起着举足轻重的作用。交通运输对于社会经济的作用往往是其他部门不可代替的，具有推动性的重大作用。其中，对于社会方面的作用一般较难量化，而且在不同情况下有着很大差别。因此，在进行社会评价时，应采用定性与定量相结合的方法，根据具体情况进行分析。

公路网的社会评价主要包括以下三个方面。

（1）政治方面

公路网的规划和建设对一个国家或地区的政治稳定、国家安全是不可缺少的，对国防的影响，以及对促进对外交流、增强国际威望的影响也是不可忽视的。

（2）经济方面

公路网的建设除了给全社会公路使用者带来直接经济效益之外，还在促进产业开发和资源开发、扩大市场范围、增加人们就业机会、增加国家税收，并促进生产运输合理化等多方面产生间接的经济效益，这部分效益甚至远远超过公路使用者所获得的直接经济效益。

（3）文化方面

公路网的规划和建设在促进文化交流、缩小城乡差别上所起的作用同样重要。

从以上三个方面看，公路网规划方案的社会评价相对经济评价来说具有以下特点：

1）宏观性。因为社会发展目标如经济增长目标、公平分配目标、社会安全与稳定目标、就业目标、国防目标等一般都是根据国家的宏观经济与社会发展需要制定的。因而社会评价必须从全社会的宏观角度考察项目的实施给社会带来的贡献和影响。

2）长期性。社会评价要考察近期和远期社会发展目标，期限可能为几十年，甚至是几代人的问题，所以社会评价的效益和影响往往具有长期性。

3）多目标性。社会评价涉及社会生活各个领域的发展目标，必须分析多个目标，考虑多种社会效益和影响。

此外，社会评价还具有间接效益大、指标难以定量等特点。

2. 社会评价的原则

根据社会评价的以上特点，在进行公路网规划方案的社会评价时应遵循以下原则：

（1）从社会、经济发展目标和具体项目的影响空间、时间和对象出发，客观地考察其有利影响和不利影响。

（2）社会评价指标的建立应具有客观性和现实性，并能定量计算或具体地定性描述，具有可操作性。

（3）社会评价指标应遵循可比性原则，在评价时限、范围及分析方法等各方面保持同一性。总而言之，路网社会评价就是要从各个方面找出可比性的指标，使之定量化和更加完整化。

3. 社会评价指标及量化方法

根据上述社会评价的内容，可以确定社会评价指标主要有：与国家政策及地区经济发展规划的一致性；满足国防、政治需要的程度；促进产业开发、经济增长的程度；促进劳动就业的程度。

社会评价指标多为定性指标，定性指标的量化可采用专家咨询法。按实际需要可组织专家进行直接评分或等级评分。

（1）直接评分

设参评专家人数为K，第i个专家对某指标A_j的评分为a_i，则该指标的评价均值$E(A_j)$和方差$\sigma^2(A_j)$分别按下式计算：

$$E\left(A_j\right)=\frac{1}{K}\sum_{i=1}^{k}a_i$$

$$\sigma^2\left(A_j\right)=\frac{1}{K-1}\sum_{i=1}^{k}\left[a_i-E\left(A_j\right)\right]^2$$

（2）等级评分

若按N等级评分，等级序号为a_i（i=1，2，……，N）。某被评指标A_j评为第a_i等级的专家人数为K_i，则被评指标的均值E（A_j）和方差σ^2（A_j）分别按下式计算：

$$E\left(A_j\right)=\frac{\sum_{i=1}^{N}a_ik_i}{\sum_{i=1}^{N}k_i-1}$$

$$\sigma^2\left(A_j\right)=\frac{\sum_{i=1}^{N}\left[a_i-E\left(A_j\right)\right]^2\cdot K_i}{\sum_{i=1}^{N}k_i-1}$$

第二节　公路网建设项目排序

一、公路网建设项目排序的意义

公路网规划的一项重要成果就是制订出一个计划，列出要实施的公路网建设项目、实施这些项目的时间及每个项目所需要的投资，这就是建设实施项目排序计划（方案）。

公路网建设实施项目排序方案是公路网规划的重要内容，具有重要意义，主要体现在如下几方面。

1. 公路网建设实施项目排序方案是公路网规划的目的之一

公路网规划的根本目的，就是从总体优化的角度，对区域公路建设在时间和空间上进行宏观控制。公路网建设项目投资大，建设项目设施的使用期限长，如何把有限的资金投入公路建设，使之在较长的时期内充分发挥作用，促进区域经济建设的持续发展，不断提高公路运输的直接经济效益，是公路网规划中宏观决策的核心问题之一。

2. 公路网建设实施项目排序方案是公路网布局方案得以实现的保障

合理的布局方案必须通过合理的建设实施方案来实现。如果规划与实施脱节，在公路网建设的过程中盲目实施、随意调整，则会使公路网建设不能与交通需求的增长相适应，影响物资的流通。比如，建设项目建设过早，则使大量资金过早投入，不仅造成严重浪费，而且必然影响其他项目的建设，影响公路网功能的发挥；而建设太晚，则必将造成交通紧张，影响整个公路网络的运输效率。

3. 公路网建设实施项目排序方案关系到巨额资金的合理利用

公路网建设的投资巨大，如新建1km高速公路需花费3000万～5000万元；我国许多省份的30年路网规划方案的建设投资高达上百亿元，甚至上千亿元。根据1982～1983年统计资料，36个发展中国家，向世界银行贷款用于交通运输建设的资金占当年贷款总额的13.3%，而交通运输的贷款用于公路建设的约为52.5%。在公路网的建设中，讲求经济效益，把有限的资金用在最急需的建设项目上，以较少的投资，求得最大的经济效益，无疑具有重要的意义。

4. 公路网建设实施项目排序方案在我国交通基础设施建设时期具有重要的现实意义

随着我国改革、开放的深入，国民经济发展迅猛，交通需求增长很快，从而使得我国公路网运输能力不能有效地满足需求，公路的建设速度跟不上交通需求的增长。例如，山东省从改革开放以来，全省地区生产总值年平均增长率为17%，民用机动车的年增长率为16%，而公路通车里程的年增长率仅为1.7%。为了改变这一现状，交通运输部要求各省制定30年公路网建设规划，为此各省份相继制定了未来交通网络布局的宏伟蓝图。宏伟蓝图的制定，意味着大量公路网项目的建设实施和国家巨额建设资金的投入，如何合理地利用可筹措资金进行公路网络建设项目的投资优化，更成为公路网规划中的重要课题。

公路网规划中的建设实施项目排序方案是将在公路网布局规划方案中确定的各个建设项目按不同的5年（或10年）规划期安排实施顺序，贯彻近期宜细，中期有准备，远期可粗、有设想的要求，以使得规划期内的总建设效益最大。

二、公路网建设项目排序原则及方法

公路网建设实施项目排序旨在为公路网建设实施方案的拟订与决策提供依据，是将在公路网布局规划方案中确定的各个建设项目安排实施顺序，以使得规划期内的总建设效益最大。

公路网建设项目的评估与排序可以提供两个方面的决策依据：一是确定最佳的投资方向；二是确定最佳的项目建设时机。合理的建设实施顺序使得资金得到最有效的利用，同时尽可能满足交通增长的需求。项目排序应是一个动态的过程，对项目进行比较排序的方法必须符合项目建设的实际意义，并满足决策的需要，同时又要在可能实现的计算量下进行排序。本节首先介绍公路网建设项目排序的原则，然后介绍排序的方法，最后给出项目排序案例。

1. 排序原则

在建设项目排序过程中应遵循以下原则（见表5–19）。

表5–19　建设项目排序过程中应遵循的原则

应遵循原则	主要内容
拟订实施方案与布局方案相结合的原则	公路网建设项目实施计划的编制必须与以前的公路网规划步骤紧密联系在一起。不但实施计划中的项目应首先经过分析和评价，而且规划中的交通政策要与实施计划中的实际政策相一致
统一分析和区别分析相结合的原则	为了对所有的备选项目进行比较，要对各备选项目进行评价。为了保证评价的可比性，评价指标和评价方法应保持统一。由于各个项目的实际情况不同，因此有必要对某些项目进行单独分析，或将项目分为不同的类型，分别进行排序
计算机分析与专家决策相结合的原则	项目排序的计算量很大，而为了保证各个项目之间具有可比性，各项目的分析过程又应是相同的，具有重复性，因此可以利用计算机进行自动排序。但由于实际情况是复杂的，因而对计算机运行所得到的结果还要由专家进行分析选择，从而确定最终方案。在实施计划的编制过程中，可能还伴随着政策磋商的过程，因此必须与规划地区乃至国家的有关政策制定部门协调，详细了解与投资等有关的政策
计划性与建议性相结合的原则	对于近期规划，在实施方案拟订中需要制订详细的计划。但当规划期较长时，由于许多因素无法确定，因此不可能也不必要制订详尽的计划，而只需给出建议性的建设方向和框架，为决策者提供未来大致的图景，有时还要对可能出现的不同情况分别提出建议，为决策者提供决策的依据

无论是近期规划还是远期规划，都有可能出现交通需求与目前已经制订的一些政策和计划不完全一致的情况，这时也可对这些政策和计划提出一些改进建议。

2. 排序方法

公路网建设项目排序的基本方法有以下几种。

（1）全部可能顺序比较法

最佳的公路网建设项目实施方案应满足下面的条件：

$$A_s = \max\left(A_{s1}, A_{s2}, \cdots\cdots, A_{si}\right)$$

式中　A_s——n个实施方案中建设总效益最大的方案；

A_{si}——第i个实施方案的建设总效益（i=1，2，……，n）。

对于短期规划和只有几个建设项目的情况，可以将各种可能的实施顺序一一比较，得到建设项目的实施顺序，但对于规划期较长、建设项目较多的情形，此法就不再适用了。如果有n个路网建设项目，则其可能的实施顺序有n种，也就是说要对n个实施方案做出评价。要对这些方案一一加以评价比较，难以实现，因此必须找到一个适用的方法。

（2）项目一次性比较法

目前经常被采用的一种较简单的方法，是对各建设项目只进行一次评价比较，按这一次评价得到的评价指标从优到劣的顺序来确定路网建设项目的实施方案，这样就只需对n个项目进行评价。

然而，实际上各项目的评价指标并不是静态的，一次比较仅代表一个时刻的情形。低优先次序的项目可能随着时间的推移，在规划期末成为高优先次序的项目（由于项目未建而使得交通紧张），而高优先次序的项目也有可能随着时间的推移在规划期末成为低优先次序的项目（由于其他平行项目已经建成）。因此，一次性的项目比较也只适用于短期规划和项目数较少的情况。

（3）项目滚动排序法

滚动排序是一种动态的排序方法，既不像静态的一次性项目比较方法仅考虑了一个时刻而不能动态地反映项目建设的实际情况，又不像项目全部可能顺序比较方法那样计算量过大而难以实现。

滚动排序可以看成是一个公路网建设的模拟过程，重复地进行了“比较—建设”的过程：在滚动的某一时刻，对建设项目进行比较，选择最优的项目建设，从而修改了当前的路网和时间（对应不同的交通需求量）到达滚动的下一时刻，直到所有项目建完为止。

项目滚动排序法在第i次滚动中要比较（n–i+1）个项目，或者说对（n–i+1）个项目进行评价。对n个项目，要进行n–1次滚动。因此，总计要进行的评价次数为：

$$n+(n-1)+(n-2)+\cdots\cdots+2=\frac{n^2}{2}-\frac{n}{2}-1$$

显然，滚动排序得到的项目实施顺序，并不是实施方案的最优解，而只是近似最优解。

（4）阶段滚动排序法

当项目数较多时，上述滚动排序的计算量仍是较大的，并且在实际的建设过程中，并不是一个项目完全建成后再建下一个项目，一般是多个项目同时实施，或在一个建设阶段内安排几个项目，这几个项目的具体实施日期是比较灵活的。因此，可以考虑在每次滚动中选出多个项目，而不仅仅是一个项目。每次选出的项目数可以相同，也可以不同。例如，将整个建设期分为若干个建设阶段，依次按各建设阶段滚动，对各阶段的建设项目进行排序。对同一建设阶段内的各个项目，按其评价指标进行排列。按这种方法得到的项目优先次序与按照项目滚动法得到的结果可能稍有不同，但一般对建设实施方案的安排影响不大。一般建设期和建设阶段的长短是已知的或可以大致确定的：建设期为5 ~ 30年，建设阶段为3 ~ 5年，则进行的滚动次数一般不超过十次，对确定的滚动次数N_r，需做评价的次数为：

$$N = N_r \times \frac{N_p + N_p^n}{2}$$

式中：N_r——阶段滚动排序法所需做的项目评价次数，次；

N_p——项目数，个；

N_p^n——最后一次滚动评价的建设项目数，个。

阶段滚动排序的另一个好处在于它可以利用调整滚动的次数来控制评价的次数，以适应不同的评价方法。此外，在路网建设项目的实施过程中，很可能因资金、施工等多种因素而导致项目的实际建设和完成时间发生变动，由于阶段滚动排序的同一滚动阶段内，各项目的优先次序不受项目建设先后次序的影响，因而排序结果仍可作为其他待建项目实施顺序决策的依据。

（5）各种项目排序方法的比较

一般来说，结果的准确性是随着计算量的增加而提高的，合理的计算方法应具有适用的准确性和可行的计算量。上述四种排序方法的计算量和结果准确性的比较如表5–20所示。

表5–20　各种排序方法的计算量和结果准确性的比较

方法	单项评价次数	结果准确性
全部可能顺序比较法	n	最优解
项目一次性比较法	N	静态（某一时刻）解
项目滚动排序法	$\frac{n^2}{2} - \frac{n}{2} - 1$	近似最优解
阶段滚动排序法	$N = N_r \times \frac{N_p + N_p^n}{2}$	近似最优解

一般而言，后两种方法是较好的方法。阶段滚动排序法是在其他方法的基础上得到的。取单个项目的建设年限为滚动阶段时，阶段滚动排序法即转化为项目滚动

排序法；取滚动次数为1时，阶段滚动排序法又转化为静态的一次性项目比较方法。一般情况下建议采用阶段滚动排序的方法。

三、公路网建设项目评价方法

公路网建设项目评价是指通过一系列的准则、标准和指标来衡量拟订的公路网建设项目，并对各种定性和定量指标加以综合，得出量化结果，为项目比选和项目排序等提供科学的依据。

1. 公路网建设项目评价的分类

（1）按时间不同分类

根据评价的时间，公路网建设项目的评价分为事先评价和事后评价。

1）事先评价。即对尚未实施项目的评价。项目的事先评价是项目比较排序的直接依据。由于建设项目尚未实施，对项目的评价只能建立在对未来预测和模拟的基础上。也就是说，对每个建设项目的评价，都要经过如下复杂过程：基年OD矩阵确定，基础网络确定，基础网络与评价项目的叠加，网络交通分配，交通特征（车速、交通负荷）预测，交通质量评价及经济效益分析。

2）事后评价。即对实施后的项目的评价。事后评价不仅可以反映出项目实施达到目的的程度，而且还向决策者提供所实施计划的有效性信息，指导今后实施计划的安排，这事实上是公路网规划跟踪调整的一部分内容。

一般所说的评价指事先评价。

（2）按指标不同分类

根据所采用的评价指标不同，建设项目的评价分为单一目标评价（经济效益评价）和多目标评价（综合评价）。

1）单一目标评价。公路网规划中常用的比较评价是经济效益评价，将比较方案的效益和成本折合成货币单位，以确定提供最大净效益的方案。一般采用的指标主要有：净现值NPV、效益费用比BCR、内部收益率JRR、投资回收期N等。

2）多目标评价。单一目标评价把公路建设项目可能产生的多种效益都转化为用货币衡量的经济价值，以便对所有项目进行比较。但公路网规划中的各个项目是为了不同的目标，一个项目也可能有多个目标，单一的目标评价虽然为规划过程提供了很有用的信息，却不可能把矛盾的目标系统地包含到评价的过程中去，而这些目标可能反映了决策者最关心的内容，因此有时需要进行多目标分析。

项目比较排序的一种尺度是以使用者效益、环境影响、安全和设施的现状条件等指标为基础的优先指数。例如，美国联邦公路管理局在1980年采用的一个排序评价系统用从0分到10分的评分方法来衡量几项与公路建设项目的技术标准有关的条件水平，包括路面状况、排水、路宽、伤亡及事故数、高峰小时车速、正常车速，然后将这些评分组合起来，根据每一项目的总分排出项目优先次序。又如，1978年美国芝加哥的郊县采用的一个排序评价系统包括六种指标，分别是高峰小时出行的变化、事故的当量财产损失率的变化、平均日路段饱和度（流量/通行能力）的变化、非高峰每日出行时间的变化、大气污染的变化、占用土地的数量。利用现有的数据资料，应用通常的预测技术，可得到各个项目上述指标的数值。用专家意见法识别每项的权重系数，将所有的指标加权求和，得出对每个项目的效果指标的分值，然后将效果分值除以投资费用，求出成本—效果指数。这些成本—效果指数可用于排列项目的优先次序，也就是说，最有效的计划应按成本—效果指数递减的次序排列项目，直到预算的投资用完。

2. 建设项目排序中项目评价的原则

公路网建设项目的评价一般采用有无项目法进行经济效益对比。应该注意的是，项目排序中的经济评价是为了项目比较而进行的，与建设项目可行性分析或专门的建设项目经济评价不同，后者要求投资、效益等估算的数值与实际尽可能接近，而前者要求尽可能体现有无项目的区别和不同项目之间的区别。

公路网建设项目排序中的项目评价可依照以下原则。

（1）采用经济评估

项目评价一般分为财务评价和国民经济评价。考虑到公路运输尚未形成建设和运营统一核算的独立企业，更重要的是公路的效益是以公路使用者获得的社会效益为主，而不仅仅是公路运输部门的效益，因此，公路的建设项目一般进行国民经济评价。

（2）采用直接费用和效益

项目的效益应包括该项目为国民经济做出的全部贡献。直接效益主要指可用货币形式表现的项目产出物的经济价值，一般在项目实施方案规划设计中只计算直接效益，即公路使用者所获得的效益，主要表现为有此项目相对无此项目时的汽车运输成本的节约，客、货在途时间的减少及交通事故费、货损事故费的减少。

相应地，项目的费用应考虑直接费用，即可用货币形式表现的为完成规划项目的建设、管理、运营所付出的经济价值，主要表现为公路建设费、公路大修费、公路养护费、交通管理费和残值（以负值计入费用）。

（3）采用有无项目网络比较方法

公路网建设项目的有无比较是将拟建项目实施情况下发生的各种费用和效益与

假定拟建项目不实施情况下的各种费用和效益进行比较，这是准确衡量项目所产生的净效益的可行方法。

公路网建设项目的效益主要产生于公路项目本身或邻近的平行公路，建成项目的部分运量是由公路网其他路段上转移过来的，从而缓解了这些路段的拥挤程度，产生伴生效益；相反，如果项目的建设使得与其相连的未改建路段的交通量增加，道路拥挤程度增大，则会产生负效益。因此，计算某待建公路的效益时应考虑整个路网，而不仅仅是项目本身发生的费用，即进行有无项目网络费用比较。

（4）采用统一年限和价格

为了使结果具有可比性，排序中应采用统一的年限和价格，如统一采用规划初期价格，计算年限包括建设年限和预测年限，投入使用后的预测年限一般以20年计算。

（5）采用预测的需求交通量进行网络分配

交通量反映了公路使用者的多少，是计算公路使用者在网络上获得的效益和费用多少的基本数据之一。项目建设后可能会引起公路网上的交通量重新分布，也可能使其他运输方式原有的一部分交通量转移到公路网上，甚至可能引发新的交通出行。所有这些交通量可分为转移交通量和诱增交通量两类。

在建设项目实施方案的规划中，如果被动地仅考虑是由建设项目引起的交通量变化，并以此作为确定项目优先次序的依据，将使得交通规划失去主动的指导意义。这种做法是不合理的，而且也不便于不同项目的比较。因而在排序中从另一角度考虑：依据经济发展规划来预测交通需求（即预测未来的OD出行量），并进行网络交通分配。建设项目为需求交通量提供服务获得的效益，反映了建设项目满足公路网交通需求的程度，或者说是经济发展对于该建设项目需求程度高低的一种度量，用这种效益作为评价项目优先次序的指标是合理的。这样也使得发展性项目（为满足经济或运输发展扩大的要求）和提高性项目（提高现有路网的效率和服务水平）具有较好的可比性，并与投资约束中的考虑相一致。

3. 建设项目排序中经济效益评价的方法

这里从项目排序的角度出发，具体介绍基于公路网交通分配的一种建设项目经济效益评价方法。

公路网建设项目的效益是有无项目时路网费用比较的结果，即：

项目效益=无项目时路网费用−有项目时路网费用

这里所指的路网费用，是指公路网上发生的各种费用中由于项目的建设而可能发生变化的部分。网络费用是网络中所有路段上的费用之和，即：

$$C_{net} = \sum_{a} C_a a \in A_{net}$$

式中：C_{net}——网络总费用，元；

C_a——路段a上的费用，元；

A_{net}——构成网络的所有路段的集合。

每一路段上的运营费用都与该路段上三方面的因素有关。

（1）路段的道路条件

主要是路段的等级和长度。这两个参数可以从公路网调查数据库中直接得到。对于新建路段的长度，由于项目的路线走向尚未具体确定，因而当路网中各点间的距离不大时，可采用节点间距离之和乘以网络所有路段的平均取值比作为其近似长度。对于两个交通节点间有多个不同等级和长度路段的情形，采用各路段的加权平均值。

（2）路段的交通状况

主要包括路段上的交通量、路段行程时间、路段饱和度及路段的平均车速。这些数据可以通过预测的需求OD量在计算路网上分配得到。

（3）路段上各种费用的经济参数

主要包括路段上的旅客时间价值、货物时间价值、路段上按时间计算的车辆运输成本及按距离计算的车辆运输成本（包括车辆使用道路的道路成本），它们与路段饱和度、平均车速和路段等级有关。

最后采用的项目效益计算公式为：

$$B_{pi} = C_{neto} - C_{neto+pi}$$

式中　B_{pi}——项目的效益，元；

C_{neto}——无项目网（基础网）的网络费用，元；

$C_{neto+pi}$——有项目网（已建设项目）的网络费用，元。

第六章　混凝土公路工程设计

第一节　路基路面工程的特点

一、路基路面的承载能力

汽车在路面上行驶时，车辆通过车轮把垂直力和水平力荷载传递给路面，水平力又分为纵向和横向两种，此外，路面还要受到车辆震动力和冲击力作用。在上述这些力的作用下，在路基路面结构内部产生应力、应变及位移。如果路基路面结构整体或某一组成部分的强度或抗变形能力，不足以抵抗这些应力、应变及位移，则路面会出现断裂，路基路面结构会出现沉陷，路面表面会出现波浪或车辙，使路况变得恶化，服务水平下降。因此，要求路基路面结构整体及其各组成部分，都具有与行车荷载相适应的承载能力，即具有足够的强度和刚度。

路基路面的结构承载能力，主要包括强度和刚度两个方面，这是两个既相互联系又相互区别的力学特性。路面结构应具有足够的强度，以抵抗车轮荷载引起的各个部位的各种应力，如压应力、拉应力、剪应力等，保证路面不发生压碎、拉断、剪切等各种破坏。路基路面整体结构或各个结构层应具有足够的刚度，使得在车轮荷载作用下不发生过量的变形，保证不发生车辙、沉陷或波浪等各种病害。

二、路基路面的稳定性

在天然地表面建造的道路结构物，改变了原来自然的平衡，在达到新的平衡状态之前，道路结构物处于一种暂时的不稳定状态。新的路基路面结构暴露于大气之中，经常受到大气温度、降水与湿度变化的影响，结构物的物理力学性能将随之发生变化，处于另外一种不稳定状态。路基路面结构能否经受这种不稳定状态，而保持工程设计要求的几何形态及物理力学性能的能力，称为路基路面结构的稳定性。

在地表上开挖或填筑路基时，必然会改变原地面地层结构的原来结构和受力状态。原来处于稳定密度状态的地层结构，有可能由于填挖筑路而引起不平衡，从而导致路基失稳。如在软土地层上修筑高路堤，或者在岩质或土质山坡上开挖深路堑时，有可能由于软土层承载力不足，或者由于坡体失去支承，而出现路堤沉落或坡体坍塌破坏。路线如果选择在不稳定的地层上，则填筑或开挖路基会引发滑坡或坍塌等病害的出现。因此，在道路的选线、勘测、设计和施工中，应当引起足够的重视，并采取必要的工程措施，以确保路基有足够的稳定性。

大气降水使得路基路面结构内部湿度状态发生较大变化，如果低洼地带的路基排水不良，造成长期积水，会使得矮路堤发生软化，失去承载能力。如果是山坡路基，有时因排水不良，会引发滑坡或边坡滑塌。水泥混凝土路面，如果不能及时将水分排出结构层，会发生唧泥现象，冲刷基层，导致结构层提前破坏。沥青混凝土路面如果有水分的侵蚀，会引起沥青结构层的剥落，导致结构松散。砂石路面，在雨季时，会因雨水冲刷和渗入结构层，导致强度下降，产生沉陷、松散等病害，因此防水、排水是确保路基路面稳定的非常重要的方面。

大气温度周期性的变化，对于路面结构的稳定性有着重要影响，高温季节沥青路面发生软化，在车轮荷载的作用下产生永久性变形，水泥混凝土结构在高温季节，因结构变形会产生过大内应力，导致路面发生破坏。北方冰冻地区，在低温冰冻季节，水泥混凝土路面、沥青路面、半刚性基层，会由于低温收缩而产生大量裂缝，最终失去承载能力。在严重冰冻地区，低温会引起路基不稳定更是多方面的，低温会引起路基收缩裂缝，地下水源丰富的地区，低温会引起冻胀变形，路基上面的路面结构也随之发生断裂，在春天升温融冻季节，在交通繁重的路段，有时会引发翻浆，路基路面发生严重的破坏。

三、路基路面的耐久性

高等级路基路面标准高、距离长、宽度大，不仅工程量巨大，投资也非常高，从规划、勘测、设计施工至建成通车需要较长的时间，对于这样大型工程都应当有较长的使用年限，一般的道路工程的使用年限至少是10年。承重并经受车辆直接碾压的路面部分，要求其使用年限在20年以上，因此，路基路面工程应具有良好的耐久性能。

路基路面在车辆荷载的反复作用与大气、水、温度周期性的重复作用下，路面的使用性能将逐年下降，强度与刚度将逐年衰减，路面材料的各项性能也可能由于老化衰变，而引起路面结构的损坏。至于路基的稳定性，也可能在长期经受自然因素的侵袭后，逐年削弱。因此，提高路基路面的耐久性，保持其强度、刚度、几何形态，除了精心设计、精心施工、精选材料之外，要把长年的养护、维修、恢复路用性能的工作放在非常重要的位置。

四、路面的表面平整度

路面表面平整度是道路施工质量高低的重要标志，也是影响行车安全、行车舒适以及运输效益的重要使用性能。特别是高等级公路，对路面平整度的要求更高。不平整的路表面会增大行车阻力，并使车辆产生附加的振动作用。这种振动作用会造成行车颠簸，严重影响行车的速度和安全，也影响驾驶的平稳和乘客的舒适，还会减少车辆的使用寿命。同时，这种振动作用还会对路面施加冲击力，从而加剧路面、汽车机件的损坏和轮胎的磨损，并增大油料的消耗。更加严重的是，不平整的路面如果产生积水，还会加速路面破坏。因此，为了减少振动冲击力，提高行车速度和确保行车的舒适性、安全性，路面平整度应达到国家规定的要求。

优良的路面平整度，要依靠优良的施工装备，精细的施工工艺，严格的施工质量控制以及经常而及时的养护来保证。同时，路面的平整度同整个路面结构和路基顶面的强度和抗变形能力有关，也同结构层所用材料的强度、抗变形能力以及均匀性有很大关系。强度和抗变形能力差的路基路面和面层混合料，经不起车轮荷载的反复作用，极易出现沉陷、车辙和推挤破坏，从而形成不平整的路面表面。

五、路面的表面抗滑性能

良好的路面要求其表面平整，但不能过于光滑，汽车在光滑的路面上行驶时，车轮与路面之间缺乏足够的附着力或摩擦力。如果雨天高速行驶，或紧急制动或突然启动，或爬坡、转弯时，车轮也易发生空转或打滑，致使行车速度降低，油料消耗增多甚至引起严重的交通事故。通常用摩擦系数表示抗滑性能，摩擦系数小，则抗滑能力低，容易引起滑溜交通事故。对于高速公路的高速行车道，要求其具有更高的抗滑性能。

高速路面表面的较高抗滑能力，一方面可以通过采用坚硬、耐磨、表面粗糙的粒料组成路面表层材料来实现，另一方面也可以采用一些工艺措施来实现，如水泥混凝土路面的刷毛或刻槽等。此外，路表面的积雪、浮冰或污泥等也会降低路面的抗滑性能，因此必须及时予以清除。

六、路基路面的不透水性

不透水性，在道路工程上也称为抗透性。透水的路面，雨天水分容易沿缝隙渗入路面结构和路基土层中，这些滞留在路面表层、路面结构内部和土基中的水分，在大量高速行驶行车荷载的反复作用下，会产生很大的动水压力不断冲刷路面，路面会产生剥落、坑洞、唧浆和网裂等早期水破坏现象；被水渗透的土基会产生过大的变形，从而造成路面板与基层脱开，使路面的受力状态恶化，更加加速路面和路基的破坏。

为避免路基路面产生水破坏，应尽量采用不透水的路面面层，设置路面结构排水层或有效的防水层。

第二节　影响路基路面稳定的因素

一、地理条件

公路沿线的地形、地貌和海拔高程，不仅影响公路路线的选定，而且也影响到路基与路面的设计。平原、丘陵、山岭各地区地势不同，路基处的水位状况也不同。平原区地势平坦，排水比较困难，地表易有积水，地下水位相应较高，因而路基需要保持一定的最小填土高度，路面结构层应选择水稳定性良好的材料，并采用一定的结构排水设施；丘陵区和山岭区，地势起伏比较大，路基路面排水设计至关重要，否则会导致稳定性下降，甚至出现破坏现象，影响路基路面的稳定性。

二、地质条件

由于公路线路常达数百公里，甚至几千公里，所以公路沿线的地质条件是非常复杂的，如岩石的种类、成因、节理、风化程度和裂隙情况，岩石走向、倾向、倾角、层理和岩石厚度，有无夹层或遇水软化的夹层，以及有无断层或其他不良地质现象（岩溶、冰川、泥石流等）都对路基路面的稳定性有一定的影响。

三、气候条件

气候条件是影响路基路面稳定的非常重要的因素，如气温、降雨、降雪、湿度、冰冻、日照、风向、风力、蒸发等，都会影响公路沿线地面水和地下水的状况，并且影响路基路面的水温情况。

在我国大部分地区春夏秋冬比较鲜明，气候有季节性的变化，因此路基路面的水温状况也随之发生变化。即使在同一个地区，气候还受地形的影响，如山顶与山脚、山南坡与山北坡等，气候有很大的差别，这些因素都会严重影响路基路面的稳定性。

1. 路基湿度对路面的影响

路基湿度状况的变化是影响路面结构强度、刚度与稳定性的重要因素之一。路基受到各种外界因素的作用而使其湿度发生变化，而这些外界因素对路基湿度状况的影响程度，又同道路的结构特性（如路基的相对高度、路面和路基的透水性等）有关，这些影响因素主要有以下几种（见表6-1）。

表6-1 影响因素

项目	主要内容
地面水的渗透	当路基所处的路段地势低洼，且排水不良时，滞留在边沟中的水分与道路附近河塘中的水分，均可以通过渗透或毛细润湿作用进入路基
大气降水和蒸发	大气降水浸透道路的路肩和边坡，并通过毛细管润湿作用向路基中部扩展；降水还会浸湿透水的路面，并下渗而润湿路面下的路基部分，或者沿着不透水路面的接缝和裂隙渗入路基，当空气中水分少于路基路面中的水分时，路基路面中的水分会向空气中散发，水分蒸发则循着相同的途径使水分逸出
温度梯度的影响	温差引起的湿度变化沿路基深度出现较大的温度梯度时，水分在温差的作用下，将以液态或气态由热处向冷处移动，并积聚（或凝结）在该处，使路基路面的湿度发生较大的变化
地下水的影响	对于地下水位较高的路段，地下水是路基湿度变化的主要因素。当地下水位受到附近地面水的影响，或者受到比此处路基更高的土层内地下水的影响而产生变动时，将直接改变路基的湿度。地下水的毛细上升作用与水汽产生移动时，也能在一定程度上影响路基和路面的湿度

2. 环境温度对路面的影响

大气的温度在一年和一日内发生着周期性的变化，同大气直接接触的路面温度也相应地在一年和一日内发生着周期性的变化。路面温度的周期性起伏，同气温的变化几乎完全同步，不同深度处的温度同样随气温而呈现出周期性变化，但起伏的幅度随着深度的增加而减小，其峰值也随深度增加而越来越滞后出现。但由于吸收部分太阳辐射，路面温度往往略高于大气温度。

路面直接暴露于大气之中，经受着这些变化的影响，特别是面层材料所受影响最大。水泥混凝土路面受温差的影响，将产生一定的体积变化，其线膨胀收缩率为0.00001cm/℃。如果温差所引起的体积变化受到约束，将会产生很大的温度应力。

工程实践证明：在所有的路面材料中，沥青类材料是受温度影响最大的一种，这是由沥青本身的特性所决定的。沥青混凝土及其他沥青混合料的强度、刚度和变形能力，随气温的变化而产生明显变化。因此，在夏季高温季节，沥青混合料可能由于刚度降低而产生各种变形，如车辙、波浪等，而在寒冷的冬季，可能由于变形能力下降而产生裂缝。

3. 冰冻与融化对路基路面的影响

（1）冰冻对路基路面的影响

当温度降低至0℃以下时，液体的水会变成固体的冰，并且伴有大约9%的体积膨胀，产生较大的冰胀应力。积聚的水结冰后，使路基隆起而造成开裂，即出现冰胀现象。季节性冰冻地区出现冰胀现象，一般要具备以下几个条件（见表6–2）：

表6–2　季节性冰冻地区出现冰胀现象的条件

条件	主要内容
水文条件	在地面排水困难或地下水位较高的路段上，路基路面比较潮湿，为水分积聚提供了充分水源，很容易出现冻胀；反之，路基路面比较干燥，水分积聚量会因水源不足而较少，不易出现冻胀
气候条件	在遇到多雨的秋天，使冻结前路基中的湿度较大，产生冻结后产生较大的体积膨胀；如果在寒暖反复交替的冬天，路基中的水分冻结缓慢，冻结线长时间徘徊在路基的某一深度，使水分更有充分时间向该处积聚，一旦出现冻胀危害更大
土质条件	各类土的毛细特性和渗透性不同，在温度与湿度梯度下水分积聚的程度也不同。砂性土具有较高的渗透性，但吸收水分的能力较差；黏性土虽有高度的毛细吸收能力，但其渗透性很差。粉性土不仅具有较高的毛细能力提升水分，而且又有较强的通过孔隙输送水分的能力，最容易形成冻胀，被称为“冻敏土”

（2）融化对路基路面的影响

当春季来临、气温变暖，冰冻的路基开始融化，会使路基强度大大降低，因失去承载力而导致路面损坏，这种现象称为春融翻浆。产生春融翻浆的主要原因，是由于融冻的过程是自上而下进行的，当路基顶面开始融化时，下层的冰夹层阻碍了已融化水分的下渗，导致路面结构产生损坏。如果遇到骤热的晚春或春融期较大降雨，或是通行过多过重的车辆，再加上不能及时进行维修养护，使路面表层产生积水，这些都会加剧湿度积聚和翻浆现象。

4. 土的类别

土是修建路基路面最基本的材料，不同种类的土具有不同的工程性质，因而将直接影响路基路面的强度与稳定性。

不同的土类含有不同粒径的土颗粒，砂粒含量较多的土，强度构成以内摩擦力为主，这类土强度比较高，受水的影响比较小，但施工时不易压实。较细的砂粒，在渗流作用的情况下，容易流动，形成流砂。黏粒含量较多的土，强度形成以黏聚力为主，其强度随密实程度的不同变化比较大，并随湿度的增大而降低。粉土类的土毛细现象强烈，路基路面的强度和承载力随着毛细水上升、湿度增大而下降。在大气温度下降至零度以下时，土壤中的水分通过毛细作用移动并积聚，使局部土层湿度大幅度增大，造成路基产生冰胀，最后导致路基出现翻浆、路面结构层断裂等各种破坏。

5. 水文条件

水文条件和水文地质条件对路基路面的稳定性影响很大，有时会起着决定性的作用。如公路沿线地表水的排泄、河流的洪水位和正常水位、有无地表积水和积水时间的长短、河岸的淤积情况等。水文地质条件如地下水位、水量、流向，地下水移动的规律，有无层间水、裂隙水、泉水等。所有这些地表水及地下水都会影响路基路面的稳定性，如果处理不当或处理不符合要求，常会引起各种病害。

第三节　对路基路面的基本要求

一、对路基的基本要求

由于路基具有极其重要的作用，所以路基必须密实、均匀、稳定。填方路基的填料选择、路床的质量要求以及填方路堤的基底处理等方面，应符合现行的《公路路基设计规范》(JTGD 30—2004)中的要求。

为了保证路基的强度和稳定性，必须采取防止地面水和地下水浸入路面路基的措施，使路基处于比较干燥或中湿状态，加强路基排水的技术措施，进行综合治理。根据我国公路建设的实践经验，对于高速公路和一级公路土基的回弹模量，不得低于30MPa；对于其他等级公路土基的回弹模量，不得低于25MPa。

在进行设计和施工的过程中，除路基的断面尺寸应符合设计标准外，还应满足下列基本要求。

1. 具有足够的整体稳定性

公路路基是直接在天然地面上填筑或开挖部分地面而建成的，在地表修筑路基之后，必然会改变原地面的自然平衡状态。由于不利因素（如地质、水文、气候、行车荷载等）的影响，就有可能使高陡的路堑边坡发生崩塌、软弱地层上的路堤出现下沉和滑动、沿河路基受到水毁等，从而导致交通阻断或行车事故。

为了防止路基在行车荷载及各种自然因素作用下发生过大的变形和破坏，为了确保道路运输的畅通与行车安全，在正确选定路基的断面形状和尺寸的基础上，必须根据当地的具体情况，采取必要的排水、防护和加固措施，以保证路基整体结构（包括周围的地层）具有足够的稳定性。

2. 具有足够的抗变形强度

公路工程使用实践证明，路基的路床部分要与路面共同作用，来抵抗行车荷载和路基路面自重产生的变形。这种抵抗变形的能力，就是路基的强度，即保证在外力的作用下不致产生超过容许范围的变形。

路基的变形往往占路面总变形中的较大部分，如果路基出现较大的变形，必然会降低路面的使用品质，甚至造成路面板的断裂破坏，因此路基应当具有足够的抗变形强度。

3. 具有足够的水温稳定性

水温稳定性是指路基的强度和刚度在自然因素的影响下的变化幅度。路基在地面水和地下水的作用下，其强度将会发生显著降低的现象，而在季节性冰冻地区，由于周期性的冻融作用，在水和负温度坡差的共同作用下，路基会发生冻胀而造成路面隆起；在春季融化期局部土层过湿软化，使路基的强度急剧下降。

工程实践证明，如果路基水温稳定性较差，在行车荷载作用下就会产生过大的沉陷变形，甚至引起翻浆现象，使路面失去坚强而均匀的支撑，导致路面结构过早损坏。因此，不仅要求路基具有足够的强度，而且要保证在最不利的水温条件下，路基不至于在冻胀和融化时强度发生显著降低，这就要求路基应具有足够的水温稳定性。

二、对路面的基本要求

公路路面的基本功能是为车辆提供快速、安全、舒适和经济的行驶表面，要求路面能够满足：①能够负担汽车的载重而不破坏；②降低运输费用和有较长的使用年限；③保证车辆有一定的行驶速度。根据以上功能，对路面的基本要求主要包括以下几点。

1. 足够的强度和刚度

汽车在路面上行驶时，车辆通过车轮把垂直力和水平力传给路面，同时路面还受到车辆的振动力和冲击力的作用，在汽车身后还有真空吸力的作用，在上述外力的综合作用下，路面结构内就会产生不同的应力。如果路面的强度不足，不能抵抗这些应力的作用，就会导致路面出现各种破坏现象，严重影响正常行车，逐渐会使路面造成大面积破坏承载力急剧下降，不仅影响路面的使用功能，而且会发生严重的车祸。因此，要求路面结构必须具有足够的强度，以抵抗行车作用下所产生的各种应力，从而避免路面产生破坏。

刚度就是指路面抵抗变形的能力，使路面在车辆荷载作用下不发生过量的变形，避免影响正常行车和舒适性。路面结构有时虽然强度能够满足，但其刚度不足时，在车辆荷载作用下，会出现波浪、车辙及沉陷等破坏现象，久而久之也会造成路面的破坏。为此，要求路面必须具有足够的刚度。

2. 具有足够的稳定性

路面在承受行车荷载作用的同时，路面结构又暴露于大气之中，经常受到水分和温度变化的影响。要求路面强度和刚度在水分和温度变化的情况下，不至于发生显著的降低，具有足够的稳定性。路面稳定性包括的内容十分广泛，主要有高温稳定性、低温稳定性和水稳定性。

高温稳定性即沥青路面抵抗流动变形的能力。由于沥青路面的强度与刚度随温度升高而显著下降，为了保证沥青路面在高温季节行车荷载反复作用下，不致产生诸如波浪、推移、车辙、壅包等病害，沥青路面应具有良好的高温稳定性。

低温稳定性即沥青路面抵抗低温收缩裂缝的能力。由于沥青路面随温度下降，劲度增大，变形能力降低，在外界荷载作用下，使得一部分应力来不及松弛，应力逐渐累积下来，这些累积应力超过材料抗拉强度时即发生开裂，从而会导致路面的破坏，所以沥青路面在低温时应具有较低劲度和较大的抗变形能力来满足低温抗裂性能。

水稳定性即沥青路面抵抗受水的侵蚀逐渐产生沥青膜剥离、掉粒、松散、坑槽而破坏的能力。这是由于水分的存在不仅降低了沥青本身的黏结力，同时也破坏了沥青路面中沥青与矿料间的黏聚力，从而加速了剥落现象发生，造成了道路的水损害。

3. 良好的表面平整度

工程实践充分证明：路面平整度对行车速度、安全和舒适影响很大，是路面使用功能的一个重要方面。路面越平整，行车阻力越小，车辆的振动也越少。因为车辆在平整度高的路面上行驶时，车辆的机件振动和其与路面间的冲击力小，从而可使车辆机件的损坏、轮胎的磨损、燃料的消耗有所减少，同时也可使路面本身的损坏减少，从而有利于提高行车速度，提高车辆和道路的使用效率。

为确保行车安全、较高的行车速度和有良好的舒适感，要求路面具有良好的平整度，尤其是高等级路面行车速度快，对路面的平整度要求更高一些。平整度高的路面，要求有良好的路面结构、路面材料，精心的施工工艺，优质的施工机具及严格的施工质量控制。

4. 满足设计的耐久性

路面在车辆荷载的重复作用和大气水温周期性变化的反复作用下，会逐渐出现疲劳破坏和塑性变形的累积，从而使路面的使用功能逐渐下降，其强度与刚度也将逐年衰变，路面材料的各项性能也可能老化衰变，这样将导致路面结构的损坏。

为了保证和尽可能地延长路面的使用寿命，应精心进行设计和试验，确定合理的路面结构和材料，采用有足够疲劳强度、抗老化和抗变形累积能力的路面结构和路面材料，确保路面的施工质量，满足路面的耐久性。

5. 适宜的表面粗糙度

路面表面的粗糙度关系到行车的安全，特别是在坡陡、弯急的线形不利路段，适当的表面粗糙度更为重要。所谓粗糙度，即指路表面与行驶车辆轮胎之间应具备足够的摩擦阻力，以满足车辆滚动前进或制动停车安全可靠的需要。当在曲线路段上行车时，这种摩擦阻力应足够平衡回转前进时产生的离心力。

如果路面过于光滑，尤其是在潮湿、泥泞或结有薄冰的路面上行车，由于路表面与车轮接触面之间的摩擦系数大大降低，车辆有效牵引力得不到充分发挥，势必影响车速，妨碍安全制动刹车，甚至导致交通事故。因此必须慎重选择路面表层材料颗粒结构组合，以保持路面具有良好的粗糙度。

我国山区、丘陵地带和南方多雨地区以及华北、西北的季节性冰冻区的道路，尤其是纵坡较大、弯道过急的路段，均宜注意采用中粗式颗粒结构的路面，以提高其表面粗糙度。

6. 不透水性和少尘性

公路路面应尽量采用不透水的路面面层。透水的公路路面，水分容易渗入路面结构和土基，降低路面和土基的强度，从而导致路面结构的破坏。因此，在进行设计路面结构时，设置适当的路拱横坡和排水设施，使雨水渗水路面的可能性减少，从而保证不致因路面透水等使路基路面破坏。

如果路面采用砂石材料，在汽车行驶时会由于车轮后面所产生的真空吸力，而使表层及其中的细料吸起而出现扬尘。扬尘不仅会导致路面结构松散，形成坑洞等破坏，而且也会加速汽车机件的损坏，甚至对旅客和沿路居民及周围环境产生污染，因而要求路面具有少尘性。

7. 具有比较小的噪声

各种车辆在道路上行驶必然产生噪声。不同路面对噪声的吸收能力有所差异。沥青路面吸声能力较强，对声波的反射能力较弱，因而噪声较小，而水泥混凝土路面则与之相反，它不仅对声波的反射能力强，且由于车辆通过接缝产生有规则的振动而使噪声更为增大，至于砂石类路面尽管其吸声能力也较强，但往往由于这类路面不够平整而招致车辆振动声音增大。因此，结合减少噪声要求，城市道路多用沥青路面。

此外，路面的颜色也应注意与交通要求、街道两侧建筑物的色调相协调配合。例如，淡色的水泥混凝土路面，对光线的反射能力强，有利于夜间行车，而不利于白天的行车视线，黑色的沥青类路面则与之恰恰相反。一般高速、快速交通干道为了识别车行道，引导驾驶人员视线以利交通安全，往往车行道采用淡色，两侧路缘带采用白色，中间分车带采用黑色或其他醒目色调。上述情况，若车行道系采用黑色路面，则路缘带宜用白色，分车带宜用淡色效果较好。

第四节　路基路面设计的基本内容

一、路基设计的基本内容

路基设计是整个公路工程设计中重要的组成部分，不仅关系到路基的强度和稳定性，而且关系到整个公路工程的安危，应当根据所建公路的性质、等级和技术标准，结合当地的自然条件，特别是实际的工程地质条件，拟订正确的路基设计方案，选择适当的路基横断面形式和边坡坡度，作为路基在施工中的基本依据。

根据我国公路工程路基设计的实践经验，路基设计应当包括以下具体内容。

1. 设计资料的调查与收集

在进行路基设计之前，应做好路基设计的基础资料调查研究，收集相应的设计资料。如进行公路沿线的野外调查，充分收集沿线地质、水文、地形、地貌、气象、地震等方面的资料，收集现行的国家或行业有关公路工程的设计规范；对于改建公路工程，还应收集历年路况资料及当地路基的翻浆、崩塌、水毁等病害的防治经验。

2. 确定各断面的填挖高度

根据路线纵断面设计确定的路基填挖高度和顶面宽度，结合沿线工程地质和水文地质调查资料，确定路基的横断面形状和边坡坡度。对于一般路基，可根据《公路路基设计规范》（JTGD30—2004）中的规定，按路基典型横断面直接设计路基横断面图；对于重点工程的路基及特殊路基，应当根据实际进行个别设计。当路基设计难度较大或出现不合理现象时，应考虑调整线位与其他工程措施进行比较。

3. 进行排水系统总体布置

根据公路沿线的地面水径流和地下水埋藏的实际情况，进行道路排水系统的总体布置，以及地面、地下排水结构物的设计，以便排除路基、路面范围内的地表水和地下水，保证路基和路面的稳定，使各种排水措施形成一个功能齐全、排水能力强的完整排水系统。

4. 进行防护支挡结构设计

根据地质、水文、地形、地貌及筑路材料等情况，进行边坡坡面防护、堤岸冲刷防护和路基支挡构造物的布置与设计计算，路基防护支挡结构应满足在各种设计荷载组合下支挡结构的稳定、坚固和耐久；结构类型选择及设置位置的确定应安全可靠、经济合理、便于施工养护；结构材料应符合耐久、耐腐蚀的要求。

5. 其他设施的布设与计算

除以上几项主要的设计外，还应根据地质、水文、地形、地貌及筑路材料等情况，进行软弱地层加固及路基工程的其他设施的布设与计算。

二、路面设计的基本内容

混凝土路面设计应根据道路的使用任务、性质和要求，结合当地的气候、水文、土质、材料、施工技术、实践经验及环境保护要求等，通过技术经济分析，以最低的寿命周期费用提供一种合适的路面结构。目前，高等级路面主要采用水泥混凝土和沥青混凝土，其设计的基本内容主要包括以下方面（见表6–3）。

表6–3　路面设计的基本内容

项目	主要内容
路面结合组合设计	根据道路的交通繁重程度，结合当地环境条件和材料供应情况，选择混凝土路面的结构层次，包括路基、垫层、基层和面层的结构组合，及各层结构类型和厚度，以组合成能够提供均匀、稳定支撑，防止或减轻唧泥、错台等损害，承受预期交通荷载作用，满足使用性能要求的路面结构
面层接缝构造和配筋设计	根据混凝土面层内产生的荷载应力和温度应力，进行面层的平面尺寸设计。依据接缝的作用，选择缩缝、胀缝或施工缝等类型，确定接缝的间距、布设接缝的位置，设计接缝的构造，如水泥混凝土路面传力杆、拉杆的布置及确定填缝的材料，确定板内的配筋量和配筋布置

项目	主要内容
各结构层材料组成设计	针对各结构层在路面结构中所起的作用，依据当地建筑材料的供应情况，选择满足结构层性能要求的混合料，并对组成材料进行配合比设计。混合料的各项性质参数，应按有关试验规程规定和试验方法经过试验确定。通过材料组成和配合比设计，使面层混凝土具有足够的抗弯拉强度及抗疲劳性能，使基层具有良好的抗冲刷性能和一定的刚度，使垫层达到要求的稳定性和一定的刚度
路面的排水设计	公路路面排水设计是路面设计的重要组成部分，一般主要包括路表防排水、中央分隔带防排水、超高路段排水、路面结构层排水四个方面。在进行路面的排水设计中，应根据路面排水要求及表面排水或内部排水设施的作用与设置条件，选择路面结构排水系统的布设方案，确定排水设施的构造尺寸和材料规格要求
面层厚度的设计	根据公路等级、材料类型和性质参数，以及当地气候、水文地质条件，确定满足设计使用期内使用要求所需的混凝土面层厚度。公路面层的厚度应符合《公路工程质量检验评定标准：土建工程》(JTGF80/1—2004)中的有关规定
公路路肩的设计	公路路肩位于行车道外缘至路基边缘，是具有一定宽度的带状结构部分，用来保持行车道功能和临时停车用，并作为路面的横向支承。公路路肩的设计，主要是确定路肩铺面的结构层次、各结构层的类型和厚度

此外，面层还应当具有抗滑、耐磨、平整及减轻车辆轮胎噪声等表面特性。

第七章　公路工程一般路基设计

第一节　路基设计的一般要求

一、路基设计的一般要求

公路路基属于带状结构，它随着天然地面的高低起伏，纵向各点的标高不同，路基设计应根据路线进行平面、纵向和横向设计，达到布置精心、布局合理、高程适宜，为路面结构提供具有足够宽度的平顺基面。

路基承受行车荷载的作用，主要在应力作用区的范围之内，其深度一般在路基顶面以下0.80m范围。此部分路基按其作用可视为路面结构的路床，其对于强度和稳定性的要求，可根据路基路面综合设计的原则确定。

工程实践证明，设计和铺筑出符合设计要求的坚固路基，不仅是路面强度与稳定性的重要保证，而且能为延长路面的使用寿命和提供良好安全的运行创造有利条件，所以路基路面的综合设计至关重要。

为了确保路基具有足够的强度与稳定性，使路基在各种外界因素作用下，不致产生超过允许的变形，在路基的整体结构设计中，除路基结构、路基排水、路基防护与加固及有关设施等外，还应包括各项附属设施，如弃土堆、取土坑、护坡道、错车道等。

由于路基标高与原自然地面标高有一定差异，且各路段的岩土性质有所变化，各处附属设施的布置不尽相同，因此各路段的路基横断面形状和尺寸差别很大。路基横断面形式的选定和各项附属设施的设计，同样是路基设计的基本内容。

一般路基通常是指在良好的地质和水文等条件下，填方高度和挖方深度小于规范规定高度和深度的路基。对于一般路基，可以结合路段所在地的地形、地质情况，直接选用典型横断面图或设计规定，不必要进行个别论证和验算。对于超过规范规定的高填、深挖路基，以及工程地质和水文地质等条件特殊的路基，为确保路基具有足够的强度和稳定性，需要进行个别设计和验算。

二、路基常见的病害

公路路基的各种病害及破损都是由路基的强度和稳定性不足引起的，影响路基强度和稳定性的因素主要来自两方面，一方面是自然因素与地质条件，其中主要的影响因素是温度和湿度；另一方面是人为因素，包括设计、施工和养护。而路基建成后，其质量将主要取决于路基的养护水平。

1. 路基病害的主要类型

路基常见的病害有边坡病害、路基水毁、冻胀与翻浆、公路沙害。

（1）边坡的病害及其原因

边坡的病害常见的有崩塌、落石、滑坡、坡面冲刷、坍塌、剥落和泥石流等。

崩塌是岩体突然而猛烈地从陡峻地斜坡上崩离翻滚跳跃而下的现象，主要有滑移式崩塌、倾倒式崩塌、错断式崩塌。落石是岩石碎块的一种剥落现象，其范围较剥落严重，产生原因为：路堑边坡较陡，岩石破碎和分化严重，在振动及水的侵蚀和冲刷下，块状碎屑沿坡面向下滚动。滑坡是路基山坡山体或岩石，由于长期受到地面水、地下水活动的影响，使其结构破坏，逐渐失去支撑力，在自重作用下，整体沿着软弱面向下滑动的现象。坡面冲刷是风化的岩层形成一定厚度的残积层。泥石流是山坡或沟岸泥沙由于重力的作用而不断的崩塌、碎落或滑坡而落入沟道，在暴雨的冲击下形成泥石流。

（2）路基水毁及成因

路基水毁的形成主要由以下几方面的原因造成：①地质原因；②地形地貌原因；③气象原因；④环境的破坏等。

（3）路基的冻胀与翻浆

潮湿地段的路基在冰冻过程中，土基中的水分不断的向上移动聚集，引起路基冻胀。春融时，路基湿软，强度急剧降低，加上行车的作用，路面出现弹簧、鼓包、冒浆、车辙等，称为翻浆。

（4）公路沙害及成因

在风沙地区，沙害是公路常见的病害。其危害主要表现为风蚀和风埋，其中尤其以沙埋为主。路基遭受沙埋有两种形式，一是在风沙活动地区，由于沙粒沉落堆积，掩埋路基；二是在流动沙丘地区，由于沙丘的向前移动，掩埋路基，路基遭受风蚀，将会出现削低、变窄、掏空和崩塌等现象。

2. 路基病害的预防与治理

（1）边坡病害的预防与治理

1）防治崩塌的主要措施

路基上方的危岩、危石应及时检查清除，特别在雨季前要细致检查，如有威胁行车安全的路段，可根据地形和岩层情况，采取嵌补、支顶的方法予以加固；在小型崩塌或落石地段，应采取全部清除的办法；如果基岩破坏严重，崩塌、落石的物质来源丰富，则应修建落石平台、落石槽等拦截结构物；由于存在软弱结构面而引起崩塌的高边坡，可根据情况采用支挡墙或支护墙等措施；对边坡坡脚因受河水冲刷而易形成崩塌的，要对河岸做防护工程；在可能发生崩塌的地段，必须做好地面排水设施。

2）防治泥石流的主要措施

对流泥、流石的边坡来说，在春秋两季，应进行大量的植树造林、铺植草皮；在泥石流形成区的上侧修筑截水沟、排水沟，把水引出去，以减少或消除洪水的影响；在泥石流的形成区，采用平整山坡，填实勾缝，修筑梯阶、土埂和支撑挡墙，加固沟头和沟底等方法，控制水土流失，防止滑坡发展；对于小量的泥石流而言，可在路肩外缘修建拦渣挡墙，并在每次雨后及时清除淤积的泥石，勿使挡墙失去作用；泥石流可采用排洪道、急流槽、导流堤等措施使泥石流顺利排走，以防止掩埋道路、堵塞桥涵；滞流措施是在泥石流沟中修筑一系列低矮的拦挡坝，其作用是：拦截部分泥沙、石块等固体物质，减弱泥石流的规模；固定泥石流河床，防止沟床下切和谷坡坍塌，减缓河床纵坡降低流速，防止或减轻泥石流对路基及其附属构造物的破坏；常用的滞流建筑物是谷防坝；泥石流严重的地点，养护部门应做到：加强检查和观察，尽力采取防治措施，发生泥石流后，要尽快清除堆积物，根据掌握的资料，提出整治措施。

（2）路基水毁的防治措施

水毁预防是在雨季和洪水来临之前为防止或减轻暴雨和洪水对公路的危害而进行的工作，其范围包括：①防止漂浮物大量急剧地下冲；②疏通各种排水系统；③修理、加固和改善各类构造物；④检修防洪设备，备足抢护的材料、工具以及救生、照明和通信设施。在汛期前应进行一次预防水毁的技术检查，查出的隐患，应在雨季、汛期之前处理完毕。

（3）公路沙害的防治措施

①为防治沙质路基风蚀，一般采用柴草、土石或无机、有机结合料进行固沙防护，以保证路基稳固和行车安全；②为防治路基沙埋，在路侧采用的措施可归纳为

固沙、阻沙、输沙和导沙四种类型。

固沙措施可采用草方格网，或黏性土埂方格沙障，或直接利用卵石、砾石、黏性土、沥青乳液等，覆盖沙面进行加固。阻沙措施除高立式防沙栅栏外，还可采用挡沙沟堤等。挡沙沟堤由当地的沙土或沙砾筑成。输沙措施是通过改变下垫面和加大风速的办法，使风沙流顺利通过路基而不致产生沙埋。导沙措施是用导沙堤改变气流方向，使风沙流离开路基。有条件的地区应优先采用植物固沙，并贯彻草、灌、乔相结合的原则，以达到最大的防风固沙效果。对已发生沙埋的公路，需要将积沙清除到路基下风侧20cm以外的地形开阔处，并予以整平以免形成新的阻风积沙。

第二节　路基横断面的形式

一、路堤

公路的路基按照其填土高度不同，路堤可分为矮路堤、高路堤和一般路堤三种。填土高度低于1.0m或低于按设计地下水位或地面积水水位计算的临界高度时，属于矮路堤；填土高度大于规范规定的数值，即填方总高度超过18m（土质）或20m（石质）的路堤，属于高路堤；介于矮路堤和高路堤之间的为一般路堤。随着路堤所处的条件和加固类型不同，还可分为浸水路堤、陡坡路堤和挖沟填筑路堤等形式。

矮路堤一般在平坦地区取土困难时选用。平坦地区往往是地势较洼、水文条件较差，易受地面水的影响，设计时应保证其满足最小填土高度的要求，力求不低于规定的临界高度，能使路基处于比较干燥或中湿状态。为达到这个目的，在路基的两侧应设置边沟。

矮路堤的高度往往接近或小于路基工作区的深度，除填方本身要求满足规定的施工要求外，天然地面也需注意清除基底并按规定要求进行压实，达到规范规定要求的压实度，必要时应采取换填好土或进行地基加固处理，以保证路基路面的强度和稳定。

当填土高度不大（$h \approx 2 \sim 3m$）时，由于填方数量较少，全部或大部分填方可以在路基两侧设置取土坑。为保护填方坡脚不受流水的侵害，保证路基边坡的稳定，在取土坑与路基坡脚间应设置宽度≥1m的护坡道；当路边有排水沟渠时，路基坡脚与沟渠之间要预留宽度≥4m的护坡道。当地面横坡较陡，路堤填方可能沿山坡向下滑动，或者填方数量大占地太宽时，为防止滑动可收缩坡脚减少占地，但应将天然地面挖成台阶形式，或者设置砌石护脚。

一般路堤高于天然地面，容易通风干燥，排水条件较好，路基经常处于干燥状态，因此路堤的病害比较少，是经常采用的一种路基形式。我国公路建设实践证明，填土高度在12m以下，一般属于正常的路堤，可按照规范要求，采用规定的横断面。

高路堤的填筑高度较高，所需要的填方数量多，占地面积也较大，为使路基边坡稳定和横断面经济合理，需要对其进行个别设计；对高路堤和浸水路堤的边坡，可采用上陡下缓的折线形式或台阶形式，如在边坡的中部设置护坡道。为防止水流侵蚀和冲刷路基坡面，对于高路堤和浸水路堤的边坡，应当采取适当的坡面防护与加固措施，如铺草皮、砌石等。

二、路堑

公路工程的路堑按其横断面形式，有全挖式路基、台口式路基及半山洞式路基三种。

全挖式路基是一种典型的路堑，在路基的两侧均需设置边沟。为防止山坡上的水流向路堑，在路堑边坡的上方应设置截水沟，其位置应距坡顶不小于5m处。

陡峭山坡上的半路堑，路基外侧少量的填方不易稳定，路的中线宜向内侧移动，尽量采用台口式路基。当开挖山坡遇有整体性坚硬岩层时，为了减少石方的开挖量，在确保安全可靠的条件下，也可采用半山洞式路基。

路堑开挖后，破坏了原地层的天然平衡状态，边坡稳定性主要取决于自然产状的地质与水文地质条件以及边坡高度和坡度。此外，路堑如果开挖成巷道式，不利于排水和通风，病害也多于路堤，并且行车视距较差；深路堑施工比较困难，设计时一般应避免采用很深的路堑。

路堑的边坡坡度，应当根据边坡高度、土石方种类及其性质、地面水和地下水情况综合分析后确定。在一般情况下，土质比较均匀时，可以参照常规施工经验，结合当地经验进行确定。

当挖方路基处土层地下水文状况不良时，会导致路基和路面的破坏，所以对路堑以下的天然地基，要人工压实至设计规定的密实程度，必要时还要进行翻挖，重新分层填筑、换土或加固处理，采取加铺隔离层，设置必要的排水设施。

三、半填半挖路基

位于山坡上的公路路基，通常取路中心的标高接近原地面标高，以便减少土石方施工工程量，保持土石方数量的横向平衡，形成半填半挖形式的路基。工程实践证明，如果设计合理、处理得当，不仅断面形式比较经济，而且路基稳定可靠。半填半挖路基实际上是路堤和路堑的综合形式。

半填半挖路基兼有路堤和路堑两者的特点，这种路基应同时满足对路堤和路堑的要求。对于填方部分的局部路段，如遇原地面的短缺口，可采用砌石护肩。如果填方量较大，也可就近利用废石方，砌筑护坡或护墙。石砌护坡和护墙相当于简易式挡土墙，可以承受一定的侧向压力。

在路基的填方部位，有时需要设置路肩（或路堤）式挡土墙，以确保填方一侧路基的稳定，进一步压缩路基用地的宽度。采用石砌护肩、护坡、护墙及挡土墙等的路基。如果填方部分出现悬空，而又有适当的基岩时，可以沿路基纵向建成半山桥路基形式。

以上三类典型路基的横断面形式，分别具有各自的特点，也适用于不同的条件下。由于地形、地质、水文、气候等自然条件差异性很大，且路基位置横断面尺寸及要求等应当服从于道路线路、路面及沿线结构物的要求，所以路基横断面类型的选择，必须结合实际、因地制宜、综合设计。

第三节　路基工程的基本构造

一、路基宽度

路基宽度为行车道路面及其两侧路肩宽度之和。对于高等级公路，当设有中间带、路缘带、变速车道、爬坡车道、紧急停车带、慢行道或路上设施时，均应包括在路基宽度范围内。

路面宽度是根据设计通行能力及交通量大小而确定的。根据国内外道路设计的经验，一般每个车道的宽度为3.00 ~ 3.75m（见表7–1）；路肩宽度由公路等级和混合交通情况而定，高等级及城镇近郊的公路，路肩宽度尽可能大一些，一般可取1 ~ 3m，最小每边0.5m，并铺筑硬质面层，以保证路面行车不受干扰，各级公路的路肩宽度如表7–2所列。

表7–1　公路车道的宽度

设计行车速度 /（km/h）	120	100	80	60	40	30	20
车道的宽度 /m	3.75	3.75	3.75	3.50	3.50	3.25	3.00（单车道时为3.50）

表7–2　各级公路的路肩宽度

设计车速/（km/h）		高速公路和一级公路				其他等级的公路				
		120	100	80	60	80	60	40	30	20
右侧硬路肩宽度/m	一般值	3.00或3.50	3.00	2.50	2.50	1.50	0.75	—	—	—
	最小值	3.00	2.50	1.50	1.50	0.75	0.75	—	—	—
土路肩宽度/m	一般值	0.75	0.75	0.75	0.50	0.75	0.75	0.75	0.50	0.25（双车道） 0.50（单车道）
	最小值	0.75	0.75	0.75	0.50	0.50	0.50	0.75	0.50	

高速公路和一级公路各路段的车道数，应根据设计交通量采用的服务水平进行确定，当车道数为四车道以上时应按双数增加，采用整体式断面时，必须设置中间带，中间带由两条左侧路缘带和中央分隔带组成，其各部分的宽度应符合表7–3中的规定。

各级公路的交通量、车道数和路肩要求均不相同，其路基的宽度也不一样。各级公路路基的宽度应当按照《公路工程技术标准》（JTJB01—2003）中的规定进行设计。

表7–3　中间带宽度参考表

设计车行速度/（km/h）		120	100	80	60
中央分隔带宽度/m	一般值	3.00	2.00	2.00	2.00
	最小值	2.00	2.00	1.00	1.00
左侧路缘带宽度/m	一般值	0.75	0.75	0.50	0.50
	最小值	0.75	0.50	0.50	0.50
中间带的宽度/m	一般值	4.50	3.50	3.00	3.00
	最小值	3.50	3.00	2.00	2.00

四级公路一般采用6.5m的路基宽度，当交通量较大或有特殊要求时，可采用7.0m的路基宽度。在工程特别艰巨的路段以及交通量很小的公路，可采用4.5m的路基宽度，但应按规定设置错车道。

二、路基高度

路基高度是指路堤的填筑高度或路堑的开挖深度，是路基设计标高与原地面标高之差。由于原地面的横断面方向往往有一定的坡度，因此在路基宽度范围内，两侧的相对高差常有所不同。通常，路基高度是指路中心线处的设计标高与原地面标高之差，但对路基边坡高度来说，则是指填方坡脚或挖方坡顶与路基边缘的相对高差。所以，路基高度有中心高度与边坡高度之分。

路基的填挖高度，是在公路线路进行纵断面设计时，综合考虑路线纵坡要求、路基稳定性、施工难易和工程经济等因素确定的。从路基的强度和稳定性要求出发，路基上部土层应处于干燥或中湿状态，路基高度应根据临界高度并结合公路沿线具体条件，综合考虑路基排水及防护措施，确定路堤的最小填土高度。

路堤填土的高低和路堑挖方的深浅，可按《公路工程技术标准》（JTJB01—2003）中的规定，使用常规的边坡高度值，作为划分填土高矮和挖土深浅的依据。在正常条件下，可根据土质类别的不同，将大于18m（土质）或20m（石质）的填方称为高路堤，将大于20m的挖方称为深路堑。

高路堤和深路堑施工的土石方数量大，占地面积多，施工困难，边坡稳定性差，对行车不利，应尽量避免采用，当不得已而必须采用时，应进行个别特殊设计，以确保边坡稳定和横断面经济合理。

为保证路基具有良好的稳定性，应尽量满足路基临界高度的要求，使路基具有一定的填高，这是保证路基稳定和路面强度的重要措施。如不能满足时，应注意采取相应技术措施，以减少或消除地面积水和地下水对路基的危害。究竟如何合理确定路基的高度，需要进行综合比较后才可择优取用。

沿河及受水浸淹的路基，其高度应根据技术标准所规定的设计洪水频率（见表7–4），求得设计水位，再增加0.50m的余量确定。如果河道因设置路堤而压缩过水面积，致使上游出现壅水现象，或河面宽阔而有风浪，就应增加壅水高度和波浪冲上路堤的高度。所以沿河浸水路堤的高度，应当高出上述各值之和，以保证路基不被河水淹没，并据此进行路基的防护与加固。

表7–4　路基设计洪水频率

公路等级	高速公路	一级公路	二级公路	三级公路	四级公路
设计洪水频率	1/100	1/100	1/50	1/25	视具体情况而定

三、边坡坡度

路基边坡坡度对路基整体稳定和占地面积大小等起着重要作用，正确决定路基边坡坡度是路基设计中的重要任务。公路路基的边坡坡度，可用边坡高度H与边坡宽度b的比值表示，并取H=1，如图7–1所示。如H：b=l：0.5（路堑边坡）或1：1.5

（路堤边坡），通常用1∶n（路堑）或1∶m（路堤）表示其坡度，称为边坡坡度，边坡坡度也可用边坡角 α 或 θ 表示。

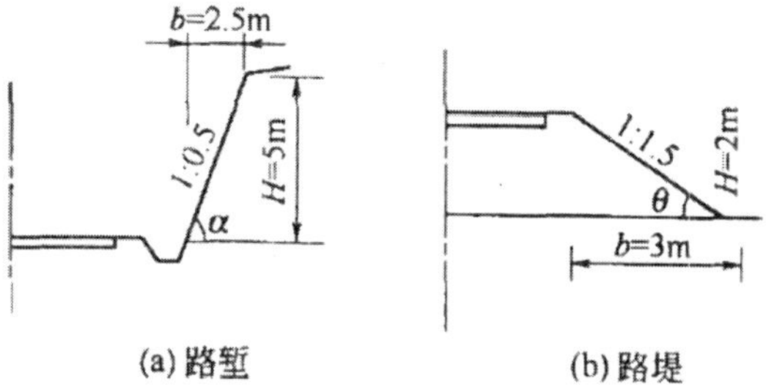

图7–1 路基边坡坡度示意图

路基边坡坡度的大小，主要取决于边坡的土质、岩石的性质及水文地质条件等自然因素和边坡的高度。在陡坡或填挖较大的地段，不仅影响到土石方工程量和施工的难易，而且也是路基整体稳定性的关键。因此，科学确定路基边坡坡度，对于路基的稳定性和横断面的经济合理至关重要，在设计时必须全面考虑，力求稳定性好、经济合理。一般路基的边坡坡度选择，可根据工程成功的实践经验和设计规范推荐的数值采用。

1. 路堤的边坡坡度确定

路基边坡坡度应根据边坡土质的物理力学性质、边坡高度、行车荷载和工程地质条件等确定。边坡坡度一般以坡段的竖直投影和水平投影之比表示。一般路堤的边坡坡度，可根据填料种类和边坡高度按表7–5中的数值选定；当路堤的总高度超过表中所列数值时，应按高路堤另行设计。

表7–5 路堤边坡坡度表

路堤的填料种类	边坡的最大高度/m			边坡的坡度		
	全部高度	上部高度	下部高度	全部坡度	上部坡度	下部坡度
黏性土、粉性土、砂性土	20	8	12	—	1∶1.50	1∶1.75
砾石土、粗砂、中砂	12	—	—	1∶1.50	—	—
碎（块）石土、卵石土	20	12	8	–	1∶1.50	1∶1.75
不易风化的石块	20	8	12	–	1∶1.30	1∶1.50

当公路沿线有大量天然石料或路堑开挖的废石方时，可用以填筑路堤。填石路

堤应选用不易风化的石块进行砌筑，石块的最小尺寸应大于25cm，边坡的坡度一般可采用1 : 1。

陡坡上的路基填方可采用砌石进行加固处理，砌石应选用当地不易风化的开山片石砌筑，其施工质量应符合《公路路基施工技术规范》（JTGF10—2006）中的要求。

砌石的顶宽一律采用0.8tn，基底面以1 : 5坡度向内倾斜，砌石高度一般在2 ~ 15m之间，墙的内外坡度依据砌石高度按表7–6中的值选定。在碰震要求的地区，还应参照《公路工程抗震设计规范》（JTJ004—89）的有关规定。在《公路工程抗震设计规范》中规定，高速公路和一级公路的路堤，当边坡的高度大于表7–7中的规定时，应当适当放缓路堤的边坡坡度。

表7–6　砌石边坡内外坡度参考表

序号	砌石高度/m	内坡坡度	外坡坡度
1	≤5	1 : 0.30	1 : 0.50
2	≤10	1 : 50	1 : 0.67
3	≤15	1 : 60	1 : 0.75

表7–7　地震地区路堤边坡高度的限值　　单位：m

路堤的填料种类	地震地区的基本烈度/级	
	8	9
岩块和细粒土（粉性土和有机质土除外）	15	10
粗粒土（细砂、极细砂除外）	6	3

2. 路堑的边坡坡度确定

路堑是从天然地层中开挖出来的路基结构物，在进行路堑边坡设计时，首先应从地貌和地质构造上判断其整体的稳定性。在遇到工程地质或水文地质条件不良的地层时，应尽量使公路的线路避开；对于整体稳定性良好的地层，则应考虑到开挖后，是否会由于改变原平衡状态，坡面风化加剧而引起失稳。

由于路堑具有地质构造的复杂性，所以影响路堑边坡稳定的因素比较复杂，除了路堑的深度和坡体上岩土的性质之外，地质构造特征、岩石风化和破碎程度、土层的成因类型、地面水和地下水的影响、坡面的朝向及当地的气候条件等，均会影响路堑边坡的整体稳定性，在边坡设计时必须综合加以考虑。

土质（包括粗粒土）路堑是公路建设中最常遇到的结构类型，这种路堑的边坡坡度，应根据边坡高度、土的密实程度、地面水和地下水的情况、土的成因类型及生成时代等因素，加以综合考虑后确定。

根据我国公路建设的实践经验，一般土质（包括粗粒土）的挖方边坡高度不宜超过30m。在一般情况下，土质（包括粗粒土）挖方的边坡坡度，可参照表7–8中的数值选定。在条件允许时，最好通过试验确定。

表7–8　土质挖方边坡坡度表

密实程度	边坡高度/m	
	<20	20 ~ 30
胶结	（1 : 0.30）~（1 : 0.50）	（1 : 0.50）~（1 : 0.75）
密实	（1 : 0.50）~（1 : 0.75）	（1 : 0.75）~（1 : 1.00）
中等	（1 : 0.75）~（1 : 1.00）	（1 : 1.00）~（1 : 1.50）
较松	（1 : 1.00）~（1 : 1.50）	（1 : 1.50）~（1 : 1.75）

岩石路堑的边坡坡度，根据我国公路工程的实践表明，其边坡坡度的大小，主要与岩石的种类及其构造、风化破碎程度和边坡的高度有密切关系。由于地表岩层和自然条件及路基构造变化很大，所以岩石路堑边坡值比较难以定型。

岩石的风化破碎程度可按表7–9进行分级。

表7–9　岩石的风化破碎程度分级表

分级	外观特征				
	颜色特征	矿物成分	结构构造	破碎程度	强度特征
轻度	较新鲜	无变化	无变化	节理比较少，基本上是一个整体，节理基本不张开	强度基本上不降低，用锤敲很容易产生回弹
中等	造岩矿物失去光泽，色变暗	基本不变	无显著变化	开裂成20 ~ 50cm的大块状，大多数节理张开较小	强度有所降低，用锤敲声音仍比较清脆
严重	显著改变	有次生矿物产生	不清晰	开裂成5 ~ 20cm的碎石状，有时节理张开较多	强度有显著降低，用锤敲声音低沉

分级	外观特征				
	颜色特征	矿物成分	结构构造	破碎程度	强度特征
极重	变化极大	大部分成分已改变	矿物间已失去结晶联系	节理极多，爆破后多呈碎石土状，有时细粒部分已具塑性	强度极低，用锤敲时，不易产生回弹

在地震地区，岩石路堑当其边坡高度超过10m时，边坡的坡度应按表7–10中的数值进行选用。

表7–10　地震地区高度超过10m的岩石挖方边坡坡度选用表

岩石种类	地震地区的基本烈度/级	
	8	9
风化岩石	（1∶0.60）~（1∶1.50）	（1∶0.75）~（1∶1.50）
一般岩石	（1∶0.10）~（1∶0.50）	（1∶0.20）~（1∶0.60）
坚硬岩石	（1∶0.10）~直立	（1∶0.10）~直立

第四节　路基工程的附属设施

一、取土坑与弃土堆的设置

路基施工中尽量做到土石方挖填平衡，这是公路路线设计的基本原则，由于地形起伏等各种原因，往往很难达到完全平衡。土石方数量经过调配后，仍然会有部分借方和弃方。路基土石方的借弃，首先要合理选择地点，即确定取土坑或弃土堆的位置。

在选择地点时，不仅要兼顾土质、数量、占地及运输条件等因素，还应当结合沿线区域规划，因地制宜，综合考虑，维护自然平衡，防止水土流失，真正做到借之有利、弃之无害。借弃土石方所形成的坑或堆，应当尽量结合当地地形，充分加以综合利用，并注意外形的美观，弃土堆必须稳固。对于高等级公路或位于城镇附近的干线公路，应特别注意其安全性。

1. 取土坑的设置

路基土石方的调配应尽量以挖方作填方，如果需要从取土坑取土（借方）时，应对取土坑的设置进行规划。应考虑土方运输经济合理，有利于路基的稳定，并便于排水。在规划取土坑时，应充分利用沿线的荒山，力求少占农田，并尽量做到借土造田，高田改低田。在设置取土坑时，一般应做到以下几个方面。

①在比较平坦地区（横坡小于1：10），如果用土方量较少时，可在路基的两侧适当位置设置取土坑，路旁取土坑如图7-2所示，其深度一般为1.0m，宽度应根据用土量和当地条件而定。当地面横坡较大时，取土坑最好设在地势较高的一侧，但在高填土或用平地机施工时，可设在路堤的两侧。

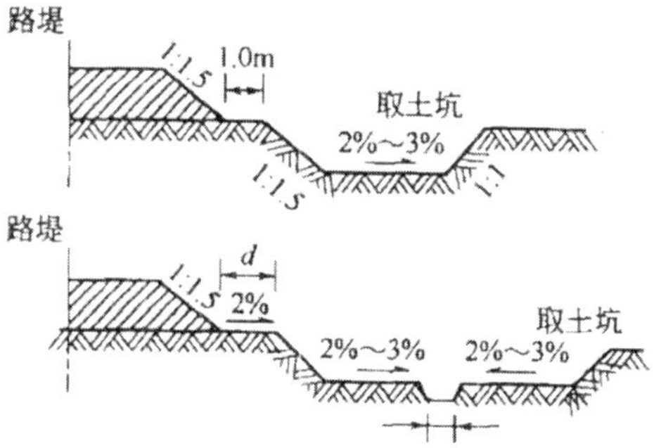

图7-2　路旁取土坑示意图

②取土坑的深度和宽度视用土数量、施工方法及保证排水而定。在平原地区，取土坑的深度一般为1.0m。如果所需借土的数量很大，应在少占农田的原则下，按工程地质与水文情况将取土坑适当加深。为了使路基外观规则整齐，取土坑靠路基一侧的坡顶边缘尽量与路堤坡脚平行。当取土坑宽度变更时，应在其外侧以大致与取土坑纵轴成15°角逐渐变化，不宜出现宽度的突然变化。

③取土坑的边坡大小，对路基和边坡的稳定性均有很大影响。一般内侧（靠路基）边坡为1：1.5，外侧边坡一般不小于1：1.0。

④取土坑的纵横坡，为便于取土坑的排水，其纵坡坡度一般不小于0.2%，通向附近桥涵处的纵坡可加大至0.3% ~ 2.0%，沿河地段的坑底纵坡可减少至0.1%；取土坑的底面横坡，可做成向外（背向路基）的单向横坡，坡度一般为2% ~ 3%。当取土坑的底宽大于6m时，可做成向坑中间倾斜的双向横坡（坡度为2% ~ 3%），并在取土坑中间设纵向排水沟，沟的底宽为0.4m，当坑底的纵坡大于0.3%时也可不设排水沟。

⑤在桥头引道或洪水淹没地段，路堤的两侧一般不设置取土坑，特殊情况只允许在下游设置。为保证路堤的安全，在取土坑上缘与路堤坡脚之间，应留有宽度不小于4.0m的护坡道。在洪水期沿路堤可能有纵向水流时，除应当设置护坡道外，在取土坑中每隔50 ~ 70m留一土埂，以便防护路堤，土埂顶宽为3.0m，长度比取土坑宽度小1 ~ 2m，使在外侧形成缺口，便于排水。

2. 弃土堆的设置

开挖路堑的弃土可用来适当加宽路基，以便减少废弃土方，防止废弃土方堆置不当而影响路堑的稳定，或者造成水土流失，危及农田，淤塞河道，产生一些不良的后果。在设计中必须妥善考虑弃土堆的设置。在设置弃土堆时，一般应做到以下几个方面。

①弃土堆通常设在附近低洼地或路堑下坡的一侧，深路堑或地面平坦（横坡小于1 : 5）时，宜设置在路堑的两侧。弃土堆的内侧坡脚与路堑坡顶之间的距离d，干燥坚硬土应不小于3.0m，潮湿软弱土应不小于路堑深度加5.0m。

②弃土应堆成比较规则的形状，一般为梯形断面，其边坡不应陡于1 : 1.5，顶面向外应有不小于2%的横坡，其高度不宜大于3.0m，弃土堆的横断面图如图7–3所示。

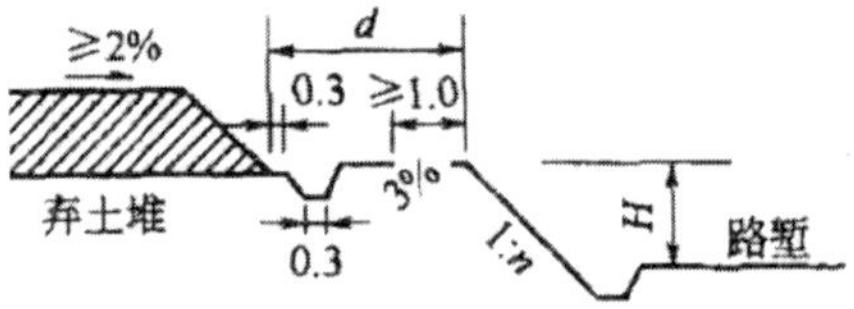

图7–3　弃土堆的横断面示意图

③在上坡方面的弃土堆，应当连续而不中断，并在弃土堆前设置截水沟，防止弃土堆的水流入路堑；在下坡方面的弃土堆，应每隔50 ~ 100m设不小于1m宽的缺口，以利于排水。

④在沿河方向进行弃土时，要很好地规划弃土的位置，不得缩窄河道和阻塞河流，也不得造成河岸冲刷。

二、护坡道和碎落台的设置

护坡道是保护路基边坡稳定的一种措施，尤其是在路堤边坡上采用较多。护坡道一般设置在路堤坡脚处或挖方坡脚处，高路堤还应当在边坡中部或变坡点处设置。浸水路基的护坡道，可以设置在浸水线以上的边块上。

设置护坡道加宽了边坡的横向距离，减小了边坡的平均坡度，使边坡的稳定性有所提高。工程实践证明，护坡道越宽，对于边坡的稳定越有利，但填方数量也会随之增大。通常情况下，护坡的宽度不得小于1.0m，并应随着边坡高度的增大而增加。当边坡高度≤3.0m时，护坡道的宽度为1.0；当边坡高度为3 ~ 6m时，护坡道的宽度为2.0m；当边坡高度为6 ~ 12m时，护坡道的宽度为2 ~ 4m。

碎落台常设于土质或石质土的挖方边坡坡脚处，位于边沟的外缘，有时也可设置在挖方边坡的中间，如图7–4所示。

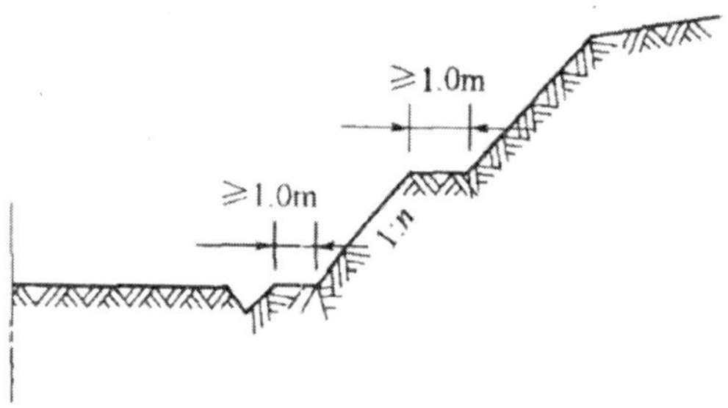

图7–4　碎落台设置示意图

设置碎落台的目的主要是供坡上零星土石碎块下落时临时堆积，不使土石碎块滚入边沟中产生堵塞，同时也起到护坡道的作用。碎落台的宽度一般不宜小于1.0m，如果考虑同时起护坡作用，可以适当加以放宽，一般为1.5 ~ 2.0m，碎落台上的堆积物应定期进行清除。

三、堆料坪和错车道的设置

为避免在路肩上堆放路面养护用的矿质材料，保证交通不受到阻碍，在用地条件许可时，可以在路堤边缘设置堆料坪，其面积大小可结合地形与材料数量而定。如每隔50 ~ 100m设置一个堆料坪，长度5 ~ 8m，宽度为2m，其具体设置如图7–5所示。

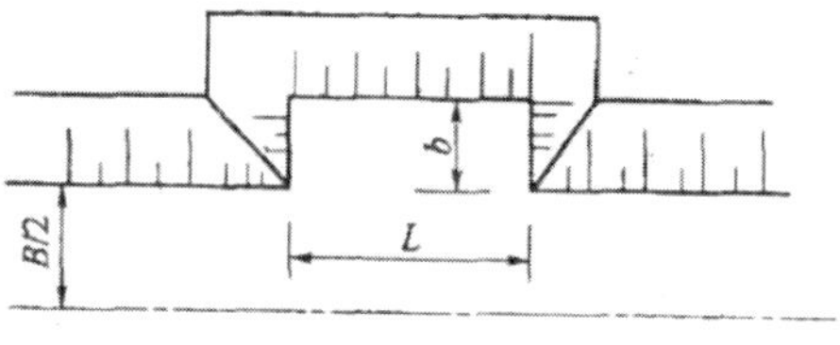

图7–5　堆料坪设置示意图

B–路基宽度；b–堆料坪宽度；L–堆料坪长度

单车道公路，由于双向行车会车和相互避让的需要，通常应每隔200 ~ 500m设置一处错车道，错车道的长度不得短于30m，两端各有10m长的过渡段，中间10m供停车用。单车道路基的宽度一般为4.5m，错车道处的路基宽度为6.5m。

第八章　公路路基边坡防护设计

第一节　路基边坡防护与加固

一、路基边坡的质量通病

目前，路基边坡的质量通病，大多是边坡破坏和边坡坍塌。常见的主要表现为边坡坡面及坡脚的冲刷。

坡面冲刷主要来自大气降水对边坡的直接冲刷和坡面径流的冲刷，使路基边坡沿坡面流水方向形成冲沟，冲沟不断发展最终导致边坡破坏，进一步造成路面塌陷，直接影响了行车的安全。沿河路堤及修筑在河滩上滞洪区内的路堤，还要受到洪水的威胁，这种威胁表现为直接冲毁路堤坡脚，导致边坡破坏。

边坡破坏还与路基填料的性质、路基高度、路基压实度有关。一般来说，砂性土路基边坡较黏性土边坡易于遭受冲刷而破坏；较高的路基边坡比较低的路基边坡更容易遭受坡面流水冲刷；压实度较好的边坡比压实度差的边坡更耐冲刷。冲刷破坏一般发生在较缓的土质边坡上，如砂性土边坡、亚黏性土边坡、黄土边坡等。

在日常大气降水和风化作用下，沿坡面径流方向形成许多水冲沟，如平常不注意养护或养护不到位，日积月累，会逐年扩大，加上冬季积雪，造成坡脚湿软，路基强度降低，上部土体失去支撑，最终发生破坏。同时，高速公路行驶的汽车溅起的雨雪水，也会冲刷坡脚。因此，对土质路基来说，边坡坡脚是边坡的最薄弱环节，应加强养护。

二、路基边坡坍塌的类型

路基边坡坍塌的类型，一般分为滑动型、落石型、流动型三类（见表8-1）。这三类情况可单独存在，也可同时出现。

表8-1 路基边坡坍塌的类型

类别	主要内容
滑动型坍塌	在路基挖方段，尤其在深挖石质地段，由于岩层在外力的作用下剪断，岩层间软石发生顺层滑动，造成坍塌。施工爆破开挖破坏了原来岩体的稳定性，当基岩上有岩屑层、岩堆等松散堆积物时，堆积物也易沿岩层的层理面、节理面或断面层发生坍塌
流动型坍塌	为砂、岩屑、页岩风化土等松散沉积土，由于大雨冲刷，产生流动，造成坍塌。下雨造成的坍塌，多为这类坍塌，在日常养护中很容易发现，应及时处置
落石型坍塌	一般指较陡的岩石边坡，易产生落石的岩石必然是节理、层里、断层影响下裂隙发育，被大小不一的裂面分割成软弱的短块。裂隙张开的程度，肉眼看不出来，在平常的养护中，也很难发现。由于渗水，反复冻融，造成长时间的微小移动，裂缝逐渐扩大。在夏季，雨水会经常充满裂缝，产生侧向静水压力作用，最终造成坍塌。一般裂隙发育岩体、硬岩下卧软弱层，更易发生落石现象，此类破坏形式，对行车安全构成很大威胁，必须严格控制。在日常养护中，应加强巡视，尽早发现，提前处置

三、路基边坡防护与加固设计

合理的路基设计，应在路基位置、横断面尺寸、岩土组成等方面进行综合考虑。为确保路基的强度与稳定性，路基的防护也是不可缺少的工程技术措施。随着行车速度和公路等级的提高，为确保高速行驶车辆的安全运行，减少公路灾害，降低养护费用，保持公路与自然环境协调，路基防护更具有重要意义。工程实践充分证明，在高等级公路建设和使用中，防护工程对于保证公路使用品质、提高投资效益均具有特别重要的意义。

路基边坡的防护与加固设施，主要有边坡坡面防护、沿河路堤河岸冲刷防护与加固、湿软地基的加固处置。坡面防护主要是保护路基边坡表面免受雨水冲刷，常用的坡面防护设施有工程防护和植物防护两大类。路基坡面防护是防止土质或风化岩石路基边坡的冲刷或剥落采取的措施，常采取抹面、喷浆、圬工铺砌等措施，以保护路基坡面。在路基坡面上种草植灌木，也是常用的措施。坡面防护措施在设计时应根据路基坡面情况选用。

在边坡防护设计中，既要做好坡面防护设计、排水防水设计，控制好水的问题，又要根据地质条件、岩体性质、岩层状况、边坡高度，做好边坡坡面设计。坡面防护主要是保护路基边坡表面免受降水、日照、气温、风力等的破坏，从而提高边坡的稳固性。因此，我国公路网中的干、支线公路，非常重视坡面防护。坡面防护包括植物防护和工程防护，当路基土石方施工时或完毕后，应及时进行路基边坡防护。

施工必须适时、稳定，防止雨水、气温、风沙作用破坏边坡的坡面。

冲刷主要表现为边坡坡面冲刷及坡脚冲刷。坡面冲刷主要来自大气降水对边坡的直接冲刷和坡面径流的冲刷，使路基边坡沿坡面流水方向形成冲沟，冲沟不断发展最终会导致边坡破坏，进一步造成路面塌陷，直接影响行车的安全。沿河路堤及修筑在河滩上滞洪区内的路堤，还要受到洪水的威胁，这种威胁表现为直接冲毁路堤坡脚，导致边坡破坏。

在过去，边坡工程设计的主要内容是确定边坡的开挖深度，给出稳定坡角，划定边坡的开挖界线，边坡加固一般不作为边坡设计的内容，只有当边坡发生了变形破坏而危及人身安全的时候，才考虑边坡加固措施，进行加固设计。显然，这是一种消极的边坡加固方法和被动的边坡加固设计，虽然花费较多的加固费用，但从其效果来看往往事倍功半。目前边坡工程已从单纯的被动防治转为主动加固，且边坡的加固已由单一的加固技术措施发展到综合治理。这就产生了一种新的边坡加固及加固设计的概念，使边坡加固的目的不仅是当边坡发生变形破坏后的防治手段，更重要的是能主动地提高稳定的边坡角而又保证其安全，以获得更大的技术经济效应。在这种情况下，边坡加固便成了边坡设计的一个重要内容。

边坡加固的基本原则是以防为主，防、治结合。以防为主就是要尽量做到防患于未然，它包括两方面主要内容：其一是要正确地选择建筑物场地，合理地制订人工边坡的布置和开挖方案；其二是查清可能导致天然斜坡或人工边坡稳定性下降的因素，事前采取必要措施消除或改变这些因素，并力图变不利因素为有利因素，以保持斜坡的稳定性，甚至向提高稳定性的方向发展。防、治结合，就是要在防的情况下考虑治理加固措施。

第二节　路基边坡的坡面防护设计

一、路基边坡植物防护

常用的坡面植物防护，主要是指利用种草、铺草皮和植树等措施，对公路路基坡面进行防护。植物防护是目前提倡的绿色防护，不仅可以美化路容、协调环境、调节边坡土的湿温状况，而且还可以起到固结和稳定边坡的作用。它对于坡高不大、边坡比较平缓的土质坡面，是一种简易有效的防护设施。除可利用种草、铺草皮和植树等外，也可采用拉伸网草皮、固定草种布或网格固定撒播。

拉伸网草皮是在土工网或土工垫等土工合成材料上铺设3 ~ 5cm的种植土层，

经过撒种、养护后形成的人工草皮。固定草种布（也可称植生带）是在土工织物纺织时将草种固定于土工织物中，然后到现场铺筑以促使草皮生长的一种土工合成材料草皮制品。网格固定撒播是先将土工网固定于需防护的边坡上，然后撒播草种形成草皮的一种边坡防护方法。

种草，适用于边坡坡度不陡于1：1，土质适宜种植草，不浸水或短期浸水但地面径流速度不超过0.6m/s的边坡。草的品种，应适应当地自然条件，最好是根系发达、中茎低矮、多年生长、几种草籽混种。不宜种草的坡面，可以铺5～10cm厚的种植土层，土层与原坡面结合稳固。

当坡面冲刷比较严重，边坡较陡，径流速度大于0.6m/s，容许最大径流速度为1.8m/s时，应根据具体条件（坡度与流速等），分别采用平铺（平行于坡面）水平叠置草皮、垂直坡面或与坡面成一半坡角的倾斜叠置草皮，还可采用片石铺砌成方格或拱式边框，方格或框内再铺草皮。

铺草皮需预先备料，草皮可就近培育，如果采用远距离采购方式，培育地的气候应尽量与工程所在地相近。将草皮切成整齐块状，然后移铺在坡面上。铺时应自下而上，并用竹木小桩将草皮钉在坡面上，使之铺设稳固。草皮根部土应随草切割，坡面要预先整平，必要时还应加铺种植土，草皮应随挖随铺，注意相互贴紧。铺完后应及时喷洒浇水，以便尽快确保草皮的成活率。

植树主要用在堤岸边的河滩上，用来降低流速，促使泥沙淤积，防止水直接冲刷路堤。多排林堤岸与水流方向斜交，还可起改变水流方向的作用。沙漠与雪害地区，防护林带还起阻沙防雪作用。树木的品种与种植位置及宽度，应根据防护要求、流水速度等因素，参见有关设计手册，结合当地经验而定，城市或风景区的植物防护，应与有关部门协调配合。

二、路基边坡工程防护

路基边坡的工程防护又称矿料防护，主要包括框格防护、封面、护面墙、干砌片石护坡、浆砌预制块护坡、锚杆铁丝网喷浆、喷射混凝土护坡等。

①框格防护适用于土质或坡面防护。目的是防止地表水流的冲刷，坡面岩土的风化剥落以及与环境相协调，近年来，随着对环境保护的重视，高等级公路边坡较高时，采用砌石框种草防护，边坡种草防护类型的选择很重要，现大多采用草坪植生带，即将草籽、肥料和土均匀拌和裹于土工物内，当草籽发芽长成草起到固土作用后，无纺布纤维自然腐烂，不会污染环境，效果很好。

风化岩石边坡进行框格防护可采用混凝土、浆砌片（块）石、卵（砾）石等作骨架，框架内宜采用植物防护或其他辅助防护措施。

②封面包括抹面、捶面、喷浆、喷射混凝土等防护形式。抹面防护适用于易风化的软质岩石挖方边坡。

③护面墙是浆砌片石砌筑的坡面覆盖层，用于封闭各种软质岩层和较破碎的挖方边坡，护面墙可分为双层式、单层式、墙面式、拱式和混合式等类型，用护面墙防护的挖方边坡不宜陡于1 : 0.5，并应符合极限稳定边坡的要求。

护面墙砌筑要求墙面紧贴坡面，表面应砌平，厚度可不一。护面墙的石料应符合规格要求。护面墙除自重外，不承受其他荷重，也不承受墙背土压力。护面墙的高度与厚度及路堑边坡的关系，参见表8–2。

表8–2　护面墙的高度与厚度及路堑边坡的关系

护面墙高度H/m	路堑边坡	护面墙厚度/m		护面墙高度H/m	路堑边坡	护面墙厚度/m	
		顶宽b	底宽d			顶宽b	底宽d
≤2	1 : 0.50	0.40	0.40	$6<H\leq 10$	（1 : 0.50）~（1 : 0.75）	0.40	0.40+0.05H
≤6	陡于1 : 50	0.40	0.40+0.10H	$10<H\leq 15$	（1 : 0.75）~（1 : 1.00）	0.60	0.60+0.05H

④干砌片石护坡适用于易受水流侵蚀的土质边坡、严重剥落的软土质岩石边坡、受水冲刷较轻的河岸或水库岸坡的坡面防护。重要路段或暴雨集中地区的土质高边坡，以及桥涵附近坡面与岩坡、地面排水沟渠等，也可用干砌片石加固。

干砌片石护坡，要求坡面稳固，先垫以砂层，然后自下而上平整地铺砌片石，片石应逐块嵌紧且错缝，护面的厚度一般不小于20cm，干砌要勾缝，必要时可改用浆砌，护面的顶部要封闭，以防止出现渗水。

⑤浆砌片（卵）石护坡适用于防护流速较大，波浪作用较强，用水流等撞击的边坡，对过分潮湿或冻害严重的土质边坡应先采取排水措施再进行铺筑。

路堤边坡采用浆砌片石护坡，宜在路堤沉降稳定后施工；在冻胀变化较大的土质边坡上，护坡底面应铺设100 ~ 150mm厚的碎石或砂砾垫层；浆砌片石护坡每10 ~ 15m应留一伸缩缝，缝宽20 ~ 30mm；在基底地质有变化处，应设沉降缝，可将伸缩缝与沉降缝合并设置；砂浆终凝前，砌体应覆盖，砂浆初凝后，立即进行养生；泄水孔的位置和反滤层的设置应符合设计要求。

⑥浆砌预制块防护适用于石料缺乏地区，预制块的混凝土强度不应低于C15，

在严寒地区不应低于C20。浆砌预制块护坡施工前，其基底应稳定，坡面应平整密实。砌体所用的砂浆施工应符合规定。混凝土预制块拼装排列，应整齐、平顺、紧密、美观，并与坡面及相邻浆砌片石砌体衔接密贴、稳固。预制块防护勾缝应于路堤已趋稳定后进行。

⑦锚杆铁丝网喷浆或喷射混凝土护坡，适用于直面为碎裂结构的硬岩或层状结构的不连续地层以及坡面岩石与基岩有可能下滑的挖方边坡。

喷浆施工比较简单，防护效果较好，适用于易风化而坡面不平整的岩石挖方边坡，厚度一般为5 ~ 10cm。喷浆的水泥用量较大，工程造价较高，重点工程可选用。比较经济的砂浆是用水泥、石灰、河砂和水按质量比1：1：7：3进行配合。对于坡面较陡或易风化的坡面，可以在喷浆前先铺设加筋材料，加筋材料可以用铁丝网或土工格栅，喷浆坡面应设置排水孔。

⑧土工织物是用合成纤维纺织或经胶结、热压针刺等无纺工艺制成的土木工程用卷材，也称土工纤维或土工薄膜。合成纤维的主要原料有聚丙烯、聚酯、聚酰胺等。土工织物按其用途分为滤水型、不透水型及保温型。这是由高分子合成纤维制成的一种新型建筑材料，在公路工程中有排水、反滤、分隔、加固、防护作用等。

第三节　堤岸边坡的冲刷防护设计

一、堤岸边坡防护的直接措施

为了防止流水直接危害沿河、滨海路堤以及有关海河堤坝护岸的堤岸边坡和坡脚，必须采取一定的防止冲刷的技术措施。

堤岸边坡防护的直接措施，主要包括植物防护、石砌防护与加固，以及必要时设置的支挡（驳岸等）。其中植物防护与石砌防护，同坡面防护所述基本类同，但堤岸的防冲刷主要原因是洪水急流，水位变迁不定，水流速度较大，相应的要求更高。盛产石料的地区，当水流速度达到3.0m/s或更高时，植树与石砌防护无效时，可采用抛石防护。当水流速度达到或超过5.0m/s时，则改用石笼防护，也可就地取材，用竹笼或梢料防护，必要时可以采用土工织物软体沉排护坡。

1. 堤岸边坡抛石防护

抛石防护类似在坡脚处设置护脚，在工程上也称为抛石垛，抛石防护示意如图8-1所示。抛石施工不受气候条件的限制，在路基沉实前均可施工，季节性浸水或长期浸水也都可采用。抛石垛的边坡坡度，不应陡于抛石浸水后的天然休止角，m_1

一般为1.5 ~ 2.0，m_2一般为1.25 ~ 2.0；石料的粒径根据水深和流速而定，一般为15 ~ 50cm。

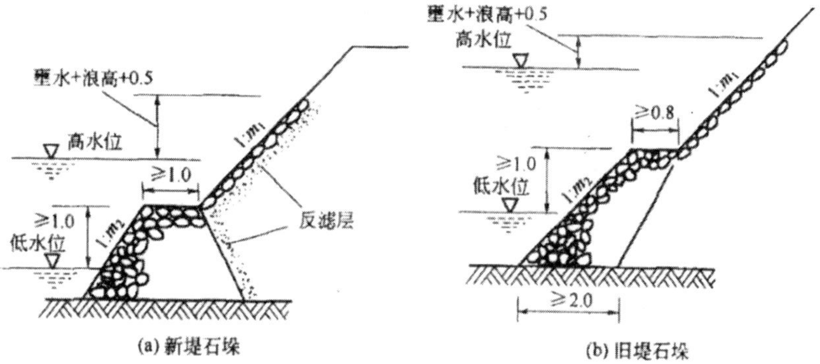

图8-1　抛石防护示意图（单位：m）

2. 堤岸边坡石笼防护

石笼指的是为防止河岸或构造物受水流冲刷而设置的装填石块的笼子。石笼一般是由机械将金属线材绞合编织成的多绞状六角形网，也可根据需要制成圆柱形石笼。制成的网箱用铁丝编织成框架，内部填入相应的石料，设置在堤岸的坡脚处，以防急流和大风浪破坏堤岸，也可用来加固河床，防止产生淘刷。

石笼内填石的粒径，最小不得小于4.0cm，一般为5 ~ 20cm，外层应用大且棱角突出的石料，内层可用粒径较小石块填充。石笼在坡脚处按一定规律排列，用于防止冲刷淘底，应平铺并与坡脚线垂直，而且堤岸一端固定，另一端不必固定，淘刷后可以向下沉落贴于底面；用于防止堤岸边坡冲刷时，则将石笼垒码平铺成梯形。

3. 堤岸边坡土工织物软体沉排防护

土工织物软体沉排是指在土工织物上放置块石或预制混凝土块体为压重的护坡结构，适用于水下工程及预计可能发生冲刷的路基坡面。排体材料宜采用聚丙烯编织型土工织物。土工织物软体沉排一般适用于水下工程及预计可能发生冲刷的路基坡面。实际工程中可根据具体情况采用单片垫和双片垫两种结构形式。

单片垫是利用土工织物拼接成大面积的排体；双片垫是将两块单片垫重叠后按一定距离和形式将两片垫连接在一起而构成管状或格状空间，其中再填充透水性材料（如砂、卵石等），起到防冲与反滤的作用。

4. 堤岸边坡土工模袋防护

土工模袋是一种新颖的建筑材料，是以土工合成材料纤维机织成的双层织物袋，充填流动性混凝土和水泥、砂浆，凝固后形成高强度刚性硬结板块，可用于大面积护坡，或作为坡面衬砌或水下护底等，起到混凝土模板的功能，模袋布表面层对混凝土或砂浆的块体起保护作用。它可以直接应用于水下施工，可取代千百年来传统的砌石护岸、护坡、护底等工程。

土工模袋广泛应用于水利、交通、建筑、能源、军工等领域的边坡防护、防洪、抢险、水渠、废物处理、建港，江、河、海、湖泊的护坡，水库、堤坝的防冲、防淘刷，山坡的绿化及山坡加固等工程。

土工模袋应用最多的是模袋混凝土，它是通过用高压泵把混凝土或水泥砂浆灌入模袋中，混凝土或水泥砂浆的厚度通过袋内吊筋袋、吊筋绳（如尼龙绳等）的长度来控制，混凝土或水泥砂浆固结后形成具有一定强度的板状结构或其他结构，能满足工程的需要。

工程实践证明，土工模袋具有如下优点。

①土工模袋施工一般是采用一次喷灌成型，施工非常简便、施工速度快。

②土工模袋能适应各种复杂地形，特别在深水护岸、护底等不需填筑围堰，可直接水下施工，机械化程度高，所护坡面面积大、整体性强、稳定性好，使用寿命长。

③土工模袋具有一定的透水性，在混凝土或水泥砂浆灌入以后，多余的水分通过织物空隙渗出，可以迅速降低水灰比，加快混凝土的凝固速度，增加混凝土的抗压强度。

土工模袋材料应满足技术要求，当无具体要求时，应符合表8–3中的规定。当袋内充填混凝土时，粗骨料的最大粒径应符合表8–4中的要求，坍落度不宜小于20mm，其强度等级不低于C10；当袋内充填砂浆时，其强度等级不低于M2.5。采用土工模袋护坡的坡度不得陡于1：1。如在水下进行施工，水流速度不宜大于1.5m/s

表8–3　土工模袋材料要求

指标名称	指标要求	指标名称	指标要求
顶破强度/N	≥1500	等效孔径/mm	0.07 ~ 0.15
渗透系数/（10^{-3}cm/s）	0.86 ~ 10	延伸率/%	≤15

表8–4　混凝土骨料最大粒径要求

土工模袋厚度/mm	骨料最大粒径/mm	土工模袋厚度/mm	骨料最大粒径/mm
150 ~ 200	≤20	≥250	≤40

模袋选型应根据工程要求和当地土质、地形、水文、经济施工条件等进行确定。应根据水流量选定模袋滤水点分布数量，当选用无滤水点模袋时，应增设必要的渗水滤管。

二、堤岸边坡防护的间接措施

堤岸边坡防护的间接措施主要是指改变水流方向，消除或减缓水流对堤岸直接破坏，同时可促使堤岸处水流稳定，减缓淤积，彻底解除水流对局部堤岸的损害，起到安全保护作用，为此可设置导治结构物，或改变河道。导治结构物是桥涵和路基的重要附属工程，由于涉及水流改向，影响范围较大，工程费用也比较高，务必要慎重采用。用于防护堤岸的改河工程，一般限于小型工程，如裁弯取直、挖滩改道、清除孤石等，可在小河的局部段落上进行。

1. 堤岸边坡防护的改河工程

公路工程中的改河，主要目的是：①将直接冲刷路基的水流引向对路基不冲刷之处；②路基占用河槽后，需要拓宽河道；③挖滩改河，清除孤石，改移河道，以保护路基；④裁弯取直，有利于布置路线或桥涵。

改河工程应在枯水期施工，旱季不能完成时，应妥善采取防洪措施。河道开挖应先挖中段，再挖末段；必须经检查确认新河床已符合要求后，方可挖通其上游河段。利用开挖新河道的土石填平旧河道时，在新河道未通流前，不得堵断旧河道。在通流时，改河上游进口河段的河床纵坡应稍大于设计坡度，不得小于设计坡度。河床加固设施及导治结构物的施工进度应合理，及时配套完成。

2. 堤岸边坡防护的导治结构物

导治结构物主要是根据工程实际设坝，按其与河道的相对位置，一般可分为丁坝、顺坝、格坝、拦水坝等。

丁坝也称为挑水坝，是指坝根与岸滩相接，坝头伸向河槽，坝身与水流方向呈某一角度，能将水流挑离河岸的结构物，是广泛使用的河道整治和维护建筑物，其主要功能为保护河岩不受来流直接冲蚀而产生淘刷破坏，同时它也在改善航道、维护河相以及保全水生生息场多样化方面发挥着作用。丁坝修建后局部地改变了河流流动形态，坝体尾部漩涡的产生、分离和衰减使水流呈强三维紊动特性，相应流动结构十分复杂。

顺坝又称导流坝、顺水坝，是一种坝根与举滩相接，坝头大致与堤岸平行的结构物。其主要是防止河流侧向侵蚀及河道局部冲刷，用于导流、束水、调整河道、改变流态。顺坝常布置于河道的凹岸，根据工程实际情况，既可以与水流方向平行布置，也可以呈锐角布置，使河流的主流线偏离受冲刷的凹岸。

格坝是一种建于顺坝与河岸之间，其一端与河岸相连，另一端与顺坝坝身相连的横向导治结构物。格坝的主要作用是将水流反射入主河床，同时防止洪水溢入顺坝冲刷坝后河床与河岸，并促进其间的淤积。

有关导治结构物的构造与要求，以及结构物与改河工程的具体设计计算方法，在《公路路基设计手册》等文献中，已有详细规定与建议，可供查用。

第四节　路基边坡的综合防护设计

一、路基边坡的综合防护设计的重要性

长期以来，路基边坡的综合防护技术一直是公路修筑中的一个薄弱环节，我国在20世纪80年代中期以前，主要以低等级公路建设为主，由于交通量小，深挖高填较少，投资不大，因而防护工程不作为道路建设的主体工程，由此引起的损失亦不大，所以在工程中对边坡的综合防护研究常常被忽视。

进入20世纪90年代以后，我国高等级公路建设方兴未艾，由于缺乏对防护技术的系统研究，没有成熟的经验供设计部门应用，因此只能用低等级公路的防护技术或借鉴铁路部门的经验来实施局部防护，缺乏综合考虑，从而为工程埋下隐患，造成了巨大的经济损失和不良的社会影响。

随着高等级公路的加快修建和交通量的急剧增加，环境破坏与环境污染与日俱增。自1972年联合国斯德哥尔摩环保会议以来，由于公路工程修建等因素导致水土流失和耕地占用，失去了5000多亿吨的表层土；同时由于植被破坏导致产生温室效应的CO_2增加了10%，世界在以每年80亿吨的巨量排放CO_2和硫化物，臭氧层日益遭到破坏。自1950年以来，世界经济增长了5倍，人口从26亿上升到60多亿，但这一切增长是完全建立在对地球的超负荷掠夺上。

随着环境问题的日益严峻，为了环境的持续发展，环境会计学诞生了，国际社会第一次认真地考虑把环境和资源的损失计算到经济成本中去，经济增长必须考虑到环境的代价，即由环境问题引起了环境会计和环境审计。如何在加快公路建设和汽车工业发展的同时，减少对环境的损坏，降低噪声，吸收汽车排放物，恢复自然生态平衡，已成为目前公路设计部门的当务之急。

与此同时，防护技术在理论方面尚需进一步研究，如边坡的侵蚀机理、边坡水力学特性研究、地区差异性以及公路部门与园林部门的专业交叉研究等，以便提供

边坡综合防护的理论支持和依据。因此，为降低工程造价，减少或防止道路病害，保持生态环境的相对平衡，确保道路的安全与稳定，急需对高等级公路的边坡综合防护加固技术进行全面系统的研究。

二、路基边坡的综合防护设计的原则

（1）“综合设计、就地取材、以防为主、确保施工”是边坡综合防护设计的基本原则。

（2）路基防护应按照设计、施工与养护相结合的原则，深入调查研究，根据当地气候环境、工程地质和材料等情况，因地制宜，就地取材，选用适当的工程类型或采取综合措施，以保证路基的稳固。不要轻易取消或减少必要的防护工程措施，而给养护遗留繁重的工作量。

（3）路基防护措施是根据沿线不同土质岩性、水文地质条件、坡度、高度和当地材料、气候等因地制宜选择，应密切结合路面排水作综合考虑。

（4）护坡方法应优先考虑采用植物防护，当土质不宜植物生长及难以保证边坡稳定时，要考虑经济性、施工及效果，采用圬工防护或相应的辅助设施。

（5）在防护方案设计时，应参照上述设计原则，初步选出护坡方法。在施工阶段，要对每个边坡的排水、土质等进行调查，根据调查结果变更原设计。

（6）在不良的气候和水文条件下，对粉砂、细砂与易于风化的岩石边坡，以及黄土和黄土类边坡，均宜在土石方施工完成后及时防护。路堑边坡应根据边坡岩层组成及坡面弱点分布情况考虑全面防护或局部防护。

（7）对于土路堤的坡面铺砌防护工程，最好待填土沉实或夯实后施工，并根据填料的性质及分层情况决定防护方式。铺砌的坡面应预先整平，坑洼处应填平夯实；对于不宜采用植物或混凝土网格中空植草的破碎岩路堑边坡，应综合考虑地形关系、基岩风化破碎程度、地震、暴雨、漏水、施工难易及经济性等因素，慎重选择喷浆（混凝土）、护面墙、落石防治等方案。

（8）混凝土网格中空植草护坡的目的，主要是防止受雨水侵蚀和风化严重的土质产生沟槽。该护坡方法不能承受土压力且造价高于植物护坡，使用时须充分分析；对于水流、波浪、风力、降水以及其他因素可能引起基面破坏的，均应设置防护工程。在冲刷防护设计中，可综合考虑河道整治，使防护工程收到更好的效果。

（9）对于冲刷防护，一般在水流流速不大及水流破坏作用较弱地段，可在沿河路基边坡设砌石护坡、石笼和混凝土预制板等，以抵抗水流的冲刷和淘刷。需要改变水流或提高坡脚处的粗糙率，以在降低流速、减缓冲刷作用时，可修筑坝类构造物。对于冲刷严重地段（急流区、顶冲地区），可采用加固边坡（砌石护坡）和改变水流情况的综合措施；水下部分可视水流的淘刷情况，采用砌石、石笼或混凝土预制板等护底护脚。砌石基础应置于冲刷线以下0.5 ~ 1.0m，水上部分采用轻型防护即可。

（10）综合防护应遵循“实用、经济、美观”的指导思想，明确“为行车服务”的目的，在实用、经济的前提下，力求边坡绿化三季有花。

第九章　路基边坡稳定性设计

第一节　边坡稳定性分析原理与方法

一、路基边坡失稳现象

一般路基可按有关规范要求设计，不需要进行稳定性设计；在特殊条件下，如高填深挖路基、浸水路基、陡坡路基及地质不良的路基等，则需要通过稳定性设计，判断路基设计的合理性和安全性。

在进行路基边坡稳定性设计和分析中，主要与其计算参数、汽车荷载当量和边坡取值等有关。所以，在边坡稳定性设计和分析前，首先应计算或确定以上参数。

1. 边坡稳定性设计的计算参数

路基处在复杂的自然环境中，其稳定性随着环境条件（特别是土的含水量）和时间的增长而变化。路堑是在天然的土层中开挖而成，土石的性质、类别和分布是自然存在的，基本上是无法改变的；路堤是由人工按设计填筑而成的，填料性质可随人的意愿进行控制。因此，在进行边坡稳定性分析时，对于土的物理力学数据的选用，以及可能出现的最不利的情况，应力求能与路基在使用的情况相一致，这样才能使路基边坡稳定性分析比较实际。

进行路基边坡稳定性分析，所需土的试验资料主要包括以下方面：①对于路堑或天然边坡，主要包括原状土的表观密度y、内摩擦φ和黏结力c；②对于路堤边坡，主要包括压实后土的表观密度y、内摩擦φ和黏聚力c；③对于混合边坡，由多层土体所构成的边坡，可采用加权平均值，其表观密度y、内摩擦φ和黏聚力c，可由下式分别计算。

$$c=\frac{c_1h_1+c_2h_2+......+c_nh_n}{h_1+h_2+......+h_n}=\frac{\sum_{i=1}^{n}c_ih_i}{\sum_{i=1}^{n}h_i}$$

$$\tan\varphi=\frac{h_1\tan\varphi_1+h_2\tan\varphi_2+......+h_n\tan\varphi_n}{h_1+h_2+......h_n}=\frac{\sum_{i=1}^{n}h_i\tan\varphi_i}{\sum_{i=1}^{n}h_i}$$

$$y=\frac{y_1h_1+y_2h_2+......y_nh_n}{h_1+h_2+......h_n}=\frac{\sum_{i=1}^{n}c_ih_i}{\sum_{i=1}^{n}h_i}$$

式中　φ_i、c_i和y_i——第i层土的内摩擦角、黏结力和表观密度；

h_i——第i层土的厚度，当破裂面为圆弧形时，应以每层的弧长l_i代替其厚度。

加权平均法适用较为粗略的计算。如果边坡稳定性分析要求较高时，也可以通过合理的分段，直接取用不同土层的参数值来进行边坡稳定性分析。

2. 汽车荷载当量的计算

公路路基除承受自重作用外，同时还要承受行车荷载的作用。在进行边坡稳定性分析时，需要将车辆按最不利情况排列，并将车辆的设计荷载换算成当量土柱高，即以相等压力的土层厚度来代替车辆荷载，然后连同滑动土体一并进行力学计算。

当量土柱高度h_o可按下式进行计算：

$$h_o=NG/yBL$$

式中　h_o——当量土柱的高度，m；

N——横向分布的车辆数，单车道N=l，双车道N=2；

G——每一辆车的重力，kN；

y——路基填料的表观密度，kN/m^3；

L——车辆前后轴距加轮胎着地的长度，m，对汽车-10级、汽车-15级，L=4.2m，对汽车-20级，L=5.6m，对汽车-超M级，L=13m；

B——横向分布车辆轮胎最外缘之间的总距，m，当两辆汽车并行时，汽车-10级、汽车-15级为5.4m，汽车-20级、汽车-超20级为5.5m；如果横向分布汽车多于2辆，则要按下式进行计算：

$$B = Nb + (N-1)m + \Delta$$

式中 b——汽车的轴距，一般取1.8m；

m——相邻两汽车的轮距，一般取1.3m；

Δ——为轮胎着地的宽度，m，对汽车-10级、汽车-15级取0.50m，对汽车-20级、汽车-超20级取0.60m。

关于荷载的分布宽度，可以分布在行车道（路面）的范围之内，考虑到实际行车可能有横向偏移或车辆停放在路肩上，也可认为h_0厚的当量土层分布在整个路基宽度上。

3. 边坡稳定性分析

边坡的取值在进行路基边坡稳定性分析时，对于折线形或阶梯形边坡（见图9-1），一般可取平均值。如图9-1（a）可取AB线；图9-1（b）则取坡脚点和坡顶点的连线。

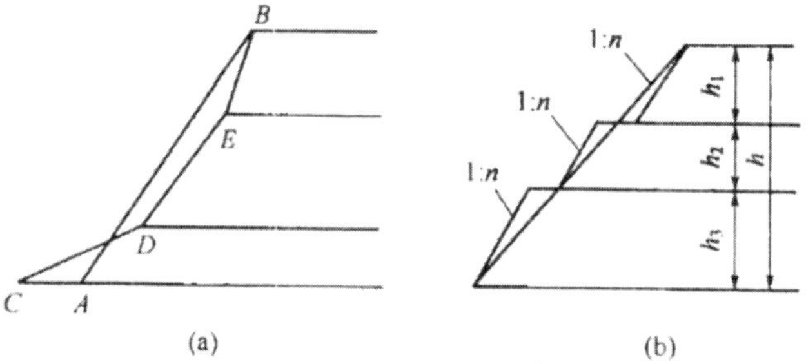

图9-1 边坡 取值示意图

二、边坡稳定的基本原理

根据对边坡发生滑塌现象的观察，边坡在破坏时形成一滑动面。滑动面的形状与土质有关。对于黏性土，滑动土体有时像圆柱形，有时则像碗形；对于松散的砂性土及砂砾土，滑动面类似于平面。

如果下滑面是单一平面，则可根据静力平衡的原理求得力的未知量，这是一个比较简单的静力平衡问题，如图9-2（a）所示。

如果下滑面具有两个破坏面，在进行稳定性分析时，必须确定两个破坏面上的法向力的大小和作用点，但只能建立三个平衡方程，这种稳定性是一个超静定问题，如图9-2（b）所示。

如果下滑面具有多个破坏面，在进行稳定性分析时，必须确定每个破坏面上的法向力的大小和作用点，同样只能建立三个平衡方程，这种稳定性是一个多次超静定问题，如图9–2（c）所示。

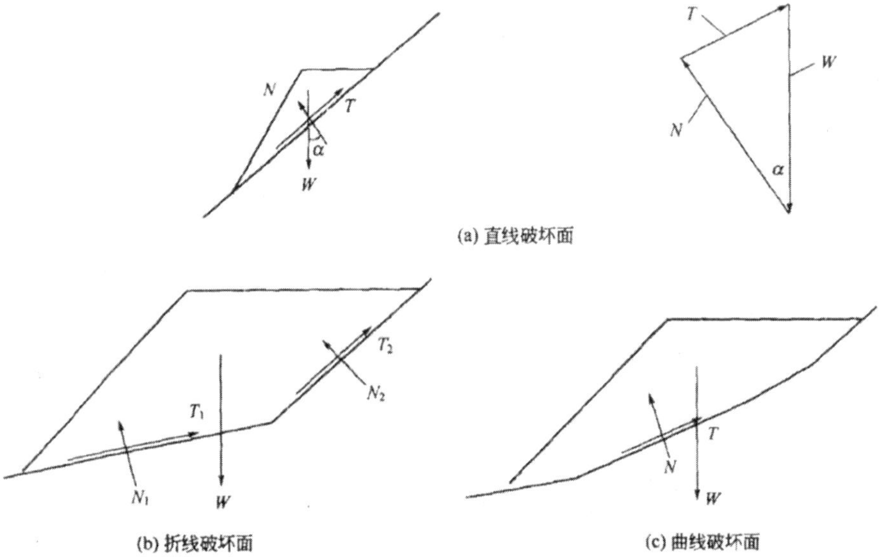

图9–2 边坡的滑动面示意图

为了能够求解这些超静定问题，通常需要做出某些假设，使之变为静定问题。

①在用力学边坡稳定性分析法进行边坡稳定性分析时，为进行简化计算，通常都按平面问题来处理。

②松散的砂性土和砂砾土具有较大的内摩擦角（φ）和较小的黏结力（c），边坡发生滑塌时，破裂面一般近似平面，在边坡稳定性分析时可采用直线破裂面法。

③黏性土具有较大的黏结力（c），而内摩擦角（φ）较小，破坏时滑动面有时像圆柱形，有时像碗形，通常近似于圆曲面，所以可采用圆弧破裂面法。

在实际工程中，在进行边坡稳定性分析时，大多数采用近似的方法，为简化计算提出如下假设：不考虑滑动土体本身内应力的分布；认为平衡状态只在滑动面上达到，滑动土体成整体下滑；极限滑动面的位置要通过试算来确定。

三、边坡稳定性分析方法

边坡稳定性研究已有100多年的历史。早期的边坡研究是以土体为研究对象的，其主要是采用材料力学和简单的均质弹性、弹塑性理论为基础的半经验半理论性质的研究方法，并把此方法用于岩质边坡的稳定性研究，但由于其力学机理的粗浅或假设的不合理，其计算结果与实际情况差别较大。

随着科学技术的进一步发展，人们开始使用条分法、有限元方法研究边坡的稳定性问题，给定量评价边坡的稳定性创造条件，并使其逐渐过渡到数值方法，从而使边坡稳定性研究进入模式机制和作用过程研究成为可能。20世纪80年代以来，随着工程规模的不断加大，边坡岩体工程条件也越来越复杂，随机方法和模糊方法等不确定性分析方法被应用，从而把这个领域推向了新的阶段。

随着计算机的应用及计算理论的发展，各种方法广泛地应用，在传统的理论方法基础上，可以定量或半定量地模拟边坡变形破坏发展过程及形成机制，从而在整体上，从理论与实践的角度认识边坡的发展、演化过程。

1. 极限平衡法

极限平衡法在工程中应用非常广泛。它是根据边坡上的滑体或滑体分块的力学平衡原理（即静力平衡原理）分析边坡各种破坏模式下的受力状态，以及根据边坡上的抗滑力和下滑力之间的关系来评价边坡的稳定性。目前，主要有瑞典圆弧形、Bishop法、Morgenstern-Price法、Spencer法、Bell法、Janbu法、Sarma法、孙君实法等。各种方法最大的不同之处在于对相邻分条之间内力的假定不同。

2. 数值分析法

数值分析法主要是利用某种方法求出边坡的应力分布和变形情况，研究岩体中应力和应变的变化过程，求得各点上的局部稳定系数，由此判断边坡的稳定性。目前，主要有有限单元法、边界单元法和离散单元法等。

3. 不确定性分析法

不确定性分析法是指对决策方案受到各种事前无法控制的外部因素变化与影响所进行的研究和估计。它是决策分析中常用的一种方法。进行不确定性分析，需要依靠决策人的知识、经验、信息和对未来发展的判断能力，要采用科学的分析方法。其主要有系统分析方法、灰色系统方法、可靠度分析方法和模糊数学评判法。

4. 今后的发展方向

在各国科技工作者的努力下，边坡稳定性分析方法已经取得了较大的发展，但还需要在以下几个方面进一步研究、完善。

（1）进行边坡稳定性分析实验研究。实验是稳定性研究的基础，也是计算方法的依据。只有加强实验研究，才能促进边坡分析的发展。

（2）发展和完善复合法。随着数值分析的不断发展，各种分析方法的相互结合成为一大发展趋势，如有限元、边界元与离散元的相互结合，数值解与解析解的结合等。这些方法的结合能充分发挥各自的优点，解决更复杂的边坡问题。

（3）大力发展边坡稳定性分析的随机方法和模糊方法，随机方法和模糊方法是边坡稳定性分析的新兴方法，在理论和应用上需要开展大量的研究，使其更适合边坡的稳定性分析。

第二节　土质路基边坡稳定性设计方法

一、直线滑动面法

根据边坡的土质和路基类型不同，直线滑动面法又分为均质砂性土路堤边坡稳定性设计、均质砂性土路堑边坡稳定性设计和非均质砂性土边坡稳定性设计三种情况。

1. 均质砂性土路堤边坡稳定性设计

均质砂性土路堤边坡如图9-3（a）所示，破裂棱体ABD沿着假定的破裂面AD滑动，由静力平衡条件可得，其稳定系数K按下式进行计算（按堤长1m计）。

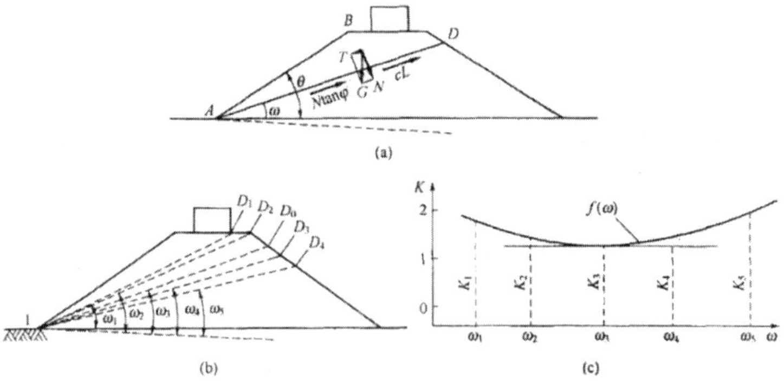

图9-3　直线滑动面法计算图一（均质砂性土路堤）

$$K=\frac{F}{T}=\frac{G\cos\omega\tan\varphi+cL}{G\sin\omega}$$

式中　F——沿破裂面的抗滑力，kN；

T——沿破裂面的下滑力，kN；

G——破裂棱体重量及路基顶面换算土柱的荷载之和，kN；

L——破裂面AD的长度，m；

ω——滑动面的倾角，(°)；

φ——填料的内摩擦角，(°)；

c——填料的黏结力，kPa。

通过路堤坡脚A点，假定有3 ~ 4个可能滑动面，如图9–3（b）所示；按上式求出相应的稳定系数K值，并绘出K=f（ω）关系曲线及其水平切线，如图9–3（c）所示，以便定出最小稳定系数Kmin及最危险破裂面倾角值。

当路堤的填料为纯净的粗砂、中砂或砾石、碎石时，填料的黏结力c近似为零，边坡稳定系数K可为下式：

$$K=\frac{F}{T}=\frac{\tan\varphi}{\tan\omega}$$

2. 均质砂性土路堑边坡稳定性设计

均质砂性土路堑边坡如图9–4所示，破裂棱体沿着假定的破裂面AD滑动，由静力平衡条件可得，其稳定系数K按下式进行计算：

$$K=\frac{F}{T}=\frac{G\cos\omega\tan\varphi+cL}{G\sin\omega}=f\cot\omega+\frac{cL}{\frac{yhL}{2}\times\frac{\sin(\theta-\omega)\sin\omega}{\sin\theta}}$$

$$=f\cot\omega+\frac{2c}{yh}\times\frac{\sin\theta}{\sin(\theta-\omega)\sin\omega}=f\cot\omega+\frac{2c}{yh}\times\alpha o\left[\cot\omega+\cot(\theta-\omega)\right]$$

$$=(f+\alpha o)\cot\omega+\alpha o\cot(\theta-\omega)$$

式中　G——破碎棱体ABD的重量，kN，按1m长度计；

ω——破裂面的倾斜角，(°)；

y——边坡土体的表观密度，kN/m^3；

h——边坡的竖向高度，m；

θ——边坡的坡度角，(°)；

f——边坡土体的内摩擦系数，f=tanφ

c——边坡土体的单位黏结力，kPa；

L——破裂面AD的长度，m；

α o——参数，α o=2c/yh。

由dK/dω=0求稳定系数K为最小时破裂面倾斜角ωo值，得

$$\cot\omega o=\cot\theta+\sqrt{\frac{\alpha o}{f+\alpha o}\cos\theta}\,(\omega o\leq\theta)$$

将下式代入上式中，得最小稳定系数为：

$$K_{\min}=(f+2\alpha o)\cot\theta+2\sqrt{\alpha o(f+\alpha o)}\csc\theta$$

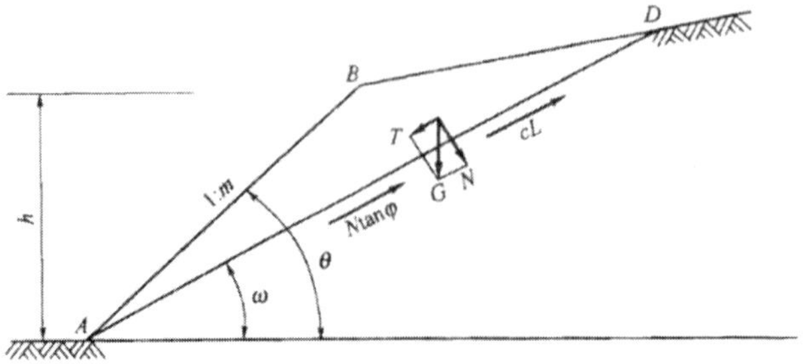

图9–4　直线法计算图二（均质砂性图路堑）

3. 非均质砂性土边坡稳定性设计

非均质砂性土边坡如图9–5所示，如果破裂面AD通过强度指标不同的土层Ⅰ、Ⅱ、Ⅲ等，可用竖直线将破裂面以上的土楔ABD划分为若干条块，每一条块的破裂面位于一种土层内，其破裂面上的$c_i\varphi_i$为定值。再计算每一条块的下滑力T_i和相应的抗滑力F_i，则土坡的稳定系数可按下式进行计算：

$$K=\frac{\sum_{i=1}^{n}F_i}{\sum_{i=1}^{n}T_i}=\frac{\sum_{i=1}^{n}N_i\tan\varphi i+\sum_{i=1}^{n}c_il_i}{\sum_{i=1}^{n}G_i\sin\omega}=\frac{\sum_{i=1}^{n}G_i\cos\omega\tan\varphi i+\sum_{i=1}^{n}c_il_i}{\sum_{i=1}^{n}G_i\sin\omega}$$

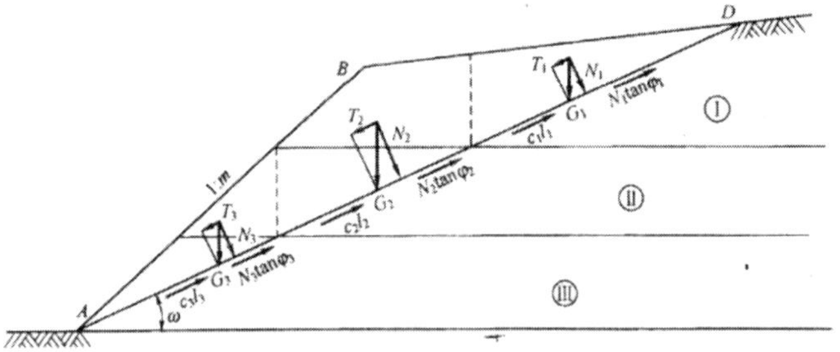

图9–5　直线法计算图三（非均质砂性土路堑）

式中　G_i——第i个条块的重量，kN，按1m长度计；

N_i——条块重量的法向分力，kN，$N_i=G_i\cos\omega$；

T_i——条块重量G_i的切向分力，kN，$T_i=G_i\sin\omega$；

φ_i——第i个土层的内摩擦角，(°)；

c_i——第i个土层的单位黏结力，kPa；

ω——破裂面的倾斜角，(°)；

l_i——第i个条块下破裂面分段的长度，m。

假定边坡上有3 ~ 4个可能的破裂面，按上式求出其相应的几个边坡稳定系数K值，并绘出K=f（ω）关系曲线及其水平切线，以确定边坡的最小稳定系数K_{min}值。

如果路堤用强度指标不同的砂性土分层填筑，其边坡稳定系数的计算也可以按上述方法进行。但应当注意，某一分块上如有换算土柱荷载，则按分块的G_i应包括换算土柱荷载在内。

应用以上几种方法进行边坡稳定性分析时，应考虑到滑动面的近似假定，土工试验所得的土体内摩擦φ和单位黏结力c的局限性，气候环境条件复杂的变异性，以及工程经济性的影响等，边坡的最小稳定性系数$K_{min} \geqslant 1.25$，但不能太大。

二、圆弧滑动面法

圆弧滑动面法假定滑动面为一圆弧，它适用于边坡有不同的土层、均质土边坡，部分被淹没、均质土坝，局部发生渗漏、边坡为折线或台阶形的黏性土路堤与路堑。最常用的计算方法是条分法及简化的数解法。

1. 条分法的数解法的基本原理

条分法是圆弧滑动面稳定性计算方法中一种具有代表性的方法。这种方法力学概念明确，适用范围比较广泛。其基本原理是将圆弧滑动面上的土体划分为若干竖向土条，然后依次计算每一土条沿滑动面的下滑力和抗滑力，最后叠加计算出整个滑动土体的稳定性。

用条分法进行边坡稳定性分析计算时，一般假定土为均质和各向同性，滑动面通过坡脚，不考虑土体的内应力分布及各土条之间相互作用力的影响，土条也不受侧向力的作用。

条分法的计算精度主要与土条的数量有关，分的土条数量越多，则计算结果越精确，一般分为8 ~ 10条，以便简化计算和确保计算精度。

2. 滑动面圆心辅助线的确定

确定圆心辅助线可以尽快找到极限滑动面，这样可以减小计算工作量，根据实践经验，极限滑动圆心在一条线上，该线即圆心辅助线。确定圆心辅助线常用的方法有4.5H法和36°法两种（见图9-6）。

（1）圆心辅助线确定的4.5H法一[见图9-6（a）]。

①由坡脚E向下引竖线，在竖线上截取高度H=h+ho（边坡高度及荷载换算土柱高度），得F点；

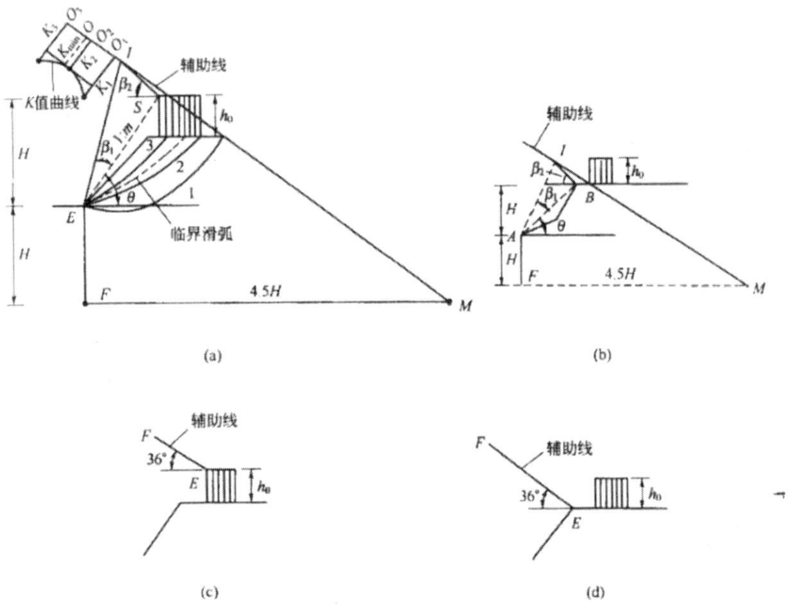

图9–6　确定圆心辅助线示意图

②自F点向右引一条水平线，在水平线上截取4.5H，得M点；

③连接边坡坡脚E点和顶点S，则可求得ES的坡度i=1/m，根据此值查表4–1可得 β_1 和 β_2 值。由E点作与SE成 β_1 角的直线，再由S点作与水平线成 β_2 角的直线，两直线相交得I点；

④连接I和M两点即可得圆心辅助线。

（2）圆心辅助线确定的4.5H法二 如果不考虑荷载换算土层高度ho，则可将以上方法简化［见图9–6（b）］，即H=h，坡度i按边坡脚、坡顶的连线AB与水平线的夹角来计算。

由坡脚A点向下引竖线，在竖线上截取高度H=h（边坡高度）得F点。其他步骤同圆心辅助线确定的4.5H法一。

（3）圆心辅助线确定的36° 法一 见图9–6（c）。圆心辅助线确定的36° 法一比较简单，由荷载换算土柱高顶点作与水平线成36° 角的线EF，即得到圆心辅助线。

（4）圆心辅助线确定的36° 法二 见图9–6（d）。圆心辅助线确定的36° 法二也比较简单，由坡顶处作与水平线成36° 角的线EF，即得到圆心辅助线。

工程设计实例证明，以上四种确定圆心辅助线方法计算结果相差不大，均可以采用，但圆心辅助线确定的4.5H法一比较精确。根据大量工程实例，如果边坡的土质为高塑性黏土，即内摩擦φ趋近于零时，滑动圆心就在辅助线的I点上，否则圆心将从I点沿辅助线向上移动。

3. 稳定系数的计算

在圆心辅助线上取任意点为圆心O，以OB为半径R划圆弧，如图9-7所示。取路堤单位长度1.0m，将滑动体进行分条，便于分析计算。在划分土条时，可以断面变化点为依据，力争宽度大致相等。

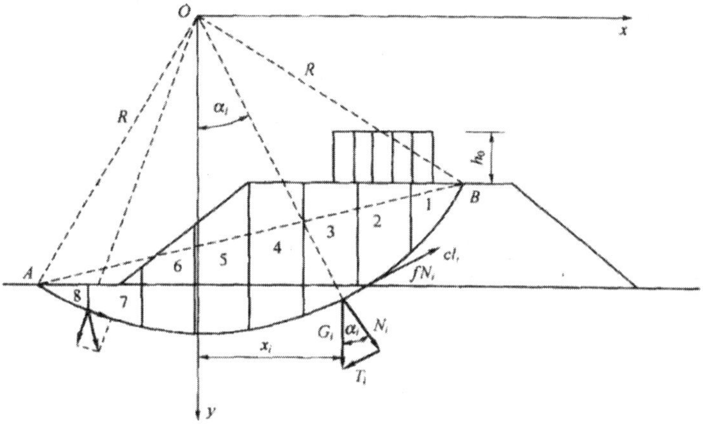

图9-7　条分法计算示意图

计算结果表明土条划分越多，计算结果越精确，但计算工作量也愈大，通常以10条左右为宜，每条的宽度掌握在2 ~ 4m，通过圆心取横纵坐标x与y，则土条位于y轴的左右两侧，各土条的作用力有正负之分。量取各土条中心对y轴的横距x_i，按照$\alpha=\arcsin(x_i/R)$关系，可得各土条对y轴的夹角α_i，据此可以计算各个土条的力矩。

（1）滑动力矩

各土条的滑动分力矩，等于切向力T_i乘以半径R，又因为$T_i=G_i\sin\alpha_i$，y轴左侧为负（逆时针转动），y轴右侧为正（顺时针转动），所以，整个滑动土体的总滑动力矩$M_{滑}$等于各土条分力矩的代数和（正负相消），可用下式计算：

$$M_{滑}=R(\Sigma T_i-\Sigma T_j)$$

（2）抗滑力矩

各土条的抗滑分力矩，均由摩擦力和黏结力二者所构成。摩擦力为法向力凡乘以摩擦系数f，所以从$N_if=Q_i\cos\alpha_i\text{ta}\varphi$。设滑动弧长为$l_i$，c为填料的黏结力，则滑动体的总抗滑力矩可用下式计算：

$$M_{抗} = R(\Sigma N_i f - \Sigma c l_i)$$

（3）稳定系数

根据力矩平衡原理，边坡的稳定系数可按下式计算：

$$K = \frac{R(\Sigma N_i f + \Sigma cli)}{R(\Sigma T_i - \Sigma T_j)} = \frac{f\Sigma N_i + cL}{\Sigma T_i - \Sigma T_j} = \frac{f\Sigma G_i \cos\alpha i + cL}{\Sigma G_i \sin\alpha i}$$

上式中的$L=\Sigma l_i$，可以一次求得。令整个圆弧所对应的圆心角为αo，则弧$L = \pi R\alpha o / 180° = 0.01745R\alpha o$，其中αi有正负之分。填料的内摩擦角和黏结力c值，最好通过土工试验求得。当填料层次明显时，取各层的加权平均值，否则取用代表性的土层有关指标。

4. 最小稳定系数的确定

条分法最小稳定系数的确定，同样也是通过试算求得的。在一般情况下，可以沿圆心辅助线选择3～5个圆心，进行条分计算求最小稳定系数K_{min}；也可以作辅助圆心曲线K_{min}=f（0）得最小稳定系数K_{min}。

三、条分法的表解法与图解法

用圆弧法进行路基边坡的稳定性分析，计算工作量比较大，对于均质、直线形边坡路堤，可以简化成为表解法和图解法，供工程设计中拟定设计方法或粗略估算使用。此类方法可以不计行车荷载，圆心选用36°法，稳定系数适当增大。

1. 条分法的表解法

条分法的表解法如图9–8所示，将土条的高度a和宽度b及弧长L三者，统一换算成边坡高度H的函数，即a=YH，b=XH，L=ZH，则

$$K = fA + \frac{c}{yH}B$$

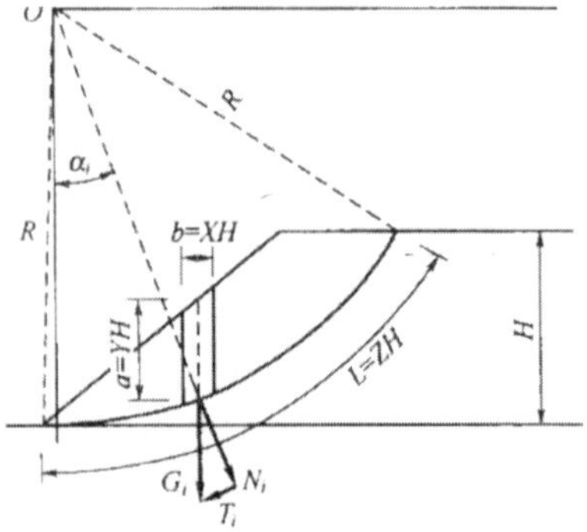

图9–8　表解法计算示意图

式中　H——边坡的高度，m；

c——土体的黏结力，kPa；

f——土的内摩擦系数，f=taφ，φ为土的内摩擦角，(°)；

A、B——取决于几何形状的系数，其值随路基边坡坡度而变。

2. 条分法的图解法

圆弧滑动面的图解法有多种，其中之一是取K=1.0（即极限平衡条件下），令I=c/（γH），下式可改写为如下形式：

$$I = \frac{I - Af}{B}$$

对于不同土层和边坡的路基，经过大量运算，其中A与B是边坡坡角α的函数，运算结果如图9-9所示。

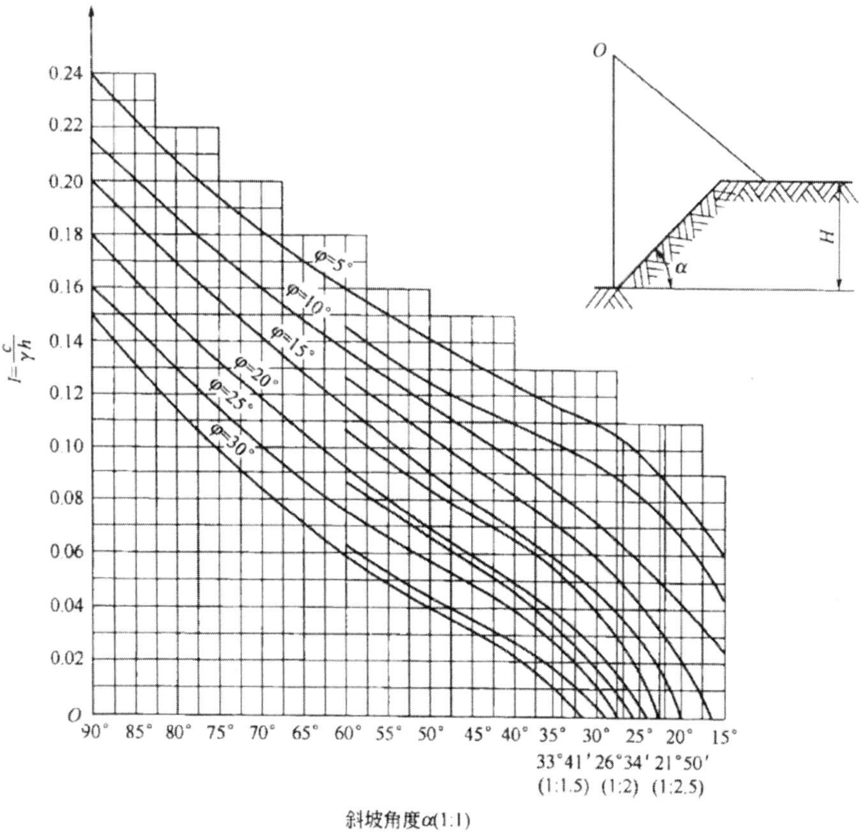

图9-9　分条法图解计算结果示意（K=1.0）

条分法的图解法比较简单，在已知土质的条件下，可以经过查图确定任意高度H时的边坡坡角 α，或在指定边坡坡角 α 值时，确定路基的高度H值。

第三节　岩石路堑边坡稳定性设计方法

一、岩石路堑边坡破坏的类型

岩体路堑边坡破坏类型按破坏机理不同，主要可分为平面破坏、楔体破坏、圆弧破坏和倾倒破坏四类（见表9–1）。

表9–1　岩体路堑边坡破坏类型分类

类别	主要内容
楔体破坏	岩体路堑边坡的楔体破坏，其特征是两组结构面的交线倾向坡面，交线的倾角小于坡面且大于其内摩擦角
平面破坏	岩体路堑边坡的平面破坏，其特征主要是结构面的走向、倾向与坡面基本一致，结构面的倾角小于坡角且大于其摩擦角
倾倒破坏	岩体路堑边坡的倾倒破坏，其特征是岩体坡陡倾结构面分割成一系列岩柱。当岩体为软岩时，岩柱产生向坡面弯曲；当岩体为硬岩时，岩柱可能被正交节理切割岩块，向坡面翻倒
圆弧破坏	岩体路堑边坡的圆弧破坏，其特征是节理很发育的破碎岩体发生旋转破坏。这种破坏一般发生在土体中。散状结构的破碎岩体或软弱的沉积岩中的边坡也常以此种形态破坏，在破坏前坡顶往往出现明显裂隙

二、岩石边坡稳定的设计方法

根据岩石路堑边坡可能出现的破坏情况，结合我国山区公路的石质路基占比重较大的事实，认真进行石质路基边坡稳定性设计与计算是非常必要的。目前，我国对岩石路堑边坡稳定性设计，最常用的方法是工程地质法。

在地质复杂地区修建路基，正确合理地确定路堑横断面形状和边坡坡度是很重要的。目前是根据对自然山坡和已有的人工边坡进行稳定性分析，通过工程地质条件对比，按条件相类似的稳定边坡值，作为路堑边坡设计的依据，这就是工程地质法。

工程地质法是一种经验方法，根据对沿线的工程地质条件、岩体特点、结构类型、产状及岩性等进行综合的详细调查及工程要求（如公路技术等级、边坡高度及施工条件等），并参照当地已建路基的边坡状况，从而确定边坡稳定状况及界限条件。

根据已建路基工程统计资料分析得知：当岩层与边坡走向的交角 $\theta \geqslant 45°$ 和逆向时，路基边坡是比较稳定的；当岩层与边坡走向的交角 $\theta >30°$，且岩层倾角 $\alpha \approx 30° \sim 45°$ 时，路基边坡不稳定；当岩层与边坡走向的交角 $\theta <45°$，且岩层倾角 $\alpha \approx 15° \sim 63°$ 时，路基边坡为有条件的稳定，主要与岩层和岩性等有关。

工程地质法使用较为方便，一般性的公路路基边坡均可采用。但是，这种方法由于灵活性很大，在很大程度上因人的主观经验成分较大，从而难免有选用不当的情况。

第四节　浸水路堤稳定性分析设计

一、浸透动水压力的作用

受到季节性或长期浸水的沿河路堤、河滩路堤及桥头引道等，都是浸水路堤。浸水路堤是公路的重要组成部分，因其受力情况甚为复杂，对其边坡稳定性进行合理分析是路基设计的重要内容。

工程实践证明，当河中的水位上升时，水从边坡的一侧或两侧渗入路堤内；当河中的水位降落时，水又从堤内渗讲来。无论是水渗入路堤内，还是水从堤身内流出，对路堤的稳定性均造成不利影响。浸水路基除受自重及行车荷载的作用外，还要受到水的浮力和渗透动水压力的作用。在水位骤然降落时，使路基受到渗透动水压力的作用，从而降低了路基边坡的稳定性。

随着路基外的水位涨落，内部所形成的水位也要升降，但速度较慢。由于在土体内渗水速度比河中水位升降速度慢，因此，当堤外水位升高时，堤内水位的比降曲线（又称浸润曲线）呈凹形；当堤外水位下降时，堤内水位比降曲线呈凸形。当路堤的一侧或两侧水位发生变化时，水的渗透速度与土的性质和时间有关。因此，当水位开始上升时，土体内的渗透浸润曲线比边坡外面水位低，经过一定时间后，才能达到与外面水位齐平。如果路基填土有毛细管作用，则土体内的浸润曲线可继续上升至一定高度。在砂性土中，这一高度为0.15m左右；在黏性土中，能达到1.5m或更高。水位上升时，土体除了承受竖向的上浮力外，还承受渗透动水压力的作用，其作用方向指向土体的内部。

当河中的水位出现骤然下降时［见图9-10（a）］，土体内部的水流出边坡需要较长的时间，由于堤内水位高于河中的水位，其渗透动水压力方向指向土体外，这必然严重影响路堤边坡的稳定性，可能会出现边坡凸起和滑坡现象。此外，向外渗透的水流会带出路堤中细小的土粒而引起路堤的变形。

在高水位时，如果路堤两侧边坡上的水位存在一定高差，则会出现水流横穿路堤的渗透［见图9–10（b）］，在这种情况下，即使两侧的水位差较小，也应引起足够的重视。

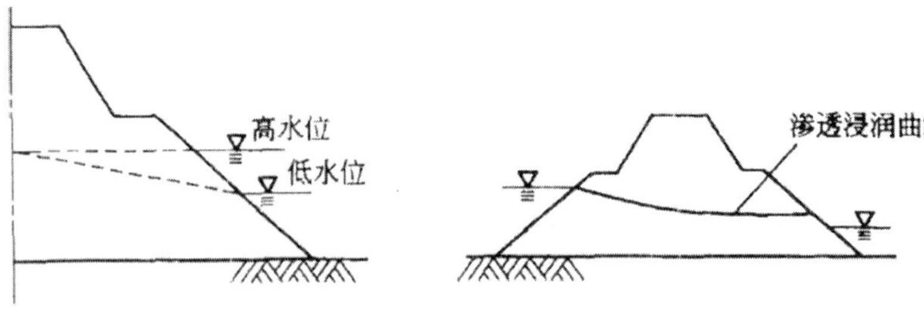

(a) 水位降落时的浸润曲线　　(b) 两侧水位有差异时的浸润曲线

图9–10　水位变化时路堤中的浸润曲线示意图

工程实践和试验还证明：凡是用黏性土填筑的浸水路堤（不包括渗透性极小的纯黏土），都必须进行渗透动水压力的计算。

二、渗透动水压力的计算

路堤渗透动水压力的计算简图，如图9–11所示。其渗透动水压力可按下式计算：

$$D = I\Omega_B \gamma_0$$

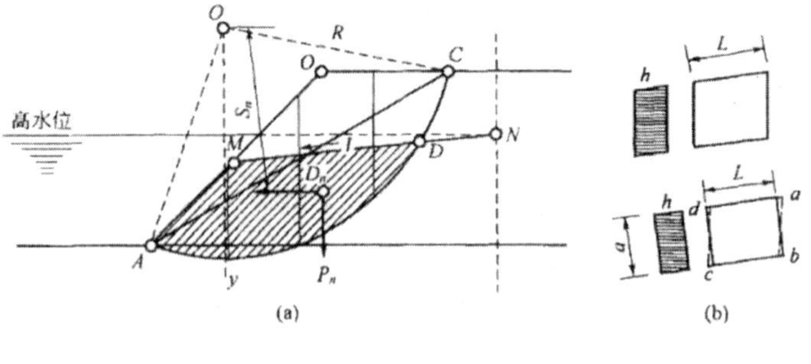

(a)　　(b)

图9–11　路堤渗透动水压力的计算示意图

式中　D——作用于浸润线以下土体重心的渗透动水压力，kN/m；

I——渗流水力坡降（取用浸润曲线的平均坡降）；

Ω_B——浸润曲线与滑动弧之间的面积，m^2；

γ_0——水的密度，kN/m^3。

三、浸水路堤边坡稳定性验算

浸水路堤边坡的稳定性，应当按照路堤处于最不利的情况时进行分析验算，其破坏一般发生在河道中最高洪水骤然降落的时候。边坡稳定性分析的原理和方法，与普通路堤边坡稳定性的圆弧法基本相同，只是要加上一些必要的附加力。当路堤一侧浸水时，只要注意浸水土条与未浸水土条的基本参数的变化。

1. 采用圆弧法的验算方法

当采用圆弧法进行边坡稳定性验算时，可用下式计算稳定系数：

$$K\frac{M_{抵抗}}{M_{滑动}}=\frac{(f_c\Sigma N_c+f_B\Sigma N_B+c_cL_c+c_BL_B)R}{(\Sigma T_c+\Sigma T_B)R+\Sigma D_nS_n}$$

$$=\frac{f_c\Sigma N_c+f_B\Sigma N_B+c_cL_c+c_BL_B}{\Sigma T_c+\Sigma T_B+\dfrac{\Sigma D_nS_n}{R}}$$

由于渗透动水压力一般是比较小的，为了简化计算，则分母第三项可用D代替，即将上式改写为下式：

$$K=\frac{f_c\Sigma N_c+f_B\Sigma N_B+c_cL_c+c_BL_B}{\Sigma T_c+\Sigma T_B+D}$$

式中　K——边坡稳定系数，一般取1.25 ~ 1.50；

$M_{抵抗}$——边坡抵抗力矩；

$M_{滑动}$——边坡滑动力矩；

$f_c\Sigma N_c$——浸润线以上部分沿验算滑动面的内摩擦力，$f_c=\tan\varphi c$；

$f_B\Sigma N_B$——浸润线以下部分沿验算滑动面的内摩擦力，$f_B=\tan\varphi_B$；

c_c——浸润线以上部分沿验算滑动面的单位黏结力，kPa；

c_B——浸润线以下部分沿验算滑动面的单位黏结力，kPa；

L_c——浸润线以上部分沿验算滑动面的弧长，m；

L_B——浸润线以下部分沿验算滑动面的弧长，m；

ΣT_c——浸润线以上部分沿验算滑动面的下滑力，kPa；

ΣT_B——浸润线以下部分沿验算滑动面的下滑力，kPa；

D——渗透动水压力；

D_n——分段渗透动水压力；

S_n——分段渗透动水压力作用线距圆心的垂直距离。

为了简化计算，可将路堤分为浸水及干燥两部分进行计算，在毛细管水上升部分，可列入干燥部分计算。

计算水位线以下土的浸水表观密度y_B时，可按照考虑水的浮力后计算：

$$y_B=(\Delta-\Delta_o)(1-n)\gamma_o=\frac{\Delta-\Delta_o\gamma_o}{1+\varepsilon}$$

式中　△——土的相对密度，即固体土粒密度y_s与水密度y_0之比，△=ys/yo；

Δ_o——水的相对密度，△o=1.0；

n——土的孔隙率，n=ε/（1+ε）；

ε——土的孔隙比；

y_0——水的密度，y_0=10kN/m^3。

关于土的渗流水力平均坡降I，有条件时最好通过试验取得，如无试验资料可参考表9-2。通常坡降曲线用直线代替，其坡度等于浸润曲线的平均坡度Iw，而动水压力方向即与之平行。

表9-2　土中渗流平均水力坡降I参考值

土的类型	平均水力坡降I	土的类型	平均水力坡降I
卵石、粗砂	0.0025 ~ 0.065	亚黏土	0.0500 ~ 0.120
中砂	0.0050 ~ 0.015	黏土	0.1200 ~ 0.150
细砂	0.0150 ~ 0.020	重黏土	0.1500 ~ 0.200
粉砂	0.0150 ~ 0.050	泥炭	0.0200 ~ 0.120
亚砂土	0.0200 ~ 0.050		

2. 不同情况下稳定性验算

（1）用黏性土填筑的路堤边坡稳定性验算

在进行边坡稳定性分析时，对于用黏性土填筑的路堤，因其几乎不渗透水或极少渗水，所以在堤外水位涨落时对土体内部影响很小，可以认为不产生动水压力，其边坡稳定性分析方法与一般路堤边坡稳定性分析方法相同。

（2）路堤两侧水位不同时边坡稳定性验算

河滩处的路堤常常因为桥前积水或河水猛涨，使路堤两侧的水位发生较大的差异。如果路堤是用透水性较强的土料填筑而成，虽然可能发生横穿路堤的渗透，但其作用力一般较小，可忽略不计。如果路堤是用不透水的土料填筑而成，则不会发生横穿路堤的渗透现象，所以也不必进行计算动水压力。

当路堤采用普通土（如亚砂土或亚黏土）填筑、两侧水位有差异时，浸水后在土体内产生一定的动水压力，则需要绘出土体内的浸润曲线，然后再按照上述方法进行计算。

（3）路堤采用不同填料时边坡稳定性验算

如果路堤是混合断面，其边坡稳定性计算方法与前述相同。假如路堤下面填筑的是透水材料，在验算时可采用各土层的物理力学数据（即用各层不同的c、φ、γ），用圆弧滑动法进行边坡稳定性分析。

四、浸水路堤的稳定措施

如果在路堤边坡稳定性验算中，边坡的稳定系数$K_{min}<1.25$，在设计浸水路堤边坡时，应当采取相应的措施，以确保浸水路堤边坡的稳定。工程实践证明，一般可采取的技术措施主要有以下几个方面。

1. 合理选择路堤的断面形式

合理选择路堤的断面形式，主要包括三个方面：一是要根据洪水位正确确定路堤的标高，这是确保路堤不漫水和边坡稳定的重要指标；二是选择适宜的边坡坡率m，即根据所填土料的种类和性质，确定路堤边坡的坡率，一般m取2.0 ~ 3.0；三是对于水深较深的路堤，要在边坡变坡点处设置宽度大于2m的护坡道。

2. 正确地选择路堤的填料

正确地选择路堤的填料种类，这是避免路堤受水位涨落影响、确保边坡稳定的重要措施。对于路堤浸水部分宜选用渗水性良好的填筑材料，如天然级配的砂砾、卵石、中砂、石质坚硬的不易风化的片石、碎石等。当施工现场附近无此类材料时，最好选用不透水的黏土，但要严格按筑堤要求进行压实。

当高度较高的路堤需采用不同的土填筑时，分界面处应设置反滤层。反滤层应采用砂砾、碎石或卵石等材料，每层压实厚度一般应在15cm左右。

3. 选择边坡防护与加固措施

在进行浸水路堤的设计中，应当根据流水破坏作用的大小、河床特征、水位涨落、填土种类、施工条件等综合因素，选择适当的路堤边坡防护与加固措施，这是确保边坡稳定的有效措施。

4. 基底土质不良时改善基底

当路堤的基底土质不良时，为确保路堤不会因基底受力变形而造成边坡不稳定，应考虑采取适度的改善基底的措施，主要可采取抛石、挤密等加固措施；必要时，可与桥梁等其他加固方案进行比较。

第五节　陡坡路堤稳定性分析设计

一、陡坡路堤稳定性验算的前提

①当路堤修筑在陡坡上，如果填料采用的碎石，基底为不易风化的岩石时，地面横坡陡于1∶2.0，其他情况下坡度等于或陡于1∶2.5，路基可能会沿着基底接触面发生滑动［如图9–12（a）所示］，必须进行陡坡稳定性验算。

②在陡坡基底以下的地层内，有向临空面倾斜的软弱层面时，除应验算沿基底接触面的滑动稳定性外，还应验算路堤连同基底面以下不稳定土体沿该软弱面的滑动稳定性，如图9–12（b）所示。

③由于基底接触面及基底以下地层内的软弱层面均是已知的滑动面，一般近似于具有单一坡度的倾斜平面或多个坡度的折线平面，如图9–12（c）所示。

④在进行稳定性的验算中，应采用滑动面附近较为软弱的土的有关数据。如果滑动面附近有地下水的作用，应采用因浸水而降低土体强度的数据。

⑤在陡坡稳定性验算中，假定滑动面以上的土体沿滑动面作整体滑动。

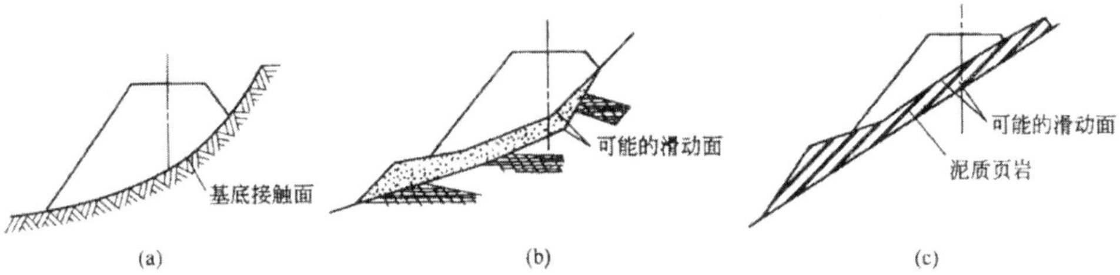

图9–12　陡坡路堤可能的滑动面示意图

二、陡坡路堤稳定性验算的方法

陡坡路堤稳定性验算的方法，主要有直线滑动面法和最终下滑力法两种。

1. *直线滑动面法*

当基底为单一的坡面，土体沿直线滑动面整体下滑时，可用直线滑动面法进行边坡稳定性分析，如图9–13所示。滑动面以上土体的滑动稳定系数可按下式进行计算：

$$K=\frac{(G+P)\cos\alpha\tan\varphi+cL}{(G+P)\sin\alpha}$$

式中　G——对于以基底接触面为滑动面者，等于路堤的自重；对于以基底以下软弱面为滑动面者，等于路堤连同其下不稳定土体的自重，kN；

P——路堤顶面的换算土柱荷载，kN；

α——滑动面对水平面的倾斜角，(°)；

φ——滑动面上软弱土的内摩擦角，(°)；

c——滑动面上软弱土的单位黏结力，kPa；

L——滑动面的全长，m。

当计算所得的稳定系数K合乎规定值时，则认为陡坡是稳定的，否则是不稳定的。在一般情况下，规定稳定系数在1.25 ~ 1.50范围内。

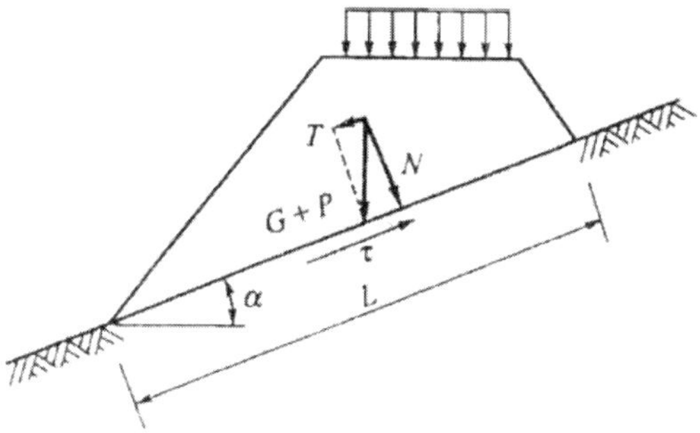

图9–13　直线滑动面法示意图

2. 最终下滑力法

当滑动面为多个坡度的折线倾斜面时（如图9–14所示），可将滑动面上土体折线段划分为若干条块，自上而下分别计算各土体的剩余下滑力，根据最后一块的剩余下滑力的正负值确定其整体稳定性。条块的剩余下滑力可按下式进行计算：

$$E_n=\left[T_n+E_{n-1}\cos(\alpha_{n-1}-\alpha_n)\right]-\frac{1}{K}\left\{\left[Nn+E_{n-1}\sin(\alpha_{n-1}-\alpha_n)\right]\tan\phi_n+c_nL_n\right\}$$

$$E_n=\frac{1}{K}G_n\sin\alpha_n=\frac{1}{K}(G_n\cos\alpha_n\tan\phi_n+cL)+\lambda$$

$$\lambda=E_{n-1}\left\{\left[\cos(\alpha_{n-1}-\alpha_n)\right]-\frac{1}{K}\left[\sin(\alpha_{n-1}-\alpha_n)\tan\phi_n\right]\right\}$$

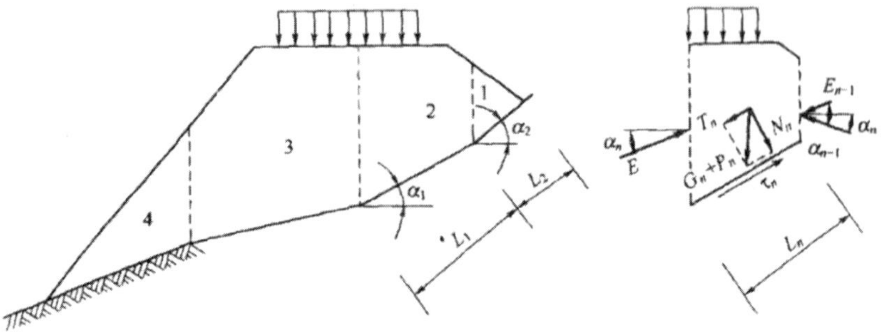

图9–14　折线滑动面示意图

式中　E_n——第n个条块的剩余下滑力，kN；

T_n——第n个条块的自重G_n与荷载P_n的切线下滑力，kN；

$$T_n=(G_n+P_n)\sin\alpha_n$$
$$N_n=(G_n+P_n)\sin\alpha_n$$

G_n——第n个条块的自重，kN；

P_n——第n个条块的换算土柱荷载，kN；

α_n——第n个条块滑动面分段的倾斜角，(°)；

φ_n——第n个条块滑动面上软弱土的内摩擦角，(°)；

c_n——第n个条块滑动面上软弱土的单位黏结力，kPa；

L_n——第n个条块滑动面分段的长度，m；

$E_{n—1}$——上一个第n—1条块传递而来的剩余下滑力，kN；

$\alpha_{n—1}$——上一个第n—1条块滑动面分段的倾斜角，(°)；

N_n——第n个条块的自重G_n与荷载P_n的法向分力，kN。

在进行计算时按上面式子自上而下求出最后一条块的剩余下滑力，按所求得的剩余下滑力的数值判定土体的滑动稳定性。当最后的剩余下滑力E_n等于或小于零时，则认为边坡是稳定的；当最后的剩余下滑力大于零时，则认为边坡是不稳定的，必须采取相应的稳定措施。

三、陡坡路堤稳定的工程措施

当计算的最后土体剩余下滑力大于零时，陡坡是不稳定的，应当根据实际情况采取相应的工程措施。在实际工程中常用的工程措施有：

（1）在适当的位置开挖台阶，将土体边坡放缓，这样可以大大减小土体的下滑力，使其最终剩余下滑力小于零。

（2）清除边坡上的软弱积层，压实基底，这样可以使基础稳定，避免出现土坡滑动。

（3）在降水比较多的地区，在路堤的上侧开挖截水沟或边沟，阻止地面水流入边坡土体中，这样可以大大减少因地面水而浸湿滑动面。

（4）当边坡受到地下水的影响时，设置必要的渗沟以疏干基底土层中的水。

（5）在填筑路堤时，首先选择大颗粒的材料嵌入地面，这样可以增加填料与地面间的摩擦系数，增大接触面之间的稳定性。

（6）当填土的坡脚伸得过长且厚度过薄时，可在坡脚处设置砌石护脚、干砌或浆砌挡土墙等，以便保护土质边坡。

第十章　路基路面排水设计

第一节　路基路面排水要求及设计原则

公路工程的实践证明，路基路面的强度、稳定性和耐久性同水的关系十分密切，因此在路基路面的设计、施工和管理中，必须十分重视路基路面的排水工程。

一、路基路面排水的基本要求

根据水源的不同，影响路基路面的水流可分为地面水和地下水两大类，与此相适应的路基排水工程，则分为地面排水和地下排水。

1. 路基排水的目的与要求

不同的水源由不同的途径浸入路基，并对路基产生各种各样的危害，因此做好路基路面的排水设计，就必须调查水源及其地质条件，以便进一步了解水源存在的形式及其特征，采取必要的工程技术措施加以排除。

根据水源的不同，影响路基路面的水流可分为地面水和地下水两大类，与此相适应的路基排水工程设施，有地表排水设施和地下排水设施两大类。

地面水主要包括大气降水（雨和雪）以及海、河、湖、水渠及水库水等。地面水对路基会产生冲刷和渗透，冲刷可能导致路基整体稳定性受损害，从而使路基形成水毁现象；渗透是水渗入路基的土体内，使土体含水量增大而降低路基的强度。

地下水主要包括上层滞水、潜水及层间水等。这些地下水对路基的危害程度，因条件不同而有所区别。轻者能使路基湿软，大幅度降低路基的强度；重者会引起冻胀、翻浆或边坡滑坍，甚至整个路基沿倾斜基底滑动。

路基排水的任务，就是将路基范围内的土基湿度降低到一定的限度以内，保持路基常年处于干燥状态，确保路基路面具有足够的强度与稳定性。

在进行路基设计时，必须考虑将影响路基稳定性的地面水排除和拦截于路基用地范围以外，并防止地面水漫流、滞积或下渗。对于影响路基稳定性的地下水，则应予以隔断、疏干、降低，并引导至路基范围以外的适当地点。

在进行路基施工中，首先应校核全线路基排水系统的设计是否完备和妥善，必要时应予以补充或修改，应重视排水工程的质量和使用效果。此外，应根据实际情况与需要，设置施工现场的临时性排水措施，以保证路基土石方及附属结构物在正常条件下进行施工作业，消除路基基底和土体内与水有关的隐患，保证路基工程质量，提高施工效率。

在进行路基养护中，对排水设施应定期检查与维修，以保证排水设施正常使用，水流畅通，并根据实际情况不断改善路基排水条件。

2. 路面排水的目的与要求

工程实践证明，水对路面的危害表现为：降低路面材料的强度，在水泥混凝土路面的接缝和路肩处造成唧泥；在移动荷载作用下引起的唧泥和高压水冲刷，会造成路面基层承载力的下降；在冻胀地区，融冻季节水会引起路面承载力的普遍下降。

在路基工程的设计中，必须考虑到影响路基稳定性的地面水，将其排除和拦截于路基用地范围以外，并防止地面水漫流、滞积或下渗。

路界地表排水的目的是把降落在路界范围内的表面水，有效地汇集在一起并迅速排除出路界，同时把路界外可能流入的地表水拦截在路界范围外，以减少地表水对路基和路面的危害以及对行车安全的不利。

通常地表排水可以划分为路面表面排水、中央分隔带排水和坡面排水三部分。中央分隔带排水，根据其宽度和表面横向坡度倾向，可以包括中央分隔带和左侧边缘带，或者只有中央分隔带，而设置在超高路段时，它还包括上侧半幅路面的表面水。坡面排水主要包括路堤坡面、路堑坡面和倾向路界的自然坡面的排水。

路面工程的实践也证明了路面内部排水的重要性。新建的刚性路面需要设置各种接缝，而路面在使用期间又会出现各种裂缝、松散及坑槽等病害。降落在路面表面的排水，会通过路面接缝或裂缝等病害处，或者沥青路面面层孔隙下渗入路面结构的内部。此外，道路两侧有滞水时，水分也可能侧向渗入路面结构的内部。

路面内部排水系统的设计，通常应当满足三个方面的基本要求：一是各项设施应当具有足够的泄水能力，能够迅速排除渗入路面结构内的自由水；二是自由水在路面结构内的渗流时间不能太长，渗流的路径也不能太长；三是排水设施要有较好的耐久性，必须达到设计的使用年限。

二、路基路面排水设计的一般原则

路基路面排水设计是公路工程设计中必不可少的项目和内容，应当立足于建立完整、功能齐全的排水系统，注意各种排水设施的相互衔接和协调，使之成为比较完善、相互配合的排水体系，迅速及时地将对路基路面产生影响的各种地表水和地下水排除。要达到以上要求，在进行路基路面设计中，一般应遵循以下原则。

（1）排水设施的设计要因地制宜、全面规划、合理布局、综合治理、讲究实效、注意经济，并充分利用当地的有利地形和自然水系。在一般情况下，地面和地下设置的排水沟渠宜短不宜长，以使水流不过于集中，做到及时疏导、就近分流。

（2）各种路基排水沟渠的设置，应注意与当地的农田水利相配合，必要时可以适当增设涵管或加大涵管的孔径，以防止农业用水影响路基的稳定。路基边沟一般不应用作农田灌溉的渠道，如果两者必须合并使用时，边沟的断面应适当加大，并根据实际情况予以加固，以防止水流危害路基。

（3）在进行排水工程设计前，必须到工程现场进行实地调查研究，查明水的来源与地质条件，重点路段要进行排水系统的全面规划，考虑路基排水与桥涵布置相配合，地下排水与地面排水相配合，各种排水沟渠的平面布置与竖向布置相配合，做到路基路面综合设计和分期修建。对于排水困难和地质不良的路段，还应当做到与路基防护相配合，并进行专门的特殊设计。

（4）排水设计要结合当地水文条件和道路等级等具体情况，认真贯彻因地制宜、就地取材、以防为主的原则，做到既要稳固适用，又要讲究经济效益。排水沟渠应选择在地形地质较好的地区范围内通过，以节约加固工程量、降低排水工程的造价，排水沟渠的出水口应尽可能引接至天然河沟，以减少桥涵工程和整个工程的投资。

（5）路基排水设计要特别注意环境保护，防止附近山坡的水土流失，尽量不破坏天然水系，不能轻易合并自然沟溪和改变水流性质，尽量选择有利地质条件布设人工沟渠，减少排水沟渠的防护工程。对于重点路段的主要排水设施，以及土质松软和纵坡较陡地段的排水沟渠，应注意设置必要的防护与加固。

（6）为了减少地表水对路面的破坏作用，应尽量阻止水进入路面结构，并提供良好的排水措施，以便迅速排除路面结构内的水，在必要时也可设计具有能承受荷载和雨水共同作用的路面结构。

通过多年的工程实践，我国在路基路面排水设计方面积累了一定经验，充分认识到公路排水设计对于公路路基的稳定性及路面的使用寿命有着显著的影响。公路排水设计应包含以下两个方面的内容：其一是要考虑如何减少地下水、农田排灌水对路基稳定性及强度的影响，一般称之为第一类排水；其二是要考虑如何将路表水迅速排出路基之外，最大限度地减少雨水对路基、路面质量的影响，减少因路表水排水不畅或路表水下渗对路基、路面结构和使用性能产生的损害，这称为第二类排水。

第二节　路基排水设备的构造与布置

一、地面排水设备的设计

常用的路基地面排水设备，包括边沟、截水沟、排水沟、跌水与急流槽等，必要时还有渡槽、倒虹吸及积水池等。这些排水设备，分别设在路基的不同部位，各自的排水功能、布置要求或构造形式，均有所差异。

路基地表排水设施的流量计算，对于高速公路和一级公路应采用15年重现期内任意30min的最大降雨强度，其他等级公路应采用10年重现期内任意30min的最大降雨强度。各类地表排水设备的沟槽顶面应当高出设计水位0.1 ~ 0.2m。地表排水设备的断面形状和尺寸，应满足排泄设计流量的要求，不得产生冲刷和淤积。

1. 边沟的构造与布置

挖方路基以及填土高度低于路基设计要求临界高度的路堤，在路肩的外侧或低路堤的坡脚外侧均应设置纵向人工沟渠，这种沟渠称之为边沟。边沟一般多与公路的中线平行，主要用以汇集和排除路基范围内和流向路基的地面水，包括路面、路肩和边坡的流水。

常用的边沟横断面形式，一般主要有梯形、矩形、三角形或流线形等，在设计中应当按照公路等级、所需排水设计流量、设置位置、地形情况、土质或岩质进行选定，其横断面形式如图10–1所示。

在一般情况下，土质边沟宜采用梯形；石质边沟宜采用矩形；易于积雪或积砂的路段，宜采用流线形；某些较矮的路堤，如果用地许可，采用机械化施工时，也可采用三角形。当公路两侧为农田时，为少占良田及防止农业用水对路基的破坏，可以根据当地建筑材料情况，采用石砌矩形边沟。

梯形土质边沟的边坡，靠近路基的一侧坡度一般为（1 : 1）~（1 : 1.5），另一侧可与挖方边坡的坡度一致。石质或经砌石加固的矩形边沟的边坡，可以直立或稍有坡度。三角形边沟的边坡，坡度一般常采用（1 : 2.0）~（1 : 3.0）。流线形边沟的边坡，需要修整得比较圆滑，这样才可防止积雪积砂，对改善公路景观也有一定作用。

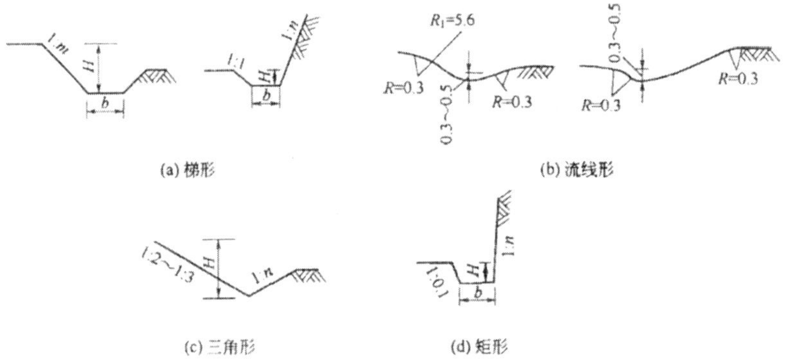

图10-1 边沟横断面形式示意图（单位：m）

边沟的纵坡坡度应结合路线纵坡、地形、地质、出水口位置等情况综合选定，尽可能与路线纵坡度保持一致。边沟的纵坡不宜过陡，以免水流冲刷造成危害；但也不宜过缓，造成水流不畅，形成阻滞和淤积。在一般情况下，边沟的纵坡以1% ~ 2%为宜，在任何情况下，均不应小于0.3%。

边沟的深度和宽度，与边沟的类型、地区降雨情况等有关。梯形和矩形边沟的深度和宽度，一般为0.4 ~ 0.6m；多雨、潮湿或地势低洼的地段，不宜小于0.5m，干旱地区或少水地段，尺寸可适当小一些，但任何情况下也不宜小于0.3m。三角形边坡的水流条件较差，流量较大时沟深宜适当加大。

边沟的长度不宜过长，一般不超过200 ~ 300m。应尽量使边沟的水流就近排至路旁的自然水沟或低洼地带，必要时可增设涵洞，将边沟水引入路基另一侧排出。

边沟的排水量不大，一般不需要进行水文水力计算，依据公路沿线的具体条件，选用标准的横断面形式。如果边沟紧靠路基，通常不允许其他排水沟渠的水流引入，也不能与其他人工沟渠合并使用。

边沟的出水口是水流汇集和改向的地方，冲刷比较严重，应当结合地形、地质条件及桥涵位置等进行设置，并采取相应措施妥善处理。在路堑与高路堤衔接处的边沟，由于边沟泄出水流流向路堤坡脚处，两者的高差比较大，必须根据地形与地质等具体条件，将出水口延伸至坡脚以外，以免边沟水冲刷填方坡脚。当边沟水流流向桥涵进水口时，为避免边沟流水产生冲刷，应当进行适当处治。此外，还应当根据地形和地质等条件，在桥涵进口前或其他水流落差较大处，设置急流槽与跌水等结构物，将水流引入桥涵或其他指定地点。

当边沟水流流至回头曲线处，一般边沟中的水比较满，且水的流速也比较大，此时宜顺着边沟方向沿山坡设置引水沟，将水引至路基范围以外的自然沟中，或设置急流槽或涵洞等结构物，将水引下山坡或路基另一侧，以免对回头曲线路段冲刷。

平曲线路段的边沟，水流方向改变，尤其是小半径平曲线，因设置超高，内侧边沟标高降低，可能形成低洼积水；山谷展线，路基排水条件较差；平坡路堑地段，难以保证边沟的最小纵坡，陡坡地段路线常采用较陡的纵坡。所有这些排水不利条件，宜结合路线设计综合考虑，并应在路基排水系统统一布置的基础上合理安排。

挖填结合的路段，内侧挖方边沟，需利用涵洞将边沟水引向路基另一侧排出，此时边沟与涵洞底的高差较大，水流方向接近90° 转弯，在涵洞进口处，必须设置跌水式的雨水井，使其起到消能作用，也使井底标高低于涵洞底标高，同时具有沉积边沟水中的泥沙杂物之用。

2. 截水沟的构造与布置

截水沟又称天沟，它是多雨地区、山岭和丘陵地区路基排水的重要设施之一。一般设置在挖方路基边坡坡顶以外，或山坡路堤上方的适当地点，用以拦截并排除路基上方流向路基的地面径流，减轻边沟的水流负担，保证挖方边坡和填方坡脚不受流水的冲刷。

截水沟设在路堑坡顶或路堤坡脚外侧，要结合地形和地质条件沿等高线布置，将拦截的水顺畅地排向自然沟谷或水道。降水量较少或坡面坚硬和边坡较低以致冲刷影响不大的地段，可以不设置截水沟；反之，降水量较多，且暴雨频率高，山坡覆盖层松软，坡面比较高，水土流失较严重的地段，必要时可设置两道或多道截水沟。

图10–2是路堑段挖方边坡上方设置的截水沟图例之一，图中距离d，一般为5.0m，土质不良时可取10.0m或更大。截水沟下方一侧，可以堆置挖沟适当的土方，并要做成顶部向沟内倾斜坡度为2%的土台。在路堑的上方设置弃土堆时，截水沟的位置及断面尺寸，如图10–3所示。

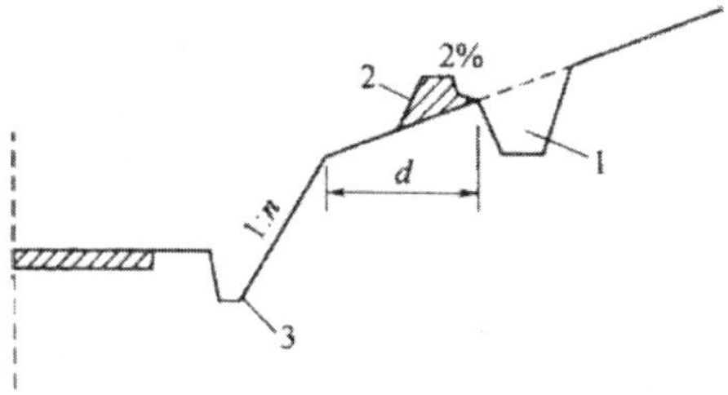

图10–2　挖方路段截水沟示意图

1–截水沟；2–弃土堆；3–边沟

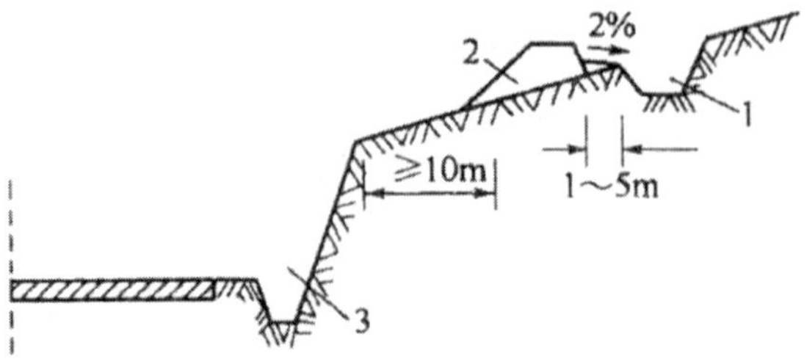

图10-3　挖方路段弃土堆与截水沟

1-截水沟；2-弃土堆；3-边沟

山坡填方路段可能遭到上方水流的破坏作用，此时必须设置截水沟，以拦截山坡水流保护路堤，如图10-4所示。截水沟与坡脚之间要有不小于2.0m的间距，并做成坡度为2%的向沟内倾斜的横坡，确保路堤不受水害。

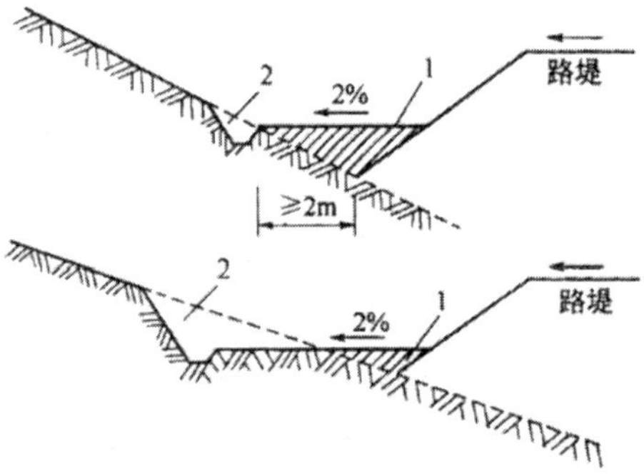

图10-4　填方路段上的截水沟示意图

1-土台；2-截水沟

截水沟的横断面形式，一般为梯形，沟的边坡坡度，因岩土条件而定，一般采用（1∶1.0）~（1∶1.5），如图10-5所示。沟底的宽度b一般不小于0.50m，沟深h按设计流量而定，一般也不应小于0.50m。

截水沟的位置，应尽量与绝大多数地面水流方向垂直，以提高截水效能和缩短沟的长度。截水沟应保证水流畅通，就近引入自然沟内排，截水沟的长度以200 ~ 300m为宜，当超过500m时，可考虑配以急流槽或涵洞等泄水结构物，将水流引入指定地点。截水沟的沟底应具有坡度0.5%以上的纵坡，当地形和地质条件允许时，纵坡可以适当加大。为保证水流畅通，沟底与沟壁应当平整密实，不滞流，不渗水，必要时应予以加固和铺砌。

截水沟的出水口的布置，应避免沟内的水直接排入边沟，尽量利用地形将水流排入截水沟所在山坡一侧的自然河沟中，或直接引到桥涵的进水口处，当与其他排水设施连接时，应做到平顺，必要时应设置跌水或急流槽。

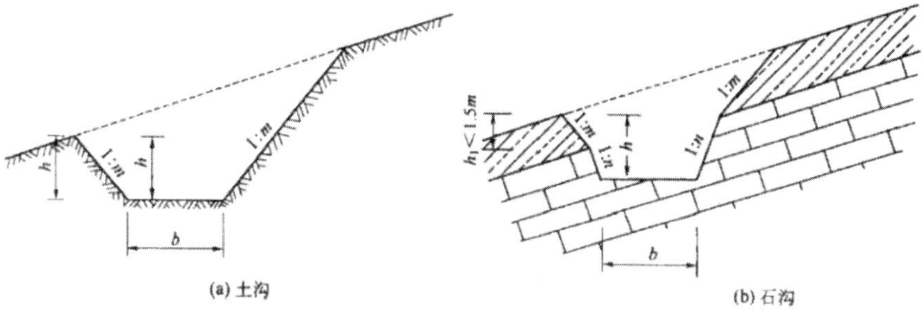

图 10–5　截水沟的横断面图例

3. 排水沟的构造与布置

公路工程中所用的排水沟，主要是用于排除来自边沟、截水沟、取土坑、边坡或其他水源的水流，并将其汇集引至路基范围以外的指定地点。当路线受到多段沟渠或水道影响时，为保证公路路基不受水害，可以设置排水沟或改移渠道，以调节水流，整治水道。工程实践证明，排水沟的平面布置，主要取决排水要求和当地地形条件，但由于其灵活性很大，通常要求进行专门设计。

排水沟的布置的位置如何，是确保排水效果和路基安全的关键，在进行平面布置时应当注意以下几个方面：

（1）布置时必须结合地质、地形等条件，要离路基尽可能远些，平面上力求短捷平顺，线路最好为直线，当必须转向时，尽可能采用较大半径（10 ~ 20m以上），以便较缓地改变水流的方向。

（2）在平面布置上有条件时，距路基坡脚的距离一般不应小于3 ~ 4m；连续长度宜短不宜长，一般不超过300m。

（3）排水沟的纵向坡度应进行控制，一般以1% ~ 3%为宜。当纵坡坡度大于3%时，需要进行适当加固，当纵坡坡度大于7%时，则应改为用跌水或急流槽。

排水沟的横断面形式，一般宜采用梯形，其尺寸应经过水力水文计算选定。用于边沟、截水沟及取土坑出水口处的排水沟，横断面尺寸应根据设计流量确定，一般底宽与深度不宜小于0.5m，土质排水沟的边坡坡度为（1 : 1.0）~（1 : 1.5）。

排水沟水流注入其他沟渠或水道时，应使原水道不得产生冲刷或淤积。通常应使排水沟与原水道两者成锐角相交，一般交角不大于45°，有条件可用半径R=10b （b为沟顶宽）的圆曲线朝下游与其他水道相接，如图10–6所示。

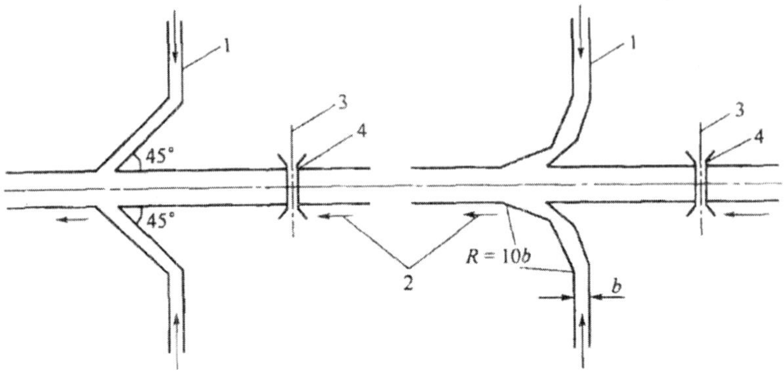

图10–6　排水沟与水道衔接示意

1–排水沟；2–其他水道；3–路基中心线；4–桥涵

排水沟必要时应予以加固，以防止水流对沟渠的冲刷与渗漏。设计时可结合当地条件，根据沟渠的土质、水流速度、沟底纵坡和使用要求等进行确定。

4. 跌水与急流槽设计

跌水与急流槽都是人工排水沟渠的特殊形式，常用于陡坡地段，沟底的纵坡坡度可达100%，是山区和丘陵地区公路路基排水常见的结构物。由于纵坡坡度大、水流较湍急、冲刷作用严重，所以跌水与急流槽必须采用浆砌石砌筑或水泥混凝土浇筑，并要具有相应的防护加固措施，以确保其安全运行。

（1）跌水的设计

在陡坡地段设置跌水结构物，可以在较短距离内降低水流流速、消减水流能量，从而能避免出水口下游的桥涵结构物、自然水道或农田等受到冲刷破坏。

跌水的构造，有单级和多级之分；跌水底的宽度，有等宽和变宽之别。单级跌水适用于排水沟渠连接处，由于此处水位落差较大，需要消能或改变水流方向。对于陡坡地段的沟渠，为减缓水流速度，并予以有效消能，可采用多级跌水。

逐级台阶的高度P和长度l，应当依据地形与需要而定，既可以采用等高、等宽和等长对称的结构形式，也可以采用高低、长短和宽窄不同的结构形式。

按照水力计算的特点，跌水的基本构造可分为进水口、消力池和出水口三个部分。这三个组成部分的尺寸，需要根据水力计算的结果进行确定。在一般情况下，如果地质条件良好、地下水位较低、设计流量不超过1.0 ~ 2.0m^3/s时，跌水台阶的高度P，最大不宜超过2.0m；常用的简易多级跌水，台阶的高度P约0.4 ~ 0.5m。

跌水护墙应当采用浆砌石或混凝土浇筑，墙基埋置深度为水深a的1.0 ~ 1.2倍，并且不得小于1.0m，且埋入冰冻线以下；护墙的厚度，采用浆砌石时为0.25 ~ 0.30m，采用混凝土时为0.15 ~ 0.20m。

跌水的消力池起着消能作用，要求其必须坚固耐用，槽底应具有1% ~ 2%的纵坡，底厚约0.35 ~ 0.40m，槽壁应高出计算水深0.20m以上，壁厚与护墙厚度基本相同。在消力池约末端应设消力槛，其高度c应根据计算而定，比池内水深稍低些，为c ≈（0.2 ~ 0.3）p，一般取c ≈ 15 ~ 20cm；消力槛顶厚度一般为0.30 ~ 0.40m，底部预留5 ~ 10cm孔径的泄水孔，以便断流时池内不至于积水。

跌水两端连接的土质沟渠，应当适当进行加固，保持水流的畅通，不致使跌水产生淤塞或冲刷，以充分发挥跌水的排水效能。

（2）急流槽的设计

急流槽是用于坡度较陡路段的水流不离开沟底的一种排水构造物。急流槽一般多用于路堤和路堑，也可用于边坡平台上水从坡顶向下竖向排入涵洞，或天然水道以及在特殊情况下用于拦截水流流入边沟的场合。

急流槽的纵坡比跌水的平均纵坡更陡，有的可达到67%（1：1.5），结构的坚固稳定性要求也更高，是山区公路回头曲线沟通上下线路排水及沟渠出水口的一种常见排水设施。急流槽主体部分的纵坡依地形而定，为了节省工程投资和急流槽结构稳定，槽身倾斜宜控制在100%以内。如果地质条件良好，需要时可以陡些，但结构要求更严，造价相应提高，设计时应通过比较而确定。

急流槽多采用砌石（抹面）和水泥混凝土结构，也可利用岩石坡面进行挖槽。急流槽的主要尺寸，应由水力计算而定，其最小尺寸为：槽深度0.20m，槽底宽0.25m。对于设计流量不超过1.0m^3/s，槽底倾斜度为（1：1）~（1：1.5）的小型急流槽结构。

急流槽按水力计算特点，可分为进口、槽身和出口三个组成部分。急流槽或急流槽的进水口与沟渠泄水口之间做成喇叭口式连接，变宽段应有至少15cm的下凹，并做成铺砌防护。急流槽或急流槽的出水口处应设置消能设施，可采用混凝土或石块铺筑。急流槽的进出口与主槽连接处，因断面尺寸不同，为了能够平顺地衔接，应设置过渡段。

急流槽的基础必须十分稳固，端部及槽身应设置阶梯形的耳墙，其间距一般为2 ~ 5m，并埋入地面以下，以防止槽身产生位移。当槽身较长时宜分段砌筑，每段长度为5 ~ 10m，按要求预留伸缩缝，并用防水材料进行填缝。

5. 倒虹吸与渡水槽设计

当水流需要横跨路基时，可根据流水的实际情况和需要设置管道或水槽，从路基下部穿过的称为倒虹吸，从上空跨过的称为渡水槽。倒虹吸相当于涵洞，渡水槽为简易的过水桥梁，两者都属于造价较高的路基特殊排水结构物，多数是配合路基两侧农田水利所属而设置。

（1）倒虹吸的设计

倒虹吸的设置往往是因路基横跨原有的沟渠，且沟渠中的水位高于路基设计标高，不能按正常条件下设置涵洞，也不能采用架空的方式，此时倒虹吸是可行的布置方案之一，其布置形式如图10–7所示。

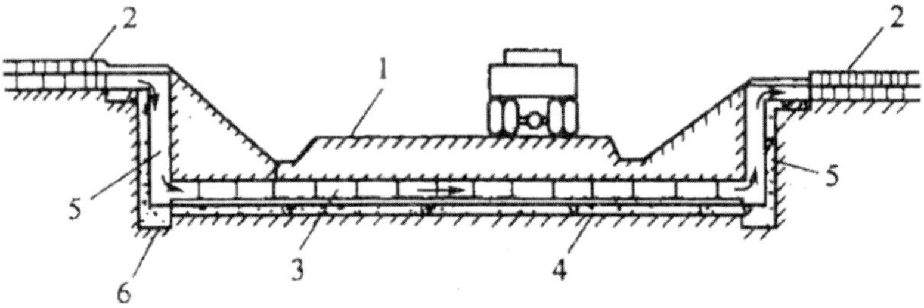

图10–7 竖井式倒虹吸布置示意图

1–路基；2–原沟渠；3–洞身；4–垫层；5–竖井；6–沉淀池

倒虹吸是借助上下游沟渠的水位差，利用势能迫使水流降落，经路基下部的管道流向路基另一侧，再复升流入下游沟渠中。竖井式倒虹吸结构为有压管道，其水流成多次垂直改变方向，水流条件较差，结构要求较高，不仅容易产生漏水和淤塞，而且难以清理和修复，一般尽量不用或少用，采用时需进衍水力计算，合理进行设计，选择最佳设计方案，确保工程施工质量，使用过程中要经常检查维修。

倒虹吸管道有箱形和圆形两种，以水泥混凝土和钢筋混凝土结构为主，临时性简易管道可采用砖石结构，永久性或急需时也可使用铸铁管管道。管道的孔径为0.5 ~ 1.5m，管道的埋置深度，要求上部的填土厚度不小于1.0m，以免行车荷载的压力过于集中，严寒地区还应满足防冻要求。考虑到倒虹吸的泄水能力有限，为了施工和养护方便，管道也不宜埋置过深，以填土厚度不超过3.0m为宜。

倒虹吸管道的两端设置竖井，也可以采用倾斜方式，应根据地形和用地条件而定。以斜管式或缓坡式代替竖井式升降管，水流条件有所改善，但路基用地宽度增大，管道长度增加，工程造价也相应提高。井底的标高低于管道，起沉淀泥砂和杂物的作用。为减少堵塞现象，设计时要求管道内水流速度不小于1.5m/s，并在进口处设置沉砂池和拦泥栅，如图10–8所示。

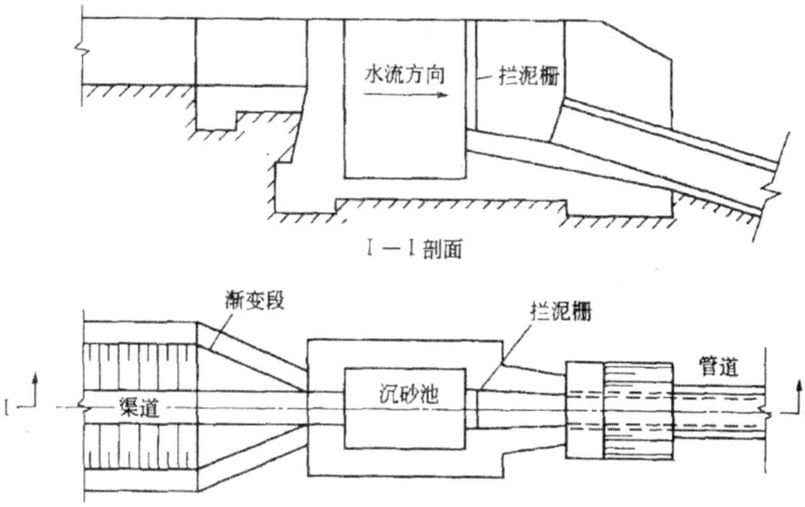

图10–8　倒虹吸管上游进口构造示意图

倒虹吸管进口处所设置的沉砂池，位于原沟渠与管道之间的过渡段，池底和池壁可采用砌石抹面或混凝土，砌石抹面厚度为0.30 ~ 0.40m，混凝土厚度为0.25 ~ 0.30m，沉砂池的容量以不溢水为度。水流经过沉砂池后，水中如果仍含细粒泥沙或轻质漂浮物，可设网状拦泥栅予以清除，确保虹吸管道不被堵塞。倒虹吸的出口应设过渡段与下游沟渠平顺衔接，应对原有的土质沟渠进行适当加固。

（2）渡水槽的设计

渡水槽相当于渡水桥，是穿越农田地区路堑段常用的过水形式之一。原水道与路基设计标高相差较大，如果路基两侧地形有利，或当地确有必要，可设简易桥梁，架设水槽或管道，从路基上部跨越，以沟通路基两侧的水流。

渡水槽的架设应满足道路对净空与美化的要求，其构造与桥梁相似，但主要作用是沟通水流，所以除应在结构上具有足够强度以外，在效能上应适合排水的要求，其中包括进出口的衔接，以及防止冲刷和渗漏等。

渡水槽由进出水口、槽身和下部支撑结构三部分组成，其中进出口段的构造如图10–9所示。

为降低工程造价，槽身过水横断面一般较两端的沟渠横断面小一些，这样槽身中水流速度相应有所提高，因此进出口段应特别注意防止冲刷和渗漏。渡水槽进出口处应设置过渡段，根据土质情况，分别将槽身两端伸入路基两侧地面2 ~ 5m，而且进出口过渡段宜长一些，以防止发生淤积。

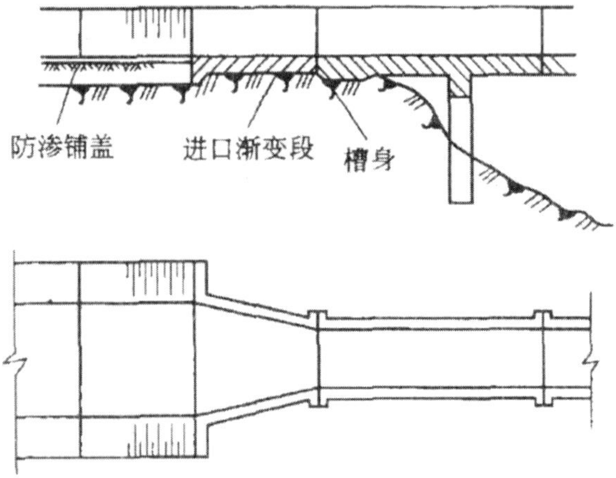

图10-9 渡水槽进出口布置示意图

如果主槽的长度较短，可以将槽身与沟渠的横断面尺寸设置相同，沟渠与槽身直接衔接，不必设置过渡段。当水流横断面不相同时，过渡段的平面收缩角一般为为10° ~ 15° ，据此可确定过渡段的有关尺寸。与槽身连接的土质沟渠，应予以防护加固，其长度至少是沟渠水深的4倍。

二、地下排水设备的设计

路基及边坡土体中的上层滞水或埋藏很浅的潜水称为地下水，当地下水影响路基路面的强度或边坡稳定时，应进行路基地下排水设备的设计。

公路路基常用的地下排水设施，主要有盲沟、渗沟和渗井等，其特点是排水量不大，主要是以渗流方式汇集水流，并就近排出路基范围以外。对于流量较大的地下水，应设置专用地下管道予以排除。

由于地下排水设施埋置于地面以下，经常性的检查、养护维修都比较困难，在路基建成后很难查明失效的原因，因此要求地下排水设施一定要精心设计、精心施工，使其科学合理、牢固有效。

1. 盲沟的设计

相对于地面排水的明沟而言，盲沟又称为暗沟，是一种隐蔽工程的含义。从盲沟的构造特点出发，由于沟内分层填以大小不同的颗粒材料，利用渗水材料的透水性将地下水汇集于沟内，并沿沟排泄至指定地点，这种构造相对于管道流水而言，习惯上称之为盲沟，在水力特性上属于紊流。

图10-10所示为一侧边沟下面所设置的盲沟，用以拦截流向路基的层间水，防止路基边坡滑塌和毛细水上升，而危及路基的强度与稳定性。

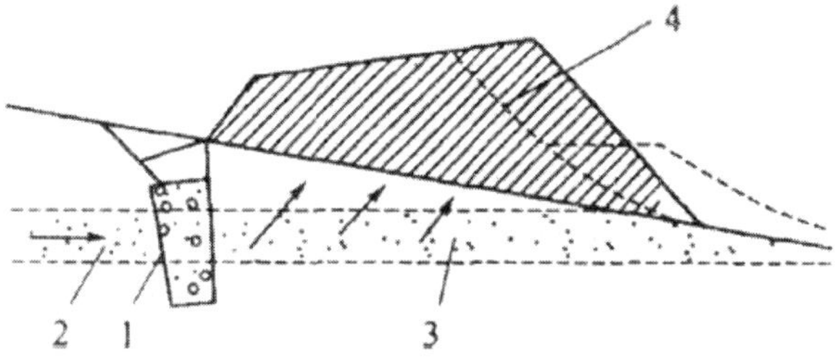

图10-10　一侧边沟下设置盲沟

1-盲沟；2-层间水；3-毛细水；4-可能滑坡线

图10-11所示为路基两侧边沟下面所设置的盲沟，用以降低路基两侧一定范围内的地下水位，防止毛细水上升至路基工作区范围内，形成水分积聚而造成冻胀和翻浆，或者土基过湿而降低强度等。

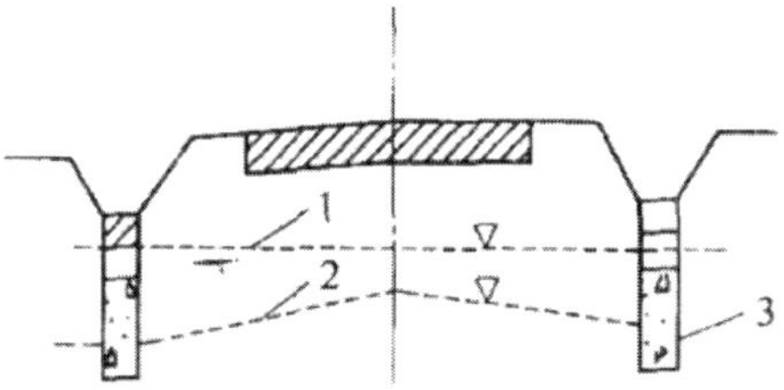

图10-11　两侧边沟下设置盲沟

1-原地下水位；2-降低后地下水位；3-盲沟

图10-12所示为设置在路基挖方与填方交界处的横向盲沟，用以拦截和排除路堑下面的层间水或小股泉水，保持路堤填土不受水害。

以上所述的盲沟，如果沟槽内全部填满颗粒材料，则可以理解为简易盲沟，这种盲沟构造比较简单，横断面为矩形，也可做成上宽下窄的梯形，沟边坡一般陡于1∶0.2，底宽b与深度h大致为1∶3，底宽一般为0.30 ~ 0.50m，则其深度为1.0 ~ 1.5m。沟内下部填以粒径较大（3 ~ 5cm）的碎石，其空隙较大，水可在空隙中流动。粗粒碎石两侧和上部，按一定比例分层（每层约10cm）填以较细粒径的粒料，逐层粒径比例大致按6倍递减。盲沟顶部和底面，一般设有厚30cm以上的不透水层，或者在顶部设有双层反铺草皮。

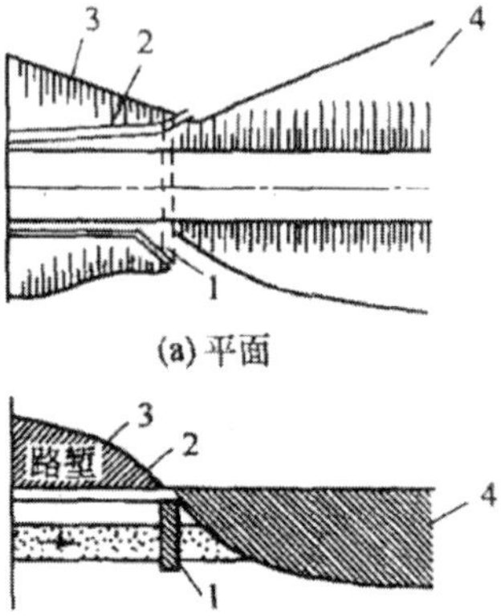

图10-12 填挖交界处横向盲沟

1-盲沟；2-边沟；3-路堑；4-路堤

简易盲沟的排水能力比较小，不宜过长，一般以50m为限，沟底具有1% ~ 2%的纵坡，出水口底面标高应高出沟外最高水位20cm，以防止出现倒渗。应当特别注意的是，寒冷地区路基设置盲沟时，应做防冻保温处理或将盲沟设在冻结深度以下。

2. 渗沟的设计

采用渗透方式将地下水汇集于沟内，并通过沟底通道将水排至指定的地点，这种地下排水设备统称为渗沟，它的作用是降低地下水位或拦截地下水，其水力特性是紊流。渗沟实际上也是盲沟的一种特殊形式，但在构造上与简易盲沟有所不同。

渗沟按其结构形式不同，可分为盲沟式渗沟、洞式渗沟和管式渗沟三种。盲沟式渗沟与上述的简易盲沟相似，但其构造更为完善。当地下水流量较大、要求埋置更深时，可在沟底设洞或管，设洞者则称为洞式渗沟，设管者则称为管式渗沟。

渗沟的位置与作用，根据地下排水的需要而定，大致与上述的简易盲沟相似，但尺寸可以更大，埋置可以更深，具体尺寸通过水力计算而确定。在公路路基中，浅埋的渗沟一般为2 ~ 3m，有的埋深可达6m以上。

渗沟底部设洞或管，相当于沟底埋置可以渗水的涵洞。图10-13是洞式渗沟结构示意图，其中盖板预留渗水孔，洞底的宽度b约为20cm，洞高为20 ~ 30cm，盖板长度约为2b，板的厚度P不小于15cm。洞身一般设在不透水层内，以利于洞内的水排出路基，如果地基软弱，应设置砂石基础。洞身应具有大于0.5%的纵坡。

当排除地下水的流量更大，或排水距离较长时，可考虑采用管式渗沟。渗沟底部埋设的管道，一般为陶土或混凝土预制管，管壁上半部设置一定数量的渗水孔，渗水孔交错排列，设于边沟下的管或渗沟。图10-14为管式渗沟的预制管，管道直径D由水力计算而确定，一般为0.40 ~ 0.60m。泄水管应铺设在人工基座上，纵坡应采用1% ~ 3%，并要注意保温防冻。

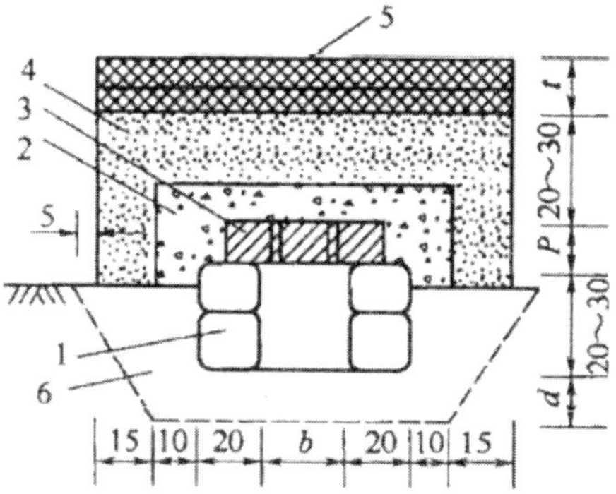

图10-13 洞式渗沟结构示意（单位：cm）

1-浆砌块石；2-碎砾石；3-盖板；4-砂子；5-双层反铺草皮；6-基础

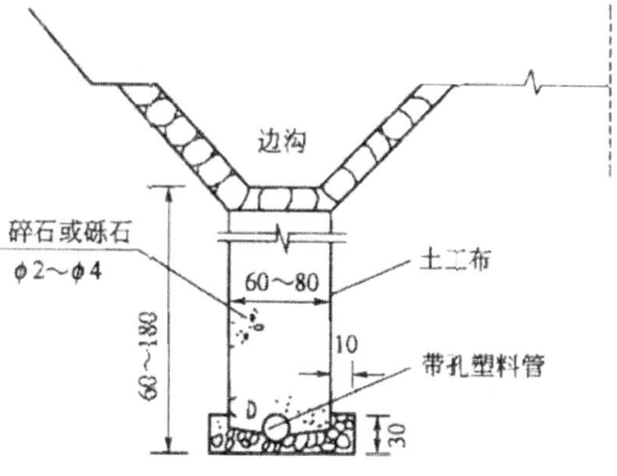

图10-14 管式渗沟示意图（单位：cm）

3. 渗井的设计

渗井是公路路基中一种立式地下排水设施。在多层含水的地基上，如果影响路基的地下含水层较薄，且平式渗沟排水不易布置时，可考虑设立这种立式地下排水设施，向地下穿过不透水层，将上层的含水引入下层渗水层，以利于地下水的扩散排除。必要时还可配合渗沟而设置渗井，采用平竖结合方式以排除地下水。

渗井的孔径与平面布置，应当通过水力计算而定，通常采用圆柱形或正方形，其直径或边长1.0 ~ 1.5m，井深视地层的构造情况而定。井内由中心向四周按层次，分别填入由粗到细的砂石材料，达到粗料渗水、细料反滤的目的。填充料要进行筛分和冲洗，施工时需用铁皮套筒分隔填入不同粒径的材料，要求层次分明，不得粗细材料混杂，以保证渗井达到预期的排水效果。

由于渗井施工技术比较复杂，单位渗水面积的造价比渗沟高，所以一般尽量少用或不用。有时因土基中含水量较大，严重影响路基路面的强度，其他排水设备不易布置，其他技术措施（如隔离层）的造价更高，此时渗井可作为方式之一。在进行设计时应进行分析比较，有条件地选用。

第三节　路面排水设计的主要内容

一、路面表面排水

1. 路面表面排水设计的原则

路面表面排水的主要任务是迅速把降落在路面和路肩表面的降水排走，以免造成路面积水而影响行车安全。路面表面排水设计应遵循以下原则。

（1）降落在路面上的雨水，应通过路面横向坡度向路的两侧排走，避免行车道路路面范围内出现积水。

（2）在路线纵坡、汇水量不大、路堤较低，且边坡坡面不会受到冲刷的情况下，应采用在路堤边坡上横向浸坡的方式排除路面表面的水。

（3）在路堤较高、边坡坡面在未做防护而易遭路面表面水流冲刷，或者坡面虽然已采取防护措施但仍有可能受到冲刷时，应沿着路肩外侧边缘设置拦水带，汇集路面表面水，然后通过泄水口和急流槽排离路堤。

（4）设置拦水带汇集路面表面水时，拦水带过水断面内的水面，在高速公路及一级公路上不得漫过右侧车道外边缘，在二级及二级以下的公路上不得漫过右侧车道中心线。

2. 路面表面排水设计的方案

当路基横断面为路堑时，横向排流的表面水汇集于边沟内。当路堤横断面为路堤时，可采用两种方式排除路面表面水：一种是让路面表面水以横向漫流形式向堤坡面分散排放；另一种方式是在路肩外侧边缘设置拦水带，将路面表面水汇集在拦水带同路肩铺面组成的浅三角形过水断面内，然后通过相隔一定间距设置的泄水口和急流槽集中排出路堤坡脚外。

以上两种排水方式的选择，主要依据表面水是否对路堤坡面造成冲刷危害而确定。在汇水量不大、路堤不高、路线纵坡不同、坡面耐冲刷能力强的情况下，应优先采用横断漫流分散排放方式。在表面水有可能冲刷路堤坡面的情况下，则采用将路面表面水汇集在拦水带内，通过泄水口和急流槽集中排放方式。

由于修筑拦水带和急流槽需增加工程投资，所以在选择排水设计方案时，必须对投资的经济性进行分析和比较，从而决定是采用有效的坡面防护措施而不设拦水带和急流槽，还是修筑拦水带和急流槽而降低对坡面防护工程的要求。

拦水带可由沥青混凝土现场浇筑，或者由水泥混凝土预制块铺砌而成。采用水泥混凝土预制块拦水带时，应避免预制块影响路面内部水的排泄。拦水带的横断面尺寸如图10-15所示，拦水带的顶面应略高于过水断面的设计水面高，一般可按设计流量下式计算确定。

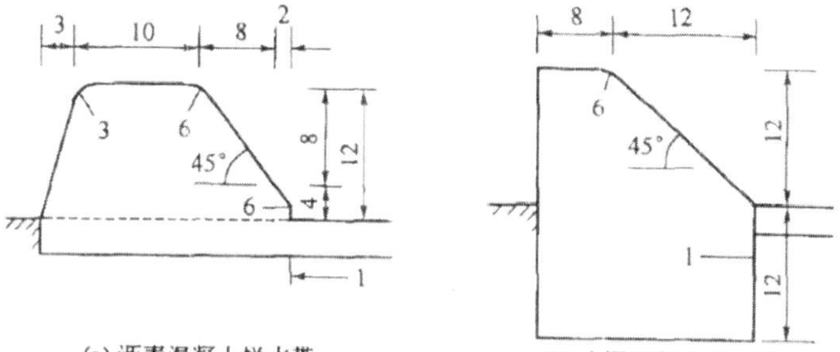

(a) 沥青混凝土拦水带　　(b) 水泥混凝土拦水带

图10-15　拦水带横断面参考尺寸（单位：cm）

$$Q_c = 0.377\frac{1}{i_h n}h^{\frac{8}{3}}I^{\frac{1}{2}}$$

式中　Q_c——沟或过水断面的泄水能力，m^3/s；

i_h——沟或过水断面的横向坡度；

n——沟壁或管壁的粗糙系数，按表10-1中的规定选用；

I——力坡度，要取用沟或管的坡度。

表10-1　沟壁或管壁的粗糙系数n

沟或管的类型	粗糙系数	沟或管的类型	粗糙系数
塑料管（聚氯乙烯）	0.010	岩石质明沟	0.035
石棉水泥管	0.012	植草皮明沟（流速0.6m/s）	0.035 ~ 0.050

沟或管的类型	粗糙系数	沟或管的类型	粗糙系数
水泥混凝土管	0.013	植草皮明沟（流速0.8m/s）	0.050 ~ 0.090
陶土管	0.013	浆砌石明沟	0.025
铸铁管	0.015	干砌石明沟	0.032
波纹管	0.027	水泥混凝土明沟（镘抹面）	0.015
沥青路面（光滑）	0.013	水泥混凝土明沟（拉毛）	0.012
沥青路面（粗糙）	0.016	土质明沟	0.022
水泥混凝土路面（镘抹面）	0.014	带杂草土质明沟	0.027
水泥混凝土路面（拉毛）	0.016	砂砾质明沟	0.025

拦水带的水口可设置成开口（喇叭口）式。设在纵坡坡段上的泄水口为提高其泄水能力，宜做成不对称的喇叭口，并在硬路肩边缘的外侧设置逐渐变宽的低凹区，其平面布置形式可参考图10–16。泄水口的泄水量以及开口长度、低凹区宽度和下凹深度等尺寸，应按泄水口水力计算确定。

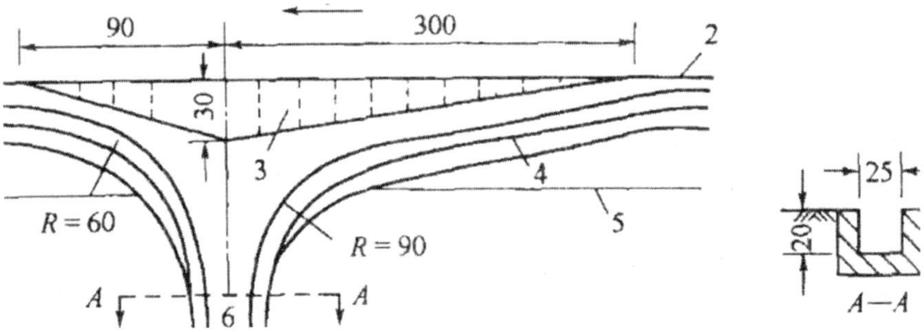

图10–16　纵坡坡段上拦水带不对称泄水口的平面布置（单位：cm）

1–水流流向；2–硬路肩边缘；3–低凹区；4–拦水带顶；5–路堤边坡坡顶；6–急流槽

在纵坡坡段上的开口式泄水口，其泄水量随着开口长度 L_i、低凹区的宽度 B_w 和下凹深度 h_a 以及过水断顶的纵向坡度 i_z 和横向坡度 i_h 而变化（如图10–17所示）。在进行设计中可利用图10–18查取截流率（Q_o/Q_c），按过水断面泄水能力 Q_i 确定其泄水量 Q_o。

在凹形竖曲线底部的开口式泄水口，按泄水口处的水深和泄水的尺寸确定其泄水量。

（1）如开口处设有低凹区，当开口处的净高 h_o 不小于由图10–18确定的满足堰流要求的最小高度h_m时，可利用图10–19确定开口的泄水量或最大水流深度心。

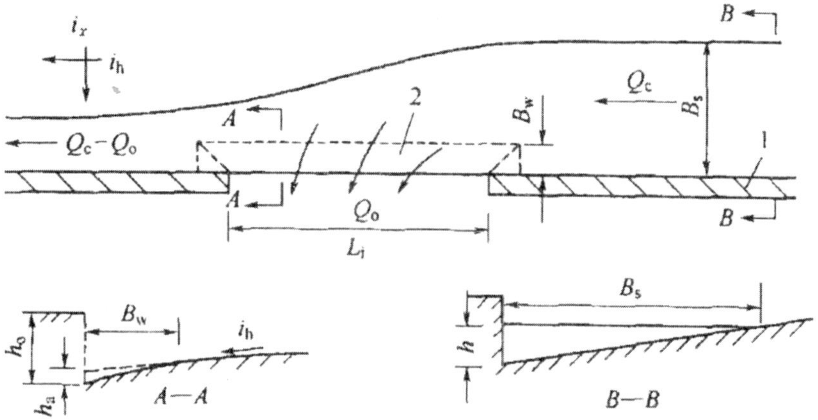

图10–17　开口式泄水口周围的水流状况

1–拦水带或缘石；2–低凹区

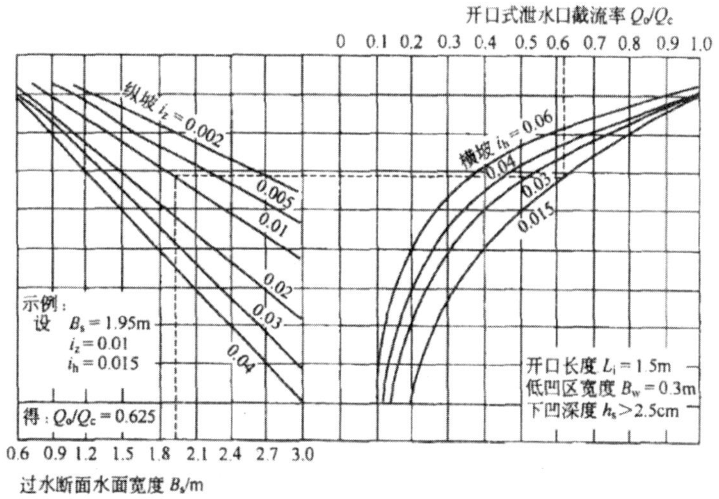

开口长度 L_i=1.5m；低凹区宽度 β_w=0.3m，下凹深度 $h_a\geq$3.5cm

图10–18　开口式泄水口截流率计算诺模图

（2）如果不设置低凹区，可按下式确定其泄水量：

$$Q_o=166L_ih_i^{1.5}$$

（3）当开口处水深h_i超过净高h_o的1.4倍时，可按下式计算确定其泄水量。

$$Q_o = 13.14 h_o L_i (h_i - 0.5 h_o)$$

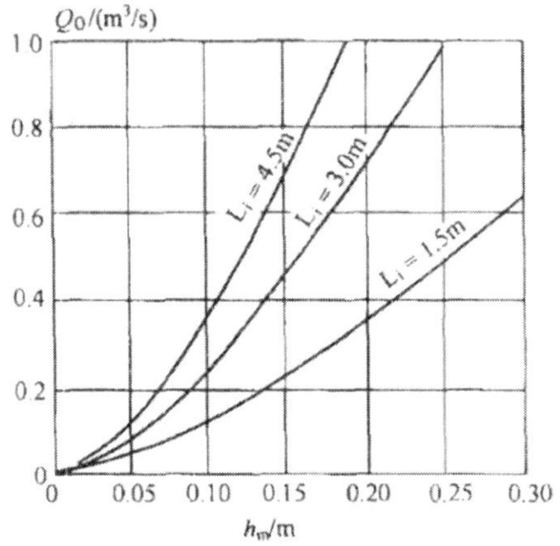

图10-19 开口式泄水口满足堰流的最小开口高度h_m计算

二、中央分隔带排水

道路中央分隔带排水是高速公路和一级公路地表排水的重要内容，应根据分隔带宽度、绿化和交通安全设施的形式和分隔带表面的处理方式等因素，选择不同的排水方式。中央分隔带排水设计主要任务是排除中央分隔带内的积水，一般可分为施工期间和道路营运期下渗水的排除。

施工期间排水量取决于最大瞬时降雨量及中央分隔带的汇水面积。由于道路中央分隔带内设置有通信、监控用管线的人手孔，因此，中央分隔带排水长度应为两个人手孔之间的间距，一般路段的最大间距为180m。

由以往设计经验可知，横向排水管长15m左右，横向排水管的坡度为2%。由于施工质量不易控制，造成横向排水管标高误差或产生淤塞，从而使上游横向排水管排水不畅，大量的水流向最低处，而最低处的横向排水管由于设计时包裹无纺布土布或产生淤塞，使排水能力严重不足，从而导致下游中央分隔带积水严重，有的下雨后几天中央分隔带仍有积水，使路基长时间浸泡，影响了路基、路面的强度。由于通信、监控管线人手孔的设置阻断了中央分隔带排水，造成中央分隔带积水或积水渗入人手孔。

为了解决这些问题，采用以下办法处理：对于设计底坡小于0.3%的，采用锯齿形纵向矩形碎石盲沟，并于盲沟底部设置软式透水管和每隔30 ~ 50m设置集水槽汇集中央分隔带雨水或渗入水；中央分隔带每隔30 ~ 50m设置一道横向排水管，将盲沟中的水排出路基以外；在中央分隔带内设置2cm厚水泥砂浆层、沥青防渗层及土工布防渗层，防止中央分隔带中水从侧面向路基渗透。

我国在行业标准《公路排水设计规范》（JTJ018—1997）中，将中央分隔带排水划分为三种类型。

（1）宽度小于3m且表面采用铺面封闭的中央分隔带排水，降落在分隔带上的表面水排向两侧行车道，其坡度与路面的横坡度相同。在超高路段上，可在分隔带上侧边缘处设置缘石或泄水口，以拦截和排泄上侧半幅路面的表面水。缘石过水断面的泄水口可采用开口式、格栅式或组合式；碟形混凝土浅沟的泄水口可采用格栅式。格栅的铁条应平行于水流方向，孔口的净泄水面积应占格栅面积的50%以上，泄水口的间距和截流量计算以及断面尺寸等，可以通过计算选取。

在纵坡坡段上的格栅式泄水口，其泄水量为过水断面中格栅宽度所截流的部分（如图10-20所示），可利用上面式子确定。格栅孔口所需的最小净长度可按下式进行计算：

$$L_g = 0.91\upsilon_g (h_i + t_b)^{0.5}$$

式中　L_g——格栅孔口的最小净长度，cm；

υ_g——格栅宽度范围内水流的平均流速，m/s；

h_i——格栅上面的水深，cm；

t_b——格栅栅条的厚度，cm。

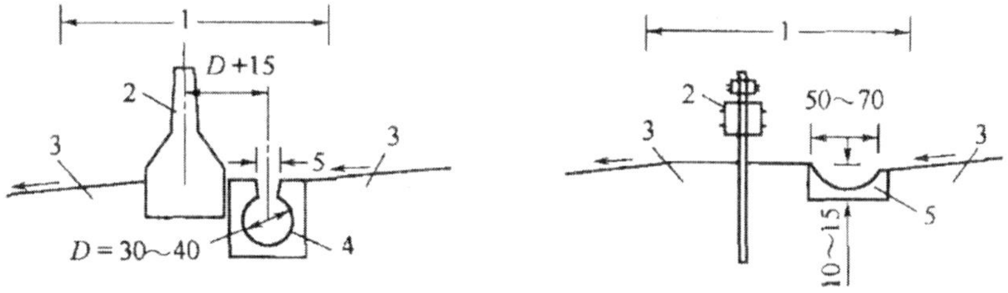

(a) 缝隙式圆形集水箱　　(b) 碟形混凝土浅沟

图10-20　超高路段上设置缝隙式圆形集水管或碟形混凝土浅沟（单位：cm）

1-中央分隔带；2-护栏；3-铺面；4-缝隙式圆形集水管；5-碟形混凝土浅沟

（2）宽度大于3m且表面未采用铺面封闭的中央分隔带排水，降落在分隔带上的表面水汇集在分隔带中央的低洼处，并通过纵坡排入泄水口或横穿路界的桥涵水道中。分隔带的横的坡度不得陡于1∶6；分隔带的纵向排水坡度，在过水断面无铺面时不得小于0.25%，有铺面时不得小于0.12%。

当水流速度超过地面上的最大允许流速时，应在过水断面宽度范围内对地面土进行防冲刷处理，做成三角形或U形断面的水沟。防冲刷层可采用石灰稳定土或水泥稳定土，或者采用浆砌片石铺砌，层厚为10 ~ 15cm。

当中央分隔带内的水流流量过大或流速超过允许范围处，或者在分隔带低凹区的流水汇集处，应设置格栅或泄水口，并通过排水管引排到桥涵或路界处。格栅可以同周围地面齐平，也可以适当降低，并在其周围一定宽度范围内做成低凹，以增加其泄水能力。在凹形竖曲线底部的格栅式泄水口，其泄水量可分别按下面式子计算。

①当格栅上面的水深h_i小于0.12m时

$$Q_o = 1.66P_g h_i^{1.5}$$

式中　P_g——格栅的有效周边长，为格栅进水周边边长之和的50%，m。

②当格栅上面的水深h_i大于0.43m时

$$Q_o = 2.96A_i h_i^{0.5}$$

式中　A_i——格栅孔口净泄水面积的50%，m^2。

③当格栅上的水深处于0.12 ~ 0.43m之间时，其泄水量介于按上面两式计算的结果之间，水深可通过直线内插法。

（3）表面无铺面且未采用表面排水措施的中央分隔带，降落在分隔带上的表面水下渗，由分隔带内的地下排水设施排除。常用的纵向排水渗沟如图10-21所示，应隔一定间距通过横向排水管将渗沟内的水排出路界。渗沟周围应包裹反滤的土工布织物，以免渗入水携带的细粒将渗沟堵塞。渗沟上的回填料与路面结构的交界面，应铺设涂双层沥青的土工布隔渗层。排水管可采用直径70 ~ 150mm的塑料管。

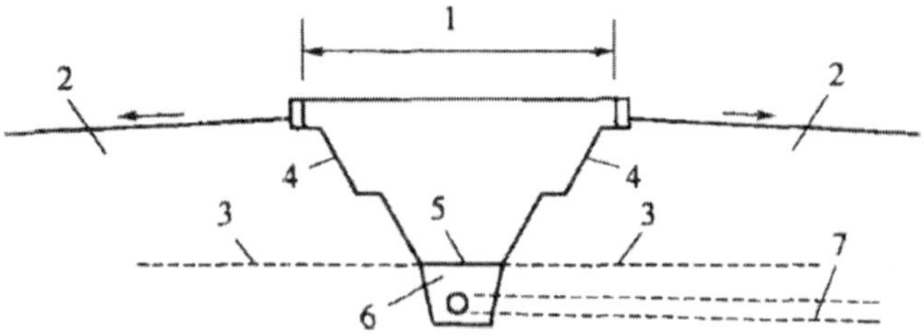

图10-21　中央分隔带下设排水沟的示意

1-中央分隔带；2-路面，3-路床顶面；4-隔渗层；5-反滤织物；6-渗沟；7-横向排水管在我国，通常习惯采用较窄的中央分隔带，仅在中间设预留车道时才采用较宽的中央分隔带。各地区在选用排水设施类型时，并未拘泥于以中央分隔带宽度限值作为唯一的依据，而是结合地区实际和工程需要确定，形式是多种多样的。因此，《公路排水设计规范》（JTJ018—1997）中的宽度标准并不是绝对的。

三、路面内部排水

路面上的水可以通过路面接缝、裂缝、路面表面和路肩渗入路面内部，或是由高水位地下水、截断的含水层和当地的泉水进入路面结构，被围封在路面结构内的水会产生下列一系列有害的影响。

（1）浸湿道路各结构层材料和路基土，很容易造成无黏结粒状材料和地基土的强度降低，必然会影响道路的使用功能。

（2）水进入路面和基层后，在行车荷载和温变反复作用下，会使混凝土路面产生唧泥，随之出现错台、开裂和整个路肩破坏。

（3）进入空隙的自由水在行车荷载的作用下，会形成高孔隙水压力和高流速的水流，引起路面基层的细颗粒产生唧泥，最终会使路面失去支撑。

（4）在寒冷和严寒地区，如果冰冻深度大于路面的厚度，高地下水位会造成冻胀，在冻融期间会严重降低其承载能力。

（5）在路面内部的水如果渗入土质路基，水使冻胀土产生不均匀的冻胀，甚至因冻胀而使路面出产裂缝和凸起；与水经常接触的沥青混合料，将会使其产生剥落，影响沥青混凝土的耐久性并出现龟裂现象。

当路基土为低透水性时（渗透系数不大于10^{-5}cm/s），而两侧路肩外也由这种土填筑时路面结构类似于被安置在封闭的槽式“浴盆”内，进入路面结构内的水分，无法向下或向两侧迅速渗漏，而被长时间积滞在路面结构内部。特别是位于凹形竖曲线底部、低洼河谷地、曲线超高断面内侧，或者立体交叉的下穿路段的路面结构，由于地表径流或地下水汇集，进行结构内的自由水不仅数量大，而且停滞时间久。

大量的路面损坏状况调查和路面使用经验表明，进入路面结构内的自由水是造成或加速路面损破的重要原因。国外对路面损坏对比分析和试验段观察结果表明：设有排水基层的沥青混凝土路面，其使用寿命比不设者提高30%左右；设有排水基层的水泥混凝土路面，其使用寿命比不设者提高50%左右。采用排水设施所增加的资金投入，可以从路面使用性能的提高、使用寿命的增加和养护维护费用的减少中得到补偿。

根据我国的实际情况和国外的先进经验，在《公路排水设计规范》（JTJ018—

1997）中建议遇有以下情况时，应设置路面内部排水系统。

（1）年降水量为600mm以上的湿润和多雨地区，路基由透水差的细粒土（渗透系数不大于10^{-5}cm/s）组成的高速公路、一级公路或重要的二级公路。

（2）在道路修筑完毕后，路基的两侧可能会出现滞水，滞水可能渗入路面结构内。

（3）在严重的冰冻地区，路善为由粉性土组成的潮湿、过湿路段。

（4）现有路面改建或改善工程，需要排除积滞在路面结构内的水分。

为确保路面内部排水系统的质量，在《公路排水设计规范》（JTJ018—1997）中，对路面内部排水系统的设计应符合下列要求。

（1）在路面内部排水系统中，各项排水设施的泄水能力均大于渗入路面结构内的水量，且下游排水设施的泄水能力应超过上游排水设施的泄水能力。

（2）渗入水在路面结构内的最大渗流时间，根据地区不同而异，如冰冻地区不应超过1h，其他地区不应超过2（重交通）~ 4h（轻交通）。渗入水在路面结构内的渗流路径长度不宜超过45 ~ 60m。

（3）各项排水设施不应被渗流从路面结构、路基或路肩中带来的细料堵塞，以保证系统的排水能力不随时间推移而很快丧失。

不同材料的路面结构，其表面渗水量也不相同，可按路面类型分别由下面两式计算：

水泥混凝土路面 $Q_i = I_c(z_n + n_h B / L)$

沥青混凝土路面 $Q_i = I_a B$

式中 Q_i——纵向每延米路面结构表面水的渗入量，m^3（d.m）；

I_c——每延米水泥混凝土路面接缝或裂缝的表面水设计渗入率，m^3（d.m），可按$0.36m^3$/（d.m）取用；

I_a——每平方米沥青混凝土路面的表面水设计渗入率，m^3/（$d.m^2$），可按$0.15m^3$（$d.m^2$）取用；

B——单向坡度路面的宽度，cm；

L——水泥混凝土路面的横缝间距（即板长），m；

z_n——B长度范围内纵向接缝和裂缝的条数（包括路面与路肩之间的接缝）；

n_h——L长度范围内纵向接缝和裂缝的条数。

进入路面结构内的自由水，可以通过向路基下部渗流而逐渐排走。渗流的速度随着路基土的渗透性和地下水位的高度而异，可以利用坊西渗流定律，以不同渗透性的路基土的排水时间进行计算分析。自由水在排水层内的渗流时间可按下式进行计算：

$$t = L_s / 3600\upsilon_s$$

$$L_s = B\sqrt{1 + \frac{i_z^2}{i_b^2}}$$

$$\upsilon_s = \frac{1}{n_c} k_b \sqrt{i_z^2 + i_b^2}$$

式中 t——渗流时间，h；

L_s——渗流路径长，m；

υ_s——渗流速度，m/s；

k_b——透水材料的渗透系数，m/s；

n_c——透水材料的有效孔隙率。

四、边缘排水系统

边缘排水系统是指由沿着路面边缘设置的透水性填料集水沟、纵向排水沟、横向出水管和过滤织物组成的边缘排水系统。边缘排水系统是将渗入路面结构内的自由水，先沿路面结构层间的空隙或某一透水层次横向流入纵向集水沟和排水管，再由横向出水管排引出路基。这种排水方案常用于基层透水性较小的水泥混凝土路面，特别是用于改善排水状况不良的旧水泥混凝土路面。

水泥混凝土面层板的边缘和角隅处，由于温度和湿度梯度引起的翘曲变形作用，以及地基的沉降变形，常出现板底面同基层顶面的脱空。下渗的地表水易积聚在这些脱空的缝隙内，从而促使唧泥和错台等损坏缺陷的出现。设置边缘排水系统后，便可将面层、基层与路肩界面处积聚的自由水排离路面结构。对于排水状况不良的旧水泥混凝土路面，在采用边缘排水方案后，可以在不改变原路面结构的情况下改善其排水状况，从而提高原路面的使用性能和使用寿命。

然而，自由水在路面结构层内沿层内渗流的速率，要比向下渗流的速率慢许多倍，并且部分自由水仍有可能被阻封在路面结构内，因而边缘排水系统的渗流时间较长，路面结构处于潮湿状态的时间也比较长。

纵向排水管通常选用聚氯乙烯（PVC）或聚乙烯（PE）塑料管。排水管一般设3排槽口或孔口，其开口总面积不小于42cm^2/延米。管道的直径按设计流量由水力计算确定，通常在70 ~ 150mm范围内选用。

排水管的埋置深度，应保证不被车辆或施工机械压裂，并应超过当地的冰冻深度。在非冰冻地区新建路面时，排水管管底通常与基层底面齐平；在改建路面时，管道中心应低于基层顶面。排水管的纵向坡度宜与路线纵坡相同，但一般不得小于0.25%。

横向出水管选用不带槽或孔的聚氯乙烯塑料管，管径与排水管相同。其间和安全位置由水力计算并考虑邻近地面高程和公路纵横断面情况确定，一般在50 ~ 100m范围内选用。出水管的横向坡度不宜小于5%。埋设出水管所开挖的沟，应当用低透水性材料回填。出水管的外露端头应用镀锌铁丝网或格栅罩住。出水口的下方应铺设水泥混凝土防冲刷垫板或者对泄水道的坡面进行浆砌片石防护，以防止水流冲刷路基边坡和植物生长。出水的水流应尽可能排引至排水沟或涵洞内。

透水性填料由水泥处治的开级配粗集料组成，其孔隙率一般为15% ~ 20%。粗集料的最大粒径不大于40mm，粒径4.75mm以下的细粒含量不得超过16%，2.36mm以下的细粒含量不得超过6%。为避免带孔排水管被堵塞，透水性填料在通过率为85%时的粒径应比排水管槽口宽或孔口直径大1.0 ~ 1.2倍。水泥处治集料的配合比，应按透水性要求和施工要求通过试配确定。

集水沟底面的最小宽度，对于新建路面不应小于30cm，对于改建路面应能保证排水管两侧各有至少5cm宽的透水填料。透水填料的底面和外侧均应围以反滤织物（土工布），以防止垫层、基层和路肩内的细粒侵入而堵塞填料空隙或管孔。反滤织物可选用由聚酯类、尼龙或聚丙烯材料制成的无纺织物，这些反滤织物能透水，但细粒土不能随水透过。

五、排水基层排水系统

基层排水系统是直接在道路面层下设置透水性排水基层，在其边缘设置纵向集水沟和排水管以及横向出水管等，从而组成排水基层排水系统。

采用透水性材料作基层，使渗入路面结构内的水分，先通过竖向渗流进入排水层，然后横向渗流进入纵向集井沟和排水管，再由横向出水管排引出路基。排水基层排水系统，由于自由水进入排水层的渗流路径比较短，在透水性材料中渗流的速率快，其排水效果比边缘排水系统好得多，一般在新建路面时采用这种排水方案。排水基层设在面层下，作为路面结构的基层或基层的一部分，共同承受车辆荷载的作用。

排水层也可以采用横贯路基整个宽度的形式，不设置纵向集水，沟和排水管以及横向出水管。渗入排水层内的自由水和横向渗流，直接排泄到路基的坡面外。这种排水形式便于施工，但排水层在坡面出口处易生长杂草或被其他杂物堵塞，从而在使用一定时间后便可能失去排泄渗水的能力，这样集中积滞在排水层内的自由水反而会使路面结构，特别是路肩部分，更容易出现损坏。

在公路的一些特殊地段，如连续长纵坡坡段、曲线超高过渡段和凹形竖曲线段等，排水层内渗流的自由水有可能被堵封，或者渗流路径长度超过45m。在以上这些地段中，应增设横向排水管以拦截水流，缩短渗流的长度。

排水层的透水性材料，可以采用经水泥或沥青处治，或者未经处治的开级配碎石集料。未经处治碎石集料的透水性，一般比水泥或沥青处治的要低，其渗透系数在60 ~ 1000m/d范围内变动；而经水泥或沥青处治碎石集料的透水性，其渗透系数在1000 ~ 6000m/d范围内变动，其中沥青处治的碎石透水性略高于水泥处治的碎石。

工程实践证明，未经水泥或沥青处治的碎石集料，在施工摊铺时易于出现离析，在碾压时不易压实稳定，且易在施工机械行驶下出现推移变形，因此，在一般情况下，最好不采用这种材料作为排水基层。用作水泥混凝土面层的排水基层时，宜采用水泥处治开级配碎石集料，其最大粒径为25mm；用作沥青混凝土面层的排水基层时，宜采用沥青处治开级配碎石集料，其最大粒径为20mm。

材料的透水性同集料的颗粒组成情况有关，空隙率较大的组成材料，其渗透系数也较大，需要通过透水试验确定。

纵向集水沟应布置在路面横坡的下方。当行车道路面采用双向坡路拱时，在路面的两侧都应当设置纵向集水沟。集水沟的内侧边缘可以设在行车道面层边缘处，但有时为了避免排水管被面层施工机械压裂，或者避免路肩铺面受集水沟沉降变形的影响，也可以将集水沟向外侧移出60 ~ 90cm。当路肩采用水泥混凝土铺面时，集水沟内侧边缘可外移到路肩面层的边缘处。

排水基层下必须设置不透水垫层或反滤层，以防止表面水向下渗入垫层，防止浸湿垫层和路基，同时也防止垫层或路基土中的细粒进入排水基层而造成堵塞。

排水垫层按照路基全宽设在其顶面。过湿路基中的自由水上移到排水垫层内后，向两侧横向渗流。当路基为路堤时，水向路基坡面外排流；当路基为路堑或半路堑时，挖方坡脚处应当设置纵向集水沟、排水管和横向排水管。

设置的排水垫层，一方面要能渗水，另一方面要防止渗流带来的细粒堵塞透水材料。为此，在材料级配的组成上，要同时满足透水和反滤的要求。

第十一章　公路工程挡土墙设计

第一节　挡土墙的分类及其选型原则

一、挡土墙的类型

挡土墙广泛用于支撑路堤或路堑边坡、隧道洞口、桥梁两端及河流岸壁等，也常用于整治塌方、滑坡等路基病害。在公路工程中，挡土墙可以按所处环境条件不同分类、按结构特点不同分类和按墙体材料不同分类等进行分类。

1. 按环境条件不同分类

按所处环境条件不同分类，可分为一般地区挡土墙、浸水地区挡土墙和地震地区挡土墙等。一般地区挡土墙按挡土墙的设置位置不同，可分为路肩挡土墙、路堤挡土墙、路堑挡土墙和山坡挡土墙等。

（1）路肩挡土墙是指墙顶置于路肩的挡土墙，可以防止路基边坡或基底微动，确保道路路基的稳定，同时可以收缩填土坡脚，不仅可以减少填方数量，减少拆迁和占地面积，而且保护临近线路的既有重要建筑物，达到降低工程造价的自的。滨河及水库的路堤，在傍水一侧设置挡土墙，还可以防止水流对路基的冲刷和浸溃，也是减少压缩河床或增加库容的有效措施。

（2）路堤挡土墙是指能支撑路堤边坡，墙顶以上还有一定的填土高度的挡土墙。路堤挡土墙可以防止路基边坡或基底滑动，确保路基的稳定，同时也可收缩坡脚，降低边坡的高度，减少填方数量，也能减少拆迁和占地面积，保护临近建筑物。

（3）路堑挡土墙是指稳定路堑边坡的挡土墙，它设置在堑坡的底部，主要用于支撑开挖后不能自行稳定的边坡，同时可减少挖方数量，避免破坏山体的平衡，同时也可用以支挡不良地质地段可能滑坍的山体。

（4）山坡挡土墙是指支挡可能坍滑的覆盖层土体或破碎岩层的挡土墙，主要设置在堑坡的上部，用于支挡山坡上可能坍滑的覆盖层，有的也兼有拦挡滚石的作用。

此外，设置在隧道口或明洞口的挡土墙，可缩短隧道或明洞的长度，大大降低工程的造价。设置在桥梁两端的挡土墙，作为翼墙或桥台，起着护台及连接路堤的作用；抗滑挡土墙则主要起着防治滑坡的作用。

靠填土（或山体）一侧为墙背或仰斜；外露的一侧为墙胸或墙面；墙胸与墙底的交线为墙趾；墙背与墙底的交线为墙踵。墙背与铅垂线的交角为墙背倾角，一般用“《”表示，工程中常用单位墙高与其水平长度之比来表示，即可表示为1：n；墙踵到墙顶的垂直距离称为墙高，一般用H表示。

此外，为计算土压力而采用的名称有地面倾角 β 、墙背摩擦角（即墙背与填土之间的摩擦角）δ 。

2. 按结构形式不同分类

挡土墙类型的划分方法较多，一般以挡土墙的结构形式分类为主，常见的挡土墙形式有：重力式、衡重式、悬臂式、扶壁式、加筋土式、锚杆式和锚定板式。各类挡土墙的适用范围取决于墙址地形、工程地质、水文地质、建筑材料、墙的用途、施工方法、技术经济条件及当地的经济等因素。

3. 按墙体材料不同分类

公路路基的挡土墙按墙体材料不同，可分为石砌挡土墙、钢筋混凝土挡土墙、混凝土挡土墙和钢板挡土墙等。

二、挡土墙的选型原则

不同类型的挡土墙，其受力特点、工作机理有所不同。挡土墙类型的选择应根据支挡填土或土体求得稳定平衡的需要，研究荷载的大小和方向、基础的埋置深度、地形地质条件、与既有建筑物平顺衔接、容许的不均匀沉降、可能的地震作用、墙壁的外观要求、环境保护的特殊要求、施工的难易程度和工程造价要求等，经过综合比较后确定。在一般情况下，可按照以下原则进行选型。

（1）材料选择浆砌片石挡土墙取材容易，施工比较简便，适用范围比较广泛。在山区公路工程中，石料资源较为丰富，在挡土墙高≤10m时，因地制宜，采用浆砌片石砌筑，可以较好地满足经济、安全方面的要求。

（2）截面形式选择根据挡土墙结构类型及其特点分析，当墙高<5.0时，采用重力式挡土墙，可以发挥其形式简单，施工方便的优势。同时，由于山区公路地面横坡比较陡峭，若采用仰斜式挡土墙，会过多增加墙高，断面增大，造成浪费（增大断面，造价较高），采用俯斜式挡土墙会比较经济合理。一般在路堑墙、墙趾处地面平缓的路肩墙或路堤墙等情况下，才考虑采用仰斜式挡土墙。当墙高≥5.0且地基条

件较好时，采用衡重式挡土墙，可以有效地减小截面，节省材料。

（3）位置选择在挖方边坡比较陡峭时，采用路堑挡土墙，可以降低边坡高度，减少山坡开挖，避免破坏山体平衡；在地质条件不良情况下，还可以支挡可能坍滑的山坡土体。对于采用路肩挡土墙或路堤挡土墙，应结合具体条件考虑，必要时应作技术经济比较。因为路堤挡土墙承受荷载较大，受力条件较为不利，截面尺寸也较大，所以在路堤墙与路肩墙的墙高或截面圬工数量较为接近，基础情况相仿时，采用路肩墙比较有利。

三、路基挡土墙的一般规定

路基挡土墙是道路工程中非常重要的组成部分，应当和公路的主体结构设计一样，认真对待，精心设计。在行业标准《公路路基设计规范》（JTGD30—2004）中，对路基挡土墙的设计做出如下一般规定。

（1）挡土墙的类型应综合考虑工程地质、水文地质、冲刷深度、荷载作用情况、环境条件、施工条件、工程造价等因素，按照表6–1中的规定选用。

（2）在勘察设计阶段，应对挡土墙地基基础进行综合地质勘察，查明地基地质条件和地基承载能力。设计过程中应分析预测挡土墙对环境产生的影响，确定必要的环境保护方案和植物防护措施；在施工阶段应采用合理的施工方法，尽量减少对环境和相邻路基段的不利影响。

（3）挡土墙可以采用锥坡与路堤连接，墙端应伸入路堤内不小于0.75m，锥坡坡率宜与路堤边坡一致，并宜采用植草防护措施。挡土墙端部嵌入路堑原地层的深度：土质地层不应小于1.5m，风化软质岩层不应小于1.0m，微风化岩层不应小于0.5m。

（4）应当根据挡土墙墙背渗水量合理布置排水构造物。具有整体式墙面的挡土墙应设置伸缩缝和沉降缝。

（5）挡土墙墙背填料宜采用渗水性强的砂性土、砂砾、碎石、砾石、粉煤灰等材料，严禁采用淤泥、腐殖土、膨胀土，也不宜采用黏土作为填料。在季节性冻土地区，不应采用冻胀性材料作填料；路肩式挡土墙的顶面宽度不应占据硬路肩、行车道及路缘带的路基宽度范围，其上部应呈设置防护栏。高速公路和一级公路的护栏设计，应当符合行业标准《公路交通安全设施设计规范》（JTGD81—2006）和《公路交通安全设施施工技术规范》（JTGF71—M06）中的有关规定。

第二节　重力式挡土墙与加筋式挡土墙的设计

一、重力式挡土墙的设计

重力式挡土墙指的是依靠墙身自重抵抗土体侧压力的挡土墙，它是我国目前最常用的一种挡土墙形式。重力式挡土墙是以自重来维持平衡稳定，因此墙身断面尺寸较大，圬工数量也大，在软弱地基上修建往往受到承载力的限制。如果墙身过高，材料消耗则多，工程造价必然也高。

重力式挡土墙可用块石、片石、混凝土预制块作为砌体，或采用片石混凝土、混凝土进行整体浇筑；半重力式挡土墙可采用混凝土或少筋混凝土浇筑。

1. 重力式挡土墙的构造

重力式挡土墙虽然圬工量较大，但由于其具有形式简单、施工方便、就地取材、适应性强，所以被广泛采用。公路工程中常见的重力式挡土墙，由墙身、基础、填料、排水与接缝等部分组成。

（1）墙身

挡土墙的墙身构造应在满足强度和稳定性要求的前提下，按照结构合理、断面经济和施工方便等原则来确定。挡土墙的墙身由墙背、墙面、墙顶和护栏等部分组成。

1）挡土墙的墙背

重力式挡土墙按墙背倾角的不同，可分为仰斜式、垂直式、俯斜式、凸形折线式和衡重式等几种。

以仰斜式、垂直式和俯斜式三种不同的墙背所受的土压力分析，在其他条件均相同时，仰斜式墙背所受的压力为最小，断面尺寸较小，开挖回填量也较小，适用于路堑墙挡土墙；墙背的坡度不宜缓于1：0.3，以免施工困难。

俯斜式墙背的坡度一般宜控制在（1：0.25）~（1：0.45）范围内。在地面横坡比较陡峭时，可以采用陡直墙面，以减少墙的高度，也可将墙背做成台阶，以增大墙背与填料的摩擦力，垂直墙背的特点介于仰斜式墙背与俯斜式墙背之间。

俯斜式墙背的坡度一般宜控制在（1：0.25）~（1：0.45）范围内。在地面横坡比较陡峭时，可以采用陡直墙面，以减少墙的高度，也可将墙背做成台阶，以增大墙背与填料的摩擦力，垂直墙背的特点介于仰斜式墙背与俯斜式墙背之间。

凸形折线式墙背是将仰斜式墙背的上部改为俯斜式，以减小上部墙身的断面尺寸。这种墙背多用于路堑挡土墙，也可用于路肩挡土墙。

衡重式墙背是在上下墙之间设置衡重台，前面并用陡直墙面，这种墙背适合于山区陡峭处路肩挡土墙和路堤挡土墙，也可用于路堑挡土墙。一般上下墙身高的比例 h/h_2=67。

2）挡土墙的墙面

挡土墙的墙面一般设置为平面，其坡度应与墙背坡度相协调。墙面坡度直接影响挡土墙的高度。因此，在地面横坡较陡时，墙面坡度一般为（1：0.50）~（1：0.20），矮挡土墙可采用陡直墙雨；当地面比较平缓时，墙面坡度一般设为（1：0.20）~（1：0.35），这样比较经济。

3）挡土墙的墙顶

挡土墙的墙顶应具有一定的宽度，浆砌块（片）石墙顶的最小宽度为0.50m，干砌块（片）石为0.60m。路肩挡土墙加混凝土或粗料石台帽时，帽的一般厚度不小于0.40m，顶部帽檐悬出的宽度为0.10m。如果不做顶帽，或为路堤挡土墙和路堑挡土墙时，墙顶应用大块石砌筑，并用砂浆勾缝，或用厚为2cm的M5.0砂浆抹平顶面。干砌挡土墙墙顶5cm高度内，应用M2.5砂浆砌筑，以增加墙身的整体性和稳定性。干砌块（片）石挡土墙的高度一般不宜大于6m。

4）挡土墙的护栏

为保证交通安全，在非封闭性的公路上，挡土墙高于6m且挡土墙连续长度大于20m，或挡土墙外为悬崖，或地面横坡陡于1：0.75且挡土墙连续长度大于20m，靠近居民点或行人较多的路段且挡土墙高于3m时的路肩挡土墙，墙顶应设置人行防护栏杆。

为保持路肩最小宽度，护栏内侧边缘距路面边缘的距离，二级、三级公路不应小于0.75m；四级公路一般不应小于0.50m，外侧距离顶边缘不应小于0.10m。高速公路和一级公路防撞护栏应设在土路肩宽度内。

（2）基础

工程实践证明，路基挡土墙的破坏，大多数是由于基础处理不合理而引起的。因此，在进行挡土墙设计时，应对其基底条件进行充分调查，必要时进行钻探或挖探，然后确定基础类型和埋置深度。挡土墙的基础，应根据地形和地质条件埋置足够的深度，以保证挡土墙的稳定性。

对于土质地基，基底埋置深度一般应在天然地面以下不小于1.0m，加筋土挡土墙的面板基础不得小于0.60m；受水流冲刷时，应在冲刷线以下不小于1.0m；有防冻害要求时，应在冻结线以下不小于0.25m。

对于岩石地基，应清除表面的风化层；当风化层较厚难以全部清除时，可根据岩石的风化程度及相应的容许承载力，将基底埋置于风化层中。当墙趾前地面横坡较大时，基础除嵌入岩层一定深度外，还应留出足够的襟边宽度，以防止墙趾前地基剪切破坏，墙趾部埋入具体深度和距地面水平距离，应符合规定的要求。

当挡土墙位于地质不良（如滑坡）地段，地基内可能会出现滑动面时，基础底面应埋置在滑动面以下，稳定岩层中的深度应不小于0.50m，稳定土层中的深度应不小于2.0m，或者采取其他技术措施，防止挡土墙随滑动土体产生滑动。

一般挡土墙都直接修筑在天然地基上。当地基承载力不足、地形平坦而墙身较高时，为了减小基底应力和增加抗倾覆能力，常采用扩大基础。基础加宽宽度，一般不小于0.20m；基础高度按加宽部分的抗剪、抗弯拉强度或材料刚性角的要求确定。当遇到软弱的地基时，可采用人工加固等措施。

当挡土墙砌筑在横坡较陡的坚硬岩石地基上时，为减少基坑开挖量和节省圬工，可将基础底面做成台阶形。台阶的高宽比不应大于2∶1，台阶宽度不小于0.50m。挡土墙受滑动稳定控制时，可采用倾斜基底或凸榫基底，以提高挡土墙的抗滑能力。

（3）填料

挡土墙后采用何种填料，对其抗倾覆能力有很大影响。一般应采用透水性好的砂砾或碎石材料，以便迅速通过排水孔将水排出，减少挡土墙的侧向土压力和水压力，避免采用黏性土和膨胀性土。

对于加筋体挡土墙，为增加拉筋与填料间的摩擦力，宜选用饱水内摩擦角大于25° 的砂砾等材料，但最大颗粒的尺寸不应超过25cm，或受加筋层间距的限制，且粒径大于15cm的颗粒不得超过25%。使用金属的墙面（钢板）和拉筋时，为防止金属遭受严重锈蚀，还应限制填料的pH和电阻率等。

（4）排水

挡土墙排水的主要作用，在于疏干渗入墙后土体和防止地表水下渗后积水，以免墙后积水致使墙身承受额外的静水压力；减少季节性冰冻地区填料的冻胀压力；消除黏性土填料浸水后的膨胀压力。

挡土墙的排水措施通常由地面排水和墙身排水两部分组成。地面排水主要是防止地表水渗入墙后土体或地基。地面排水的主要措施有：①设置地面排水沟，截引地表水；②夯实回填土顶面和地表松土，防止雨水和地表水下渗，必要时可设铺砌层；③路堑挡土墙墙趾前的边沟应予以铺砌加固，以防止边沟内的水渗入基础。

墙身排水主要是为了排除墙后的积水，防止积水产生对墙体较大的水压力，通常在墙前地面以上设置排水孔。当挡土墙墙身高度较大时，可在墙上部适当高度处加设布置一排或数排泄水孔。泄水孔的尺寸可视泄水量大小，分别采用0.05mm×0.10m、0.10mm×0.10m、0.15mm×0.20m的方孔，或者直径为0.05mm ~ 0.20m的圆孔。泄水孔的间距一般为2 ~ 3m，干旱地区可适当增大，多雨地区则可减小；浸水挡水墙为1.0 ~ 1.5m。

泄水孔应上下交错设置，最下边一排泄水孔的出水口应高出地面0.30m；如为路堑挡土墙，应高出边沟水位0.30m；浸水挡土墙则也应高出正常水位0.30m。下排泄水孔进水口的底部，应铺设0.30m厚的黏土层并夯实，以防止水分渗入基础。泄水孔的进水口部分应设置粗粒料反滤层，以防止泄水孔淤塞。干砌挡土墙块体之间孔隙较大，不必设置泄水孔。

当挡土墙后的填料透水性差（如黏性土），并容易产生积水或有冻胀可能时，在墙身和面板背后应设置排水层、反滤层或防冻层，以便加强泄水，防止细粒材料被渗出水流带走，并减轻墙背和面板承受的水压力、膨胀力及胀力。

（5）接缝

为避免因地基不均匀沉陷而引起墙身开裂，根据墙高和地基性质的变异、墙身断面的变化情况需设置沉降缝。在平曲线地段，挡土墙可按折线形布置，并在转折处以沉降缝断开。同时，为了减少圬工砌体因收缩硬化和温度变化作用而产生裂缝，需设置伸缩缝。

在实际工程设计中，一般将沉降缝和伸缩缝合并设置，沿路线方向每隔10 ~ 15m设一道，岩石地基也不宜超过25m。当墙身位于平曲线外侧时，受力情况与平行路基的直线挡土墙不同，受力后沿着墙的延长切线方向产生，容易出现竖向裂缝，应当缩短伸缩缝间距，或采取其他相应措施，缝的宽度为2 ~ 3cm，自墙顶做到基底。

对于高速公路及一级公路，或在渗水量大、填料易于流失和冻害严重的地区，缝内宜采用沥青麻绳或沥青木板等具有弹性的材料；对于二级及二级以下公路，也可以采用胶泥，沿内、外、顶三侧进行填塞，填塞深度不宜小于0.15m；当墙背为岩石路堑或填石路堤，且为冻害不严重的地区，也可不填塞，即设置空缝。干砌挡土墙可不设置沉降缝与伸缩缝。

2. 重力式挡土墙设计内容及注意事项

（1）重力式挡土墙设计主要内容

重力式挡土墙的设计内容，主要包括以下三个方面。

1）应根据现场的实际情况，进行挡土墙的墙体材料、墙体形式和基础埋置深度的选择，然后初步拟定墙身各部位的结构尺寸。

2）根据土力学和水力学的原理，计算作用于挡土墙上的荷载，其中包括土压力和水压力的计算。

3）验算在各种荷载的组合系作用下，挡土墙沿基底的滑动稳定性、绕基础趾部转动的倾覆稳定性和基底的压应力及墙身截面强度检算。

在以上各种设计图上，还应标写简要的说明。必要时可另外编制设计说明书，说明选用挡土墙方案的理由，选用挡土墙结构类型和设计参数的依据，对材料和施工要求及注意事项，主要工程数量等。如果挡土墙系采用标准图，应注明其编号。

（2）重力式挡土墙设计注意事项

在进行重力式挡土墙设计时，应根据地形、地质等资料综合考虑结构类型、材料情况与施工条件等因素，确保挡土墙的使用功能和稳定性。在挡土墙设计中，应注意以下事项。

1）广泛收集、认真分析地形、地质、填料性质及荷载条件等资料。根据平面布置，结合当地经验和现场地质条件，参考同类或已建成挡土墙经验，初步选定挡土墙的类型、尺寸。

2）填料的技术指标（如表观密度 γ、内摩擦φ、黏聚力C、墙背摩擦角 δ 等），直接关系到挡土墙的安全性和经济性。在进行设计前，应通过试验确定，尽可能取得准确的、符合实际的数值。

3）多雨地区及冰冻地区，在挖方路段上设置挡土墙时，应考虑到雨季冻融季节土体含水量的增加，会使填料的内摩擦角降低较多，对挡土墙的稳定性影响很大。在这类挡土墙设计和施工时，应特别引起注意。

4）基础是保证挡土墙安全和正常工作的一个重要部分，很多挡土墙的破坏是因为基础设计不当而引起的。在进行基础设计时，必须充分掌握地基的工程地质与水文地质条件，在安全、可靠、经济的情况下，确定基础的类型、埋置深度及地基处理措施。在自然滑坡等不稳定地基上，尽量不设挡土墙；对于岩层倾斜（滑向山坡外侧）、表层软弱、横坡较陡的岩层上设挡土墙时，应尽量少进行开挖，以免破坏岩层的天然稳定状态。

5）当地面横坡较大时，在比较坚硬的岩石地段，为增加挡土墙基础的稳定性，可以做成台阶状的基础。

6）当墙顶设有护栏、护墙时，应采取有效措施，防止护墙、护坡沿着土体表面下滑。如在护墙、护坡背后设置耳墙，或做成粗糙面，使其与土体密贴；或在护墙、护坡与挡土墙顶部接触处设置变坡平台。必要时应根据计算加大挡土墙墙身断面。

7）经常受侵蚀性环境水作用的挡土墙，应采用抗侵蚀的水泥砂浆砌筑或抗侵蚀的混凝土浇筑，否则应采取其他的防护措施。

8）沿河、滨湖、水库地区或在海岸附近的挡土墙，由于基底经常受到水流冲刷或波浪的侵袭，会导致墙身的整体破坏。因此，为防止基底淘刷应注意加固与防护；浸水挡土墙墙后应尽量采用渗水材料填筑，以有利于迅速排出墙后积水，减少由于水位涨落而引起的动水压力；处于地震频繁地区的挡土墙，当相邻两段的地面标高不同时，应在标高变化处，设置必要的接缝。

3. 挡土墙的具体布置

在设置挡土墙的地段，应根据墙址处的地形、地质和水文等情况，考虑材料来源和施工条件，结合技术经济等比较，进行挡土墙的布置和设计，路基挡土墙的布置，一般包括具体位置、纵向布置、横向布置和平面布置。

（1）挡土墙的具体位置

根据现有工程的实践经验，路堑挡土墙大多数设置在边沟一旁。山坡挡土墙应考虑设在基底的可靠处，墙的高度应保证墙后、墙顶以上边坡的稳定。

当路肩挡土墙与路堤挡土墙的墙高或截面圬工数量相近、基础情况相似时，由于路肩挡土墙可充分收缩坡脚，大量减少填方和占地，降低工程造价，所以应优先选用路肩挡土墙，按路基宽布置挡土墙的位置。如果路堤挡土墙的高度或圬工数量比路肩挡土墙显著降低，而且基础非常可靠时，宜选用路堤挡土墙，并进行技术经济比较后确定挡土墙的位置。

当沿着河流路堤设置挡土墙时，应结合河流具体情况进行布置，注意在设置土墙后仍能保持水流顺畅，不至于挤压河道而引起局部冲刷。

（2）挡土墙的纵向布置

挡土墙的纵向布置，在墙脚纵断面图上进行，布置后绘制成挡土墙的正面图，如图6–4所示。挡土墙纵向布置的内容，主要包括以下几个方面。

1）确定挡土墙的起迄点和挡土墙的长度，选择挡土墙与路基或其他结构物的衔接方式。路肩挡土墙端部可以嵌入石质路堑中，或采用锥坡与路堤衔接。在与桥台连接时，为了防止墙后回填土从桥台尾端与挡土墙连接处溜出，需在台尾与挡土墙间设置隔墙及接头墙。

路堑挡土墙在隧道洞口应结合隧道洞门、翼墙的设置情况平顺衔接；与路堑边坡衔接时，一般将墙高逐渐降低至2.0m以下，使边坡坡脚不致伸入边沟内，有时也可用横向端墙进行连接。

2）按照地基、地形及墙身断面变化情况进行合理分段，从而确定伸缩缝和沉降缝的位置。

3）布置各段挡土墙的基础。墙趾地面有纵坡时，挡土墙的基底宜做成不大于5%的纵坡。但地基为岩石时，为减少开挖量，可沿纵向做成台阶。台阶尺寸应视纵坡大小而定，但其高宽比不宜大于1：2。

4）布置泄水孔的位置，主要包括泄水孔的数量、间隔和尺寸等；在挡土墙布置图上，应注明各特征断面的桩号，以及墙顶、基础顶面、基底、冲刷线、冰冻线、常水位线或设计洪水位的标高等。

（3）挡土墙的横向布置

挡土墙的横向布置，应选择在墙高最大处、墙身断面或基础形式有变异处，以及其他必需桩号处的横断面图上进行。根据墙型、墙高及地基与填料的物理力学指标等设计资料，进行挡土墙设计或套用已建设计图，确定墙身断面、基础形式和埋置深度，并布置排水设施等，绘制出挡土墙横断面图。

（4）挡土墙的平面布置

对于个别结构比较复杂的挡土墙，如高、长的沿河挡土墙和曲线挡土墙，除了进行纵向和横向布置外，还应当进行平面布置，绘制出平面布置图，标明挡土墙与路线的平面位置及附近地貌、地物等情况，特别是与挡土墙有干扰的建筑物的情况。沿河挡土墙还应绘出河道及水流方向、其他防护与加固工程等。

4. 重力式挡土墙稳定性设计

（1）作用于挡土墙上的力系

作用于挡土墙上的力系，根据荷载性质的不同主要包括永久荷载、可变荷载和偶然荷载三类。

1）永久荷载

作用于挡土墙上的永久荷载，是指长期作用于挡土墙上的固定荷载，永久荷载主要包括以下几种：①墙身的自重G；②由墙背填土产生的主动土压力Ea，又可分解为水平土压力Ex与竖向土压力Ey；③墙顶上的有效荷载W_o；④填土（包括基础襟边以上土）的自重；⑤基底的法向反力N及摩擦力T；⑥墙体前土体的被动土压力Ep。

2）可变荷载

作用于挡土墙上的可变荷载，是指在结构的设计使用期内，其值可变化且变化值与平均值相比不可忽略的荷载，它主要包括以下几种：①车辆荷载引起的土侧压力；②人群荷载、人群荷载引起的土侧压力；③水位退落时的动水压力；④流水压力；⑤波浪压力；⑥冻胀压力和冰压力；⑦温度变化影响力；⑧与各类挡土墙施工有关的临时荷载。

可变荷载可分为基本可变荷载、其他可变荷载和施工荷载，其中前两项为基本可变荷载，第3 ~ 7项为其他可变荷载，第8项为施工荷载。

3）偶然荷载

偶然荷载是指在结构的设计使用期内偶然出现（或不出现）的荷载，这种荷载是暂时的或属于灾害性的，其发生概率极小，但是一种数值很大、持续时间很短的荷载，如地震力、滑坡和泥石流的作用力、作用于墙顶护栏上的车辆碰撞力等。

在进行挡土墙设计时，应当根据可能同时出现的作用荷载，选择可能不利的荷载组合。常用的荷载组合如表11–1所示。

表11–1　常用的荷载组合

组合		荷载名称	
I	挡土墙结构自重力、墙顶上的有效永久荷载、填土重力、填土侧压力及其他永久荷载组合	Ⅱ	组合I与基本可变荷载相组合
		Ⅳ	组合Ⅱ与其他可变荷载、偶然荷载相组合

（2）挡土墙稳定性设计的原则

挡土墙稳定性设计按“分项安全系数极限状态”法进行。挡土墙设计分承载力极限状态和正常使用极限状态。

承载力极限状态是当挡土墙出现以下任何一种状态，即认为超过了承载力极限状态：①整个挡土墙或挡土墙的一部分作为刚体失去平衡；②挡土墙构件或连接部件因材料强度超过而破坏，或因过度塑性变形而不能再继续承载；③挡土墙结构变为机动体系或局部失去平衡。

正常使用极限状态是挡土墙出现下列任何一种状态，即认为超过了正常使用极限状态：①影响正常使用或外观变形；②影响正常使用或耐久性的局部破坏；③影响正常使用的其他特定状态。

挡土墙构件承载能力极限状态，可用下式表示：

$$r_0(r_G S_{GK}+r_{Q1}S_{Q1K}+\sum r_{Qi}\varphi_{ci}S_{QiK})\geq R_k/r_k$$

式中　r_0——结构重要系数，对高速公路和一级公路：墙局≤5m时，$r_0=1.0$；墙高≥5m时，$r_0=1.1$；

r_G——垂直恒荷载引起的效应分项系数；

r_{Q1}——恒荷载及汽车活荷载的土压力效应分项系数；

n——抗力安全系数；

r_{Qi}——其他荷载效应分项系数（i≥2）；

S_{GK}——恒荷载效应（包括挡土墙自重及后踵板上或基础襟边以上的土重）；

S_{Q1K}——恒荷载及汽车活荷载的土压力效应；

S_{QiK}——其他荷载效应（G≥2）；

φ_{ci}——荷载效应组合系数；

R_k——构件抗力标漏值。

（3）计算状态及荷栽系数

挡土墙计算状态及荷载系数，分为以下几种情况。

1）承载能力极限状态分项荷载系数，见表11-2所示。

表11-2　承载能力极限状态分项荷载系数

情况	荷载增大对挡土墙起有利作用时		荷载增大对挡土墙起不利作用时	
组合	Ⅰ、Ⅱ	Ⅲ	Ⅰ、Ⅱ	Ⅲ
垂直恒载 r_G	0.90		1.20	
恒载或车辆荷载、人群荷载的主动土压力 r_{Q1}	1.00	0.95	1.40	1.30
被动土压力 r_{Q2}	0.30		0.50	
水浮力 r_{Q3}	0.95		1.10	
静水压力 r_{Q4}	0.95		1.05	
动水压力 r_{Q5}	0.95		1.10	

2）正常使用极限状态。除被动土压力用0.50外，其他全部荷载系数规定采用1.0。

3）当对挡土墙进行基础合力偏心距和圬工结构合力偏心距计算时，除被动土压力用0.50外，其他全部荷载系数规定采用1.0。

（4）挡土墙稳定性验算

挡土墙稳定性验算，主要包括抗滑稳定性验算和抗倾覆稳定性验算两种情况。

1）抗滑稳定性验算

为保证挡土墙抗滑稳定性，应验算在土压力及其他外力的作用下，基底摩阻力抵抗挡土墙滑移的能力。如图11-1所示，在一般情况下可用下式进行验算：

$$(0.9G-r_{Q1}Ey)\mu+0.9G\tan a_o \geq r_{Q1}Ex$$

式中　G——挡土墙的重力，kN，浸水挡土墙的浸水部分应计入浮力；

Ey——墙背主动土压力的垂直分力，kN；

E_x——墙背主动土压力的水平分力，kN；

μ——基底摩擦系数，可通过现场试验确定，无试验资料时，可参考表11–3中的经验数据；

a_o——基底的倾斜角，(°)；

r_{Q1}——主动土压力分项系数，当荷载组合为Ⅰ、Ⅱ时，r_{QI}=1.4；当荷载组合为Ⅲ时，r_{QI}=1.3。

表11–3　基底摩擦系数μ参考值

地基土分类	基底摩擦系数μ	地基土分类	基底摩擦系数μ
软塑黏土	0.25	亚砂土、亚黏土 半干硬黏土	0.30 ~ 0.40
硬塑黏土	0.30		
砂类土	0.40	软质岩石	0.40 ~ 0.60
碎石类土	0.50	硬质岩石	0.60 ~ 0.70

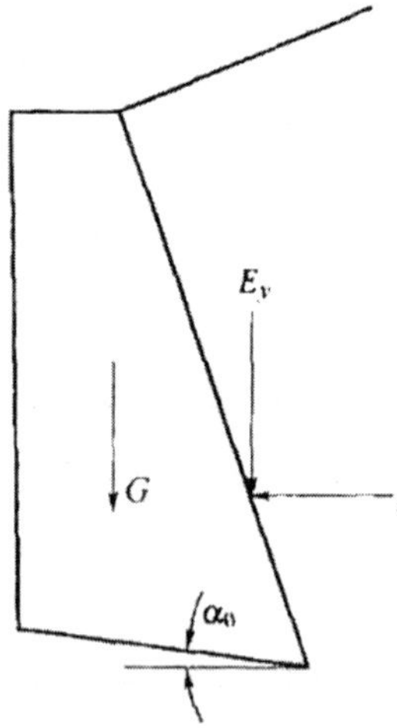

图11–1　挡土墙抗滑动稳定计算示意图

在计算作用于挡土墙墙背上的主动土压力时，可按照库仑理论计算。并应进行墙背后填料的土质试验，确定填料的物理力学指标。当缺乏可靠试验数据时，填料的内摩擦角可参考表11–4中的数值选用。

表 11-4　填料内摩擦角或综合内摩擦角

填料种类		综合内摩擦角 φo（°）	内摩擦角 φ（°）	重度 /（kN/m^3）
黏性土	墙高 H ≤ 6m	35 ~ 40	—	17 ~ 18
	墙高 H ≥ 6m	30 ~ 35	—	
碎石、不易风化的块石		—	45 ~ 50	18 ~ 19
大卵石、碎石类土、不易风化岩石碎块		—	40 ~ 45	18 ~ 19
小卵石、砾石、粗砂、石屑		—	35 ~ 40	18 ~ 19
中砂、细砂土、砂质土		—	30 ~ 35	17 ~ 18

挡土墙的抗滑动稳定系数Kc，可按下式计算：

$$K_c = \frac{\left[N + \left(E_x - E'_p\right)\tan a_o\right]\mu + E'_p}{E_x - N\tan a_o}$$

式中　N——作用于基底上合力的竖向分力,kN，浸水挡土墙应计浸水部分的浮力；

E’p——墙前被动土压力水平分力的0.3倍，kN。

其余符号意义同前。

2）抗倾覆稳定性验算

为保证挡土墙抗倾覆稳定性，必须验算它抵抗墙身绕墙趾向外转动倾覆的能力。如图11-2所示，在一般情况下可用下式进行验算：

$$0.9GZ_G+r_{QI}(EyZx—ExZy)>0$$

式中　Z_G——墙身、基础及其上的土重合力重心到墙趾的水平距离，m；

Zx——土压力垂直分力作用点到墙趾的水平距离，m；

Zy——土压力水平分力作用点到墙趾的水平距离，m。

挡土墙抗倾覆稳定系数可按下式计算：

$$Ko = \frac{GZ_G + EyZx + E'pZy}{ExZy}$$

式中　Zx——墙前被动土压力的水平分力到墙趾的水平距离，m。

在验算挡土墙的稳定性时，一般均未计墙趾前土层对墙面所产生的被动土压力。如果验算结果不满足以下要求，则表明挡土墙的抗滑稳定性或抗倾覆稳定性不够，应改变墙身断面尺寸重新核算，直至完美符合要求。

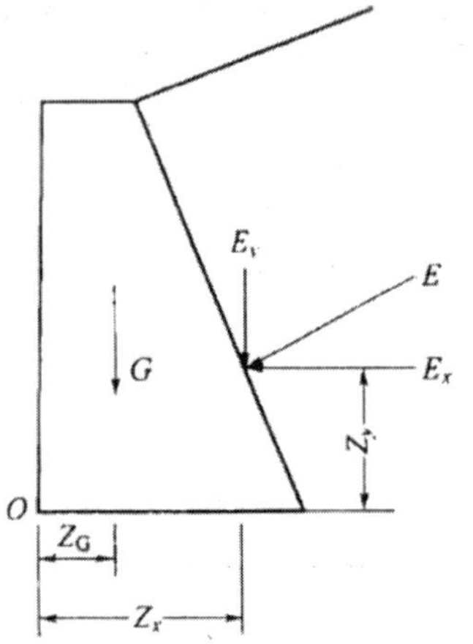

图11-2 挡土墙抗倾覆稳定 计算示意图

（5）基底应力及合力偏心距验算

为了保证挡土墙基底应力不超过地基承载力，应进行基底应力验算；同时，为了避免挡土墙出现不均匀沉陷，应当控制作用于挡土墙基底的合力偏心距。

1）基底压应力计算

轴心荷载作用时，可用下式进行计算：

$$P=N/A$$

$$N=(Gr_G+r_{QI}Ey-W)\cos a_{\circ}+r_{QI}Ex\sin a_{o}$$

式中 P——挡土墙基底平均压应力，kPa；

N——基础底面每延米的面积，即基础宽度B×1.0，m^2；

A——每延米作用于基底的总竖向力设计值，kN；

Ey——墙背主动土压力（含附加荷载引起的）的垂直分力，kN；

Ex——墙背主动土压力（含附加荷载引起的）的水平分力，kN；

W——低水位（指常年淹没水位）浮力，kN.

偏心荷载作用时，根据《公路路基设计规范》（JTGD30—2004）中的规定作用于基底的合力偏心距可用下式计算：

$$e=B/2-Z_N$$

$$Z_N=\frac{\Sigma My-\Sigma Mo}{\Sigma N}$$

①当e≤B/6时，基底边缘的最大和最小压应力，可分别用下面两式计算：

$$P_{max}=\frac{N_1}{A}\left(1+\frac{6e}{B}\right)$$

$$P_{min}=\frac{N_1}{A}\left(1+\frac{6e}{B}\right)$$

式中　Pmax　——基底边缘最大压应力设计值，kN；

Pmin　——基底边缘最小压应力设计值，kN；

B——基础的宽度，m，倾斜基底为其斜宽；

A——基础底面每延米的面积，矩形基础为基础宽度B×1，m^2；

N_1——作用于基底上的垂直力组合设计值（kN/m），$N_1=Gr_G+r_{QI}Ey-W$，$r_G=0.90$。

当基底有倾斜度时：$N=(Gr_G+r_{QI}Ey-1.1W)\cos a_o 3+r_{QI}ETsina_o$

②对于岩石地基，当e>B/6时，此情况可以不考虑地基拉应力，而压应力重新分布如下：

$$Pmax—2N_l/3C，Pmin=0$$

$$C=B/6—e（e\leqslant B/2）$$

2）基底合力偏心距

现行的《公路路基设计规范》（JTGD30—2004）中规定：挡土墙基底合力偏心距，对于土质地质不应大于B/6，对于岩石地基不应大于B/4。基底压应力不应大于基底的容许承载力（σ_0）；基底容许承载力值，可以按照现行《公路桥涵地基与基础设计规范》（JTGD63—2007）中的规定采用，当为荷载组合Ⅲ及施工荷载，且（σ_0）>150kPa时，可以提高25%。

二、加筋式挡土墙设计

加筋土挡土墙自20世纪60年代初问世以来，以其具有的显著技术经济效益，越来越广泛地应用于土木工程中。尤其是亨利·华达尔（Henry·Vidal）于1963年通过三轴试验，充分证明在土中加入少量纤维材料，可提高土的强度3～4倍，提出了加筋土方法并取得专利。随后，这项技术在加筋土挡墙和桥台中广泛应用。

1. 加筋土挡土墙的概述特点与原理

（1）加筋土挡土墙的主要特点

通过40余年的科学试验和工程实践，加筋土技术已经逐渐完善成熟，并显示出以下主要特点。

1）利用加筋土可以做成很高的垂直填土，从而可以减少占地面积，这对于不利开挖的地区、城市道路以及土地珍贵地区，具有巨大的经济效益和社会效益。

2）加筋土挡土墙的面板、筋带等，可以在工厂中定型制造与加工，在施工现场可以用机械分层浇筑。这种装配式施工方法非常简单、快速，并且可节省劳力和缩短工期。

3）加筋土挡土墙是一种柔性结构物，其柔性性质对地基要求不很严格，能适应地基较大的变形，可适用于较软的地基上。同时，由于加筋土结构所特有的柔性能够很好地吸收地震的能量，其抗震性能良好；加筋土挡土墙所用的材料，均是路桥工程常用的一般材料，且填料占体积的绝大多数，其造价低廉。据国内部分加筋土挡土墙资料统计，加筋土挡土墙的造价一般为普通挡土墙造价的40% ~ 60%。

（2）加筋土挡土墙的基本原理

加筋土挡土墙的基本构造如图11-3所示。其基本原理是借助于拉筋与填土之间的摩擦力来提高填土的抗剪强度，从而保证土体的平衡。加筋土体在工作时，土和拉筋一起承受外部和内部的荷载，由于土与拉筋之间的摩擦作用，将土中的应力传递给拉筋，而拉筋所产生的拉应力抵抗了土体的水平位移，从而改进了土体的力学特性。因此，土与拉筋间的摩擦作用是加筋土体能否稳定的一个重要因素。

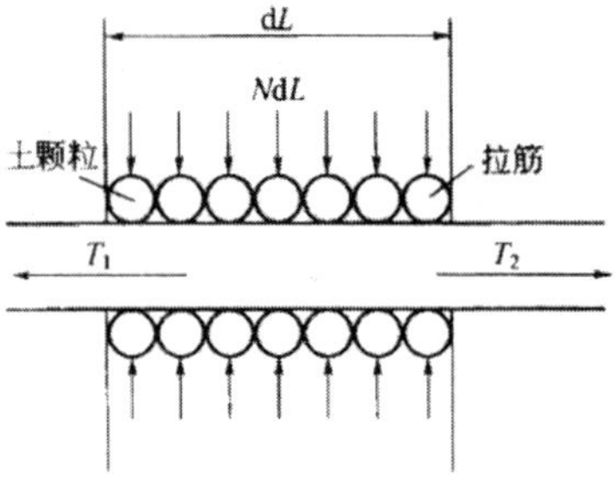

图11-3 加筋挡土墙构造示意图

土体与拉筋之间的摩擦作用是非常复杂的，不仅取决于土壤成分、颗粒粒径级配、拉筋种类及其断面形状与尺寸，而且与环境状况、结构类型、荷载方式等有关。取拉筋中的一个微段dL分析（如图11-3），设此微段的拉力变化为dT，拉筋宽度为b，作用于拉筋表面的单位压力为N，则在拉筋上下两面的垂直力相等，均为NdL，但方向相反，欲使拉筋不被拔出，应使拉筋与土的摩擦系数满足下式的关系：

$$dL/2NbdL<f$$

式中　f ——拉筋与土的摩擦系数。

由上式可知，在某一拉力T_i作用下，为了充分发挥土体与拉筋的摩擦作用，拉筋必须有足够的长度；为了能够承受在某一拉力T_i，拉筋又必须具有足够的强度。

2. 加筋土挡土墙的所用材料

（1）加筋土填料

填料是加筋土挡土墙工程中的主体材料，对填料的一般要求是：①在一定力的作用下容易被压实；②能与拉筋产生足够的摩擦力；③能够满足化学和电化学标准；④浸泡挡土墙的水稳定性好。

根据工程实践经验，有一定级配的砾类土、砂类土，与拉筋之间的摩擦力大，且透水性能好，应优先选用；碎石土、黄土、中低液限黏性土和稳定土也可采用；腐质土和冻结土等影响拉筋和面板的使用寿命应禁止应用。

填料的设计参数包括湿密度、内摩擦角和摩擦系数等，有条件的应通过试验确定，也可根据当地经验数据确定。当无上述条件时，可参照交通部标准《公路加筋土工程设计规范》（JTJ015—1991）中相关表选用。

（2）筋带

拉筋的主要作用是与填料产生摩擦力，并承受结构内部的拉力。因此，拉筋必须具有以下特性：具有较高的强度，受力后变形较小；表面比较粗糙，能与填料产生足够的摩擦力；抗腐蚀性好，加工、接长与面板的连接简单。

筋带可以分为钢带、钢筋混凝土带和聚丙烯土工带三种（见表11–5）。高速公路和一级公路上的加筋土工程应采用钢带或钢筋混凝土带，其他等级公路可采用聚丙烯土工带。

表11–5　筋带的分类

类别	主要内容
扁钢带	扁钢带一般用软钢轧制而成，按其外形不同可分为光面带和有肋带两种，断面为扁矩形，宽度不应小于30mm，厚度不应小于3mm。钢带埋在土中容易锈蚀，因此，钢带表面一般应镀锌或采取其他措施进行防锈处理
钢筋混凝土带	钢筋混凝土带的平面为长方形或楔形，断面为扁矩形，宽度为10 ~ 25cm、厚度为6 ~ 10cm。为了施工方便，钢筋混凝土带应分节预制，分节长度一般宜不小于300cm；为防止混凝土产生断裂，可在混凝土内布设钢丝网。预制件所用混凝土的强度等级不宜低于C20，钢筋直径不得小于8mm。预制件的接长或与面板连接，可采用焊接或螺栓连接方式，结点处应做好防锈处理。筋带设计拉力由钢筋承担，钢筋截面应考虑锈蚀影响
聚丙烯土工带	聚丙烯土工带是一种低模量、高蠕变材料，其抗拉强度受蠕变控制。由专业工厂定型生产，表面应长均匀的粗糙压纹，宽度均匀一致，带宽应大于18mm，厚度应大于0.8mm；在填料中有尖锐棱角的粗粒料会刺穿或割断土工带，因此在含有尖锐棱角的粗粒料中不得使用聚丙烯土工带作为拉筋

（3）面板

加筋土挡土墙中面板的主要作用是防止端部土体从拉筋间挤出，危及挡土墙的安全。因此，面板设计不仅应符合有关规定，而且应具有适宜的外形，并经过计算确定其厚度。

1）对面板的一般规定

对于加筋土挡土墙面板的设计，应当满足坚固、美观、运输方便和易于安装等方面的要求；加筋土挡土墙面板，一般宜采用混凝土预制件，混凝土的强度等级一般不应低于C20，其厚度不应小于8cm；面板上的筋带结点，可采用预埋钢拉环、钢板锚头或预留穿筋孔等形式，钢拉环应采用直径不小于10mm的I级钢筋；钢板锚头应采用厚度不小于3mm的钢板。露于混凝土外部的钢拉环、钢板锚头应做防锈处理，聚丙烯土工带与钢拉环的接触面应当做隔离处理；面板四周应设置企口和相互连接的装置。当采用插销连接装置时，插销直径不应小于10mm。

2）混凝土面板的外形

混凝土面板的外形，应根据工程地质情况确定，常见的一般有十字形、槽形、六角形、L形和矩形等。墙顶和角隅处可采用异形面板和角隅面板。

3）面板厚度的计算

在计算面板厚度时，可假定每块面板单独受力，土压力均匀分布并由拉筋平均承担。较高加筋体的面板，其厚度可以按不同墙高分段设计，但分段不宜过多。

混凝土矩形断面面板的厚度，可按下列方法进行计算：

板内土侧压力强度为$q_i=0.75T_i/S_xS_y$

面板的厚度为

$$t_i=\sqrt{\frac{60M_{\max}}{K(\sigma_{WL})a}}$$

式中 q_i——第i单元板内土侧压力强度，kPa；

T_i——第i单元筋带所受拉力，kN；

S_x——筋带结点水平间距，m；

S_y——筋带结点垂直间距，m；

t_i——第i单元的板厚，cm；

M_{max}——计算断面内弯矩，kN·m，将q_i视为均布荷载，按简支梁或悬臂梁求得；

K——材料容许应力提高系数，可参阅有关规范取值；

（σ_{WL}）——混凝土容许弯拉应力，MPa；a计算断面宽度，m。

3. 加筋土挡土墙的构造组成

加筋土挡土墙的构造比较简单，一般主要由加筋体、基础、排水设施和沉降伸缩缝等几部分组成。

（1）加筋体

加筋体墙面的平面线形可以采用直线、折线和曲线。相邻墙面的内夹角不宜小于70°。加筋体筋带应水平布设并垂直于面板，当一个结点有两条以上筋带时，应扇状分开。当相邻墙面的夹角小于90°时，宜将不能垂直布设的筋带逐渐斜放，必要时在角隅处增设加强筋带。当双面加筋土挡土墙的筋带相互插入时，应错开铺设避免重叠。在拱涵顶部的双面加筋土挡土墙，其下部宜增加筋带用量或采用防止拱两端墙面变化的其他措施。

加筋体的横断面形式一般宜采用矩形。当地形和地质条件有限制时，也可采用上宽下窄或下宽上窄的阶梯形。断面尺寸应经过计算确定，底部筋带长度不应小于3.0m，同时不小于0.40H。

加筋土挡土墙的顶部一般应按路线要求设置纵坡；路堤式挡土墙，也可调整两端与路线水平距离，变更墙的高度，将墙顶设计成平坡。设置纵坡的加筋土挡土墙顶部，可按照纵坡要求设置异形面板，也可将需要设置异形面板的缺口用浆砌片石或现浇混凝土加以补齐。

加筋体填料的压实度是保证加筋体稳定性的重要因素之一，应符合表11-6中的规定。浸水地区的加筋体，应采用渗水性良好的土作为填料。在面板内侧应设置反滤层或铺设透水土工织物。季节性冰冻地区的加筋体，应采用非冻胀性土作为填料，否则应在墙面板内侧设置不小于0.50m的砂烁防冻层。

表11-6　加筋体填料压实度要求

填土范围	路槽底面以下深度/cm	压实度/%	
		高速公路、一级公路	二、三、四级公路
距面板1.0m以外	0 ~ 80	≥95	≥93
	80以下	≥90	≥90
距面板1.0m以内	全部墙高	≥90	≥90

当加筋土挡土墙高度大于12m时，填料应慎重选择。墙高的中部宜设置宽度不小于1.0m的错台。当加筋土挡土墙高度大于12m时，应当进行专门的特殊设计。

（2）挡土墙基础

加筋体墙面下部应设置宽度不小于0.30m、厚度不小于0.20m的混凝土基础，在下列情况下可以不设置基础：①面板筑于石砌圬工或混凝土之上；②地基为基岩。

加筋体面板基础底面的埋置深度，对于一般土质地基不应小于0.60m，当设置在岩石上时，应清除表面风化层。当风化层很厚难以全部清除时，可采用土质地基的埋置深度。浸水地区和冰冻地区的基础埋置深度要求，与重力式挡土墙相同。

软弱地基上的加筋土挡土墙，当地基承载力不能满足设计要求时，应当进行地基处理。加筋土挡土墙的基底可做成水平或结合地形做成台阶形。

（3）排水设施

对于可能危害加筋体的地面水和地下水，应采取适当的排水或防水措施。当加筋体背后有地下水渗入时，应当设置通向加筋体的排水层。排水层应采用砂砾材料，其厚度不小于0.50m。

当加筋体的顶面有渗水可能时，应当采用防渗封闭措施。

（4）沉降伸缩缝

加筋土挡土墙应根据地形、地质、墙高等条件，设置必要的沉降缝，沉降缝的间距：土质地基为10 ~ 30m，岩石地基可适当增大。当设置整体式路檐板时，还应酌情设置伸缩缝，其间距一般与沉降缝一致。

加筋土挡土墙的沉降缝和伸缩缝，其宽度一般为1 ~ 2cm，可采用沥青板、软木板或沥青麻绳等填塞。

4. 加筋土挡土墙的构造要求

根据《公路路基设计规范》（JTGD30—2004）中规定，加筋土挡土墙的构造要求，主要包括以下几个方面。

（1）加筋土挡土墙的钢筋混凝土、混凝土面板宜采用预制件，其强度等级不宜低于C20，板的厚度不应小于80mm。

（2）筋带与面板的连接必须坚固可靠，应与筋带有相同的耐腐蚀性能。

（3）加筋土墙面的平面线形，可根据工程实际采用直线、折线和曲线。相邻墙面间的夹角不宜小于70°。

（4）加筋体的墙面如果不是砌筑在石砌圬工、混凝土构件上或地基为基岩时，均应设置宽度不小于0.40m、厚度不小于0.20m的混凝土基础。基础的埋置深度，对于土质地基不应小于0.60m。

（5）对可能危害加筋土工程的地表水和地下水，应当采取适当的排水或防水措施。设计水位以下宜做成石砌或混凝土实体墙。季节性冰冻地区的加筋体应采取防冻胀措施。

（6）位于斜坡上的加筋体，应设置宽度不小于1.0m的护脚，加筋体面板基础埋置深度应从护脚顶面算起。

（7）非浸水加筋土挡土墙，当基础埋置深度小于1.25m时，宜在墙面地表处设置宽度为1.0m、厚度大于0.25m的混凝土预制块或浆砌片石防护层，其表面宜做成向外倾斜3% ~ 5%的排水横坡。

（8）加筋土挡土墙的基底不宜设置纵坡，可做成水平或结合地形做成台阶形。

（9）多级加筋土挡土墙的平台顶部应设置不小于2%的排水横坡，并用厚度不小于0.15m的C15混凝土板防护；当采用细粒填料时，上级墙的面板基础下应设置宽度不小于1.0m、厚度不小于0.50m的砂砾或灰土垫层，如图6–9所示。

（10）在满足抗拔稳定的前提下，采用的拉筋长度应符合下列规定。

墙高大于3.0m时，拉筋最小长度宜大于0.8倍的墙高，且不小于5m；当采用不等长的拉筋时，同等长度拉筋的墙段高度，应大于3.0m；相邻不等长拉筋的长度不宜小于1.0m；当墙高小于3.0m时，拉筋长度不应小于3.0m，且应采用等长拉筋；当采用预制钢筋混凝土带时，每节的长度不宜大于2.0m。

（11）双面加筋土挡土墙的筋带相互插入时，应当错开铺设，避免出现重叠；加筋土挡土墙的顶面，宜设置混凝土或钢筋混凝土帽石。

5. 加筋土挡土墙的设计计算

（1）车辆荷载换算

车辆荷载换算的等代均布土层的厚度/I，可按下式计算：

$$H=\Sigma G/BL_o p$$

式中　ΣG——布置在$B\times L_o$面积内的轮载或履带荷载，kN；

B——荷载的布置长度，m；

L_o——荷载的布置宽度，m；

p——加筋体填土的湿密度，kN/m^3。

1）B的取值规定

当汽车–10级或汽车–15级作用时，一般可取挡土墙的分段长度，但不大于15m。汽车–20级作用时，可取重车的扩散长度，当挡土墙分段长度在10m；以下时，扩散长度不超过10m；挡土墙的分段长度在10m以上时，扩散长度不超过15m，但最大不得超过20m。平板挂车或履带车作用时，取挡土墙分段长度和车辆扩散长度两者之较大值，但不得超过15m。

车辆的扩散长度B，可按下式计算：

$$B=L'+a+(2H'+H)\tan30°$$

式中 L'——汽车或平板挂车的前后轴距（履带车为零），m；

a——车轮或履带的着地长度，

H'——加筋体上路堤的高度，m；

H——加筋体的高度，m。

2）Lo的取值规定

加筋体筋带的断面积、长度及加筋体的稳定性，应通过加筋体内部和外部稳定性分析确定。在内部稳定性分析中，当活动区进入路基宽度时，分别用路基宽度和活动区宽度计算等代土层厚度h，取A较大者所对应的Lo；当活动区未进入路基宽度时，取路基的宽度。外部稳定性验算取路基宽度。

3）车辆荷载的布置

车辆荷载的纵向布置：当B值取挡土墙的分段长度时，为分段长度内可能布置的车轮；当取重车的扩散长度时，则为一辆重车。

车辆荷载的横向布置：Lo范围内可能布置的车轮。车轮中线距路面（硬路肩）或安全带边缘的距离为0.50m。

平板挂车或履带车荷载在纵向只布置一辆。横向Lo范围内可能布置的车轮或履带，车轮中线距路面（硬路肩）或安全带边缘的距离为1.0m。

（2）加筋土挡土墙的破坏形式

通过多年的工程实践，加筋土挡土墙的破坏形式可分为以下三种形式。

1）拉筋断裂造成的破坏当加筋体中的拉筋强度不足时，或拉筋与连接螺栓的尺寸偏小，或拉筋因腐蚀而强度逐渐下降时，拉筋可能出现部分或全部被拉断，从而导致加筋体失去内部稳定性。

2）填料与拉筋间的摩擦力不足造成的破坏当填料与拉筋间的摩擦力不足以平衡拉筋所受拉力时，拉筋与填料可能会出现相对滑动，致使挡土墙发生严重变形。

以上所述两种破坏形式均与加筋土挡土墙的内部稳定性有密切关系。

3）加筋体的滑动和倾覆破坏当加筋体的外部稳定性不足时，导致加筋体整体产生过大的沿着基底的滑动变形，或出现绕墙趾的倾覆变形。

通过以上可以看出，要保证加筋体挡土墙在使用过程中发挥应有的作用，设计时应进行内部稳定性和外部稳定性计算。

加筋土挡土墙设计的首要问题是确定破裂面的形状和位置，由实验室模型试验和实地加筋土挡土墙原型试验测定的结果表明，拉筋土的最大拉力点不是出现在拉筋与墙面板的连接处，而是在墙体内部，连接处的拉力约为最大拉力的75%；各层拉筋最大拉力点的连线通过墙面板脚，其形状近似对数螺旋线。在挡土墙的上部，最大拉力线与墙面间的距离不大于0.30H（H为挡土墙高）。

在加筋体中，各层拉筋最大拉力点的连线就是可能的破坏面。为了简化计算，近似地认为破坏面是一条通过墙面板脚，在挡土墙的上部距面板背间距离为0.30H的折线，如图6–10所示。

简化的破裂面倾斜部分与水平夹角 β 为45° +φ/2，上、下两部分的高度H_1、H_2可按下式计算：

$$H_2=b_H\tan(45°+\varphi/2)$$

$$H_1=H-H_2$$

式中　b_H——简化破裂面的垂直部分与墙面板背面的距离，$b_H=0.30H$，m；

φ——土的内摩擦角，（度）。

破裂面把加筋体分成两部分，破裂面与墙面板之间的部分称为活动区，活动区的土体具有将加筋条拔出土体的趋势，该区摩擦力的方向指向墙外；活动区以外的部分称为稳定区或锚固区，稳定区的土体具有阻止加筋条被拔出的趋势，该区加筋条表面的摩擦力方向指向墙内。

第三节　浸水路堤挡土墙与薄壁式挡土墙的设计

一、浸水路堤挡土墙设计

设计长期或季节性浸水的挡土墙，除了按一般挡土墙考虑所作用的力以外，还应考虑水对墙后填料和墙身的影响。根据工程实践和试验证明，浸水对挡土墙有如下影响。

（1）挡土墙墙后浸水的填料，受到水的浮力作用而使土压力减小。

（2）砂性土的内摩擦角受水的影响比较小，可认为砂性土浸水后基本不变；但黏性土浸水后其抗剪强度显著降低，应当引起特别重视。

（3）墙背与墙面均受到静水压力作用，在墙背与墙面水平一致时，两者互相平衡；而当有一水位差时，则墙身受到静水压力差所引起的推力。

（4）当墙外水位骤然降落，或者墙后暴雨下渗在填料内出现渗流时，填料将受到渗透动水压力。渗水性的填料，动水压力一般都很小，在设计中可忽略不计。

（5）墙身受到水的浮力作用，而使其抗倾覆及抗滑动稳定性减弱，这是浸水路堤挡土墙与无水路堤挡土墙的最大不同，也是浸水路堤挡土墙设计的重点。

二、薄壁式挡土墙设计

重力式挡土墙具有构造简单、施工方便和就地取材等优点，但也具有断面较大、占地较多、比较浪费等缺点。薄壁式挡土墙常用钢筋混凝土构件组成，墙身断面较小，其稳定性不完全是依靠本身自重维持，具有结构轻巧、圬工量小、占地较少、机械化施工程度高等优点。由于自身质量较轻，可以较好地发挥材料的强度性能，能适应承载力较低的地基。

薄壁式挡土墙是钢筋混凝土结构，包括悬臂式和扶壁式两种主要形式。悬臂式和扶壁式挡土墙的结构稳定性是依靠墙身自重和踵板上方填土的重力来保证，而且墙趾板也显著地增大了抗倾覆稳定性，并大大减小了基底应力。它们的共同特点是构造简单、施工方便，墙身断面较小，自身质量轻，可以较好地发挥材料的强度性能，能适应承载力较低的地基。

悬臂式挡土墙构造简单，施工方便，能适应比较松软的地基，挡土墙高一般在6～9m之间。当墙体高度较大时，立壁下部的弯矩较大，钢筋与混凝土的用量剧增，严重影响这种结构形式的经济效果，此时可采用扶壁式挡土墙。

扶壁式挡土墙由墙面板（立壁）、墙趾板、墙踵板及扶肋（扶壁）组成。扶壁式挡土墙宜整体灌注，也可采用拼装，但拼装式扶壁挡土墙不宜在地质不良地段和地震烈度大于等于8度的地区使用。

一般情况下，墙高6m以内采用悬臂式挡土墙，6m以上则采用扶壁式挡土墙。

第十二章　水泥混凝土路面设计

第一节　水泥混凝土路面设计基础

一、水泥混凝土路面的特点

所谓水泥混凝土路面，是指除接缝区和局部范围（边缘和角隅）外，那些不配置钢筋的混凝土路面。这种混凝土路面与其他类型路面相比，具有以下特点。

1. 水泥混凝土路面的优点

水泥混凝土路面与其他类型的路面相比，具有原料丰富、施工容易、强度较高、稳定性好、耐久性好和利于行车等优点（见表12–1）。

表12–1　水泥混凝土路面的优点

优点	主要内容
原料丰富	由于水泥混凝土是由水泥、砂子、石子、水和外加剂配制而成，所以路面的组成材料来源广泛、非常丰富，尤其是山区丘陵地区原料更加充足，这是进行水泥混凝土路面施工的物质基础
施工容易	水泥混凝土路面所用的混凝土，与建筑工程和其他工程施工方法一样，主要包括混凝土配制、搅拌、运输、浇筑、振捣和养护等工序。所以，施工非常容易，质量易于保证
强度较高	由于路面水泥混凝土的设计，是根据交通等级按混凝土的抗弯拉强度进行的，所以混凝土路面具有很高的抗压强度、较高的抗弯拉强度和优良的抗磨损能力
稳定性好	水泥混凝土路面与其他材料路面相比，其水稳性、热稳性均比较好。特别是水泥混凝土的强度会随着时间的延长而逐渐提高，不存在沥青混凝土路面那种“老化”现象
耐久性好	由于水泥混凝土是一种人造石，具有天然岩石强度较高、耐蚀性强、稳定性好等性能，所以水泥混凝土路面经久耐用，一般情况能使用20 ~ 40年
利于行车	水泥混凝土在干燥的情况下呈灰白色，在潮湿的情况下颜色稍深一些。由于水泥混凝土路面的色泽鲜明、能见度好，不仅使驾驶人员感到光线比较舒适，而且对夜间行车有利

2. 水泥混凝土路面的缺点

水泥混凝土路面虽然具有以上优点，但也存在一些明显的缺点，主要有以下几方面（见表12–2）。

表12–2 水泥混凝土路面的缺点

缺点	主要内容
水泥用量大	高等级水泥混凝土路面要求强度高、耐久性好，其水泥用量要比其他工程大得多。如修筑0.2m厚、7m宽的水泥混凝土路面，每1000m需要消耗水泥400 ~ 500t，不仅使工程造价比较高，而且对水泥供应不足的地区也带来较大困难
需设置接缝	为适应环境温度变化，不使混凝土路面产生热胀拱裂和冷缩裂缝，必须按设计要求建造许多接缝。这些接缝不仅增加施工和管理的复杂性，而且很容易引起行车的跳动，影响行车的舒适性和安全性。工程实践证明，接缝处也是路面的薄弱点，如果处理不当，一方面可成为路面渗水的通道，另一方面可导致路面板边和板角处破坏
开放交通迟	水泥混凝土是在一定温度和湿度条件下，经过一定时间的养护才能达到预定的强度。试验结果证明，在常温情况下，水泥混凝土要经过28天的潮湿养生，才能达到开放交通的强度。不像沥青混凝土那样，只要压实度达到要求即可开放交通。水泥混凝土若需提早开放交通，必须采取特殊的措施，如掺加速凝剂、提高养护温度等
修复较困难	工程实践证明，如果水泥混凝土路面出现局部损坏，由于混凝土硬度比较大，在修复开挖时非常困难，修补工作量也较大；由于修补的混凝土也需要进行养护，所以影响正常交通

二、水泥混凝土路面的特性

水泥混凝土路面板具有较高的力学强度，在车轮荷载的反复作用下变形小，同时按现行的设计理论，混凝土板工作在弹性阶段，也就是在计算汽车荷载作用下，板内产生的最大应力不超过水泥混凝土的比例极限应力。当水泥混凝土板工作在弹性阶段时，基层和土基所承受的荷载单位压力及产生的变形也很小，它们都处于弹性阶段，因此从力学体系上看，水泥混凝土路面结构也属于弹性层状体系。

作为典型的刚性路面的水泥混凝土路面，同柔性路面（如沥青混凝土）相比，有其自己的特性。主要表现在：①水泥混凝土面板的弹性模量及力学强度，大大高于基层和土基的相应模量及强度；②水泥混凝土的抗弯拉强度远远小于其抗压强度，一般为抗压强度的（1/7）~（1/6），因此决定水泥混凝土面板尺寸的强度指标是抗弯拉强度；③由于水泥混凝土面板与基层或土基之间的摩阻力一般不大，所以在设计中可把水泥混凝土路面结构看作弹性地基板，用弹性地基板的理论进行分析计算。

由于水泥混凝土抗弯拉强度比其抗压强度低得多，因此在车轮荷载作用下，当弯拉应力超过混凝土的极限抗弯拉强度时，混凝土面板就会产生断裂破坏。甚至在车轮荷载的反复作用下，混凝土板会在低于其极限抗弯拉强度时出现破坏。此外，由于板顶面和底面产生温差，会使面板产生温度翘曲应力，板的平面尺寸越大，产生的翘曲应力也越大。

普通水泥混凝土是一种脆性材料，它在断裂时的相对拉伸变形很小。因此，在车轮荷载作用下，基层和土层的变形情况对水泥混凝土面板影响很大，不均匀的基础变形会使混凝土面板与基层脱空，在车轮荷载作用下面板产生过大的弯拉应力而遭到破坏。基于以上分析，为使水泥混凝土路面能够经受车轮荷载的反复作用、抵抗温度翘曲应力并对地基变形有较强的适应能力，水泥混凝土路面板必须具有足够的抗弯拉强度和厚度。

三、水泥混凝土路面的破坏类型

水泥混凝土虽然具有较高的抗压强度和良好的耐久性，但水泥混凝土路面在行车荷载和环境因素的作用下，可能会出现以下几种破坏类型：断裂、唧泥、错台、拱起、接缝挤碎等。

从水泥混凝土路面的几个主要破坏类型可以看出，影响水泥混凝土路面使用性能和耐久性的因素是多方面的，如基层质量、车轮荷载、环境温度、水分大小、组成材料、施工质量、养护情况和接缝构造等。从保证路面结构承载能力的角度，水泥混凝土路面结构设计应以防止面层板断裂为主要设计标准；从保证汽车行驶性能的角度，应严格控制接缝两侧的错台量。产生面板断裂、错台等的原因是多方面的，如基层的冲刷和排水条件等。因此，水泥混凝土路面设计必须从多方面采取措施来保证它的使用寿命和使用功能。

水泥混凝土路面在经受车轮荷载反复作用的同时，还要经受大气温度周期性变化的影响。因此，水泥混凝土路面板的疲劳破坏，不仅与车轮荷载的重复作用次数有关，而且与温度周期变化产生的温度翘曲应力重复作用有关。因此，水泥混凝土路面板防止以上两种因素综合作用产生的疲劳开裂，必须使荷载疲劳应力与温度疲劳翘曲应力之和，不超过混凝土的抗弯拉强度。

为了防止水泥混凝土路面产生拱起、错台、接缝挤碎和唧泥等质量问题，除了采用排水基层、耐冲刷基层和增强接缝传递荷载能力外，还要加强对水泥混凝土路面的日常养护，以便发现问题及时维修。

四、公路路面结构组成

公路路面的结构组成，根据不同情况而有所差异。总体来说，主要包括路面的横断面形式、路拱与路拱横坡度和路面结构层次划分等。

1. 路面的横断面形式

在路基顶面铺筑的面层结构，沿横断面方向主要由行车道、硬路肩和土路肩所组成。路面横断面的形式随着道路的等级不同，可以选择不同的形式，通常分为槽式横断面和全铺式横断面。

（1）槽式横断面

槽式横断面是在路基上按路面行车道及硬路肩设计宽度开挖路槽，两边保留土路肩，从而形成一个浅槽，在槽内铺筑路面。

（2）全铺式横断面

全铺式横断面是在路基的全部宽度内均铺筑路面。在高等级公路建设中，有时为了将路面结构内部的水分迅速排出，在路面全宽范围内铺筑基层材料，以保证水分由横向排入边沟。有时考虑到道路交通量的迅速增长，为适应扩建的需要，将硬路肩及土路肩的位置全部按行车道的标准铺筑面层。

2. 路拱与路拱横坡度

及时快速将路面上的雨水排出，确保雨水不渗入基层和土基，这是防止基层发生软化变形，提高公路使用寿命的一项重要措施。因此，将路面表面做成中间稍高、两边稍低的直线形或抛物线的路拱，是路面设计的常规做法，也是比较成功的经验。

水泥混凝土路面，平整度和水稳定性较好，透水性很小，通常采用直线形路拱和较小的路拱横坡度。为使雨水排出速度快，直线形路拱在路拱两侧应采用倾斜直线，在中间插入一段圆曲线，圆曲线的长度约为路面宽度的1/3，但也不宜超过3m。

选择路拱的横坡度，应充分考虑有利于行车平稳和有利于横向排水两方面的要求，对于水泥混凝土路面的横坡度，一般控制在1% ~ 2%范围内。在干旱和有积雪、浮冰地区，路拱的横坡度应采用较低值；在多雨地区，路拱的横坡度应采用较高值。当道路纵坡较大或路面较宽，或行车速度较快时，或交通量和车辆载重较大时，或常有拖挂汽车行驶时，路拱的横坡度应采用较低值；反之，路拱的横坡度应采用较高值。

路肩的横坡度一般比路面的横坡度大1%。高速公路和一级公路的硬路肩采用与路面行车道相同的结构时，应采用与路面行车道相同的路面横坡度。

3. 路面结构层次划分

材料试验和工程实践充分证明：行车荷载和自然因素对路面的影响，随着深度的增加而逐渐减弱。因此，对路面材料的强度、抗变形能力、耐腐蚀性和稳定性要求，也随着深度的增加而逐渐降低。为了满足这一要求，达到符合设计、合理经济的目的，路面结构通常是分层铺筑的。

在公路工程设计和施工的过程中，根据使用要求、受力状况、土基支承条件和自然因素影响程度的不同，可将土基上采用不同规格和要求的材料分成若干层次。这样既能发挥各种材料的功能，又能满足使用功能的要求，还能节约工程造价。通常按各个层次功能的不同，一般可分为面层、基层、垫层和土基。

（1）面层

水泥混凝土路面的面层是直接承受车辆荷载和自然因素影响的表层。它不仅承受较大的车辆荷载的垂直力、水平力和冲击力的作用，同时还要受到降水浸蚀和气温变化等方面的影响。因此，路面面层不仅应具有较高的结构强度、抗变形能力、较好的水稳定性和温度稳定性，而且应具有良好的耐磨性、不透水性、抗滑性和平整度。

荷载试验证明：轮载作用于板中部时所产生的最大应力，一般约为轮载作用于板边部时的2/3。因此，混凝土面板的横断面应采用中间薄、两边厚的形式，以适应荷载应力的变化。但是，采用厚边式面板路面，不仅对基层和土基施工不便，而且在厚度转折处易产生折裂。所以，目前我国仍多采用等厚式断面，或在等厚式断面板最外两侧板边部配置钢筋予以加固。

水泥混凝土路面面层可分为上、下两层进行铺筑，并可根据强度不同分别采用不同等级的水泥混凝土材料。

（2）基层

道路的基层是路面结构中的重要组成部分，基层主要承受由面层传来的车辆荷载垂直力，并将其扩散到下面的垫层和土基中去。实际上，基层是路面结构中的主要承重层，它应当具有足够的强度和刚度，并且具有良好的扩散应力的性能。

对于水泥混凝土面层下面的基层，还要具有很好的抗冲刷能力。不耐冲刷的基层表面，在行车荷载和渗入水的共同作用下，会产生唧泥、面板脱空和错台等病害，导致行车速度降低和不舒适，并加剧面板的断裂，同时，基层也应要求有较好的平整度，并且与面层要结合良好，这是保证面层平整度的基本条件。总之，水泥混凝土路面板下设置基层的主要作用如下。

1）增强地基支承保证水泥混凝土路面板具有坚强、稳定、耐久的地基支承，从而确保路面板应力分布均匀，表面比较平整。

2）控制唧泥和冲刷，如果路基基层采用强度高、稳定性好的结合料稳定粒料铺筑基础，即使有少量雨水渗入基层表面，也不致产生唧泥和冲刷现象。

3）控制冰冻作用由于基层的存在，可以限制地下水通过毛细水上升的高度，将毛细水位控制在冻结深度线以下，这样可大大减弱路基冰冻的危害。

4）改善排水条件设置基层后一方面使得水泥混凝土路面板提高了位置，减少了地表水的冲刷，而另一方面对于渗入路面的雨水，则可通过基层结构排出路基，使路基保持干燥。

5）控制土质路基的胀缩由于基层的存在能防止雨水直接渗入土基，同时能及时排除地面积水，保证土基处于稳定的干燥状态，不至于因干湿变化而引起路基的胀缩，从而确保路基路面结构的稳定；在铺筑水泥混凝土路面板时，坚实的基层顶面可以作为重型施工设备的工作平台和运输车辆的通道。

我国《公路水泥混凝土路面设计规范》（JTGD40—2002）中指出：交通繁重程度影响到基层受冲刷的程度以及唧泥和错台出现的可能性和程度。各种基层具有不同的抗冲刷能力，它取决于基层材料中结合料的性质和含量以及细料的含量。依据上述要求，按交通等级和基层的抗冲刷能力，提出了各交通等级宜选用的基层类型。在进行依水泥混凝土路面基层设计时，可按交通等级和基层的抗冲刷能力，按表12–3中的规定选用不同基层类型。

表12–3　各交通等级的基层类型

交通等级	基层类型
特重交通	贫混凝土、碾压混凝土或沥青混凝土基层
重交通	水泥稳定粒料或沥青稳定碎石基层
中等或轻交通	水泥稳定粒料、石灰粉煤灰稳定粒料或级配粒料基层

（3）垫层

垫层介于土基与基层之间，主要设置在温度和湿度状况不良的路段上，以便改善土基的湿度和温度状况，改善路面的使用性能，保证面层和基层的强度、刚度和稳定性处于良好状态，同时还能起到扩散上部传来的应力，减小土基产生的应力和变形，并阻止路基土挤入基层之中。

垫层所用的材料，从强度上要求不一定很高，但要求其水稳定性或隔热性能要符合设计要求。常用的垫层材料主要有砂、砾石、炉渣等组成的透水性垫层，或者水泥、石灰稳定土组成的稳定类垫层。

在季节性冰冻地区路面结构厚度小于水泥混凝土路面最小防冻层厚度要求（如表12–4所示）时，设置防冻垫层可以使路面结构免除或减轻冻胀和翻浆病害。在路床上湿土较大的挖方路段上，设置排水垫层可以疏干路床土，改善路面结构的支撑条件。

表12–4　水泥混凝土路面最小防冻层厚度

路基干湿类型	路基的土质	当地最大冰冻深度/m			
		0.50 ~ 1.00	1.01 ~ 1.50	1.51 ~ 2.00	>2.00
中湿路基	低、中、高液限黏土	0.30 ~ 0.50	0.40 ~ 0.60	0.50 ~ 0.70	0.60 ~ 0.95
	粉土、粉质土、中液限黏土	0.40 ~ 0.60	0.50 ~ 0.70	0.60 ~ 0.85	0.70 ~ 1.10
潮湿路基	低、中、高液限黏土	0.40 ~ 0.60	0.50 ~ 0.70	0.60 ~ 0.90	0.75 ~ 1.20
	粉土、粉质土、中液限黏土	0.45 ~ 0.70	0.55 ~ 0.80	0.70 ~ 1.00	0.80 ~ 1.30

（4）土基

土基是水泥混凝土路面的基础，没有坚固、均匀、密实、稳定的路基，就没有稳固、耐久的路面。因此，土基的质量好坏，直接关系到路面的使用品质和使用寿命。理论分析表明，通过刚性混凝土面层和基层传到土基上的压应力很小，一般情况下不超过0.05MPa。然而，如果土基的稳定性不足，在自然因素（如水温变化）的影响下，路基会出现较大的变形，特别是不均匀沉陷，导致对混凝土面板的不均匀支撑，使面板在受荷时底部产生过大的弯粒应力，甚至使混凝土面板产生破坏。路基支承的不均匀是水泥混凝土路面的一大隐患。

路基支承的不均匀主要是由下列因素造成的。

1）不均匀沉降湿软地基未达到充分固结，土质不均匀，压实不充分及新老路基交接处未认真处理或处理不合格。

2）不均匀冻胀在季节性冰冻地区，由于土质不均匀，冰冻敏感性不同，路基干湿状态不同等，使路基产生不均匀冻胀。

3）膨胀土路基。对于这种土的路基未采取加固、排水、防水等措施，也会造成不均匀支承。

由此可见，水泥混凝土路面下的土基，首先要保证有足够的稳定性和强度，与路面板紧密接触，不致因承受荷载、气候及其他因素的影响，而发生改变形状、降低强度等；同时，土基表面应当平整，并有一定的路拱横坡度。路槽底面土基回弹模量值不宜小于20MPa，压实度应满足《公路路基设计规范》(JTGD30—2004)中的要求。

为确保土基不产生不均匀支承，应采取有效的控制方法。目前，最经济、最有效的方法有：把不均匀的土掺配成均匀的土；控制填土压实含水量，保证压实度符合设计要求；加强路基的排水设施，进行必要的加固处理；加设垫层，缓和不均匀变形对面层的不利影响。

第二节　水泥混凝土路面结构层组合设计

一、水泥混凝土路面结构组合设计的原则

根据我国多年公路建设的实践，在进行水泥混凝土路面结构组合设计时，应当遵循以下主要原则。

(1) 水泥混凝土路面的路基应稳定、密实、均匀，对上部的混凝土路面结构能提供均匀的支承。

(2) 当路基中遇到下列情况时，应当在基层下设置垫层。

①在季节性冰冻地区，路面总厚度小于最小防冰厚度要求时，设置防冻垫层可以使路面结构免除或减轻冻胀和翻浆病害，其差值应当以垫层的厚度进行补足。水泥混凝土路面最小防冻层厚度，可参考表12-5中的数值。

表12-5　水泥混凝土路面最小防冻层厚度

路基干湿类型	路基的土质	当地最大冰冻深度/m			
		0.50 ~ 1.00	1.01 ~ 1.50	1.51 ~ 2.00	>2.00
中湿路基	低、中、高液限黏性土	0.30 ~ 0.50	0.40 ~ 0.60	0.50 ~ 0.70	0.60 ~ 0.95
	粉土、粉质土、中液限黏土	0.40 ~ 0.60	0.50 ~ 0.70	0.60 ~ 0.85	0.70 ~ 1.10
潮湿路基	低、中、高液限黏性土	0.40 ~ 0.60	0.50 ~ 0.70	0.60 ~ 0.90	0.75 ~ 1.20
	粉土、粉质土、中液限黏土	0.45 ~ 0.70	0.55 ~ 0.80	0.70 ~ 1.00	0.80 ~ 1.30

②在水文地质条件不良的土质路堑，路床土的湿度较大时，应当设置排水垫层。

③预计路基可能产生不均沉降或不均匀变形时，可以加设半刚性垫层。

（3）路基垫层的宽度应当与路基同宽，垫层的最小厚度为150mm。

（4）防冰冻垫层和排水垫层，宜采用砂、砂砾等颗粒材料修筑；半刚性垫层，可采用低剂量无机结合料稳定粒料或土。

（5）水泥混凝土路面的基层应具有足够的抗冲刷能力和一定的刚度，基层的类型应按照交通等级，按表12-6中的规定进行选用。

表12-6　各交通等级适宜的基层类型选用表

交通等级	基层类型
特重交通	贫混凝土、碾压混凝土或沥青混凝土基层
重交通	水泥稳定粒料或沥青稳定碎石基层
中等或轻交通	水泥稳定粒料、石灰粉煤灰稳定粒料或级配粒料基层

在湿润和多雨地区，路基为低透水性细粒土的高速公路和一级公路，或者承受特重或重交通的二级公路，宜采用排水基层。排水基层可选用多孔隙的开级配水泥稳定碎石、沥青稳定碎石或卵石，基层的孔隙率一般为20%左右。

为了使上部的水泥混凝土比较稳固和在施工中便于摊铺，基层的宽度应当比混凝土面层每侧都要宽出一定的尺寸。当采用小型机具施工每侧至少要宽出300mm；当采用轨道式摊铺机施工时，每侧至少要宽出500mm；当采用滑模式摊铺机施工时，每侧至少要宽出650mm。

当路肩采用水泥或沥青混凝土面层，其厚度与行车道面层相同时，基层宽度宜与路基同宽，级配粒料基层的宽度也宜与路基同宽。各类路基的厚度适宜范围，可参照表12-7中数据选用。

表12-7　各类路基的厚度适宜范围参照表

基层类型	厚度适宜范围/mm	基层类型	厚度适宜范围/mm
贫混凝土或碾压混凝土基层	1.20 ~ 200	级配粒料基层	150 ~ 200
水泥或石灰粉煤灰稳定粒料基层	150 ~ 250	多孔隙水泥稳定碎石排水基层	100 ~ 140
沥青混凝土基层	40 ~ 60	沥青稳定碎石排水基层	80 ~ 100
沥青稳定碎石基层	80 ~ 100		

排水基层下应设置由水泥稳定粒料或密级配粒料组成的不透水基层，这种基层的厚度一般为200mm，底基层顶面宜铺设沥青封层或防水土工织物。有关基层、垫层的设置和抗冻要求，应当符合现行有关规范的规定。

（6）公路水泥混凝土面板应当满足设计要求的弯拉强度，表面平整、抗滑、耐磨，其表面构造深度应符合《公路水泥混凝土路面设计规范》（UTGD40—2002）中的质量要求，如表12-8中所示。

表12-8　公路水泥混凝土面层的表面构造深度要求　　单位：mm

公路等级	高速公路、一级公路	二级及其他等级公路
一般路段	0.70 ~ 1.10	0.50 ~ 0.90
特殊路段	0.80 ~ 1.20	0.60 ~ 1.00

二、水泥混凝土路面结构设计的内容

水泥混凝土路面的设计包括的内容比较广泛，如组成材料的配合比设计、路面结构设计和施工过程中的组织设计等。这里主要是指路面结构设计，其中包括：路面结构层组合设计、混凝土面板厚度设计、混凝土面板平面设计、混凝土面板接缝设计、混凝土路面的路肩设计和路面板钢筋配筋设计等。

1. 路面结构层组合设计

水泥混凝土路面结构层的组合设计，应根据该道路的交通繁重程度，结合当地环境条件和材料供应情况等，选择安排水泥混凝土路面的结构层层次，它包括土基、垫层、基层和面层的结构组合设计，各层的路面结构类型、弹性模量和厚度，做出技术先进、工程经济合理的路面结构组合设计方案。

路面结构组合设计方案，应当是能给混凝土面层以均匀支承、承受预期交通的作用、提供良好使用性能的混凝土路面结构。水泥混凝土面板要求具有较高的抗弯拉强度，表面平整、耐磨、抗滑。在高等级公路路面工程中，常用的路面类型有：普通混凝土路面、钢筋混凝土路面、连续钢筋混凝土路面、钢纤维混凝土路面、混凝土板块路面等。

基层和垫层有粒料类（碎石、砂砾）、稳定类（水泥、石灰、工业废渣）和贫混凝土三大类，分别具有不同的刚度、抗冲刷能力和透水性。在重交通的道路上，选用水泥稳定类或贫混凝土作为基层具有良好的使用性能。

2. 混凝土面板厚度设计

混凝土面板厚度设计，是水泥混凝土路面中的主要设计内容，也是确保路面使用寿命和使用功能的重要指标。应按照设计标准的要求，确定满足设计年限内使用要求所需的混凝土面层的厚度。

3. 混凝土面板平面设计

水泥混凝土在行车荷载、环境温度的影响下，会产生较大的荷载应力、温度应力和体积变化。为使水泥混凝土面板适应这种应力和变化，应根据混凝土面层板内产生的荷载应力和温度应力，对水泥混凝土面板进行平面尺寸的设计。

4. 混凝土面板接缝设计

混凝土面板接缝设计，实际上是在面板平面尺寸设计的基础上，确定接缝的具体位置，设计接缝的构造组成，并采取有效措施提高接缝的传递荷载能力。

5. 混凝土路面的路肩设计

高速公路和一级公路中间带和路肩路缘带的结构，应与行车道的混凝土相同，并与行车道部分的混凝土面板浇筑成一个整体。路肩可采用水泥混凝土面层或沥青混合料面层，其基（垫）层结构应满足行车道路面结构和排水的要求。一般公路的混凝土路面应设置路缘石或加固路肩，路肩加固可采用沥青混合料或其他材料。

6. 路面板钢筋配筋设计

当水泥混凝土路面板较长或交通量较大时，地基有不均匀沉降或面板的形状不规则时，可沿面板的自由边缘加设补强钢筋，在角隅处加设发针形钢筋或钢筋网，以阻止混凝土面板可能出现的裂缝。

由于水泥混凝土是一种脆性材料，路面板的结构性损坏表现为各种形式的横向、纵向、斜向、角隅或交叉断裂裂缝。这些断裂裂缝的产生原因是多方面的，有的是在施工期间因混凝土的初期收缩受到阻碍而产生较大的拉应力，当这个拉应力超过混凝土的抗拉强度时则引起横向裂缝；有的是由于混凝土路面板的尺寸过大，当产生的温度翘曲应力大于混凝土的抗弯拉强度时则引起横向裂缝；有的是因车辆荷载的多次重复作用，在荷载应力和温度应力综合作用下，会产生疲劳损坏的纵向裂缝或横向裂缝；有的则是由于地基不均匀沉降或地基受侵蚀，使混凝土面板底出现脱空，因板内应力增大而引起的纵向、横向或角隅断裂。

对于不同原因所产生的裂缝，其采用的防止措施也是不同的。对于施工期间产生的面板断裂，可以通过控制施工质量，如水灰比、原材料质量和缩缝锯切时间等予以防止。对于面板的温度翘曲应力，可以通过缩短缩缝间距，采用短板块予以降低。对于面板出现的脱空现象，可通过对路基、垫层和基层采取适当的结构措施而予以减轻或避免。对于重复荷载作用所引起的疲劳损坏断裂，则被选作水泥混凝土面层厚度的主要损坏模式。

第三节　水泥混凝土路面尺寸设计

一、路面板设计参数的计算

水泥混凝土路面板设计参数的计算，主要包括标准轴载与轴载换算，交通分级、设计基准期和累计作用次数，基层顶面当量回弹模量，混凝土板的设计弯拉强度，混凝土板的应力分析，钢筋混凝土面层的配筋量，混凝土面板的应力验算。

1. 标准轴载与轴载换算

根据我国《公路水泥混凝土路面设计规范》(JTGD40—2002)中的规定，以汽车车轴重为100kN为单轴－双轮组荷载作为设计标准轴载。对于各种不同汽车轴载的作用次数，可按等效疲劳断裂原则换算成标准轴载的作用次数，并根据标准轴载的作用次数判断道的交通繁重程度。水泥混凝土的轴载换算公式是在混凝土疲劳方程的基础上建立的。

轴载换算公式为

$$N_n=\Sigma\ \delta_i N_i\ (P_i/100)^{16}$$

$$\delta_i=2.22\times10^3 P_i^{-0.43}$$

或

$$\delta_i=1.07\times10^{-5} P_i^{-0.22}$$

或

$$\delta_i==2.24\times10^{-8} PP_i^{-0.22}$$

式中　N_n——100kN的单轴－双轮组标准轴载的作用次数；

P_i——单轴－单轮、单轴日双轮组、双轴－双轮组或三轴－双轮组轴型I级轴载的总重，kN；

n——轴型和轴载级位数；

N_i——各类轴型i级轴载的作用次数；

δ_i——轴－轮型系数。

各类汽车的额定轴重和轴型，可参阅有关资料。

2. 交通分级、设计基准期和累计作用次数

水泥混凝土路面所承受的轴载作用，按设计基准期内设计车道所承受的标准轴载累计作用次数可分为4级，即特重交通、重交通、中等交通和轻交通四个等级。具体分级如表12-9所示。

水泥混凝土路面的设计使用年限通常以进行大修或加铺的年限计算。工程实践证明，水泥混凝土路面的使用寿命要比沥青混凝土路面长得多，在确定路面结构的

设计使用基准期时，应考虑结构破坏可能产生的后果严重程度。

表 12-9　公路交通分级表

交通等级	特重交通	重交通	中等交通	轻交通
设计车道标准轴载累计作用次数 $Ne/\times10^4$	>2000	100 ~ 2000	3 ~ 100	<3

国家标准《公路工程结构可靠度设计统一标准》(GB/T50283—1999)中规定，在确定路面工程的安全等级时，仅考虑高速公路、一级公路和二级公路，并将其安全等级分别定为一级、二级和三级，未考虑二级以下的公路情况。

在行业标准《公路水泥混凝土路面设计规范》(JTGD40—2002)中规定，在进行路面结构设计时，必须也要考虑二级以下公路的安全性，因此将三级、四级公路的安全等级设定为四级。各级公路的可靠度设计标准如表 12-10 所示。

表 12-10　各级公路的可靠度设计标准

公路技术等级	高速公路	一级公路	二级公路	三级、四级公路
安全等级	一级	二级	三级	四级
设计基准期/年	30	30	20	20
目标可靠度/%	95	90	85	80
目标可靠指标	1.64	1.28	1.04	0.84
变异水平等级	低	低~中	中	中~高

设计车道使用初期的年平均日货车交通量，可利用当地交通量观测站的观测和统计资料，或通过设立车辆交通量观测站点进行实地观测，对所获取的设计公路的初期年平均日交通量（双向）和车辆组成数据，要扣除 2 轴 4 轮以下的客、货车交通量，即得到初期平均日货车交通量（双向）。

调查分析双向交通的分布情况，选取交通量方向分配系数，一般情况下可采用 0.50。依据设计公路的车道数，可参考表 12-11 确定交通量车道分配系数。

表 12-11　交通量车道分配系数

单向车道数	1	2	3	≥4
车道分配系数	1.00	0.80 ~ 1.00	0.60 ~ 0.80	0.50 ~ 0.75

使用初期年平均日交通量（双向）乘以方向分配系数和车道分配系数，即为设计车道的年平均日货车交通量ADTT。

设计基准期内交通量的平均增长率，可以按照公路等级和功能以及所在地区的经济和交通发展情况，通过调查研究和系统分析，预估设计基准期内的交通增长量，从而确定交通量年平均增长率 γ 。

在设计基准期内标准轴载的累计作用次数，与第一年的交通量、交通轴载组成和交通量的预测增长情况等因素密切相关，同时应对上述交通参数进行详细调查、观测与预测。然后根据所取得的交通资料，按下式计算确定设计基准期内标准轴载的累计作用次数Ne。

$$Ne=365Ns\eta\left[(1+\gamma)^{t}-1\right]/\gamma$$

式中 Ne——标准轴载累计作用次数；

Ns——100kN的单轴-双轮组标准轴载的作用次数；

η——临界荷位处的车辆轮迹横向分布系数，可按表12-12进行选用；

γ——交通量年平均增长率，

t——设计基准期，年。

表12-12 车辆轮迹横向分布系数

公路等级		纵缝边缘处
高速公路、一级公路及收费站		0.17 ~ 0.22
二级及二级以下公路	行车道宽度＞7m	0.34 ~ 0.39
	行车道宽度≤7	0.54 ~ 0.62

为了便于面板荷载应力的计算，初估水泥混凝土路面板厚度供设计时参考。对于普通水泥混凝土路面板，其最小厚度一般为180mm；对于钢纤维混凝土面层的厚度，应按钢纤维掺量进行确定，当钢纤维体积率为0.6% ~ 1.0%时，其厚度为普通水泥混凝土面层厚度的65% ~ 75%。特重交通或重交通时，其最小厚度为160mm；中等交通或轻交通时，其最小厚度为140mm。

3. 基层顶面当量回弹模量

行业标准《公路水泥混凝土路面设计规范》（JTGD40 —2002）中规定，对水泥混凝土路面荷载应力分析计算，可以直接采用三层弹性体系进行，并对路床上的基层和底基层或垫层结构，依据等弯曲刚度的原则换算为回弹模量和厚度当量的单层结构后，按照双层体系进行计算。其计算分为新建公路和原有柔性路面两种情况。

（1）新建公路基层顶面当量回弹模量

在设计新建水泥混凝土公路时，基层顶面的当量回弹模量E_t，可以根据土基状态拟定的基层、垫层结构类型和厚度，用规范建议的土基、垫层及基层材料回弹模量值，即可用下式进行计算确定：

$$E_t = a h_x^b E_o \left(\frac{E_x}{E_o} \right)^{\frac{1}{3}}$$

$$E_x = \frac{h_1^2 E_1 + h_2^2 E_2}{h_1^2 + h_2^2}$$

$$h_x = \left(\frac{12 D_x}{E_x} \right)^{\frac{1}{3}}$$

$$D_x = \frac{E_1 h_1^2 + E_2 h_2^2}{12} + \frac{(h_1 + h_2)^2}{4} \left(\frac{1}{E_1 h_1} + \frac{1}{E_2 h_2} \right)^{-1}$$

$$a = 6.22 \left[1 - 1.51 \left(\frac{Ex}{E_o} \right)^{-0.45} \right]$$

$$b = 1 - 1.44 \left(\frac{Ex}{E_o} \right)^{-0.55}$$

式中　E_t——基层顶面的当量回弹模量，MPa；

E_o——路床顶面的当量回弹模量，MPa；

E_x——基层和底基层的当量回弹模量，MPa；

E_1，E_2——基层和底基层的回弹模量，MPa；

h_x——基层和底基层的当量厚度，m；

D_x——基层和底基层的当量弯曲刚度，MN · m；

h_1、h_2——基层和底基层的厚度，m；

a、b——与E_x/E_o有关的回归系数。

当新建公路路面板下设有基层、底基层及垫层时，可先按此式将底基层和垫层换算成具有当量回弹模量和当量厚度的单层，然后再与基层一起计算基层顶面当量回弹模量。当无底基层和垫层时，相应层的厚度和回弹模量分别以0值代入上式进行计算。

（2）原有柔性路面的顶面当量回弹模量

在原有柔性路面上加铺水泥混凝土面层时，应按承载板试验或弯沉测定法确定原有路面顶面的当量回弹模量E_t；如用汽车实测路段的回弹弯沉值，可按柔性路面旧路补强法中的计算方法确定计算回弹弯沉值后，按下式转换成基层顶面的当量回弹模量Et：

$$E_t=13739\iota_o^{-1.04}$$

式中　ι_o——以后轴重100kN的车辆进行弯沉测定，经统计整理后得到的原路面计算回弹弯沉值，以0.01mm计。

工程实践证明，为确保不会因基层的沉降而产生面板的断裂破坏，在新建道路的水泥混凝土路面板下面，必须设置最小厚度为0.15 ~ 0.20m的垫层与基层，或者是建在具有足够刚度的老路面上。

4. 混凝土板的设计弯拉强度

水泥混凝土面层的设计强度是以弯拉强度作为设计控制指标，在进行路面设计时，应取水泥混凝土15cm×15cm×55cm的小梁试件在三分点加载试验确定，在一般情况下以其28d龄期的计算弯拉强度作为设计标准。

如果在混凝土浇筑后90d内不开放交通，可以采用90d龄期的弯拉强度，其值一般可按28d龄期弯拉强度的1.1倍计。各交通等级要求的混凝土弯拉强度标准值不得低于表12-13中的规定。

表12-13　各交通等级混凝土弯拉强度标准值

交通等级	特重交通	重交通	中等交通	轻交通
水泥混凝土的弯拉强度标准值/MPa	5.0	5.0	4.5	4.0
钢纤维混凝土弯拉强度标准值/MPa	6.0	6.0	5.5	5.0

对于水泥混凝土小梁试件进行加载试验的数据，应进行整理、分析和计算，并用下式计算其弯拉强度：

$$f_{cm}=f'_{cm}-\lambda\sigma$$

式中　fcm——试件计算弯拉强度，MPa；

f’cm——各试件测定结果的平均弯拉强度值，MPa；

λ——为保证计算弯拉强度指标具有95%统计可靠度需增大的系数，当试件数量n=6时，λ=2.00；当λ=12时，n=1.80；n=30时，λ=1.70；n=60时，λ=1.66；

σ——测定结果的标准残差，MPa。

用上式计算的弯拉强度必须满足规范规定的弯拉强度标准值的要求。为保证路面混凝土具有较高的耐久性、耐磨性和抗冻性，水泥混凝土的抗压强度应满足以下要求：

对于高速公路、一级公路和主要城市干道的单层式混凝土路面板、双层式路面的上层，混凝土的抗压强度不应低于30 ~ 35MPa；对于双层式混凝土板的下层，混凝土的抗压强度不应低于20 ~ 25MPa；对于次要道路，混凝土的抗压强度可以适当降低。当面层采用混凝土预制块时，非冰冻地区混凝土的抗压强度不应当低于50MPa，冰冻地区混凝土的抗压强度不应当低于60MPa。

5. 水泥混凝土板的应力分析

轴载在水泥混凝土面层内产生的应力，采用半无限地基上弹性小挠度薄板的力学模型和有限元法进行分析计算。在计算时选取混凝土板的纵向边缘中部作为产生最大荷载和温度梯度综合疲劳损坏的临界荷位。水泥混凝土板的应力分析，主要包括荷载应力分析和温度应力分析。

（1）荷载应力分析

标准轴载P_s在临界荷位处所产生的荷载疲劳应力，可按下式进行计算：

$$\sigma_{pr}=k_r k_f k_c \sigma_{ps}$$

$$\sigma_{ps}=0.077r^{0.60}h^{-2}$$

$$r=0.537h(E_c/E_t)^{1/3}$$

式中　σ_{pr}——标准轴载在临界荷位处所产生的荷载疲劳应力，MPa；

σ_{ps}——标准轴载P_s在四边自由板的临界荷位处所产生的荷载疲劳应力，MPa；

k_r——考虑接缝传荷能力的应力折减系数，纵缝为设拉杆的平缝时，可取0.87 ~ 0.92（刚性和半刚性基层取低值，柔性基层取高值）；纵缝为不设拉杆的平缝或自由边时，可取1.00；纵缝为设拉杆的企口缝时，可取0.76 ~ 0.84；

k_f——考虑设计基准期内荷载应力累计疲劳作用的疲劳应力系数；

k_c——考虑偏载和动载等因素对路面疲劳损坏影响的综合系数，可按公路等级查表12-14选取；

r——水泥混凝土板的相对刚度半径，m；

h——水泥混凝土板的厚度，m；

E_c——水泥混凝土的弯拉弹性模量，MPa；

E_t——基层顶面当量回弹模量，MPa，可用式$E_t = ah_x^b E_o\left(\frac{E_x}{E_o}\right)^{\frac{1}{3}}$进行计算。

$$k_f = N_e^{v}$$

$$\upsilon = 0.053 - 0.017 p_f \iota_f / d_f$$

式中 k_f——设计基准期内的荷载疲劳应力系数；

N_e——设计基准期内标准轴载累计作用次数；

υ——与混合料性质有关的系数，普通混凝土、钢筋棍凝土、连续配筋混凝土，可取0.057；碾压混凝土和贫混凝土，可取0.065；钢纤维混凝土，可按上式计算；

p_f——钢纤维体积率，%；

ι_f——钢纤维的长度，mm；

d_f——钢纤维的直径，mm。

表12–14　综合影响系数及地基刚度指标

交通等级	特重交通	重交通	中等交通	轻交通
综合影响系数	1.45	1.35	1.20	1.10
当量回弹模量E_t/MPa	120	100	80	60

（2）温度应力分析

根据水泥混凝土面层内产生的荷载应力和温度应力，确定板的平面尺寸，布设各种接缝的位置。通常，纵向缩缝的间距可根据路面宽度和每个车道宽而定，其最大间距不得大于4.5m。横向缩缝的间距一般采用4 ~ 5m，最大不超过6m。

根据工程实践经验，如果面板的平面尺寸超过上述范围，由于产生较大的温度应力，会使尺寸较大的板出现断裂。另外，由于水泥混凝土板传热较慢，在温度变化大时其顶面与底面温差较大，从而引起混凝土板产生翘曲应力。

水泥混凝土板顶面与底面的温差，一般用板的温度梯度T_g表示，水泥混凝土面层的最大温度梯度标准值，可按照公路所在地的公路自然区划按表12–15中数值选用。

表12–15　最大温度梯度标准值T_g

公路自然区划	Ⅱ、Ⅴ	Ⅲ	Ⅳ、Ⅵ	Ⅶ
最大温度梯度T_g（℃/cm）	0.83 ~ 0.88	0.90 ~ 0.95	0.86 ~ 0.92	0.93 ~ 0.98

最大温度梯度时混凝土板的温度翘曲应力，可按下式计算：

$$\sigma_{tm}=a_c E_c h T_g B_x/2$$

式中　σ_{tm}——最大温度梯度时水泥混凝土板的温度翘曲应力，MPa；

a_c——水泥混凝土的线膨胀系数，通常可取为 1×10^{-5}/℃；

E_c——水泥混凝土的弯拉弹性模量，MPa；

h——板长，即横缝的间距，m；

T_g——最大温度梯度，根据公路自然区划查表M5选用；

B_x——综合温度翘曲应力和内应力作用的温度应力系数。

水泥混凝土板在临界荷位处的温度疲劳应力，可按下式计算：

$$\sigma_{tf}=\sigma_{tm}k_t$$

$$k_t=f_r/\sigma_{tm}\left[a\left(\sigma_{tm}/_{ft}\right)^{c}-b\right]$$

式中　σ_{tf}——临界荷位处的温度疲劳应力，MPa；

σ_{tm}——最大温度梯度时水泥混凝土板的温度翘曲应力，MPa；

k_t——考虑温度应力累计疲劳作用的疲劳应力系数。

f_r——水泥混凝土的弯拉强度标准值；

a、b和c——回归系数。

6. 钢筋混凝土面层的配筋量

钢筋混凝土面板的配筋量，可按下式计算：

$$A_s=16L_s h\mu/f_{sy}$$

式中　A_s——每延米混凝土面层宽（或长）所需的钢筋面积，mm^2；

L_s——纵向钢筋时为横缝间距，横向钢筋时为无拉杆的纵缝或自由边之间的距离，m；

h——水泥混凝土面层的厚度，m；

μ——面层与基层之间的摩阻系数，当基层为水泥、石灰或沥青稳定粒料时，可取W8，当基层为无结合料的粒料时，可取1.5；

f_{sy}——所用钢筋的屈服强度，MPa。

连续配筋水泥混凝土面层的纵向配筋率，按允许的裂缝间距（一般为1.0 ~ 2.5m）、缝隙宽度（一般小于1mm）和钢筋的屈服强度确定，通常为0.6% ~ 0.8%。最小的纵向配筋率，冰冻地区为0.7%，其他一般地区为0.6%。

7. 混凝土面板的应力验算

水泥混凝土面板在使用过程中，板的应力主要来自汽车荷载疲劳作用和温度反复变化作用。为保证水泥混凝土面板在使用年限内不产生过早破坏，必须综合考虑这些作用的影响，不导致板的应力过大。

水泥混凝土面板的综合疲劳作用是汽车荷载和温度对板产生的应力总和，根据公式求出的板的荷载疲劳应力和温度应力，然后按现行水泥混凝土路面设计规范中采用路面结构可靠度设计方法，即以行车荷载和温度梯度综合作用产生的疲劳断裂作为极限设计状态，其表达式采用下式：

$$\gamma_r(\sigma_{pr}+\sigma_{tr})\leq f_r$$

式中　γ_r——可靠度系数，依据所选目标可靠度及变异水平等级按表12-16确定；

σ_{pr}——行车荷载疲劳应力，MPa；

σ_{tr}——温度梯度疲劳应力，MPa；

f_r——水泥混凝土的弯拉强度标准值，MPa。

表12-16　可靠度系数

变异水平等级	目标可靠度/%			
	95	90	85	80
低	1.20 ~ 1.33	1.09 ~ 1.16	1.04 ~ 1.08	-
中	1.33 ~ 1.50	1.16 ~ 1.23	1.08 ~ 1.13	1.04 ~ 1.07
高	-	1.23 ~ 1.33	1.13 ~ 1.18	1.07 ~ 1.11

二、路面板厚度的设计过程

考虑汽车荷载应力和温度翘曲应力综合疲劳损伤作用的混凝土板厚度计算和板平面尺寸确定方法，可遵循以下设计步骤进行。

1. 收集分析交通参数

收集分析交通参数是进行水泥混凝土路面板厚度设计的基础，主要应收集分析如下参数：收集日交通量和轴载组成数据，确定轮迹分布系数，计算设计车道标准轴载日作用次数；由此确定道路的交通等级，并进而选定设计年限，选定交通量年平均增长率，计算使用年限内标准轴载的累计作用次数。

2. 初步拟定路面结构

根据以上确定的交通参数，参考已建公路工程的实践经验，初拟路面的组成结构。主要包括：初选路面的结构层次、类型和材料组成；拟定各层的厚度、面层板的平面尺寸和接缝构造。

3. 确定各种材料参数

确定材料的参数，主要包括：试验确定混凝土的设计弯拉强度和弹性模量；基层、垫层和路基的回弹模量；基层顶面的当量回弹模量。

4. 计算荷载疲劳应力

根据以上所确定的参数，通过计算得到以下荷载疲劳应力：标准轴载作用下板边中部的最大荷载应力；按接缝类型选定接缝传荷系数；按标准轴载累计作用次数的疲劳应力系数；按交通等级选定综合系数；综合以上各计算结果可得到荷载疲劳应力。

5. 计算温度疲劳应力

计算温度疲劳应力，主要包括：由所在地公路自然区划选择最大温度梯度；按路面结构和面板平面尺寸计算最大温度梯度时的温度翘曲应力；按自然区划及最大温度梯度时的温度翘曲应力和混凝土设计弯拉强度，确定温度应力累计疲劳作用次数；由以上所得数据计算确定温度疲劳应力。

三、水泥混凝土路面板平面尺寸的确定

由于大气温度周期性的变化，致使水泥混凝土路面产生各种形式的温度变形。由年温差而引起的温度变形，其周期比较长，温度变化缓慢，路面板的胀缩在厚度范围内呈均匀分布，这种变形一旦受到约束，将转变为温度内应力，如果内应力超出容许范围，路面板将产生裂缝或被挤碎。

在炎热的夏季，昼夜温差比较大，由于日温差变化周期很短，在水泥混凝土路面板厚度范围内呈现出不均匀分布，从而会引起混凝土路面板的变形及开裂。

这些变形会受到板与基础之间的摩阻力和黏结力，以及板的自重和车轮荷载等的约束，致使混凝土板内产生过大的应力，造成路面板的断裂或拱胀等破坏。因此，对于不配置钢筋的素混凝土路面板，其路面接缝设置必须按照温度应力的计算方法确定板块的平面尺寸，并遵循一定的规则将水泥混凝土路面分割成为整齐的平面块体，以防止不规则裂缝的产生。

荷载试验和工程实践证明，以纵向和横向接缝将水泥混凝土路面板分割为规则的板块，对于消除温度内应力，保持路面整齐的外观是非常有效的措施，但是接缝附近的路面板则成为板的最薄弱部位。当车轮在此处通过时，由于边、角部位接缝对路面的削弱，更加容易使其产生断裂。同时，雨水也易穿过接缝渗入路基和基层，有时还会引起唧泥，使细颗粒土壤流失，造成路面板边、角脱空，以致面板工作条件进一步恶化。

第四节　水泥混凝土路面接缝和配筋设计

一、横向接缝的构造与布置

横缝接缝垂直于行车方向，根据接缝的作用不同，可分为缩缝、胀缝和施工缝三种。缩缝保证混凝土板在温度和湿度降低而产生收缩时沿该薄弱断面缩裂，从而可避免产生不规则的裂缝。胀缝保证混凝土板在温度升高时能部分伸胀，从而可避免产生路面板在高温下的拱胀和折断破坏，同时胀缝也能起到缩缝的作用。

在混凝土面板铺筑的施工过程中，由于各种原因不能连续进行铺筑时，应设置施工缝，其位置应尽量与缩缝或胀缝有机地结合起来。

1. 横向缩缝的构造与布置

横向接缝的构造如图12-1所示，它可以根据设计要求，采用假缝形式等间距或变间距布置。特重和重交通公路、收费站、服务区以及邻近胀缝或自由端部的3条缩缝，应采用设传力杆假缝形式，其构造如图12-1（a）所示；其他情况可采用不设传力杆假缝形式，其构造如图12-1（b）所示。

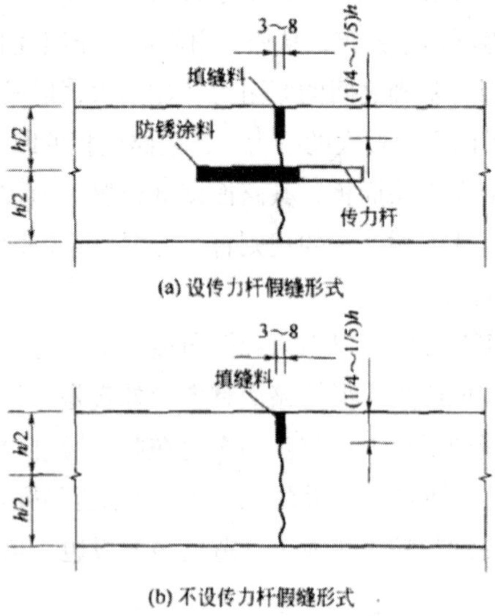

图12-1　横向缩缝的构造示意图（单位：mm）

横向缩缝顶部应锯切槽口，深度为混凝土面层厚度的（1/5）～（1/4），宽度为

3 ~ 8mm，槽内填塞填缝料。高速公路的横向缩缝的槽口，应增设深20mm、宽6 ~ 10mm的浅槽口，其构造如图12-2所示。

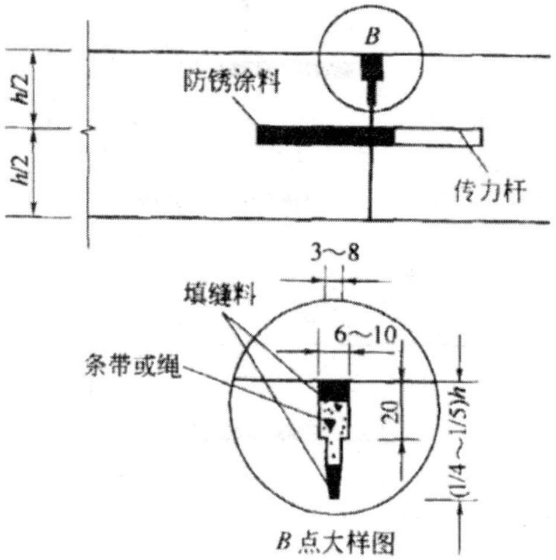

图12-2　高速公路横向接缝浅槽口构造（单位：mm）

2. 横向施工缝的构造与布置

设在缩缝处的横向施工缝，应采用加传力杆的平缝形式，其构造如图12-3（a）所示；设在胀缝处的横向施工缝，其构造与胀缝相同。如果遇有困难需设在缩缝之间时，施工缝宜采用设拉杆企口缝形式，其构造如图12-3（b）所示。

3. 横向胀缝的构造与布置

在桥梁附近或其他固定构造物处或与其他道路相交处应设置横向胀缝。设置胀缝的条数，应根据水泥混凝土面板预计的膨胀量大小而定。在低温浇筑混凝土面层或选用膨胀性较高的集料时，应根据实际酌情确定是否设置胀缝。胀缝的宽度一般为20mm，缝内应设置填缝板和可滑动的传力杆。

4. 横向接缝中传力杆设置

传力杆的主要作用是增强路面板的传递荷载能力，确保混凝土面板的整体性，提高路面的平整度和使用品质。横向接缝中的传力杆应采用光面钢筋，设在面板厚的中央，并保证传力杆的一半长度能够自由滑动，以防止因设置传力杆而引起收缩裂缝的转移。传力杆的尺寸和间距与面层板厚度密切相关，可按表12-17中的规定选用。最外侧的传力杆距纵向接缝或自由边的距离为150 ~ 250mm。

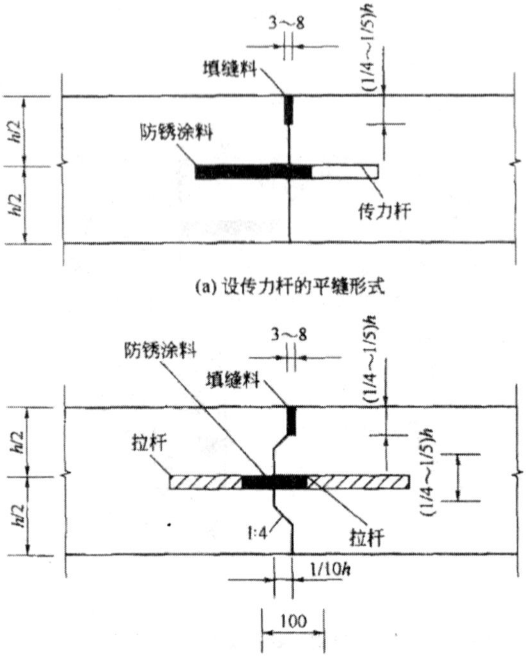

图 12-3　横向施工缝的构造（单位：mm）

表 12-17　传力杆的尺寸和间距参考表

面层厚度/mm	传力杆直径/mm	传力杆最小长度/mm	传力杆最大间距/mm
220	28	400	300
240	30	400	300
260	32	450	300
280	35	450	300
300	38	500	300

二、纵向接缝的构造与布置

当公路的路面宽度较宽时，应设置纵向接缝。纵向接缝应当与公路路线的中线平行，一般可分为假缝和施工缝两种。

1. 纵向施工缝

当一次铺筑的水泥混凝土路面宽度小于路面设计宽度时，应设置纵向施工缝。纵向施工缝宜采用平缝形式，并应设置拉杆。在施工缝的上部应锯切槽口，深度为

30 ~ 40mm，宽度为3 ~ 8mm，槽内灌塞填缝料，其构造如图12–4（a）所示。

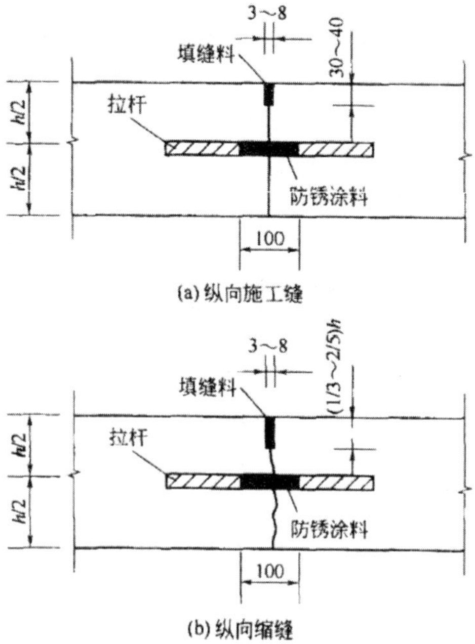

图12–4　纵向接缝的构造（单位：mm）

2. 纵向缩缝

当一次铺筑的水泥混凝土路面宽度大于4.5m时，应设置纵向缩缝，其构造如图12–4（b）所示。

纵向缩缝宜采用假缝形式，锯切的槽口深度应大于施工缝的槽口深度。当采用粒料基层时，槽口深度应为混凝土面板厚度的1/3；当采用半刚性基层时，槽口深度应为混凝土面板厚度的2/5。

3. 纵缝间距与布置

纵缝间距通常按车道宽度确定。带有路缘带的高速公路和一级公路，板宽可按车道和路缘带的宽度确定。路面宽度为9.0m的二级公路，板宽可按路面宽度的一半（4.5m）确定。由于块块过宽易产生纵向裂缝，特别是在旧路加宽或半挖半填的路段上，纵缝间距一般不超过4.5m。

纵缝应与路线平行布置。在路面等宽的路段内或路面变宽路段的等宽部分，纵缝的间距和形式应保持一致。路面变宽段的加宽部分与等宽部分之间，以纵向施工缝隔开，把加宽部分作为向外接出的路面进行纵缝布置。加宽板在变宽段起点和终点处的宽度不应小于1m。

4. 纵向接缝中拉杆

为了保证纵缝两侧路面板在纵缝位置的紧密联系，不会沿着路拱横坡向两侧滑动，同时使纵缝具有一定的传递荷载能力，纵向接缝无论是施工缝还是缩缝均应在缝内设置拉杆。纵向接缝中的拉杆应采用螺纹钢筋，设置在混凝土面板厚度的中央，并应对拉杆中部100mm范围内进行防锈处理。拉杆的直径、长度和间距与面板的厚度、到自由边式设拉杆纵缝的距离有关，可参照表12-18中的数值进行选用。

表12-18 纵向接缝拉杆的直径、长度和间距 单位：mm

面层厚度/mm	到自田边或设拉杆纵缝的距离/m					
	3.00	3.50	3.75	4.50	6.00	7.50
200 ~ 250	1 × 700 × 900	14 × 700 × 800	14 × 700 × 700	14 × 700 × 600	14 × 700 × 500	14 × 700 × 400
260 ~ 300	16 × 800 × 900	16 × 800 × 800	16 × 800 × 700	14 × 800 × 600	14 × 800 × 500	14 × 800 × 400

在施工布设时，拉杆的间距应按横向接缝的实际位置予以调整，最外侧的拉杆距横向接缝的距离不得小于100mm。

三、接缝填缝材料

各类接缝的槽口必须进行填缝处理，以免杂物和水等进入缝隙中。接缝填缝材料按其使用性能可分为接缝板和填缝料两类，其质量的好坏对水泥混凝土路面的使用性能及耐久性起着关键作用。如果接缝处填缝料失效，接缝处可能会出现以下问题。

（1）接缝渗水。由于接缝材料不能与混凝土面板很好黏结，特别是当气温较低时，混凝土面板收缩后缝隙增大，从而使路面表面水渗入混凝土面板下的基层，造成地基承载力降低和唧泥，混凝土板会出现断裂和错台。

（2）填缝料外溢。当环境温度较高时，水泥混凝土面板产生膨胀，如填缝料本身压缩性能及热稳定性较差，就容易出现从缝中溢出，流淌到缝的两侧板的表面，从而影响路面的平整度、舒适性和路容。

（3）杂物嵌入。如果接缝材料性能较差，则杂物极易嵌入缝中，杂物颗粒使接缝失去胀缩作用，使混凝土板产生拱胀及断裂。尤其小粒径小石子的嵌入，使接缝处板端压力集中，以致使接缝（特别是胀缝）附近的混凝土板被挤碎。

接缝板材料应选用能适应水泥混凝土路面板膨胀和收缩、施工时不变形、弹性复原率高、耐久性良好的胀缝板（接缝板）。接缝板由杉木板、软木板、泡沫树脂板、泡沫橡胶板、沥青纤维板等材料制作。高速公路和一级公路路面混凝土胀缝处，宜采用泡沫橡胶板、沥青纤维板作为接缝板；其他等级的公路路面混凝土胀缝处，宜采用泡沫橡胶板、沥青纤维板、杉木板、杨木板、松木板、纤维板、泡沫树脂板等作为接缝板。接缝板的质量应符合《公路水泥混凝土路面施工技术规范》（JTGF30—2003）中的要求，如表12-19所列。

表12-19　胀缝板的技术要求（JTGF30—2003）

试验项目	胀缝板的种类		
	木材类	塑胶、橡胶泡沫类	纤维类
压缩应力/MPa	5.0 ~ 20.0	0.2 ~ 0.6	2.0 ~ 10.0
弹性复原率/%	≥55	≥90	≥65
挤出量/mm	<5.5	<5.0	<3.0
弯曲荷载/N	100 ~ 400	0 ~ 50	5 ~ 40

填缝材料应具有与混凝土板壁黏结牢固、回弹性好、不溶于水、不渗水，在高温情况下不挤出、不流淌、抗嵌入能力强，耐老化龟裂、负温拉伸量大、低温时不脆裂、耐久性良好等性能。

根据施工方式不同，填缝材料主要有常温施工式和加热施工式两种。常温施工式填缝材料有聚氨酯改性沥青填缝胶、硅树脂类、聚氨酯焦油类、密封胶、氯丁橡胶类、沥青橡胶类等，其技术要求如表12-20所列。加热施工式填缝材料有聚氨酯焦油类、聚氯乙烯胶泥类、沥青橡胶类、氯丁橡胶类、沥青玛琦脂类等，其技术要求如表12-21所列。

表12-20　常温施工式填缝材料的技术要求（JTGF30—2003）

试验项目	技术标准		试验项目	技术标准	
	低弹性型	高弹性型		低弹性型	高弹性型
失黏（固化）时间/h	6 ~ 24	3 ~ 16	拉伸量（-10℃）/mm	≥15	≥25
弹性复原率/%	≥75	≥90	与混凝土黏结延伸率/%	≥200	≥400
流动度/mm	0	0	与混凝土的黏结强度/MPa	≥0.2	≥0.4

表12-21　加热施工式填缝材料的技术要求（JTGF30—2003）

试验项目	技术标准		试验项目	技术标准	
	低弹性型	高弹性型		低弹性型	高弹性型
针入度（0.0lmm）	<50	<90	流动度/mm	<5.0	<2.0
弹性复原率/%	≥30	≥60	拉伸量（-10℃）/mm	≥10	≥25

高速公路、一级公路的接缝填缝材料，应当优先选用树脂类、橡胶类或改性沥青类，并在填缝材料中加入适量的耐老化剂。

四、道路交叉口处接缝布设

在布设交叉口的接缝时，不能将交叉口孤立出来进行。应先分清相交道路的主次，保持主要道路的接缝位置和形式全线贯通；然后，考虑次要道路的接缝布设如何与主要道路相协调，并适当调整交叉口范围内主要道路的横缝位置。

当两条道路正交时，各条道路的直道部分均应保持本身纵缝的连贯，而相交路段内各条道路的横缝位置，应当按相对道路的纵缝间距进行相应变动，以保证两条道路的纵缝和横缝垂直相交，并且互不错位。

当两条道路斜交时，主要道路的直道部分应保持本身纵缝的连贯，而相交路段内的横缝位置，应当按次要道路的纵缝间距进行相应变动，以保证主要道路与次要道路的纵缝相连接。

相交道路弯道加宽部分的接缝布置，应不出现或少出现错缝和锐角板。在交叉口范围内，为了避免板形成较锐的角并使板的长边与行车方向一致，根据工程实践经验，大多数采用辐射式的接缝布置形式。

此外，在次要道路弯道加宽段起点和终点断面处的横向接缝，应采用胀缝的形式。当此处的膨胀量较大时，应在直线段连续布置2 ~ 3条胀缝，以适应混凝土面板变形的需要。

五、路面特殊部位的处理

水泥混凝土路面的特殊部位，主要是指受力比较复杂、比较容易破坏的部位，如面板的边缘、面板的角隅等。对这些特殊部位的处理方法是进行补强。

1. 板边与角隅补强

（1）水泥混凝土面板边缘的补强

水泥混凝土面层自由边缘下基础薄弱或接缝为未设传力杆的平缝时，可在面层边缘的下部配置适量钢筋，即进行补强处理。通常是选用2根直径为12 ~ 16mm的螺纹钢筋，置于面层底面之上1/4厚度处，并且不小于50mm，其间距为100mm。

纵向边缘钢筋使其仅作用在一块板内，不得穿过胀缝，一般也不应穿过缩缝，以免妨碍面板的翘曲。为加强锚固能力，配置的钢筋两端应向上弯起。

（2）水泥混凝土面板角隅的补强

对于承受特重交通的胀缝、施工缝和自由边的面层角隅及锐角面层角隅，均应配置适量的角隅钢筋，即对角隅进行补强处理。通常是选用2根直径为12 ~ 16mm的螺纹钢筋，置于面层厚度的上部、距顶面不小于50mm、距边缘为100mm之处。

2. 混凝土路面与固定构造物相衔接

当水泥混凝土路面与固定构造物相衔接的胀缝无法设置传力杆时，可在毗邻构造物的板端部内配置双层钢筋网；或者在长度为6 ~ 10倍板厚的范围内逐渐将板厚增加20%。

混凝土面层下有箱形构造物横向穿越，其顶面至面层底面的距离不小于400mm或嵌入基层时，在构造物顶宽及两侧（H+1）m且不小于4m的范围内，混凝土面层内应布设双层钢筋网，上下层钢筋网分别在距面层顶面和底面（1/4）~（1/3）厚度处。

当构造物顶面至面层底面的距离的400 ~ 1200mm时，则在上述长度范围内的混凝土面层中应布设单层钢筋网。钢筋网设在距顶面（1/4）~（1/3）厚度处。钢筋直径为12mm，纵向钢筋间距为100mm，横向钢筋间距为200mm。配筋混凝土面层与相邻混凝土面层之间应设传力杆缩缝。

混凝土面层下有圆形管状构造物横向穿越，其顶面至面层底面的距离小于1200mm时，在构造物两侧各（H+1）m且不小于4m的范围内，混凝土面层内应布设单层钢筋网，钢筋网设在距面层顶面（1/4）~（1/3）厚度处。钢筋尺寸与间距及传力杆接缝设置与箱形构造物相同。

3. 混凝土路面与桥梁相接

当水泥混凝土路面与桥梁相接，桥头处设有搭板时，应在搭板与混凝土面层板之间设置长度为6 ~ 10m的钢筋混凝土面层过渡板。与钢筋混凝土搭板间的横缝采用设拉杆平缝的形式，与混凝土面层板间的横缝采用设传力杆胀缝的形式。当膨胀量较大时，应连续设置2 ~ 3条设传力杆的胀缝。当水泥混凝土路面与桥梁斜交时，钢筋混凝土板的锐角部分应采用钢筋网补强。

当水泥混凝土路面与桥梁相接，桥头处不设搭板时，应在水泥混凝土面层与桥台之间设置长度为10 ~ 15m的钢筋混凝土面层板；或者设置由混凝土预制块面层或沥青混凝土面层铺筑的过渡段，其长度一般不应小于8m。

4. 混凝土路面与沥青路面相接

当水泥混凝土路面与沥青混凝土路面相接时，其间应设置长度不小于3m的过渡段。过渡段的路面采用两种路面呈阶梯状叠合布置，其下面铺设的变厚度混凝土板的厚度不得小于200mm。过渡段面板与水泥混凝土面层相接处的接缝内，应设置直径25mm、长度700mm、间距400mm的拉杆。水泥混凝土面层毗邻处的接缝的1 ~ 2条横向接缝应设置胀缝。

第十三章　沥青混凝土路面设计

第一节　沥青混凝土路面基础内容

一、沥青路面的分类与选型

1. 沥青路面的分类

（1）按强度构成原理不同，可将沥青路面分为密实类沥青路面和嵌挤类沥青路面两大类。

密实类沥青路面要求矿料的级配按最大密实性原则设计，其强度与稳定性主要取决于混合料的黏聚力和内摩阻力。密实类沥青路面按其空隙率大小可分为闭式和开式两种：闭式混合料中含有较多的小于0.5mm和0.074mm的矿料颗粒，空隙率小于6%，混合料致密而耐久，但热稳定性较差；开式混合料中小于0.5mm的矿料颗粒含量较少，空隙率大于6%，但其热稳定性较好。

嵌挤类沥青路面要求采用颗粒尺寸较为均一的矿料，其强度与稳定性主要依靠骨料颗粒之间相互嵌挤所产生的内摩阻力，而黏聚力仅起着次要的作用。按嵌挤原理修筑的沥青路面，其热稳定性较好，但由于其空隙率较大，容易产生渗水，因而耐久性较差。

（2）按施工工艺不同，沥青路面可以分为层铺法、路拌法和厂拌法三类。

层铺法是用分层洒布沥青、分层摊铺矿料和碾压的方法修筑，其主要优点是工艺和设备简便、功效比较高、工程造价较低，但路面成型期较长，一般需要经过炎热夏季行车碾压之后路面才能成型。用层铺法修筑的沥青路面，主要有沥青表面处治和沥青贯入式两种。

路拌法是在路上用机械将矿料及沥青材料就地拌和、摊铺和碾压密实而成的沥青面层。此类面层所用的矿料和碎石称为路拌沥青碎石；所用的矿料为土者称为路拌沥青稳定土。路拌沥青面层，通过就地拌和，沥青材料在矿料中分布比层铺法均匀，可以缩短路面的成型期。但由于所用矿料为冷料，需使用黏稠度较低的沥青材料，所以混合料的强度较低。

厂拌法是将规定级配的矿料和沥青材料在工厂用专用设备加热拌和，然后运到工地摊铺碾压而成的沥青路面。矿料中细颗粒含量很少，不含或含少量矿粉，混合料为开级配的，其空隙率为10% ~ 15%，称为厂拌沥青碎石；如果矿料中含有矿粉，混合料是按最佳密实级配配制的，其空隙率在10%以下，称为沥青混凝土。

厂拌法按混合料铺筑时温度不同，又可分为热拌热铺和热拌冷铺两种。热拌热铺是混合料在专用设备加热拌和后，立即趁热运到路上摊铺压实，如果混合料热拌和后储存一段时间，再在常温下运到路上摊铺压实，即为热拌冷铺。厂拌法使用较黏稠的沥青材料，且矿料经过仔细选择，因而混合料质量高，使用寿命较长，但修建费用较高。

（3）根据沥青路面的技术特性，沥青面层可分为沥青混凝土、热拌沥青碎石、乳化沥青碎石混合料、沥青贯入式、沥青表面处治五种类型。

沥青表面处治路面是指用沥青和集料按层铺法和拌和法铺筑而成的厚度不超过3cm的沥青路面。沥青表面处治的厚度一般为1.5 ~ 3.0cm。层铺法可分为单层、双层和三层，单层表处厚度为1.0 ~ 1.5cm，双层表处厚度为1.5 ~ 2.5cm，三层表处厚度为2.5 ~ 3.0cm。沥青表面处治适用于三级和四级公路的面层、旧沥青面层上加铺罩面或抗滑面、磨耗层等。

沥青贯入式路面是指用沥青贯入碎（砾）石作面层的路面。沥青贯入式路面的厚度一般为4 ~ 8cm。当沥青贯入式的上部铺拌和的沥青混合料时，也称为上拌下贯，此时拌和层的厚度宜为3 ~ 4cm，其总厚度为7 ~ 10cm。沥青贯入式碎石路面适用于二级及二级以下公路的沥青面层。

沥青碎石路面是指用沥青碎石作路面，沥青碎石的配合比设计，应根据实践经验和马歇尔实验的结果，并通过施工前的试拌和试铺确定。

2. *沥青路面的选型*

采用不同施工工艺和不同组成材料，可以修筑成不同类型的沥青路面。因此，在进行路面设计时，必须根据路面的使用要求和施工具体条件，按照技术经济原则进行综合考虑，选定最适当的路面类型。

在选择沥青路面类型时，一方面要根据任务要求（道路的等级、交通量、使用年限、修建费用、维修费用等）、工程特点（当地气候、施工季节、施工期限、基层状况等）；另外，还应考虑材料供应情况、施工机具、劳力条件和施工技术等因素，路面类型的选择可参照表13-1选定。

表 13–1　公路路面类型的选择

公路等级	路面等级	面层类型	设计年限/年	设计年限内累计标准轴次/（万次/车道）
高速公路 一级公路	高级路面	沥青混凝土 沥青玛琦脂碎石	15	>400
二级公路	高级路面	沥青混凝土	12	>200
	次高级路面	热拌沥青碎石混合料、沥青贯入式	10	100 ~ 200
三级公路	次高级路面	乳化沥青碎石混合料、沥青表面处治	8	10 ~ 100
四级公路	中级路面	水结碎石、泥结碎石、级配碎（砾）石、半整齐石块路面	5	≤10
	低级路面	粒料改善土	5	

为确保沥青路面的质量，从施工季节来讲，沥青类路面一般都要求具备温暖干燥的气候条件下施工，所用沥青材料在施工时具有较大的流动性，便于路面的摊铺和压实成型。热拌热铺类的沥青碎石或沥青混凝土面层，气候对其施工影响比较小，仅要求在晴朗天气和气温不低于5℃时施工。如果施工气温较低，则应选用热拌冷铺法施工较为适宜。

为确保路面具有可靠的抗滑稳定性，沥青类路面一般不宜铺筑在纵坡大于6%的路段上。纵坡大于3%的路段，必须考虑采取抗滑的措施，宜采用粗粒式的沥青碎石或粗粒式的沥青表面处治。

二、沥青混合料和路面的特性

1. 沥青混合料的强度特性

（1）沥青混合料的强度特性

表征沥青混合料力学强度的参数是：抗压强度、抗剪强度、抗拉强度和抗弯拉强度。一般沥青混合料均具有较高的抗压强度，而抗剪强度和抗拉强度比较低。因此，沥青路面的损坏，往往是由拉裂或滑移开始而逐渐扩展形成的。

1）抗剪强度。沥青混合料的抗剪破坏，可按摩尔–库仑原理进行分析。材料在外力的作用下，如不产生剪切破坏，则应具备下列条件：

$$\tau_{max} < \sigma \tan\varphi + c$$

式中　τ_{max}——在外荷载的作用下，某一点所产生的最大剪应力，N/mm^2；

σ——在外荷载的作用下，在同一剪切面上的正应力，N/mm^2；

φ——材料的内摩阻角，(°)；

c——材料的黏结力，MPa。

在进行沥青路面设计时，通常通过三轴剪切试验和应力状况摩尔圆的分析，从而获得沥青混合料的受力状况和相应的强度指标。

沥青混合料的抗剪强度大小，主要取决于沥青与矿料相互作用而产生的黏结力，以及矿料在沥青混合料中相互嵌挤而产生的内摩阻角。

沥青混合料的黏结力取决于很多因素，其中最主要的是沥青黏滞度、沥青含量与矿料含量的比值，以及沥青与矿料相互作用的特性。沥青黏滞度越高，它能使沥青混合料的黏滞阻力增大，其黏结力就越大，则具有较高的抗剪强度。随着沥青含量的增加，即矿料颗粒间的自由沥青增加，沥青混合料的黏结力也随即下降。

在沥青与矿料的界面上，由于分子间具有吸附作用，越靠近矿料的表面，沥青的黏滞度越高。因此，矿料的比面积和矿料周围沥青膜的厚度，均对沥青混合料的黏结力有很大影响。试验证明：矿料颗粒越小，比面积越大，包覆矿料颗粒的沥青膜越薄，黏结力也就越大。

碱性的矿料与沥青黏结时，会发生化学吸附过程，在矿料与沥青接触面上形成新的化合物，因而黏结力较高。酸性的矿料与沥青黏结时，不会形成化学吸附过程，黏结力就较低。

矿料的级配、颗粒形状和表面特性，都对沥青混合料的内摩阻力产生一定影响，沥青用量同黏结力和内摩阻角的关系见表13-2。随着颗粒尺寸的增大，内摩阻力也就增大。矿料颗粒表面粗糙、棱角尖锐的混合料，由于颗粒间相互嵌紧，其内摩阻力要比圆滑颗粒的混合料大得多。此外，沥青混合料中沥青的存在，会降低矿质混合料的内摩阻力。所以，沥青混合料中沥青含量过多时，不仅内摩阻力会显著地降低，而且其黏结力也会下降。

表13-2　沥青用量同黏结力和内摩阻角的关系

沥青混凝土中的沥青用量/%	剩余空隙率/%	内摩阻角/(°)	黏结力/MPa
5.0	3.3	30	0.190
6.0	2.5	30	0.155
7.0	0.7	19	0.060

2）抗拉强度。在气候比较寒冷的地区，冬季气温一般在零度以下，特别是当急骤降温时，沥青混合料将发生收缩，如果收缩受阻，混合料就会产生拉应力。当拉应力超过沥青混合料的抗拉强度时，路面就会出现不同程度的开裂。

沥青混合料的抗拉强度，可用直接拉伸试验或间接拉伸－劈裂试验测定。直接拉伸试验是将沥青混合料制成圆柱形试件，试件两端黏结在球形铰接的金属盖帽上，试件上安置变形传感器。在给定温度时，以一定的加荷速度拉伸，记录各荷载应力下的变形值。应力－应变曲线中的最大应力值即为极限抗拉强度。

间接拉伸试验是将沥青混合料用马歇尔标准击实法制成直径（101.6 ± 0.25）mm、高（63.5 ± 1.3）mm，或从轮碾机成型的板块试件或从道路现场钻取直径（100 ± 2.0）mm或直径（150 ± 2.5）mm、高为（405mm）的圆柱体试件。试件两侧垫上金属压条。试件直径为（100 ± 2.0）mm或为（101.6 ± 0.25）mm时，压条宽度为12.7mm，内侧曲率半径为50.8mm；试件直径为（150 ± 2.5）mm时，压条宽度为19.0mm，内侧曲率半径为75.0mm，压条两端均应磨圆。沥青混合料的间接拉伸试验（劈裂试验）。

沥青混合料的极限抗拉强度St，可按下式进行计算：

$$St=2P/\pi td$$

式中　St——沥青混合料的极限抗拉强度，MPa；

P——试件受力的总荷载，kN；

π——圆周率，可取 π=3.1415；

t——试件的厚度，m；

d——试件的直径，m。

沥青混合料在低温下的抗拉强度，与沥青性质、沥青含量、矿质混合料级配、测试时的温度等因素有关。试验证明，沥青的黏滞度大，或沥青含量较大，沥青混合料则有较高的抗拉强度。密级配混合料的抗拉强度较开级配混合料高。在低温下沥青混合料的抗拉强度，会随着温度降低而提高，形成一个峰值（脆化点），低于脆化点的沥青混合料则强度下降。

我国现行的《公路沥青路面设计规范》（JTGD50—2006）中，沥青混凝土和半刚性材料的抗拉强度，宜采用劈裂试验测得的劈裂强度。表13-3和表13-4中分别列出了沥青混凝土和半刚性基层材料劈裂强度常见值，供设计中选用。

3）抗弯拉强度。沥青路面在行车重复荷载的作用下，往往会因路面弯曲而产生开裂破坏，因此，必须验算沥青混合料的抗弯拉强度。沥青混合料的抗弯拉强度，是在室内用梁式试件在简支受力情况下测定的。试验时用三分点法加荷，梁中间部分处于纯受弯拉状态，抗弯拉强度试验加荷形式。

表 13-3 沥青混凝土劈裂强度常见值

材料名称	沥青针入度	劈裂强度（15℃）/MPa	材料名称	沥青针入度	劈裂强度（15℃）/MPa
细粒式密级配沥青混凝土	≤90	1.2 ~ 1.6	中粒式开级配沥青混凝土	≤90	0.6 ~ 1.0
中粒式密级配沥青混凝土	≤90	0.8 ~ 1.2	细粒式开级配沥青混凝土	≤90	0.6 ~ 1.0

表 13-4 半刚性基层材料劈裂强度常见值

材料名称	配合比或规格要求	劈裂强度 /MPa	材料名称	配合比或规格要求	劈裂强度 /MPa
二灰砂砾	7 ∶ 13 ∶ 80	0.60 ~ 0.80	石灰水泥碎石	5 ∶ 3 ∶ 92	0.35 ~ 0.50
二灰碎石	8 ∶ 17 ∶ 75	0.50 ~ 0.80	石灰土碎石	粒料占 60%	0.30 ~ 0.40
水泥砂粒	（5 ~ 6）%	0.40 ~ 0.60	碎石灰土	粒料占 50%	0.25 ~ 0.35
水泥晬石	（5 ~ 6）%	0.40 ~ 0.60	水泥石灰砂砾土	4 : 3 : 25 : 68	0.30 ~ 0.40
水泥粉煤灰碎石	4 ∶ 16 ∶ 80	0.40 ~ 0.70	二灰土	10 ∶ 30 ∶ 60	0.20 ~ 0.30
石灰水泥粉煤灰砂粒	6 ∶ 3 ∶ 10 ∶ 75	0.40 ~ 0.60	石灰土	（8 ~ 12）%	0.25

我国《公路工程沥青及沥青混合料试验规程》（JTJ052—2000）中规定的试件尺寸，是由轮碾成型后切制的长（250 ± 2.0）mm、宽（30 ± 2.0）mm、高（95 ± 2.0）mm 的棱柱体小梁，其跨径为（200 ± 0.5）mm。试验温度采用（15 ± 0.5）℃。当用于评价沥青混合料低温抗拉伸性能时，试验温度采用 -（15 ± 0.5）℃。

沥青混合料的抗弯拉强度，可用下式计算：

$$\sigma t=PL/bh^2$$

式中 P——沥青混合料试件的最大荷载，kN；

L——沥青混合料试件的跨径，m；

b——沥青混合料试件的宽度，m；

h——沥青混合料试件的高度，m。

沥青混合料的抗弯拉强度，取决于所用材料的性质（沥青的性质、沥青的用量、矿料的性质、混合料的均匀性）及结构破坏过程的加荷状况（重复次数、应力增长速度等)。此外，计算时期的温度状况对抗弯拉强度也有很大影响。

(2)沥青混合料的应力-应变特性

沥青混合料在应力-应变关系中呈现出不同的性质。有时仅呈现为弹性，有时则主要呈现出黏塑性。经统计分析，在大多数情况下，几乎同时综合呈现出上述性质，即沥青混合料是一种弹性-黏塑性材料。

沥青混合料应力作用下变形的发展情况。当作用应力相当小时，即低于弹性极限或屈服点时，应力作用后，一部分变形瞬即在该材料中产生，并在应力撤除之后，仍以同样的速度消失，这是沥青混合料的纯弹性变形，在这个范围内应力和应变呈直线关系；另一部分变形随着力的作用时间而缓慢增大，当应力撤除之后，变形也随时间增加而缓慢地消失，这是沥青混合料的黏弹性变形。这种精况说明，沥青混合料受力较大时，即高于弹性极限或屈服点，特别是受力的时间很短促时，沥青混合料呈现出弹性或兼有黏弹性的性质。

当作用力相当大时，在相当长的时间内(超过弹性变形发展的时间)，沥青混合料的变形除有瞬时弹性变形和滞后弹性变形外，还存在黏滞性塑性流动变形。应力撤除后，这部分变形不再消失，即产生塑性变形。

这种情况说明，沥青混合料受力相当大，且受力时间又较长时，材料不仅产生弹性变形，而且有随时间而发展的塑性变形。

沥青混合料的应力-应变特性，不仅同荷载大小和作用时间有关，而且与材料的温度有关。考虑到荷载作用时间和温度对沥青及沥青混合料应力-应变特性的影响。C·范德甫提出用劲度模量(以下简称劲度)作为表征弹-黏塑材料的性质指标。所谓劲度模量，就是材料在给定的荷载作用时间和温度条件下应力与总应变的比值，可用下式表示：

$$S_{s,}T=(\sigma/\varepsilon)_{t}T$$

式中　S_s，T——沥青混合料的劲度模量，MPa；

σ——对沥青混合料施加的应力，MPa；

ε——沥青混合料的总应变；

t——荷载作用时间，s；

T——材料的温度，℃。

(3)沥青混合料的疲劳特性

如同其他路面材料一样，沥青混合料的变形和破坏，不仅与荷载应力的大小有关，而且与荷载作用的次数有很大关系。路面材料在低于极限抗拉强度下经受重复拉应力或拉应变而最终导致破坏，称为疲劳破坏。导致路面材料最终破坏(即开始疲劳开裂）的荷载作用次数，称为疲劳寿命。

影响沥青混合料疲劳特性的因素很多，除了与材料的性质（种类、组成、级配等）、环境因素（温度、湿度等）、加荷方式等因素有关外，还取决于沥青混合料的劲度模量。因此，任何影响劲度模量的因素（矿料级配、沥青种类和用量、混合料的压实程度和空隙率、试验的温度、加荷速度和应力级等）对混合料的疲劳特性都有影响。

沥青混合料的疲劳特性可用多种室内试验方法测定。通常采用的方法是在简支的小梁上做重复加荷弯曲试验，也可采用重复加荷间接拉伸试验（劈裂试验）测定。

2. 沥青路面的特性

（1）沥青路面的高温稳定性

沥青混合料的特点是强度和抗变形能力随温度升降而产生变化。温度升高时，沥青的黏滞度降低，矿料之间的黏结力削弱，导致强度降低。温度降低时恰好相反，沥青的黏滞度增高，因而强度增大。强度随温度而变化的幅度很大，相差几倍甚至几十倍。由于沥青混合料强度的这种变化，导致沥青路面稳定性和工作状况变坏，使用性能降低。

夏季高温时，在停车地点（平面交叉口、停车站、停车场等）和行车变速的路段上，由于行车的启动与制动、加速与减速，路面可能受到很大的水平作用力（可达到0.6 ~ 0.8MPa），大体上与垂直应力相当，并且在车辆的重复荷载作用下会发生变形累积。在这种情况下，若沥青混合料的高温稳定性不足，路面就会产生较大的剪切变形。因此提高沥青混合料在高温下的抗剪切能力，就是提高其温度稳定性。

沥青路面在高温下产生的剪切变形，大体上有下列两种情况：一种是面层很薄，或者面层与基层之间的黏结力很差时，面层将沿着基层顶面滑动；另一种是面层很厚，或者面层与基层之间的黏结力很大时，则整个面层内部发生推挤移动。

目前，对沥青混合料高温稳定性的分析，大多借助于试验的方法，较广泛应用的有马歇尔稳定度、无侧限抗压强度和车辙试验等方法。影响沥青混合料高温稳定性的因素主要是：沥青和矿料的性质及其相互作用的特性，矿料的级配组成等。

为了提高沥青混合料的高温稳定性，可采用提高黏结力和内摩阻力的方法。在混合料中增加粗集料含量，或限制剩余空隙率，使粗集料形成空间骨架结构，就能提高混合料的内摩阻力。适当地提高沥青材料的黏稠度，控制沥青与矿粉的比值，严格控制沥青用量，采用具有活性的矿粉，以改善沥青与矿粉的相互作用，就能提高混合料的黏结力。此外，在沥青混合料使用掺入聚合物（如天然橡胶、合成橡胶、聚乙烯等）改性的沥青，也能取得比较满意的效果。

车辙是路面结构及土基在行车荷载作用下的补充压实，以及结构层中材料的侧向位移产生的累积永久变形。这种变形出现在行车轮带处，即形成路面的纵向带状凹陷。车辙是高级沥青路面的主要破坏形式。沥青混凝土的热稳性主要表现在夏季路面是否在车辆荷载作用下逐渐形成车辙。研究表明，处于45℃以上的沥青路面受交通荷载的作用最易造成较大的车辙。车辙的年增加量与沥青的软化点、60℃的黏度、沥青混合料的动稳定度有很显著的相关性。

影响沥青混合料动稳定度的因素较多。一般密级配的动稳定度大于开级配，沥青用量过多，动稳定度下降，试验温度低则动稳定度高，试验荷载大则动稳定度低。采用改性沥青则可明显地提高动稳定度。综合考虑我国国情，在《公路沥青路面设计规范》（JTGD50—2006）中规定：高速公路沥青混合料的动稳定度应大于800次/mm，一级公路沥青混合料的动稳定度应大于600次/mm。如果在南方长期持续气温较高地区，应尽可能地提高沥青混合料的动稳定度指标。

（2）沥青路面的低温抗裂性

沥青路面在低温时强度虽然增大，但其变形能力却因刚性增大而降低。当气温下降，特别是在急骤降温时，会在路面结构上产生温度梯度，路面面层遇降温而收缩的趋势会受到其下部层次的约束，而在面层产生拉应力。开始时由于沥青混合料的劲度相对较低，这个拉应力较小，但是随着进一步的降温，在低温状态下，沥青混合料的劲度增加，从而伴随着收缩趋势的进一步增强，导致拉应力超过沥青混凝土的强度，造成面层开裂。

沥青路面的低温缩裂，大致可分为两类：一类是温度下降而造成路面的开裂，它与沥青混合料的体积收缩有关，这种裂缝是由表面开始发裂而逐渐发展成为裂缝；另一类是属于路基或基层收缩与冰冻共同作用而产生的裂缝，这类裂缝是从基层开始逐渐反映到沥表面层开裂。由于路面收缩的主轴是纵向的，因此，低温产生的裂缝大多是横向的。裂缝的出现，往往就是沥青路面损坏的开始。随着低温循环的影响，裂缝将会进一步扩展，随后雨水由裂缝渗入路面结构，逐渐导致路面工作状况恶化。

影响低温开裂的因素很多，其中主要因素是路面所用沥青的性质、当地的气温状况、沥青老化程度、路基的种类和路面层次的厚度等。此外路面面层与基层的黏着状况，基层所用材料的特性，行车的状况对开裂也有一定的影响。

使用稠度较低、温度敏感性低的沥青，可以减少或延缓路面的开裂。路面所在地区的气温越低，开裂越为严重。沥青材料的老化，对低温更为敏感，使路面产生开裂的可能性增大。增加沥青面层的厚度可以减少或者延缓路面的开裂，但是不能彻底根除。

近年来，有的国家提出在沥青路面面层上用沥青－橡胶（黏稠沥青75%+磨细硫化橡胶粉25%）混合料铺设一层厚度为10mm左右的薄层，从而构成应力吸收薄膜，以提高路面的抗拉强度和减少温度对路面开裂的影响。工程实践表明，在路面面层与基层之间，用沥青－橡胶混合料铺设一层应力吸收薄膜夹层，也能有效地防止路面的反射开裂。

（3）沥青路面的水稳性

沥青路面的水稳性是指在水的作用下沥青路面抵抗剥落、松散及坑槽的能力。沥青路面由于水稳性不足而造成的损坏，无论是在南方多雨地区还是在冰冻的北方地区均相当严重，是我国目前大多数公路主要病害之一。再加上，为保证高等级公路沥青路面的抗滑性，多采用硬度大、耐磨性好的酸性石料，从而使水稳性成为该类沥青路面非常关键的指标。

高速公路、一级公路和二级公路的沥青混凝土应具有良好的水稳性。如果高等级沥青路面水稳性不足，在行车特别是超重车的作用下易破坏层间稳定性和路面结构，必然会影响路面的整体稳定性和强度，降低路面的耐久性。

影响沥青路面水稳性的因素主要有沥青混合料的性质，包括沥青性质以及混合料类型、施工期的气候条件、施工后的环境条件、路表排水及地下排水条件等几个方面。对沥青混合料的水稳性的评价，除通常采用浸水马歇尔试验和沥青与矿料的黏附性试验外，对年最低气温低于－21.5℃的寒冷地区或者采用改性沥青的沥青路面，还应增加沥青混合料冻融劈裂残留强度试验。

三、沥青混合料的组成设计

根据我国沥青混凝土路面的施工经验，多数习惯采用热拌沥青混合料。热拌沥青混合料的配合比设计，主要包括目标配合比设计阶段、生产配合比设计阶段和生产配合比验证阶段。通过配合比设计决定沥青混合料的材料品种、矿料级配及沥青用量。

沥青混合料的配合比设计采用马歇尔试验设计方法，并对设计的沥青混合料进行浸水马歇尔试验、水稳定检验及抗车辙能力检验。配合比设计各阶段都必须进行马歇尔试验，经配合比设计得到的沥青混合料，应当符合表13–5中所规定的热拌浙青混合料马歇尔试验设计技术标准。高速公路和一级公路的热拌沥青混合料的配合比设计应遵照上述三阶段设计步骤。

表 13–5　热拌沥青混合料马歇尔试验设计技术标准

试验项目	沥青混合料类型	高速公路、一级公路	其他等级公路	行人道路
击实次数 / 次	沥青混凝土 沥青碎石、抗滑表面	两面各 75 两面各 50	两面各 35 两面各 50	两面各 50 两面各 35
稳定度 Ka	Ⅰ型沥青混凝土 Ⅱ型沥青混凝土	>7.5 >5.0	>5.0 >4.0	>3.0 –
流值 / $\times 10^{-2}$mm	Ⅰ型沥青混凝土 Ⅱ型沥青混凝土、抗滑表面	20 ~ 40 20 ~ 40	20 ~ 45 20 ~ 45	20 ~ 50 –
空隙率 /%	Ⅰ型沥青混凝土 Ⅱ型沥青混凝土、抗滑表面 沥青碎石	3 ~ 6 4 ~ 10 >10	3 ~ 6 4 ~ 10 >10	2 ~ 5 – –
沥青饱和度 /%	Ⅰ型沥青混凝土 Ⅱ型沥青混凝土、抗滑表面 沥青碎石	70 ~ 85 60 ~ 75 40 ~ 60	70 ~ 85 60 ~ 75 40 ~ 60	75 ~ 90 – –

目标配合比设计阶段，用工程实际使用的材料计算各种材料的用量比例配合成规定的矿料施配，进行马歇尔试验，确定最佳沥青用量。以此矿料级配及沥青用量作为目标配合比，供拌和机确定各冷料仓的供料比例、进料速度及试拌使用。

生产配合比设计阶段，对间歇式拌和机，必须从二次筛分后进入各热料仓的材料取样进行筛分，以确定各热料仓的材料比例，供拌和机控制室使用。同时反复调整冷料仓进料比例，以达到供料均衡，并取目标配合比设计的最佳沥青用量、最佳沥青用量 ±0.3% 三个沥青用量进行马歇尔试验，确定生产配合比的最佳沥青用量。

生产配合比验证阶段，拌和机采用生产配合比进行试拌、铺筑试验路段，并用拌和的沥青混合料及路上钻取的芯样进行马歇尔检验，由此确定生产用的标准配合比。标准配合比应作为生产上控制的依据和质量检验的标准。标准配合比的矿料级配至少应包括 0.075mm、2.36mm、4.75mm（圆孔筛 0.074mm、2.5mm、5.0mm）三档的筛孔通过率接近要求级配的中值。经设计确定的标准配合比在施工过程中不得随意变更。生产过程中，如遇进场材料发生变化并经检测沥青混合料的矿料级配、马歇尔技术指标不符合要求时，应及时调整配合比，使沥青混合料质量符合要求并保持稳定，必要时应重新进行配合比设计。

沥青混合料中的沥青最佳用量，通常以马歇尔稳定度试验来确定。

第二节 沥青混凝土路面组合设计

一、路面结构组合设计的原则

根据理论分析和多年工程实践经验，在进行路面结构组合设计中，主要应当遵循下列基本原则。

1. 适应行车荷载作用的基本要求

作用在路面上的行车荷载，通常包括垂直力和水平力。路面在垂直力作用下，内部产生的应力和应变随着深度向下而递减。水平力作用产生的应力和应变，随着深度的增加递减的速度更快。路面表面还同时承受车轮的磨耗作用，因此，要求路面面层具有足够的强度和抗变形能力，在其下各层的强度和抗变形能力可自上而下逐渐减小。这样，在进行路面结构组合时，各结构层应按强度和刚度自上而下递减的规律安排，以使各结构层材料的效能得到充分发挥。

沥青路面相邻结构层材料的模量比对路面结构的应力分布有显著影响，是合理确定结构层层数，选定适宜结构层材料的重要考虑因素。根据分析和经验，基层与面层的模量比应不小于0.30，土基与基层或底基层的模量比宜为0.08 ～ 0.40。

2. 各种自然因素作用下稳定性好

如何保证沥青路面的水稳定性，是路面结构层选择与组合需要解决的重要问题。在某些中湿路段上修筑沥青路面时，由于沥青层不透气，使路基和基层中水分蒸发的通路被隔断，因而向基层积聚。如果基层材料中含土量多（如泥结碎石、级配砾石），尤其是土的塑性指数较大时，遇水变软，强度和刚度急剧下降，结果导致路面开裂破坏。所以沥青路面的基层一般应选择水稳性好的材料，在潮湿路段及中湿路段尤应如此。

在季节性冰冻地区，当冻深较大，路基土为易冻胀土时，常常产生冻胀和翻浆。在这种路段上，路面结构中应设置防止冻胀和翻浆的垫层。路面总厚度的确定，除满足强度要求外，还应满足防冻厚度的要求，以避免在路基内出现较厚的聚冰带，防止产生导致路面开裂的不均匀冻胀。防冻的厚度与路基潮湿类型、路基土类、道路冻深以原路面结构层材料热物理性有关。

在冰冻地区和气候干燥地区，无机结合料稳定土或粒料的基层常常产生收缩裂缝。如果沥青表面层直接铺筑其上，会导致面层出现反射裂缝，为此可在其间加设一层粒料或优质沥青材料层，或者适当加厚面层。

3. 路面结构要有适当层数和厚度

为适应行车荷载作用的要求而组合的路面，结合层的层数越多越能体现强度和刚度沿深度递减的规律。但就施工工艺、材料规格和强度形成原理而言，层数又不宜过多，也就是不能使结构层的厚度过小。表13–6中是各种结构层的适宜厚度以及考虑施工因素可能的最小厚度，可供路面设计时参考。工程实践证明：适宜的结构层厚度需结合材料供应、施工工艺、强度要求和工程造价等因素确定，并且做到自上而下由薄到厚。

表13–6　各类结构层的最小厚度和适宜厚度

结构层类型		施工最小厚度/cm	结构层的适宜厚度/cm
沥青混凝土热拌沥青碎石	粗粒式	5.0	6.0 ~ 8.0
	粒式	4.0	4.0 ~ 6.0
	细粒式	2.5	2.5 ~ 4.0
沥青石屑		1.5	1.5 ~ 2.5
沥青砂		1.0	1.0 ~ 1.5
沥青贯入式		4.0	4.0 ~ 8.0
沥青上拌下贯式		6.0	6.0 ~ 10.0
沥青表面处治		1.0	层铺1 ~ 5，拌和2 ~ 4
水泥稳定类		15.0	16 ~ 20
石灰稳定类		15.0	16 ~ 20
石灰工业废渣类		15.0	16 ~ 20
级配碎（砾）石		8.0	10 ~ 15
泥结碎石		8.0	10 ~ 15
填隙碎石		10.0	10 ~ 12

在进行路面结构设计时，沥青面层的厚度与公路等级、交通量及组成、沥青品种和质量有关，沥青面层的推荐厚度可参考表13–7中的数值。设计时应根据公路等级、交通量大小、重车所占的比例、选用沥青的质量等因素，综合考虑确定沥青层厚度。基层、底基层的厚度，应根据交通量大小、材料力学性能和扩散应力的效果，发挥压实机具的功能以及有利于施工等因素选择各结构层的厚度。

4. 注意各相邻结构层间相互影响

路面结构层通常是用密实级配、嵌挤以及由结合料稳定形成的板体等方式构成的，因而如何构成具有要求强度和刚度并且稳定的结构层是设计和施工都必须注意的问题。影响结构层构成的因素，除材料选择、施工工艺外，路面结构组合也是十分重要的。例如，沥青面层不能直接铺筑在片石基层上，而应在其间加设碎石过渡层，否则片石不平稳或片石可能的松动都会反映到沥青面层上，造成面层不平整甚至沉陷开裂。这类片石也不能直接铺在软弱的路基上，而应在其间铺粒料层。又如，沥青混凝土或热拌沥青碎石之类的高级面层与粒料基层或稳定土基层之间应设沥青碎石或应设沥青贯入式联结层。

表 13–7　沥青层的推荐厚度

公路等级	推荐厚度 /cm	公路等级	推荐厚度 /cm
高速公路	12 ~ 18	三级公路	2 ~ 4
一级公路	10 ~ 15	四级公路	1 ~ 2.5
二级公路	5 ~ 10		

为了保证路面结构的整体性和结构层之间应力传递的连续性，应尽量使结构层之间结合紧密稳定。

在进行路面设计时，要按照面层耐久、基层坚实、土基稳定的要求，贯彻因地制宜、合理选材、方便施工、利于养护的原则以及上述结构的组合原则，结合当地经验拟订几种路面结构方案，进行分析比较，并优先选用便于机械化施工和质量管理的方案，做到技术先进，经济合理。

二、路面结构组合设计的步骤

沥青路面结构组合设计的步骤，主要分为路面等级和面层类型的确定、路面基层类型的确定、路面结构层次和初拟结构层厚度确定。

1. 路面等级和面层类型的确定

路面等级和面层类型应当与公路等级和交通量相适应，应根据公路等级、使用要求、设计年限内标准的累积当量轴次，以及筑路材料、施工机具和自然条件等因素，按表 13–8 中的要求确定。

公路路面面层直接承受反复行车荷载和自然因素的作用，要求面层具有较高的强度、耐磨性、抗滑性、热稳定性和不透水性等优良品质。因此，面层宜选用黏结力强的结合料和高强耐磨、级配良好的集料作为其组成材料。

工程实践和试验证明，交通量越大，道路等级越高，面层等级应越高，厚度也越大，相应的面层层次一般也越多。从我国常用的结构类型来看，主要有以下几种类型。

表 13-8　各种路面适应的累积当量轴次

公路等级	路面等级	面层类型	设计年限/年	设计年限内一个车道上的累计当量轴次/次
高速公路、一、二级公路	高级路面	沥青混凝土、热拌沥青碎石	15	$\geqslant 200\times10^4$
三级公路	次高级路面	沥青上拌下贯式、沥青贯入式、热拌（冷拌）沥青碎（砾）石	12	$50\times10^4\sim200\times10^4$
三级公路		沥青表面处治	8	$10\times10^4\sim50\times10^4$
三、四级公路	中级路面	泥结碎石、级配碎（砾）石及其他粒料	5	$3\times10^4\sim10\times10^4$
四级公路	低级路面	当地材料加固或改善土	5	$\leqslant 3\times10^4$

（1）对于设计年限内设计车道上标准轴载累计当量轴次小于200×10^4的二级公路，路面面层多为单层结构，结构类型为沥青上拌下贯式、沥青贯入式、沥青碎（砾）石等次高级路面，为了防渗可增设沥青封层。

（2）对于设计年限内设计车道上标准轴载累计当量轴次大于或等于200×10^4的一、二级公路，路面面层多为双层结构，上层为密级配的细粒式或中粒式沥青混凝土，下层为粗粒式沥青混凝土、沥青碎石或沥青贯入式。

（3）对于标准轴载累计当量轴次更大的高速公路和一级公路，路面面层多为三层结构，上层为密级配的细粒式或中粒式沥青混凝土抗滑表层，中层为密级配的中粒式或粗粒式沥青混凝土，下层为粗粒式沥青混凝土。

当面层厚度较厚时，采用双层或三层结构，下面层采用细料较少、空隙率较大的粗级配材料，这样既可增加高温抗变形能力，防止出现过大的车辙，又可降低工程造价。

2. *路面基层类型的确定*

公路基层是主要的承重层，应具有足够的强度、刚度和水稳定性。我国公路工程中常用的基层有：无机结合料稳定类基层和碎（砾）石混合料基层。对于高等级公路沥青路面，多选用强度、刚度较高且水稳性、整体性较好的无机结合料稳定类基层。

选择基层类型应本着就地取材的原则。交通量繁重，基层厚度较厚或基层与路基模量比过大时都可以考虑增设底基层。作为基层的一个结构层，底基层既可以充分利用当地材料，降低工程造价，同时由于底基层回弹模量较低；也可调整基层、底基层和路基相邻三层的模量比，对刚度大的基层工作有利；除此之外，不少底基层（如天然砂砾、石灰工业废渣稳定土、石灰稳定土等）还有垫层的功能。

3. *路面结构层次和初拟结构层厚度确定*

在路面等级、面层类型和基层类型确定后，按照路面设计的一般原则和路面结构组合设计原则，就可以拟订出既满足交通要求又经济合理的结构层次方案，并拟定出各结构的厚度，为下一步路面厚度计算做好准备工作。为了进行方案比较，一般常需要拟订几种方案，以便从中选出最佳方案。

我国现行的路面设计方法中，路面厚度计算一般是把某一层作为设计计算层，其余结构层厚度按设计者的经验并参照有关规定确定后，在厚度计算过程中一般不再变动。由于面层所用的材料价格较高，其厚度限定也比较严格，因此常选用基层或底基层作为设计计算层。

第三节　沥青混凝土路面设计

一、路面容许弯沉和设计弯沉值

现有路面回弹弯沉值是用弯沉仪和具有标准轴载的规定汽车按前进卸荷法测定的。弯沉值的大小反映了路基路面结构的整体强弱状况，在相同车轮荷载下，路面的弯沉值越大，则路面抵抗垂直变形的能力越弱，反之则强。实践表明，回弹弯沉值大的路面，在经受了轮载不太多次的重复作用后，即呈现出某种形态的破坏；而回弹弯沉值小的路面，能经受轮载较多次重复作用才能达到这种形态的破坏。也就是说，在达到相同程度的破坏时，回弹弯沉大小同该路面的使用寿命即轮载累计重复作用次数成反比关系。如果能找到路面达到某种破坏状态时的重复荷载作用次数与此时弯沉值之间的关系，那么就可以根据对该种路面所要求的使用寿命来确定它所容许的最大弯沉值，这个弯沉值被称作容许弯沉值。

路面容许弯沉值的确切含义是：路面在使用期末的不利季节，在设计标准轴载作用下容许出现的最大回弹弯沉值。

容许弯沉值与路面使用寿命的关系可通过调查测定确定。现有路面回弹弯沉值是用杠杆式弯沉仪和规定的具有标准轴载汽车按前进卸荷法测定的。选择使用多年并出现某种破坏状况的路面，测定弯沉值，调查累计交通量，进行分析整理。

路面设计弯沉值是根据设计年限内每个车道通过的累计当量轴次、公路等级、面层和基层类型确定的，相当于路面竣工后第一年不利季节、路面在标准轴载100kN作用下，测得的最大回弹弯沉值。路面设计弯沉和容许弯沉的关系实际上反映了路表弯沉在使用期间的变化，该变化过程是一个多方面因素综合作用的复杂过程。路基路面结构层的材料特性、压实程度、干湿状况、温度环境、结构类型、气候条件、交通组成、检测时的环境条件以及所使用的仪器设备等均将对弯沉的变化产生很大的影响。

根据对已建成道路的多年实测资料分析，路表回弹弯沉随时间的推移而变化。可分为三个阶段。

第一阶段：路面竣工后的第一、二年。由于交通荷载的压密作用以及半刚性基层材料的强度增长，路表弯沉逐渐减少，大致在竣工后第二年达最小值。

第二阶段：路面竣工后二年至四年。由于交通荷载的重复作用，水温状况变化以及材料不均匀等因素影响下，路面结构内部的细微缺陷因局部范围的应力集中而扩展，形成小范围的局部破损，使结构整体刚度下降、弯沉增大。此阶段以弯沉不断增大为主要特征。

第三阶段：路面竣工后三、四年至路面达到极限破坏状态。由于结构内部缺陷附近局部区域积蓄的高密度能量，已通过前阶段缺陷的扩展而转移，形成新的能量平衡，路面结构的整体刚度达成较低水平的新的相对稳定，路面弯沉进入一个比较稳定的缓慢变化阶段，即结构疲劳破坏的稳定发展阶段，一直延续至结构出现疲劳破坏。

对于路面破坏状况的判定十分重要，既要考虑路面的使用要求，又要顾及能够达到这种要求的经济力量，因此世界各国确定容许弯沉值采用的标准不尽统一。我国对公路沥青路面按外观状况不同分为五个等级，如表13-9所示，并把第四外观等级作为路面临界破坏状态，以第四级路面的弯沉值的低限作为临界状态的划界标准，这样的临界状态相当于路面已疲劳开裂并有少量永久变形的情况。

对相同路面结构不同外观特征的路段进行测定后发现，路面的外观等级数越高，其弯沉值越大，并且外观等级同弯沉值大小有着明显的联系。这样，便可确定路面处于不同极限状态时的容许弯沉值，并将此弯沉值同该路面在以前使用期间的累计交通量建立关系。国内外的大量调查测定资料表明，路面达到某种临界状态时，累计交通量同容许弯沉值之间存在良好的双对数关系。这种关系可用下式表示：

$$\iota R=B/Ne\beta$$

表13–9　沥青路面外观等级描述

外观等级	外观状况	路面表面外观特征	外观等级	外观状况	路面表面外观特征
一	好	坚实、平整、无裂纹、无变形	四	较坏	无明显变形、有较多纵横向或局部网裂
二	较好	平整、无变形、有少量发裂			
三	中等	平整、无变形、有少量纵向或不规则的裂纹	五	坏	出现连片严重龟（网）裂或伴有车辙、沉陷

式中　ιR——路面容许回弹弯沉值，cm；

B——回归系数；

Ne——累计当量轴载作用次数；

β——ιR随Ne改变的变化率。

路面设计弯沉值是根据设计年限内每个车道通过的累计当量轴次、公路等级、面层和基层类型确定的，相当于路面竣工后第一年不利季节、路面在标准轴载100kN作用下，测得的最大回弹弯沉值。路面设计弯沉和容许的关系，实际上反映了路表弯沉在使用期间的变化，该变化过程是一个多方面因素综合作用的复杂过程。路基路面结构层的材料特性、压实程度、干湿状况、温度环境、结构类型、气候条件、交通组成、检测环境条件及所使用的仪器设备等，均将对弯沉的变化产生很大的影响。

如果将竣工的路表弯沉 ι_O 取为1，而将其后各年标准状态下的弯沉值 ι_R 与 ι_O 的比值定义为相对弯沉 A_T，即 $A_T=\iota_T/\iota_O$，计算各路段随年份变化的相对弯沉值。如果将路面竣工后第一年不利季节的路面结构状态作为路面设计状态，则路表弯沉的设计控制指标与路面竣工的弯沉验收指标相一致，这样便可得到沥青路面的设计弯沉值 ι_d：

$$\iota_d=\iota_O=\iota_R/A_T$$

式中　ι_O——竣工验收弯沉值；

ι_R——设计弯沉值；

A_T——弯沉增长系数。

经过大量的测试和分析，目前我国公路路面设计弯沉值计算公式如下：

$$\iota_d=600N_e^{-0.2}A_cA_sA_b$$

式中　ι_d——路面设计弯沉值，0.01mm，该值是在标准温度20℃，标准轴载作用下，测定的路表回弹弯沉值，对于半刚性基层用5.4m弯沉仪，对于柔性基层用3.6m弯沉仪；如果采用自动弯沉车或落锤式弯沉仪测定时，应建立相应的换算关系进行换算；

N_e——设计年限内一个车道上累计当量轴次；

A_c——公路等级系数，高速和一级公路为1.0，二级公路为1.1，三、四级公路为1.2；

A_s——面层类型系数，沥青混凝土面层为1.0，热拌沥青碎石、乳化沥青碎石、上拌下贯或贯入式路面为1.1，沥青表面处治为1.2，中低级路面为1.3；

A_b——基层类型系数，对半刚性基层、底基层总厚度等于或大于20cm时，A_b=1.0，若面层与半刚性基层之间设置等于或小于15cm级配碎石层、沥青贯入碎石、沥青碎石的半刚性基层结构时，A_b=1.0，柔性基层、底基层或柔性基层厚度大于15cm，底基层为半刚性下卧层时，A_b=1.6。

路面厚度是根据弹性多层体系理论、层间接触状态为完全连接，在以双圆均布荷载作用下，轮隙中心实测路表弯沉值等于设计弯沉值的原则进行计算，即$\iota_s=\iota_d$。由于力学计算模型、土基模量、材料特征和有关参数等方面，在理论假设和实际状态之间存在一定的差异，理论弯沉值和实测弯沉值之间存在一定误差，因此需要对理论弯沉值进行修正，通过对大量的实测资料分析，得到如下实测弯沉和理论弯沉关系式：

$$\iota_s = 1000g\frac{2p\delta}{E_c}{}_{ac}F$$

$$F = 1.63\left(\frac{l_s}{2000\delta}\right)^{0.38}\left(\frac{Eo}{p}\right)^{0.36}$$

式中　ι_s——路面实测弯沉值（0.01mm）；

p——标准车型的轮胎接地压强，MPa；

δ——当量圆半径，cm；

F——弯沉综合修正系数；

E_o——土基回弹模量值，MPa。

ac——理论弯沉系数，可用下式计算：

$$a_c = f\left(\frac{h_1}{\delta}、\frac{h_2}{\delta} \quad L\ \frac{h_{n-1}}{\delta}, \frac{E_2}{E_1}\ \frac{E_3}{E_2}\ \cdots\cdots \frac{E_n}{E_{n-1}}\right)$$

式中 E_1，E_2，……E_{n-1}——各层材料回弹模量值，MPa；

h_1，h_2，……h_{n-1}——各结构层的厚度，cm。

二、标准轴载与轴载换算

路面设计时使用累计当量轴次的概念。但在道路上行驶的车辆类型很多，所以必须选定一种标准轴载，把控不同类型轴载的作用次数。根据道路汽车运输车辆的现状及发展趋势，我国路面设计以双轮组单轴载100kN为标准轴载，以BZZ-100表示。

当把各种轴载换算为标准轴载时，为使换算前后轴载对路面的作用达到相同的效果，应该遵循两项原则：第一，换算以达到相同的临界状态为标准，即对同一种路面结构，甲轴载作用N_1次后路面达到预定的临界状态，路面弯沉为L_1，乙轴载作用路面达到相同临界状态作用次数为N_2，弯沉为L_2，此时甲乙两种轴载作用是等效的。则应按此等效原则建立两种轴载作用次数之间的换算关系；第二，对某一种交通组成，不论以哪种轴载的标准进行轴载换算，由换算所得轴载作用次数计算的路面厚度是相同的。

当以设计弯沉值为设计指标及沥青层层底拉应力验算时，凡轴载大于25kN的各级轴载（包括车辆的前、后轴）P_i的次数n_i，均按如下公式换算成标准轴载p的当量作用次数N。

$$N = \sum_{i=1}^{k} G_1 G_2 n_i \left(\frac{p_i}{p}\right)^{4.35}$$

式中 N——标准轴载的当量轴次，次/日；

n_i——被换算车辆的各级轴载作用次数，次/日；

P——标准轴载，kN；

p_i——被换算车辆的各级轴载，kN；

k——被换算车辆的类型数；

G_1——轴数系数，G_1=1+1.2（m−1），m是轴数；当轴间距大于3m时，按单独的一个轴载计算，当轴间距小于3m时，应考虑轴数系数；

G_2——轮组系数，单轮组为6.4，双轮组为1.0，四轮组为0.38。

当进行半刚性基层层底拉应力验算时，凡轴载大于50kN的各级轴载（包括车辆的前后轴）p_i的作用次数n_i，均按上式换算成标准轴载p的当量作用次数N’。

$$N' = \sum_{i=1}^{k} G'_1 G'_2 n_i \left(\frac{p_i}{p}\right)^8$$

式中　G’$_1$——轴数系数，G’$_2$=1+2（m－1）；

G’$_2$——轮组系数，单轮组为1.85，双轮组为1.0，四轮组为0.09。

上述轴载换算公式仅适用于单轴轴载小于130kN的轴载换算。对于城市道路的路面设计，请参照城市道路设计规范的有关规定进行轴载换算。

三、路面材料设计参数

材料模量值是表征材料刚度特征的指标，路面设计中选用何种材料模量比较适宜，一直是我国道路工程中长期研究的课题。因为不同的测试方法会得出不同的数值，目前我国常用的路面材料参数测试方法有压缩试验、劈裂试验和弯拉试验等。设计时采用何种试验及其模量值，一般应考虑下列因素：①测试方法比较简便，测得结果比较稳定、可靠；②测得的模量值和强度，应较好地反映各种路面材料的力学特性；③模量值和强度用于厚度计算时，应较好地与设计方法相匹配，设计厚度与实际经验相吻合。

我国现行的沥青路面设计规范规定，以设计弯沉值计算路面厚度，对沥青混凝土面层和半刚性材料的基层、底基层应验算拉应力是否满足容许拉应力的要求，各层材料的计算模量采用抗压回弹模量，沥青混凝土和半刚性材料的抗拉强度采用劈裂试验测得的劈裂强度。在初步设计阶段应选用沿线筑路材料或外购材料进行混合料配合比设计。在选定配合比的基础上按有关规定实测材料的设计参数，并论证地确定各处材料计算模量和抗拉强度，也可参照表13-10和表13-11进行选用。表中列出了20℃、15℃时的抗压模量。由于弯沉值是以20℃为标准温度，因此，以路面设计弯沉值计算路面结构厚度时，采用20℃的抗压模量。验算层底拉应力是以15℃为标准温度，故用15℃的抗压模量。

表13-10　沥青混合料设计参数参考值

材料名称	沥青针入度	抗压模量及/MPa		劈裂强度15℃ σ/MPa
		30℃	15℃	
细粒式密级配沥青混凝土	≤90	1200 ~ 1600	1800 ~ 2200	1.2 ~ 1.6

续表

材料名称	沥青针入度	抗压模量及/MPa		劈裂强度 15℃ σ /MPa
		30℃	15℃	
中粒式密级配沥青混凝土	≤90	1000 ~ 1400	1600 ~ 2000	0.8 ~ 1.2
中粒式开级配沥青混凝土	≤90	800 ~ 1200	1200 ~ 1600	0.6 ~ 1.0
粗粒式密级配沥青混凝土	≤90	800 ~ 1200	1200 ~ 1600	0.6 ~ 1.0
沥青碎石混合料	-	600 ~ 800	-	-
沥青贯入式	-	400 ~ 600	400 ~ 600	-

表 13-11 基层材料设计参数

材料名称	配合比或规格要求	抗压模量 E/MPa	劈裂强度 σ /MPa	备注
二灰砂砾	7 : 13 : 80	1300 ~ 1700	0.60 ~ 0.80	
二灰碎石	8 : 17 : 75	1300 ~ 1700	0.50 ~ 0.80	
水泥砂砾	5% ~ 6%	1300 ~ 1700	0.40 ~ 0.60	
水泥碎石	5% ~ 6%	1300 ~ 1700	0.40 ~ 0.60	
石灰水泥粉煤灰砂砾	6 : 3 : 16 : 75	1200 ~ 1600	0.40 ~ 0.60	
石灰水泥碎石	5 : 3 : 92	1000 ~ 1400	0.35 ~ 0.50	
石灰土碎石	粒料占60%以上	700 ~ 1100	0.30 ~ 0.40	
碎石灰土	粒料占40% ~ 50%	600 ~ 900	0.25 ~ 0.35	
水泥石灰砂砾土	4 : 3 : 25 : 68	800 ~ 1200	0.30 ~ 0.40	
二灰土	10 : 30 : 60	600 ~ 900	0.20 ~ 0.30	
石灰土	8% ~ 12%	400 ~ 700	0.20 ~ 0.25	
石灰土	4% ~ 7%	200 ~ 350	-	处理路基时用
级配碎石	符合级配要求	300 ~ 350 250 ~ 200 200 ~ 250	-	作土基层用 作基层用 作底基层用
填隙碎石	填隙密实	200 ~ 280	-	作底基层用
未筛分碎石 天然砂砾	具有一定级配符合规范要求	180 ~ 220 150 ~ 200	-	作底基层用

中砂、粗砂	-	80 ~ 100	-	作垫层用

大量的试验研究表明，半刚性材料的抗压模量、抗压强度、劈裂强度与龄期均有较好的相关关系，通过建立这些相关关系可以预估规定龄期的材料模量或强度，并经过充分论证后作为路面设计值使用。

四、结构层材料的容许拉应力

我国沥青路面设计除了以路面设计弯沉为设计指标之外，还要验算沥青混凝土面层和整体性材料基层的拉应力。要求结构层的最大拉应力不大于结构层材料的容许拉应力，在路面设计中通常表示为：

$$\sigma m \leq \sigma R$$

结构层材料的容许拉应力是路面承受行车荷载反复作用达到临界破坏状态时的最大疲劳应力。这一应力较一次荷载作用的极限强度小，减小的程度同重复荷载次数及路面结构层材料的性质有关。这种关系可用下式表示：

$$\sigma R = \sigma sp/Ks$$

式中　σR——路面结构层材料的容许拉应力，MPa；

σsp——结构层材料的极限抗拉强度，MPa，由实验确定，我国公路沥青路面设计规范采用极限劈裂强度；

Ks——抗拉强度结构系数。

结构层材料的极限强度一般用规定尺寸的梁式试件三分点加载测定，或者通过劈裂试验测定。我国现行规范规定用劈裂实验测定AP。沥青混凝土的劈裂强度与温度有关，规范规定以15℃作为测试温度。水泥稳定类材料的龄期规定为90d，二灰稳定类、石灰稳定类的龄期为180d。

表征结构层材料的极限强度因疲劳而降低的抗拉强度结构系数，根据荷载应力与达到疲劳临界状态的荷载作用次数之间关系的疲劳方程可表示如下：

对沥青混凝土面层$Ks=0.09Aa \cdot Ne^{0.22}/Ac$

对无机结合料稳定集料类$Ks=0.35Ne^{0.11}/Ac$

对无机结合料稳定细粒土类$Ks=0.45Ne^{0.11}/Ac$

式中　Aa——沥青混合料级配的系数；细粒、中粒式沥青混凝土为1.0，粗粒式沥青混凝土为1.1；

Ac——公路等级系数。

五、新建沥青路面结构设计步骤

新建沥青路面通常按以下步骤进行路面结构设计。

（1）根据设计任务书的要求，确定路面等级和面层类型，计算设计年限内一个车道的累计当量轴次和设计弯沉值。

（2）按路基土类与干湿类型，将路基划分为若干路段（在一般情况下路段长度不宜小于500m，若为大规模机械化施工，不宜小于1km），确定各路段土基回弹模量值。

（3）根据已有经验和规范推荐的路面结构，拟订几种可能的路面结构组合与厚度方案，根据选用的材料进行配合比试验及测定各结构层材料的抗压回弹模量、抗拉强度，确定各结构层材料设计参数。

（4）根据设计弯沉值计算路面厚度。对高速公路、一级公路、二级公路沥青混凝土面层和半刚性材料的基层、底基层，应验算拉应力是否满足容许拉应力的要求。如不满足要求，或调整路面结构层厚度，或变更路面结构组合，或调整材料配合比，提高材料极限抗拉强度，再重新计算。

对于季节性冰冻地区的高级和次高级路面，尚应验算防冻厚度是否满足要求。

第四节　沥青路面的改建设计

一、路面结构状况的调查与评定

在进行路面改建设计前，必须对使用中的路面进行结构状况调查与评定，这是下一步进行设计的基础和重要依据，其目的主要是了解路面现有的结构状况和强度，据以判断是否需要加强或预估剩余使用寿命，评价现有路面结构的利用价值，分析路面损坏的原因并提出处理措施。

1. 现有路面状况调查内容

对现有路面状况的调查，主要包括：交通情况调查、路基状况调查、路面状况调查和路面历史调查等（见表13–12）。

2. 路面结构强度的评定

路面结构强度的评定通常采用测量路表轮隙回弹弯沉的方法。由于路面在一年内的不同时期具有不同的强度，而经过补强设计的路面必须保证在最不利季节具有良好的使用状态，因此原有路面的弯沉值应在不利季节测定，如果在非不利季节测定，应按各地的季节影响系数进行修正。

工程实践证明，在原砂石路面上加铺沥青面层后，因补强后对路基的湿度有影响，路基和基层中的水分蒸发较以前困难，致使路基和基层中的湿度增加，强度明显降低，其弯沉也必然增大，因此还应根据当地经验进行湿度影响的修正。

表13–12　现有路面状况的调查

项目	主要内容
交通情况调查	交通情况调查主要是指对于当前道路的交通量和车型组成进行实地观测。通过交通情况调查，分析预估交通量增长趋势，确定年平均增长率，为道路的改建设计提供可靠的依据
路面状况调查	路面状况调查就是调查路面结构类型、结构组合和各层厚度，为此需要开挖试坑进行量测和取样试验。量测路基和路面宽度、详细记载路表状况及路拱情况。对路面出现的病害和破坏状况，详细记述并分析产生原因
路面历史调查	路面历史调查是指路面修建情况和养护历史调查，主要是调查修建时所采取的施工工艺、施工机械、工程投资、竣工验收情况，在维修过程中的维修方法、维修费用和维修效果等
路基状况调查	路基状况调查就是调查沿线路基土质、填挖高度、地面排水情况、地下水位，以便确定路基土组和干湿类型，为路面改建设计提供路基方面的依据

当原路面为沥青面层时，弯沉测定值还会随着路面温度的变化而变化。为了使不同温度时测定的弯沉结果可以进行比较，以及便于进行补强设计，需要把不同温度测定的结果换算为标准温度20℃的弯沉值 ι_{20}，其换算系数或弯沉温度修正系数可用下式计算：

$$K_3=\iota_{20}/\iota_{T1}$$

式中　ι_{T1}——测定时沥青面层平均温度T_1时的弯沉值，cm。

T_1可根据各地的经验公式确定，下式为某地区总结的经验公式：

$$T_1=a+bT_o$$

其中$a=-2.14-0.52h$，$b=0.62-0.008h$

式中　h——沥青面层的厚度，cm；

T_o——测定时路表温度与前5h平均气温之和，℃。

经过标准温度20℃与测定温度T_1时两种弯沉测定值之比的统计加工，可以得到如下弯沉温度修正系数经验公式：

当$T_1\geqslant 20$℃时

$$K_3=\exp\left[h\left(\frac{1}{T_1}-\frac{1}{20}\right)\right]$$

当T_1<20℃时

$$K_3=\exp\left[0.002H\left(20-T_1\right)\right]$$

在确定原路面的计算弯沉值时，应将全线进行分段，分段时应考虑下列因素：

①同一路段的路基土质与干湿类型应基本相同，以便于按不同路基进行补强设计；

②同一路段内各测点的弯沉值应当比较接近，如果局部路段的弯沉值过大，应先进行修补处理，再进行统一补强；

③各路段的最小长度应与施工方法相适应。一般不小于500m，机械化施工时不小于1000m。在水文、土质条件复杂或需要特殊处理的路段，其分段长度可根据实际情况确定在对原有路面进行弯沉检测时，每一车道、每路段的测点数不得少于20点，且应以标准轴载车辆测定为准，如用非标准轴载车辆测定时，应按下式将非标准轴载的检测结果换算为标准轴载下的弯沉值。

$$\frac{l_{100}}{l_1}=\left(\frac{p_{100}}{p_1}\right)^{0.87}$$

式中　p_{100}、l_{100}——标准轴载100kN的轴重和弯沉值；

P_1，l_1——非标准轴载测定车的轴重和弯沉值。

各路段的计算弯沉值，可按下式进行计算：

$$l_0=\left(l_{01}+Z_aS\right)K_1K_2K_3$$

式中　l_0——路段的计算弯沉值（0.01mm）；

l_{01}——路段内原路面上实测弯沉的平均值（0.01mm）；

S——路段内原路面上实测弯沉的标准差（0.01mm）；

Z_a——保证系数，补强二级及二级以上公路路面时，可取Z_a=1.5；补强三级、四级公路路面时，可取Z_a=1.3；

K_1——季节影响系数，可根据当地经验选用；

K_2——湿度影响系数，可根据当地经验选用；

K_3——温度影响系数。

二、原路面当量回弹模量的计算

用理论法进行路面的补强计算时，需要将原路面计算弯沉值换算成综合回弹模量值。进行这种换算时，将原路基路面体系看作计算弯沉相等的匀质体，同时考虑承载板测定回弹模量与弯沉测定回弹模量之间的差异，得到如下综合回弹模量E_z的计算公式：

$$E_z=\frac{1000pD}{\iota_{o}}m_1m_2$$

式中　P——弯沉测定车的轮胎压力；

D——与弯沉测定车双圆轮迹面积相等的承载板直径，即D=1.414d，d为轮迹单圆直径；

ι_{o}——路段的计算弯沉值（0.01mm）；

m_1——用标准轴载的汽车在原有路面上测得的弯沉值与用承载板在相同压强条件下所测得的回弹变形值之比，即轮板对比值，$m_1=L_{轮}$，$/L_{板}$，在一般情况下，应通过在旧路面上进行对比试验确定；20世纪80年代中期，有关科研单位的试验结果表明，在相当大的范围内叫m1均十分接近1.1，所以，在没有对比资料的情况下，设计时可采用$m_1=1.1$；

m_2——原路面当量回弹模量扩大系数，计算与原有路面接触的补强层层底拉应力时，可按下式计算，计算其他补强层层底拉应力及弯沉值时，可取$m_2=1.0$。在路面补强设计中引入修正系数的原因，是按照拉应力验算的原则，在进行与旧路面接触的补强层层底弯拉应力验算时，与计算层的结构层（即旧路面面层）的材料参数应维持不变。但是，旧路面当量回弹模量相当于在弯沉等效的基础上，将由数层不同材料组成的旧路面等效视作一均质弹性半空间体时所对应的等效模量。很显然，该模量值不同于和计算层相邻的原路面面层的回弹模量，因此，在进行与旧路面接触的补强层层底拉应力验算时，应对旧路面当量回弹模量进行修正。根据大量的资料研究，原路面当量回弹模量扩大系数m_2，可用下式计算：

$$m_2=e0.037\frac{h'}{\delta}\left(\frac{E_{n-1}}{p}\right)^{0.25}$$

式中　E_{n-1}——与原路面接触层材料的抗压回弹模量，MPa；

h'——各补强层等效与原路面接触层E_{n-1}相当的等效厚度，cm，可按下式计算：

$$h' = \sum_{i=1}^{n-1} h_i \left(E_i \sqrt{E_{n-1}} \right)^{0.25}$$

式中　h_i——第i层补强层的厚度，cm；

E_i——第i层补强层材料的抗压回弹模量，MPa；

n-1——补强层的层数。

三、对原路面补强层厚度的计算

在确定原有路面的当量回弹模量后，可用弹性层状体系理论进行补强层厚度的计算，如果补强单层时，以双层弹性体系为设计计算的力学模型，当补强第n层时，以n+1层弹性体系为力学模型计算。

在进行补强设计时，应当以设计弯沉值作为路面整体刚度的控制指标；对于二级和二级以上公路，还应进行补强层底面拉应力的验算。设计弯沉值、各补强层底面的容许拉应力的计算方法、弯沉综合修正系数，以及补强层材料参数的确定与新建路面设计时的各项方法基本相同。

第十四章　其他混凝土路面设计

第一节　钢筋混凝土与碾压混凝土路面设计

一、钢筋混凝土路面设计

钢筋混凝土路面指的是配置有纵横向钢筋或钢筋网的水泥混凝土路面。在水泥混凝土面层板内配置纵向和横向钢筋后，便成为可以防止可能产生的裂缝缝隙张开的一种设接缝混凝土路面结构。这种路面结构其耐久性好、养护费用少、综合成本低。

面层中的钢筋可以限制裂缝的发展，使路面板的接缝间距延长，减少接缝数量，从而减少因接缝设置不当而产生的唧泥、错台等病害，提高路面行车的舒适性。此外，由于板内纵横向钢筋的配置，使得这种结构更适用于重交通及特重交通路面。

当混凝土板的平面尺寸较大或形状不规则，路面结构下埋有地下设施，路桥过渡段、软土基、高填方、填挖交界路段等有可能产生不均匀沉降时，宜采用设置接缝钢筋混凝土路面。

1. 钢筋混凝土路面设计方法

钢筋混凝土路面的设计过程与普通混凝土路面大致相同，主要包括板厚设计、平面设计和接缝设计。不同之处在于，钢筋混凝土路面还需要增加配筋设计。

（1）板的厚度设计

钢筋混凝土板内的钢筋网能有效地控制裂缝的张开量，并能把开裂的板拉在一起，使板依靠断裂板面上集料的嵌锁作用而保证结构强度，但它却不能增加板的抗弯强度。因此，钢筋混凝土路面板的厚度计算，可按普通混凝土路面设计方法与原理进行。具体计算时，钢筋混凝土面板的厚度，可取普通混凝土面板长度为5m时的板厚。

（2）板的平面设计

由于钢筋混凝土面板中配有一定数量的钢筋，所以可以增大横向缩缝的间距。其增大的长度，应根据钢筋的价格、缩缝的数量及造价、预计季节变化时接缝的最大开裂度等进行论证后再确定。横缝的间距可按下式计算：

$$L_s=6.906h^{1/3}(p \cdot f_{sy})^{2/3}$$

式中　h——钢筋混凝土面板的厚度，cm；

p——纵向钢筋截面面积与混凝土断面面积之比；

f_{sy}——钢筋的屈服强度，MPa，根据所用钢筋种类，可按表14-1选用。

纵缝的间距及其他要求，与普通混凝土路面相同。

表14-1　钢筋强度和弹性模量经验参考值

钢筋种类	钢筋直径 d/mm	屈服强度 f_{sy}/MPa	弹性模量 Es/×10^5MPa
R235（Q235）	8～20	235	2.1
HRB335	6～50	335	2.0
HRB400	6～50	315	2.0
KL400	8～40	370	2.0

（3）板的配筋设计

在进行面板的配筋设计时，假设混凝土路面板是均质的、板与基层之间的摩擦力沿平面均匀分布，则最大拉应力将产生在混凝土纵向或横向的中央，此处便可能产生裂缝。钢筋混凝土面板的配筋，就是为平衡混凝土面层收缩受限制时产生的拉力。当混凝土面层收缩时其中央两侧向内的摩阻力，等于一半面层混凝土的质量乘以其与基层的摩阻系数，这一摩阻力即为作用于混凝土面层中央的拉力，并假定面层断裂平均作用由钢筋承受。

假设混凝土的表观密度为24kN/m^3，钢筋的容许应力取为0.75倍的屈服强度，则据此可以推导出每延米板所需要配置的钢筋用量，可用下式计算：

$$A_s=16L_sh\mu/f_{sy}$$

式中　A_s——每延米混凝土面层宽（或长）所需的钢筋面积，mm^2；

L_s——当为纵向钢筋时，为横缝的间距；当为横向钢筋时，为无拉杆纵缝或自由边之间的距离，m；

h——钢筋混凝土面板的厚度，mm；

μ——面层与基层之间的摩擦系数，基层为水泥、石灰或沥青稳定粒料时，可取1.8；基层为无结合料的粒料时，可取1.5；

f_{sy}——钢筋的屈服强度，MPa，见表14-1。

钢筋混凝土路面的配筋率与面层的平面尺寸和气候因素有关，一般为0.10% ~ 0.20%，最低为0.05%，最高可达0.25%。为使面板内应力尽可能分散，宜采用小直径的钢筋，且纵向和横向钢筋宜采用相同直径，如果直径不能相同时，其直径之差不应大于4mm。

钢筋的最小直径和最大间距，应当符合表14-2中的规定。钢筋的最小间距应为集料最大粒径的2倍。

表14-2　钢筋的最小直径和最大间距

钢筋种类	最小直径/mm	纵向最大间距/mm	横向最大间距/mm
普通钢筋	8	150	300
螺纹钢筋	12	350	750

由于钢筋的主要作用是使面板裂缝密闭，所以其在板内的竖向位置并不太重要，但应留出足够的保护层，以防止钢筋产生锈蚀损坏，保护层的厚度一般为5cm。通常纵向钢筋设在面板顶面下（1/3）~（1/2）板厚范围内，横向钢筋位于纵向钢筋之下，边缘钢筋至纵缝或自由边的距离为10 ~ 15cm。纵向钢筋的搭接长度宜大于35倍钢筋直径，搭接的位置应当相互错开，各搭接段连线与纵向钢筋的夹角应小于60°。

（4）面板接缝的设计

钢筋混凝土路面板横向缩缝的间距，一般控制在6 ~ 15m范围内。当混凝土面板的宽度不大于9m时，可以不设置纵缝，否则应按车道设置纵缝。

由于钢筋混凝土路面板的长度比普通混凝土板的长度长，因而其横向缩缝缝隙的张开宽度，可能比普通混凝土路面大，因此其接缝的传荷能力将大大减弱。为提高接缝的传荷能力，钢筋混凝土的所有横向缩缝必须设置传力杆。

钢筋混凝土路面的其他接缝构造，与普通混凝土路面相同。

2. 钢筋混凝土路面施工工艺

在钢筋混凝土路面混凝土铺筑前，应按设计图纸要求准确放样钢筋网的设置位置，路面板块、地梁和接缝位置等，为混凝土铺筑打下良好的基础。钢筋混凝土路面主要的施工工艺主要包括以下方面。

（1）钢筋网加工、安装及质量检验

钢筋网所采用的钢筋种类、直径、间距，钢筋网的设置位置、尺寸、层数和钢筋保护层等，均应符合设计图纸的要求。钢筋网中钢筋之间的连接宜采用焊接，双层钢筋网或焊接困难的单层钢筋网可采取绑扎连接。钢筋的焊接和绑扎精度应符合表14–3中的规定。

表14–3　钢筋网焊接及绑扎的允许误差　　单位：mm

项目名称		焊接钢筋网及钢筋骨架允许偏差	绑扎钢筋网及钢筋骨架允许偏差
钢筋网的长度和宽度		± 10	± 10
钢筋网的网眼尺寸		± 10	± 20
钢筋骨架的宽度和高度		± 5	± 5
钢筋骨架的长度		± 10	± 10
箍筋的间距		± 10	± 20
受力钢筋	间距	± 10	± 10
	排距	± 5	± 5

当采用搭接焊和帮条焊时，钢筋的搭接长度应符合下列规定：双面焊不小于（钢筋直径）；单面焊不小于10d。钢筋绑扎搭接长度不应小于35d。同一垂直断面上不能有两个焊接或绑扎接头，相邻钢筋的焊接或绑扎接头要分别错开500mm和90mm以上。连续钢筋网每隔30m宜采用绑扎方式安装。

为加快钢筋网的安装速度，也可采用工厂焊接好的冷轧带肋钢筋网，其质量应满足国家相关标准的规定。钢筋直径和间距应按设计的非冷轧钢筋等强互换为冷轧带肋钢筋。

钢筋网应采用预先架设安装的方式。单层钢筋网的安装，在确保精度的条件下，可采用两次摊铺、中间摆设钢筋网的安装方式。单层钢筋网的安装高度，应在面板下（1/3）～（1/2）板厚处，外侧钢筋至接缝或自由边的距离不应小于10cm，并应配置4 ～ 6个/m^2焊接支架或三角架立钢筋支座，以保证在混凝土拌和物堆压下钢筋网基本不下陷、不移位，经振捣后可弹性恢复到设定的位置。单层钢筋网不得使用砂浆或混凝土垫块架立。

钢筋网主受力钢筋应设置在弯曲应力最大的位置，单层钢筋网的纵筋应安装在底部，双层钢筋网纵筋应分别安装在上层顶部、下层底部。双层钢筋网上、下层之间不应少于4 ～ 6个/m^2焊接支架或环形绑扎箍筋。双层钢筋网底部可采用焊接架立钢筋或3cm厚混凝土垫块支撑，数量不得少于4 ~ 6个/m^2。安装双层钢筋网时要确保其底部到基层表面应有不小于3cm的保护层，顶部离面层板表面有不小于5cm的耐磨保护层。

在路面混凝土摊铺前，应检验绑扎或焊接安装好的钢筋网和钢筋骨架，不得有贴地、变形、移位、松脱和开焊等现象，路面钢筋网及钢筋骨架的安装位置的允许偏差应符合表14–4中的规定。

表14–4　钢筋网安装位置的规定值及允许偏差

<table>
<tr><td colspan="2">项目名称</td><td>允许偏差/mm</td></tr>
<tr><td colspan="2">受力钢筋的排距</td><td>± 5</td></tr>
<tr><td colspan="2">钢筋弯起点的位置</td><td>20</td></tr>
<tr><td rowspan="2">箍筋、横向钢筋的间距</td><td>绑扎钢筋网及钢筋骨架</td><td>± 20</td></tr>
<tr><td>焊接钢筋网及钢筋骨架</td><td>± 10</td></tr>
<tr><td>路面钢筋预埋位置</td><td>中心线位置
水平高差</td><td>± 5
± 3</td></tr>
<tr><td>钢筋保护层</td><td>距表面
距底面</td><td>± 3
± 3</td></tr>
</table>

（2）钢筋混凝土路面的铺筑

在路面混凝土正式铺筑前，应保护好已安装架设好的钢筋网。在进行卸料时，应将混凝土卸入料斗内、布料机接料斗内或轨道摊铺机的料箱内，不得直接从运输车辆倾倒在钢筋网上，也不得倾倒在旁边的基层上。卸料后，应用机械从侧边将混凝土运送到摊铺位置。

堆放在钢筋网上的堆料不应过高，并应尽快将堆料散开布匀，防止将钢筋网压变形或压垮。在进行布料时，可采用两台布料机分两次布料，在两台布料机中间摆放间断钢筋网。摊铺好的拌和物上严禁任何机械碾压。

当混凝土拌和物的坍落度和施工方式相同时，钢筋混凝土面层的布料松铺高度应比普通混凝土路面高出1cm。通常用于钢筋混凝土面层的混凝土拌和物的坍落度，应比相应铺筑方式的普通混凝土路面的大1 ~ 2cm。

钢筋混凝土面层的振捣间距应适当加密。采用插入振捣方式时，振捣间距应按纵向钢筋间距作适当调整，振捣棒组不应阻碍、碰撞和扰动钢筋。插入振捣时，不得拖行振捣棒组，应依次逐条分别进行振捣，并且做到轻插慢提，不可猛插急提。

滑模或轨道摊铺机摊铺钢筋混凝土路面时，推进的速度应适当减慢，不减慢推进速度时，应适当提高振捣频率。混凝土拌和物的坍落度相同时，钢筋混凝土路面的振捣密实持续时间，应比普通混凝土路面规定的时间延长5 ~ 10s。

钢筋混凝土路面应连续摊铺至横缝位置或钢筋网的端部，防止各种原因产生的混凝土摊铺中断。当摊铺被迫出现中断时，必须按规定设置横向施工缝，纵向钢筋穿过接缝后应保持连续，并用1倍数量的长度不小于2m的纵向钢筋作加密处理，横向施工缝距离前后最近横缝的距离不应小于5m。

此外，钢筋混凝土路面摊铺作业还应符合普通混凝土路面相应铺筑方式的有关规定。

（3）钢筋混凝土路面的接缝施工

设接缝的钢筋混凝土路面摊铺面板时，应在每张钢筋网片边缘10cm处进行标记，以便准确定位切纵向和横向缩缝。纵向和横向缩缝部位的传力杆、拉杆、钢筋网表面，均应采取涂防锈涂层或包裹防锈塑料套管等阻锈措施。

对于按规定位置切开的纵向和横向缩缝要及时填缝。

3. 钢筋混凝土路面施工注意事项

（1）开工前，应做好各项技术准备与施工准备工作，并熟悉设计图纸和设计要求。对进场原材料进行各项检查与试验，并进行混凝土的配合比设计试验和施工配合比调整。在大面积施工前，应对拟定采用的材料配合比、机械配套、劳动组合、工艺参数、操作要求、质量检测等进行实地验证试验，取得预期效果并经监理工程师批准后再进行正式施工；为保证混凝土路面施工质量，应先做现浇路缘石，后再施工钢筋混凝土路面。

（2）水泥稳定砂砾应由拌和站集中拌和，并采用全断面机械摊铺方法施工。拌和场地应进行硬化，并应对路面用原材料采取防雨措施；水泥稳定砂砾层宜在春末和气温较高季节组织施工，施工期的日最低气温应在5℃以上，在有冰冻的地区，应在第一次重冰冻（–3 ~ –5℃）到来之前半个月到一个月完成。

（3）钢筋混凝土面层施工应在气温高于5℃时施工，避免温差过大，如夏季气温过高，宜避开中午在夜间进行施工。同时加强混凝土温度的监控，避免温度裂缝的产生；钢筋混凝土路面施工时应加强对胀缝、施工缝、纵缝、缩缝的施工管理，特别是温度和时间对切缝的控制，避免收缩裂缝的产生。

（4）钢筋混凝土路面中使用的缓凝高效减水剂、引气剂用量可根据实际情况调整，但必须使用缓凝高效减水剂、引气剂。钢筋混凝土路面使用的外加剂必须满足《混凝土外加剂应用技术规范》（GB50119—2003）中的要求。

（5）其他技术标准和技术要求参照《公路水泥混凝土路面施工技术规范》（JTGF30—2003）、《公路路面基层施工技术规范》（ITJ034—2000）、《公路沥青路面施工技术规范》（JTGF40—2004）。

二、碾压混凝土路面设计

碾压混凝土路面（简称RCCP）是采用沥青混凝土路面的主要施工机械，通过强力振动和碾压共同作用，将坍落度为零的超干硬性水泥混凝土摊铺、压实成型的一种新型混凝土路面。这种混凝土路面与传统道路混凝土相比，既具有高强、稳定、耐久等优点，又具有施工方便、开放交通早等特点，还具有能节省大量水泥、经济效益显著优势。

但是，由于其表面平整度很难达到设计规定的要求，再加上在接缝处难以设置传力杆，所以碾压混凝土不宜用作高速公路或一级公路的面层，也不宜用作特重或重交通的二级公路的面层。因此，碾压混凝土路面一般只适用于二级及其以下等级的公路，也可用于服务区的停车场。

根据其材料和工艺特点，碾压混凝土路面施工的技术难点是如何实现压实度与平整度的协调统一。大量试验研究表明，碾压混凝土路面施工的技术关键可概括为：稠度稳定、摊铺均匀、碾压密实、养生充分。

1. 碾压混凝土路面设计方法

与普通混凝土路面一样，碾压混凝土路面的设计过程，主要也包括板的厚度设计和板的平面设计。它们之间的区别在于设计参数不同而引起平面构造和接缝构造上的微小差异。

（1）板的厚度设计

进行碾压混凝土路面厚度设计时，除了碾压混凝土考虑设计基准期内荷载应力累计疲劳作用的疲劳应力系数k_f计算方法与普通混凝土路面计算方法有所不同之外，其他的设计过程完全相同。

碾压混凝土的荷载疲劳应力系数k_f，可用下式进行计算：

$$k_f = N_e^{0.065}$$

式中　N_e——设计基准期内标准轴载累计作用次数。

（2）板的平面设计

根据材料试验证明，碾压混凝土干缩性较小，其面板尺寸可与普通混凝土路面相同，也可比普通混凝土路面略大，但最大不宜超过6m × 8m。横向缩缝间距一般取为6 ~ 10m，当采用全幅摊铺方式时，可以不设置纵向缩缝。碾压混凝土路面的纵向缩缝中应设置拉杆。纵向和横向缩缝应采用硬切缝，硬切缝和填料与普通混凝土路面相同。

在邻近构造物、小半径平曲线两端和凹形竖曲线纵坡变换处，应至少各设置2条胀缝。其余的路段可以不设置胀缝。

2. 碾压混凝土路面施工工艺

碾压混凝土材料是属于超干硬性材料，所不同于常规水泥混凝土路面的施工，更不同于沥青混凝土路面的施工。要把碾压混凝土材料均匀地摊铺到路面基层，并密实成型为具有一定强度和平整度的混凝土路面，必须有一套合理的、适合于干硬性碾压混凝土材料的施工工艺和施工方法。

碾压混凝土的施工工艺流程主要包括：碾压混凝土拌和→混凝土运输→卸入摊铺机→摊铺机摊铺→打入规定拉杆→钢轮压路机初压→振动压路机复压→轮胎压路机终压→抗滑构造处理→路面进行养生→按设计切缝→对切缝填缝。

（1）碾压混凝土拌和与运输

1）碾压混凝土的拌和

碾压混凝土混合料的拌和是确保混凝土质量的基础，也是碾压混凝土施工第一个重要工序。为保证碾压混凝土的质量，在拌和过程中应注意以下事项。

碾压混凝土应当进行配合比设计，各种材料的质量应符合国家的有关标准要求，用量应严格按设计配合比进行配制，其质量误差应符合表14–5中的规定。

表14–5　碾压混凝土原材料质量允许误差

材料名称	水泥	粗、细集料	水	外加剂	粉煤灰
允许误差	± 1.0%	± 3.0%	± 1.0%	± 2.0%	± 1.0%

碾压混凝土宜采用强制式搅拌机拌制，使各种骨料、胶结料、水和外加剂等充分拌和均匀，确保混凝土拌和物的质量。

碾压混凝土每盘投料数量为搅拌机额定数量的3/4，向搅拌机内投料的顺序宜为：细集料→水泥→粉煤灰→粗集料；进料后边搅拌边加水。

碾压混凝土的拌和时间长短，不仅影响拌和料的均匀性，而且与拌和生产效率有关。由于碾压混凝土的单位用水量少，是一种干硬性混凝土，所以拌和均匀所需的时间要比普通混凝土长。采用不同的拌和机械，所需要的拌和时间是不同的。日本规定：碾压混凝土的拌和时间是普通混凝土的1.5倍左右；美国规定：采用连续式搅拌机时，碾压混凝土的搅拌时间应不少于35s。

由于碾压混凝土特别干硬、松散，所以从搅拌机出来的混合料如果到运料车的落距过大，很容易造成离析。因此，在安装混凝土搅拌机时应考虑运料车的车型，应采取措施尽量减低混凝土的落差，一般不宜超过2m。

2）碾压混凝土的运输

碾压混凝土混合料运输，不仅关系到混凝土的摊铺速度，而且关系到混凝土的施工质量。在混合料的运输过程中应注意以下事项。

要求在尽可能短的时间内将混凝土卸到摊铺机料斗中，以减少碾压混凝土混合料的离析和稠度变化，保证混凝土摊铺作业的连续性。为快速平稳地运输碾压混凝土混合料，在工程施工中宜选用自卸汽车和皮带运输机等进行运输，不宜采用溜管或溜槽作为运输机具。

碾压混凝土的运输距离短，需要的运料时间少，有利于碾压混凝土路面的施工。如果自卸汽车的行驶速度为30km/h，其运距应控制在15km以内较为适宜，即在常温下碾压混凝土的运输时间不超过30min。

碾压混凝土的道路必须平整，采用车辆运输行驶中要避免急刹车和急转弯，以减少混凝土拌和料的离析。使用其他运输机具时，也要避免出现较大的振动。

在运输过程中，混合料中的水分蒸发是其稠度增大的主要原因之一。为了减少由此而造成的稠度损失，当运输距离较大或气温较高、风速较大时，应当采取覆盖措施。

装料是混凝土运输工序的起点，其关键是使混凝土混合料均匀地装载到运料车上，并减少搅拌机的等待和停顿时间。尤其是连续式混凝土搅拌机，如果运料车到站不及时，必然造成停机，影响混凝土的产量和质量。

卸料是混凝土运输工序的重点，也是对碾压混凝土施工质量影响较大的一个环节。其关键是在运料车到达摊铺施工现场后应按照一定规律排列，使得前一辆车卸料完毕驶离摊铺机后，后一辆车能很快到达卸料位置，并迅速将混凝土混合料卸到摊铺机的料斗中，保证混凝土摊铺的连续进行。

（2）碾压混凝土的摊铺工艺

摊铺是碾压混凝土路面施工中非常关键的工序，为了保证路面的平整度和较高的密实度，一般应使用带强力熨平板的高密实度沥青摊铺机，摊铺质量与机械的自动找平系统、摊铺速度、熨平板参数有关。在碾压混凝土混合料的摊铺过程中，应注意如下事项。

1）自动找平系统是保证碾压混凝土摊铺质量的关键控制系统，用于碾压混凝土路面的摊铺机，应配有性能良好的自动找平系统，施工时关键是选择可靠的找平基准和保证系统处于良好的工作状态。

根据我国公路工程的实践经验，基准线的布设必须注意以下几个方面。

①基准线桩必须埋设牢固，各边端部的螺栓紧固有效；基准线桩柱的间距一般为5 ~ 10m，间距过大易增大钢丝挠度，影响路面的平整度。

②基准线的一次放线长度不宜超过200m，直线段一般可控制在80 ~ 120m之间；在弯道处应适当缩短，一般可控在30 ~ 60m之间。

③基准线最好采用直径适宜的钢丝，并需要用张拉器进行张拉，张拉力不少于1000N，以钢丝的挠度在规定数值为准。

④基准桩的横杆应保持水平或稍向上翘，以保证传感器不碰撞横杆。

⑤在碾压混凝土的摊铺施工中，严禁碰撞基准线（钢丝），并设专人负责保护和管理钢丝架，发现钢丝碰撞扭曲变形时，应及时整平调直，及时清除钢丝上黏结、悬挂的砂浆和杂物等。

2）碾压混凝土的摊铺速度与摊铺层的平整度、密实度、工程进度等有密切关系。因此，正确选用适宜的摊铺速度，对于加快施工进度、提高设备利用率和提高施工质量都具有重要的意义。混合料摊铺的速度应与搅拌机的拌和能力、运输车辆相匹配。

工程实践证明，当路面宽度为9m、厚度为24cm时，摊铺速度以0.6 ~ 0.9m/min为宜；当路面宽度为4.85 ~ 5.0m、厚度为15 ~ 20cm时，摊铺速度以0.9 ~ 1.2m/min为宜。

3）当路面的设计厚度超过30cm时，由于受摊铺机预压能力和压实设备的压实能力所限，混凝土应当分层进行摊铺。在摊铺上层混凝土时，要求下层混凝土表面保持潮湿，这样才能有利于层间的结合。

4）碾压混凝土摊铺时获得预压的密实度，是路面成型质量的影响因素和控制指标。根据我国的施工经验，摊铺机的预压密实度取85% ~ 89%；当保持熨平板工作角等于常数时，单位时间进入熨平板底部的混合料体积不变，从而可使其厚度值不变，摊铺厚度均匀一致。

（3）碾压混凝土的碾压工艺

在混凝土摊铺作业完成之后，要及时进行碾压作业，碾压是保证碾压混凝土最终密实成型的主要施工工序。工程实践证明，碾压混凝土的质量好坏关键在于碾压。根据碾压混凝土路面的施工经验，在进行混凝土的碾压中，应当注意如下事项。

1）根据碾压混凝土路面的摊铺机械施工时间的计算，以4 ~ 5min摊铺的长度作为一个碾压段比较合适，当路面宽度9m、路面厚度24cm时，碾压的工作段长度控制在30m左右比较适宜。

2）碾压混凝土的振实过程一般可以分为三个阶段：塑性阶段→弹塑性阶段→弹性阶段。在这三个阶段中，碾压都必须按设计要求进行，在任何阶段都要注意碾压质量。

3）根据碾压混凝土振实过程的理论分析，结合碾压施工的经验，碾压密实一般要经历初压→复压→终压三个过程，每个过程对碾压质量均有很大的影响。初压、复压和终压应衔接作业，中间不应停顿、等候和拖延，也不得相互干扰。

4）初压应采用钢轮压路机或振动压路机静压，重叠量宜为（1/3）~（1/4）轮宽，初压遍数为2遍；复压应采用振动压路机振动碾压，重叠量宜为（1/3）~（1/2）轮宽，初压遍数为2 ~ 6遍；终压应采用轮胎压路机静压，以弥合表面微裂纹和消除轮迹为停压标准，一般宜为2 ~ 8遍。

5）振动压路机的振幅和频率是影响碾压混凝土压实效果的重要参数。对于碾压混凝土路面的压实，根据我国工程施工实践，宜采用10 ~ 20t的高频率低振幅振动压路机，其振动频率40 ~ 50Hz，振幅0.4 ~ 1.0mm。

6）根据施工经验，正确掌握碾压速度是保证施工质量的重要条件。在初压（静压）过程中，其速度采用1.5 ~ 2.0km/h为宜；在复压（振动碾压）过程中，其速度采用2.0 ~ 3.0km/h为宜；在终压（轮胎压路机）过程中，其速度采用4.0 ~ 6.0km/h为宜。

（4）碾压混凝土的养生工艺

碾压混凝土的养护是水泥混凝土强度形成的必要工序，尤其对超干硬性的碾压混凝土特别重要。由于碾压混凝土本身的水分比较少，如果不进行良好的养护，及时保存和补充水分，必将会严重影响碾压混凝土的强度发展。

对于碾压混凝土的养护，应注意以下事项。

1）当浇筑的混凝土碾压结束后，应当立即将完成部分覆盖保湿养护，覆盖的材料一般选用塑料薄膜。

2）根据施工现场的具体情况，在常温条件下6h后将塑料薄膜去掉，选择价格较低、保温性能较好的材料（如锯末、湿砂、麻袋、草垫等）覆盖，并洒水保持混凝土表面湿润。

3）在常温情况下，混凝土碾压结束4 ~ 6h后，开始每隔一定时间洒水养护，直至达到设计规定的养护时间。

4）碾压混凝土的养护时间，应按混凝土抗折强度达到3.5MPa以上要求由试验确定的。工程实践和试验证明，碾压混凝土路面所需要潮湿养护时间一般为5 ~ 7d；如果掺加粉煤灰较多时，养护时间一般为7 ~ 10d。

5）碾压混凝土路面碾压后8h，可采用切割机按设计缩缝位置进行切缝。切缝时不仅应准确掌握切缝时间及切缝深度，而且同时加强对切缝部位的养护。待缝槽干燥、清除杂物后，方可进行灌缝。

（5）碾压混凝土接缝设置施工

碾压混凝土路面横向施工缝设置形式宜采用“台阶式”，即在施工终点处设纵向斜坡，作为压路机碾压的过渡段；待碾压结束后，将平整度合格部位以外的斜坡刨除；第二天摊铺开始前，后退150 ~ 200mm切割施工缝，切割深度宜为80 ~ 100mm，将切缝外侧混凝土刨除，形成台阶状；涂刷水泥浆后，纵向连接摊铺的新路面，硬化后切施工缝。

“台阶式”横向施工缝是碾压混凝土路面施工工艺特色，如果彻底一次将缝切齐，不便于插入传力杆，传递荷载能力较差，也不利于接头处碾压密实。上搭台阶缝有可能被推挤上抬，但碾压混凝土干缩变形较小，上抬的可能性比普通混凝土路面小。碾压混凝土路面不同于普通混凝土路面，其无法准确配置传力杆钢筋，采用“台阶式”横向施工缝的施工工序，也是一种不得已而为之的方式。

为了消除错台，碾压混凝土路面胀缝形式可设置为混凝土枕垫式或钢板枕垫式两种形式。由于在碾压混凝土路面中无法插入传力杆，因此碾压混凝土可不设置传力杆。但是，碾压混凝土面板在夏天高温季节向上隆起是无约束的，这样设置的胀缝实质上与普通水泥混凝土路面设置的带枕梁的隔离式胀缝相同。

3. 碾压混凝土路面技术难点

（1）提高平整度的措施

国内外工程实践证明：碾压混凝土路面最大的难题是难以达到足够的路面平整度，这也是多年来制约碾压混凝土路面发展的主要障碍。

为了攻克碾压混凝土路面平整度这一世界性难题，我国有关单位首先对路面平整度的影响因素进行了深入、全面的分析，并通过大量的室内试验和现场试验进行了研究，提出了如下保证碾压混凝土路面平整度的关键技术。

1）适宜的碾压混凝土稠度指标和集料级配

通过广西田阳试验路6个试验段、山西左云试验路14个试验路段的现场考察和室内试验，研究提出了适宜于大型机械化施工的集料最大粒径20mm、砂率35% ~ 47%的集料合成级配和“半出浆”改进VC值（40 ± 5s）的稠度设计指标。

2）保持稠度稳定性

通过对造成稠度波动原因的分析和试验，研究提出了包括料场管理、拌和机选择、材料计量、外加剂选择等保持稠度稳定的措施。

3）提高摊铺均匀性

定性和定量研究了减少摊铺过程中离析的措施及影响摊铺预压密实度均匀性的因素，提出了通过“拌和—运输—摊铺”系统分析选择适宜的摊铺速率等保证摊铺作业的连续性、提高摊铺均匀性的技术措施。

4）增大预压密实度

通过对碾压混凝土路面成型机理和摊铺机性能的试验和分析，提出了保证摊铺后预压密实度85%以上的摊铺机（尤其是熨平板）选型要求和熨平板工作参数的选用原则。

5）保证碾压的均匀性

通过理论分析和现场试验，从选择合适的压路机型号与参数（自重10t ~ 12t，振频30HZ以上、振幅1mm以下）、适宜的碾压工作段长度、碾压次序与工艺参数等方面提出了保证碾压均匀性的关键技术。

6）施工缝处理、基层平整度控制等

通过试验路的摸索，提出了施工缝的处理方法、基层平整度的控制原则、合理操作等一系列保证路面平整度的技术措施。

1995年7月完成的山西长治工业性试验路，在规模生产（每台班完成9m × 300m以上）条件下，路面平整度水平（按照三米直尺最大间隙≤ 3mm或连续式平整度仪$\sigma \leq 1.8$mm要求）达到85%以上的高速公路优良标准。

1996年铺筑的307国道山西段中碾压混凝土路面推广应用工程（约20km）在路面平整度和日进度指标上均超过了这一水平。因此，可以说从施工技术上已基本解决了碾压混凝土路面平整度这一世界性的难题，为碾压混凝土路面在高等级公路上的大规模推广应用创造了条件。

（2）提高抗滑能力的措施

以前由于路面平整度问题一直没有得到很好解决，碾压混凝土路面一直停留在低速交通阶段，路面防滑问题相应不很突出。但是要使碾压混凝土路面应用于高等级公路，抗滑问题是必须解决的一项关键技术。

为了解决碾压混凝土路面抗滑这一关键技术，“八五”攻关中对自然裸露、洒水加速裸露缓凝裸露、嵌压、硬性刻槽等抗滑处理方法进行了施工方便性、施工经济性的比较，并对各种抗滑处理方法路面抗滑能力的衰变规律进行了观测。

试验结果表明，采用缓凝裸露法和硬性刻槽法可使竣工时路面构造深度达到规定满足要求。课题组在对表面构造修筑工艺和解决微观构造的技术措施深入研究的基础上提出了碾压混凝土路面的抗滑处理原则。

1）对于高速公路和一级公路，应采用缓凝裸露法或硬性刻槽法进行表面处理，以形成要求的路表宏观构造。当粗集料抗磨光能力达不到现行规范要求时，需做抗滑表层（一次摊铺碾压成型）。

2）对于其他等级的公路，可不作任何处理，依靠通车后行车的作用逐渐形成宏观构造。必要时可采取限速研磨措施，加速裸露进程。

工程实践证明，采用上述研究成果，基本可以解决碾压混凝土路面的抗滑问题。

（3）提高接缝技术的措施

碾压混凝土路面由于在材料、施工工艺上与普通混凝土有一定差异，因此在接缝设计及施工上亦有其特殊性。

1）采用碾压混凝土材料的有关参数和路面板的有关指标，对碾压混凝土路面板的温缩应力、温度翘曲应力、干缩应力及荷载应力进行了计算，并结合试验路的观测结果，研究提出了全厚式碾压混凝土路面缩缝间距的建议值为6 ~ 8m。

2）在不破坏摊铺机结构的情况下，研制出纵缝拉杆设置装置，解决了全厚式碾压混凝土路面无法设置拉杆的世界性难题。

应用上述接缝设计和施工技术，基本上可解决碾压混凝土路面的接缝问题。

（4）其他配套技术

除上述关键技术外，在碾压混凝土材料试验方法、配合比设计方法、材料物理力学性能、外加剂和粉煤灰应用技术、施工质量检测等方面也已形成了一系列配套技术。

根据上述研究成果，我国在新编制的《公路水泥混凝土路面施工技术规范》（JTGF30—2003）中，已具体列出碾压混凝土路面施工技术和具体标准，为在公路工程中推广应用碾压混凝土提供了支撑技术和科学依据。

第二节　连续配筋混凝土路面设计

一、CRCP路面设计方法

与普通混凝土路面设计相比，连续配筋混凝土路面的结构设计，主要包括板厚设计、配筋设计和端部设计。除了根据车轮荷载作用设计路面层板的厚度外，对于路面板钢筋的布置与用量以及路面端部设施的结构细节，都需要根据混凝土面层的温度变形特性进行设计计算。

1. 板的厚度设计

连续配筋混凝土面层内配置纵向配筋的作用，主要是控制混凝土面板纵向引起的开裂，防止缝的宽度增大，即纵向钢筋只承担收缩应力，并不分担截面的弯拉应力，也就是说，连续配筋混凝土面层内配置的配筋主要用于约束裂缝，提高路面的使用性能，并不计其对路面承载能力增强的作用。

由以上所述可知，连续配筋混凝土路面的厚度，可以按照普通混凝土路面的计算方法进行计算。

2. 板的配筋设计

连续配筋混凝土路面中的纵向钢筋起约束裂缝扩张、承受混凝土收缩应力的作用，而不是增加混凝土面层的抗弯拉强度。所以，纵向钢筋的用量不能按照车辆荷载进行设计，而要根据裂缝间距、缝隙宽度和钢筋屈服强度这三项指标的要求，考虑混凝土收缩和温度变形来设计。对于以上三项指标，我国的现行规范规定如下。

①为了避免或减少混凝土面层板裂缝处剥落和冲断破坏的可能性，要求横向裂缝的平均间距为1.0 ~ 2.5m。

②为避免或减少混凝土面层板剥落和渗水的可能性，要求裂缝缝隙宽度不超过1mm。

③为了避免钢筋实际承受的拉应力超过其屈服强度而发生丧失约束裂缝的能力，要求钢筋的拉应力不得超过钢筋屈服强度。

通常纵向钢筋的配筋率0.6% ~ 0.8%。最小纵向配筋率，冰冻地区为0.7%，一般地区为0.6%。初拟纵向配筋率后，按照上述三项要求判断配筋率是否合适。

（1）横向裂缝的间距

横向裂缝的间距越大，裂缝的缝隙就越宽，水就越容易渗入路面结构而加快钢筋腐蚀；如果横向裂缝间距过小，则板块数量过多，降低车辆行驶的舒适性。横向裂缝适宜的平均间距可按下式计算：

$$L_d = \frac{2_b}{\sqrt{\frac{4K_s}{d_s E_s}(1+\phi)}}$$

$$\phi = pE_s / E_c$$

$$\lambda_c = \frac{ft}{E_c(a_c \Delta T + \varepsilon_{sh})}$$

式中 L_d ——横向裂缝的平均间距，m；

ϕ——钢筋刚度的贡献率，%；

p——路面的配筋率，%；

E_s——钢筋的弹性模量，MPa，可参考表14-1选用；

E_c——混凝土弹性模量，MPa；

d_s——钢筋的直径，mm；

Ks——黏结刚度系数，MPa/mm；

λ_c——混凝土温缩应力系数；

b——随钢筋刚度贡献率φ和混凝土温度应力系数λc变化的系数；

ft——混凝土抗拉强度标准值，MPa，可参照表14-6确定；

a_c——混凝土线膨胀系数，通常可取1×10^{-5}/℃；

$\triangle T$——设计温差，为混凝土的平均养护温度与设计最低温度之差，可近似取所在地的日平均最高气温与最低气温之差；

ε_{sh}——连续配筋混凝土的干缩应变，可参照表14-6确定。

表14-6 连续配筋混凝土纵向配筋计算参数经验参考值

混凝土强度	C30	C35	C40
混凝土抗拉强度标准值f_t/MPa	3.0	3.2	3.5
黏结刚度系数k_s/（MPa/mm）	30	32	34
连续配筋混凝土干缩应变 ε_{sh}	0.0045	0.0003	0.0002

（2）裂缝缝隙宽度

连续配筋混凝土的裂缝缝隙宽度，可用下式计算：

$$b_j=(a_c\triangle T+\varepsilon_{sh})\lambda_b L_d$$

式中 b_j——裂缝缝隙宽度，mm；

λ_b——裂缝宽度系数；

其他符号含义同前。

（3）钢筋拉应力

钢筋拉应力σ_s可按下式进行计算：

$$\sigma_s=E_s(a_c\lambda_{st}+a_s)\triangle T$$

式中 σ_s——钢筋拉应力，MPa；

λ_{st}——钢筋温度应力系数；

a_s——混凝土线膨胀系数，通常可取$9 \times 10^{-6}/℃$。

其他符号含义同前。

3. 路面的端部设计

连续配筋混凝土路面的端部如果不采取约束措施，则其自由端将会产生较大的膨胀位移。端部位移过大会严重影响路面行车的平顺和舒适，并对与之相连接的其他路面、桥梁和涵洞等构造物造成危害。为了约束连续配筋混凝土面层的膨胀位移，消除或减少连续配筋混凝土路面端部位移的不利影响，在连续配筋混凝土路面与其他类型路面或桥梁、涵洞等构造物连续的端部应设置锚固结构。

端部锚固结构设计，应首先估算板端在温差作用下可能发生的位移量，根据位移控制要求（全部或部分）计算所需的约束力，由此可验算锚固结构的强度、地基稳定性和纵向位移量是否满足控制要求。根据国内研究成果及参照英国的标准图，我国水泥混凝土路面设计规范规定，端部锚固结构可采用钢筋混凝土地梁或宽翼缘工字梁式构造等形式。

钢筋混凝土地梁一般采用3 ~ 5个，梁宽为400 ~ 600mm，梁高为1200 ~ 1500mm，间距为5000 ~ 6000mm；地梁与连续配筋混凝土面层连成整体。宽翼缘工字钢梁的底部锚入钢筋混凝土枕梁内。枕梁的长度一般为3000mm，厚度为200mm。钢梁腹板与连续配筋混凝土面层端部间填入胀缝材料。

二、CRCP路面的施工工艺

连续配筋混凝土路面施工，与钢筋混凝土路面施工的工艺基本相同，只是减少了切缝填缝的工序，增加了设置端部锚固结构的工序。

1. 钢筋具体布置方式

连续配筋混凝土路面的纵向和横向钢筋均应采用螺纹钢筋，其直径为12 ~ 20mm。纵向钢筋应设在面板表面下（1/2）~（1/3）厚度范围内，横向钢筋位于纵向钢筋之下；纵向钢筋的间距不大于250mm，不小于100mm或集料最大粒径的2.5倍；横向钢筋的间距不大于800mm；纵向钢筋的单面焊接长度一般不小于10倍钢筋直径，双面焊接一般不小于5倍钢筋直径。焊接位置应相互错开，各焊接端连线与纵向钢筋的夹角应小于60°；边缘钢筋至纵缝或自由边的距离一般为100 ~ 150mm。

2. 端部锚固结构施工

端部锚固结构应按设计要求施工，以确保锚固的效果。采用地梁锚固时，先在锚固端按设计结构尺寸开挖地槽。开挖时应尽量避免扰动和超挖两侧基层、垫层及土基。尺寸较规则、超挖量很少时，可以不设置侧面模板，否则应设侧面模板。

模板拆除后应回填超挖部位并夯实路基和垫层，基层应采用贫混凝土修复。岩石路基上可直接将钢筋锚固在基岩中。地梁钢筋应与路面钢筋焊接在一起，地梁混凝土采用振捣分层振实，并要与面层板浇筑成一个整体。地梁与路面混凝土合拢时，气温应控制在20 ～ 25℃，或在当地平均气温时合拢。

采用宽翼缘工字钢梁端部接缝时，应按设计垫板尺寸在基层上挖槽，再安装钢筋骨架，并浇筑钢筋混凝土枕垫板。枕垫板表面应预留与工字钢梁的焊接锚固钢筋，并铺设滑动隔离层。安装并焊接宽翼缘工字钢后，再摊铺面板。应确保搁置在枕垫板上的连续配筋混凝土路面板端部可自由滑动，面板端部与工字钢槽内连接部位应以胀缝填缝料填塞。

三、CRCP路面施工技术要点

在《公路水泥混凝土路面施工技术规范》中，对CRCP施工过程中钢筋设置、施工缝的处理及开放交通等方面没有详细的说明，实际操作中出现了无章可循的局面。通过本次试验路的施工，反映出了一些问题，同时也获得了许多宝贵的经验与认识。因此，将有关CRCP施工过程及关键施工技术，归纳为CRCP路面施工技术要点，为今后CRCP用于高速公路施工探索合理有效的途径。

1. 钢筋的设置

钢筋网的制作、安装与定位是CRCP不同于普通水泥混凝土路面施工的主要内容，也是CRCP施工中的关键技术。

（1）钢筋制作。纵向钢筋接头应采用电弧双面焊搭接的方法，双面焊搭接长度为16cm，焊接接头应错开布置，接头截面积占总截面积的百分率不应大于50%，各搭接端连线与纵向钢筋的夹角应小于60°。

（2）纵向钢筋搭接。对于CRCP施工，钢筋网必须预先安设并具有足够的长度，以提供混凝土摊铺的工作面，但如果在施工中纵向钢筋的搭接全部采用全部焊接的方式，焊接较长的钢筋网因施工时的昼夜温差，容易造成钢筋网端部产生较大的伸缩。100m长的焊接钢筋在温差1℃条件下伸缩量可达0.8 ～ 1.0cm，如此大的伸缩量会使钢筋网拖动钢筋支架。因此试验段的纵向钢筋焊接采用先在钢筋制作场把6根钢材焊接成53.2m纵筋，施工当天将其放于施工位置，在混凝土摊铺前1h，再根据当天一次混凝土摊铺施工的长度，将纵筋焊接成等长的长筋。此方法既加快施工进度、减少现场的焊接工作量；又保证了钢筋网长筋顺直，有效解决了钢筋的伸缩问题。

（3）架立钢筋网。钢筋架立后，钢筋网由于自身的重量以及施工人员踩压极易产生下垂变形，导致纵向钢筋失去控制混凝土板温缩和干缩变形的作用。对此，施工时采用直径16mm螺纹钢筋焊接到横向钢筋上，以支撑钢筋网，支撑钢筋的间距为100cm，要求完成的钢筋网纵筋顺直，横筋端正，平面如水。同时，支架钢筋不得打入基层，以避免支架钢筋阻止面板的自由伸缩，并防止面板伸缩造成支架钢筋破坏基层。实践证明，该钢筋支架经受住了混凝土施工时的强大推力，确保了钢筋网的稳定，可以广泛推广。

2. 混凝土的浇筑

混凝土的施工钢筋安装就位后，便可进行混凝土的浇筑。混凝土施工中应严格保证施工质量，减小由于施工因素引起的参数变异性。保证钢筋网上下的混凝土得到充分振捣密实是CRCP施工的关键之一。振实时必须首先使拌和物振捣为连续介质，然后将拌和物中的气泡排除干净。振捣速度缓慢而均匀，连续不间断进行。由于钢筋网布设在离混凝土板面的10cm处，摊铺时插入振捣棒应控制在钢筋网以上至少2cm，以防止振捣棒与钢筋网接触而造成振捣棒损坏，影响混凝土的密实。同时，由于振捣棒无法插入钢筋网下的混凝土内，振捣棒宜采用高频低幅，以确保钢筋网下混凝土的密实性。

3. 施工缝的处理

由于施工条件的限制，在横向与纵向均有施工缝存在时，可按以下方法进行施工缝处理。

（1）横向施工缝。横向施工缝采用平缝，同时每延米增加3根1.8m的16mm螺纹钢筋。第二天开工时，要求将先浇筑的混凝土一端凿毛，保证施工缝位置的混凝土具有良好的黏结。若施工缝处的混凝土振捣不足或质量较差，用锯缝机切除20cm左右，钢筋下方的老混凝土应清除干净。

（2）纵向施工缝。由于试验段采用外侧单车道和内侧双车道两次摊铺的施工方式，在纵向必须设置纵向施工缝。纵向施工缝由横向钢筋延伸穿过接缝代替，具体设置为外侧面板（先施工）的横向钢筋向内侧面板（后施工）方向延伸40cm穿过纵向施工缝，纵缝用沥青填缝料或密封剂密封。施工缝是连续路面的薄弱环节，在CRCP施工过程中，应尽量避免临时的施工中断。然而，由于施工机械、气候和其他各种主客观原因，施工中断是无法避免的，因此应严格控制施工质量，处理好施工缝，否则CRCP的优势将不能完全发挥。

4. 拆模与养生

混凝土达到一定强度方可拆模，一般是根据气温条件按小时数控制，本试验段在混凝土成型60h后拆模，拆模时要防止损坏板的边角。

CRCP的养生至关重要，由于本试验段施工期在低温季节，所以采取了保温保湿覆盖养生。用塑料薄膜保湿隔离覆盖，再用草帘保温覆盖初凝后的混凝土路面，在中午气温较高时洒水养生，以确保混凝土水化反应充分进行，防止混凝土失水过多过快以及温度过低，避免混凝土面板产生不规则或严重开裂。低温天施工，路面覆盖保温保湿养生时间一般应不少于28d。

5. 开放交通

一旦混凝土达到足够强度，混凝土路面便可开放使用，《公路水泥混凝土路面施工技术规范》中没有给出明确要求。根据我国对试验段总结的施工经验，下列时间安排可作为指导：①前24h路面不允许人、车辆通过；②24h后人和自行车方可通过；③在60h后，路面允许小型轿车和双轴且最大轴重不超过1500kg的轻型机动车通过；④面板达到设计弯拉强度后，新路面允许通过其他交通。这些时间安排必须作为最低要求，存在不利气候条件时应适当进行提高。

第三节 钢纤维混凝土路面设计

一、钢纤维混凝土路面设计

钢纤维混凝土路面设计方法与普通混凝土路面基本相同，只是两者的设计参数有所不同，以及由此而引起平面和接缝构造上的差异。

1. 设计参数的确定

（1）钢纤维混凝土抗弯拉强度和抗弯拉弹性模量

钢纤维混凝土抗弯拉强度以实测为宜。当无试验资料时，可取用等交通等级普通水泥混凝土弯拉强度标准值加1.0MPa，也可按下式计算确定：

$$f_{tm}=f_m（1+a_{tm}p_f\iota_f/d_f）$$

式中 f_{tm}——钢纤维混凝土抗弯拉强度设计值，MPa；

f_m——同强度等级的素混凝土抗弯拉强度设计值，MPa，按现行《公路水泥混凝土路面设计规范》（JTJD40—2002）规定采用；

a_{tm}——钢纤维对抗弯拉强度的影响系数，应通过试验确定，当$f_{tm}\leqslant 6.0$MPa时，对熔抽型钢纤维a_{tm}=0.52，对剪切型或熔抽型（$\iota_f\geqslant 35$mm）钢纤维a_{tm}=0.73；

p_f——钢纤维体积率，%；

ι_f——钢纤维的长度，mm；

d_f——钢纤维的直径，mm。

抗弯拉弹性模量可采用同强度等级的素混凝土抗弯拉强度相应的抗弯拉弹性模量Etc。

（2）钢纤维混凝土疲劳应力系数的确定

根据设计使用年限内汽车标准轴载累计作用次数和钢纤维体积率，钢纤维混凝土疲劳应力系数可用下式计算确定：

$$k_f = N_e^{0.053-0.017} p_f l_f / d_f$$

式中　k_f——设计基准期内的荷载疲劳应力系数；

N_e——设计基准期内标准轴载累计作用次数。

2. 面板平面尺寸设计

钢纤维混凝土路面的板长，即相邻两缩缝的间距宜在6 ~ 10m之间，最大面板尺寸不宜超过8m×12m。接缝的构造与普通混凝土路面相同。

首先，考虑我国目前实际路面上超载和偏载严重，路面强度储备不足；其次，在长期高应力强度比的疲劳荷载作用下，疲劳强度和使用寿命并非很高；最后，尽管钢纤维混凝土路面允许在使用后期带裂缝工作，处于裂而不离、离而不开的状态，但这不是正常的设计状态，而属于破坏状态，开裂后的钢纤维路面平整度很差，行车既不舒适，也存在安全隐患，只具有路面残值，而不满足使用要求。

现行路面设计规范和施工规范及实际工程中所采用的钢纤维路面的面板尺寸，比其应力的计算结果要小一些，一般最大为10m×20m，面板平面尺寸设计比较保守。

3. 路面板厚度的设计

在进行钢纤维混凝土路面厚度设计时，除了考虑设计基准期内荷载应力累计疲劳作用的疲劳应力系数k_f计算方法与普通混凝土路面计算方法有所不同之外，其他设计过程完全相同。钢纤维混凝土的荷载疲劳应力系数k_f可按上式确定。

在《公路水泥混凝土路面设计规范》（JTJD40—2002）中规定，钢纤维混凝土路面厚度按钢纤维掺量确定，当钢纤维体积率为0.6% ~ 1.0%时，路面厚度为普通混凝土面层厚度的0.65 ~ 0.75倍。钢纤维混凝土路面的最小厚度，当特重或重交通时为160mm，中等或轻交通时为140mm。

二、钢纤维混凝土路面施工

钢纤维混凝土是一种纤维型材料与颗粒型材料混杂的复合材料。由于钢纤维的掺入，使脆性的基体成为具有良好韧性的钢纤维增强水泥基复合材料。钢纤维混凝土路面在动荷载下，具有良好的抗冲击、抗弯、抗拉、耐磨性能，疲劳寿命长，并具有良好的阻止和抑制因温度应力引起裂缝的能力。但由于钢纤维易于结团、混凝土流动性差，搅拌、运输、振捣等施工环节都具有与普通混凝土不一样的要求，这些环节对钢纤维路面的质量有很大的影响。

钢纤维混凝土路面在施工的各个环节，不论是从投料、搅拌、运输还是浇筑和振捣，都要尽可能使钢纤维在混凝土基体中均匀分布，或者按所要求的方向排列，以保证材料的匀质性和方向性，这是钢纤维混凝土路面施工中必须特别注意的问题。

1. 钢纤维混凝土的搅拌与运输

钢纤维混凝土的搅拌是保证钢纤维混凝土在混凝土基体中均匀分布的重要环节，搅拌时要防止钢纤维结团、弯曲或折断，以及搅拌机因超负荷而停止运转、出料口堵塞。因此，钢纤维混凝土路面施工须采用机械搅拌，一般采用强制式或反锥式搅拌机，且要求一次搅拌量不大于搅拌机额定搅拌量的80%。当采用自落式搅拌机时，应特别注意投料顺序，防止钢纤维产生结团。

混凝土的投料顺序和方法，与施工条件及钢纤维形状、长径比、体积率等有关，应通过施工现场实际搅拌试验确定。在一般情况下有以下三种：先将钢纤维与干料干拌均匀，然后再加水湿拌；将钢纤维以外的材料湿拌，在拌和过程中边拌和边加入钢纤维，这时宜采用分散机投放钢纤维；采用自落式搅拌机时，先投入50%的砂和50%的石料与钢纤维干拌均匀，再投入水泥、其余的集料和水一起湿拌均匀。为保证钢纤维混凝土搅拌均匀，拌和时间一般为2 ~ 3min。

为了确保钢纤维混凝土的质量，必须对各种组成材料准确计量。全部材料都按重量计，其允许偏差不得超过下列规定：水泥为 ±1%；粗集料和细集料为 ±3%；钢纤维为 ±1%；水为 ±1%。

由于钢纤维混凝土的混凝土的凝结时间短、硬化速度快。因此，钢纤维混凝土从拌和出料、运输、浇筑至摊铺完毕的时间，应符合表14–7中的规定。钢纤维混凝土必须尽量加快施工速度，否则，混凝土产生凝结后难以摊铺。在浇筑和摊铺过程中，严禁因拌和物干涩随意加水，但可以采取喷雾方式防止表面水分蒸发。

2. 钢纤维混凝土的布料与摊铺

钢纤维混凝土路面无论采用何种机械进行布料与摊铺，均应保证钢纤维在混凝土路面板中分布的均匀性及结构的连续性，并且在一块板内的浇筑和摊铺不得中断。钢纤维混凝土路面布料的松铺高度，应当通过试铺进行确定，拌和物的坍落度相同时，宜比相同机械施工方式的普通混凝土路面松铺高度高10mm左右。

表 14–7　钢纤维混凝土拌和物从出料到运输、铺筑完毕允许最长时间

施工气温℃	到运输完毕允许最长时间/h		到铺筑完毕允许最长时间/h	
	滑模、轨道	三辊轴机组	滑模、轨道	三辊轴机组
5 ~ 9	1.25	1.00	1.50	1.25
10 ~ 19	0.75	0.50	1.00	0.75
20 ~ 29	0.50	0.35	0.75	0.50
30 ~ 35	0.35	0.25	0.50	0.35

由于钢纤维混凝土的顶托，相同坍落度的钢纤维混凝土振实略容易些。因此，在保证振实的前提下，钢纤维混凝土拌和物宜使用较低坍落度的拌和物。不同施工方式钢纤维混凝土拌和物的坍落度，可参见表9–8，但不得使用钢纤维结团的拌和物。

表 14–8　不同施工方式钢纤维混凝土拌和物的坍落度

摊铺方式	滑模摊铺机	轨道摊铺机	三辊轴机组	小型机具
出机坍落度/mm	30 ~ 50	20 ~ 40	20 ~ 30	10 ~ 30
摊铺坍落度/mm	10 ~ 30	5 ~ 25	5 ~ 15	0 ~ 15

3. 钢纤维混凝土的振捣与整平

钢纤维混凝土路面所采用的振捣机械和振捣方式，不仅一定确保混凝土的密实，而且还应保证钢纤维在混凝土中均匀分布，这是保证钢纤维混凝土路面施工质量的关键。从钢纤维混凝土路面匀质性和抗裂性考虑，已振捣密实的面层板中，不得遗留振捣棒插振后局部无钢纤维的空洞、坑穴或沟槽。

为保证边角部位混凝土密实，将振捣棒顺着路线方向插入，使钢纤维成为纵向条状集束，有利于抵抗面层内的收缩应力和温度应力以及荷载传递。振动持续的时间以混凝土停止下沉、不再冒气泡并泛出均匀水泥浆为准。

钢纤维混凝土路面的整平，除了应满足各级公路路面规定的平整度要求外，从钢纤维混凝土路面运营安全性和可靠性角度考虑，要求整平后的钢纤维混凝土路面板表面1 ~ 3cm深度内，还应保证钢纤维不直立、不翘头，保证路面磨损后裸露的钢纤维不扎轮胎，以保证运营的安全性。

为确保钢纤维在混凝中均匀分布，无论采用滑模摊铺、轨道摊铺或三辊轴机组摊铺钢纤维混凝土路面，不得将振捣棒组插入面板内或在面板内拖行振捣，也不得采用人工插捣方式。滑模、轨道摊铺机振捣棒组底缘，应严格控制在面板表面位置。

当采用滑模摊铺机和轨道摊铺机铺筑钢筋混凝土时，应采用高频或超高频振捣棒组进行振捣，要求振捣频率不宜低于10000r/min。采用三辊轴机组摊铺钢纤维混凝土路面时，可采用大功率平扳式振捣器振捣密实，再采用振动梁压实整平。振动梁底面应设凸棱以利表层钢纤维和粗集料压入。然后用三辊轴整平机将表面滚压平整，再用长度3m以上刮尺、刮板或抹刀，纵向和横向精平表面，精平后的表面不得裸露钢纤维，也不应堆积浮浆。

4. 钢纤维混凝土特殊工艺要求

为了保证路面抗滑构造施工不对表面造成损伤及钢纤维拖出，钢纤维混凝土路面必须使用硬刻槽方式制作抗滑构造，严格禁止使用粗麻袋、刷子和扫帚制作细观抗滑构造。

钢纤维混凝土路面的横向缩缝间距，一般控制在6 ~ 10m之间，钢纤维掺量较大时取大值，掺量少者取小值。钢纤维混凝土路面应先进行试切缝，在切缝中钢纤维不挂坏边缘时，才可允许正式切缝。

参考文献

［1］马银祥．浅谈道路工程设计阶段的造价管理与控制［J］．科学技术创新，2011（24）：272.

［2］朱爱红．城市道路工程设计浅析［J］．科技创新导报，2011（1）：109.

［3］费玮．道路工程设计应注意问题的分析与探讨［J］．四川水泥，2015（1）：95.

［4］佚名．道路工程设计导论［M］．2008.

［5］吕天青．新建城市道路工程设计方案评价研究［D］．武汉科技大学，2013.

［6］杨贵平．浅谈道路工程设计阶段的造价管理与控制［J］．赤子（上中旬），2015（17）：222-223.

［7］白琳琳．交通设计在城市道路工程设计中的应用［J］．建筑技术开发，2009，36（11）：36-38.

［8］张清民．城市道路工程设计过程中的关键技术探究［J］．科技创新导报，2010（7）：94.

［9］张可誉．道路工程设计实用便携手册［M］．机械出版社，2008.

［10］钱红艳．城市道路工程设计浅析［J］．城市建筑，2014（23）：235.

［11］张金水，张廷楷．道路勘测与设计［M］．同济大学出版社，2009.

［12］朱照宏．道路勘测设计软件开发与应用指南［M］．人民交通出版社，2003.

［13］黄文雄，张系斌，谭利英．道路勘测设计课程教学改革的研究［J］．高教论坛，2007（1）：100-101.

［14］隋永芹，陈建兵．道路勘测设计课程教学改革的研究和探讨［J］．高等建筑教育，2002，11（4）：36-37.

［15］孙国富，冯马必，刘运通，等．道路勘测设计课程的数字化教学改革［J］．高等建筑教育，2006，15（2）：74-77.

［16］赵永平，马松林，王百成．道路勘测设计一体化的DTM实现技术［J］．

哈尔滨工业大学学报，2009（7）：155–159.

［17］张秀成．在“道路勘测设计”课程中如何培养学生的实践能力［J］．设计艺术研究，2010，29（5）：126–127.

［18］崔亚楠，高利平．《道路勘测设计》课程教学方法改革研究与实践［J］．内蒙古工业大学学报：社会科学版，2009，18（1）：103–105.

［19］郑丽娜．论“道路勘测设计”的教学改革［J］．黑龙江教育：高教研究与评估，2008（3）：66–67.

［20］文建华．道路勘测设计课程教学时效性研究［J］．大学教育，2013（12）：50–51.

［21］钟栋青，李玉华．《道路勘测设计》课程实践教学改革与评价机制［J］．教育教学论坛，2012（S4）：53–54.